齐鲁书社30年图书要目

(1979－2009)

齊魯書社

《齐鲁书社30年图书要目》编委会

主　编　宫晓卫

副主编　黄伟中

编　委　刘志义 昝　亮 于志强

编　纂　于志强 桑圣彤 梁　素

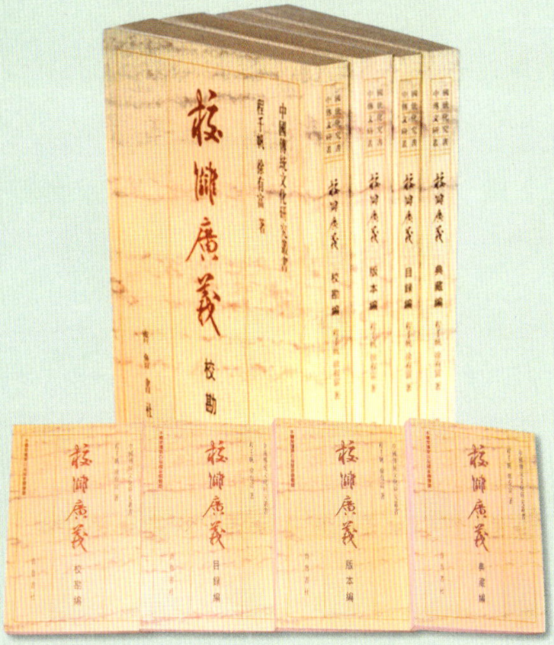

校雠广义

中国美术史

楚辞通故

曲阜孔府档案史料选编

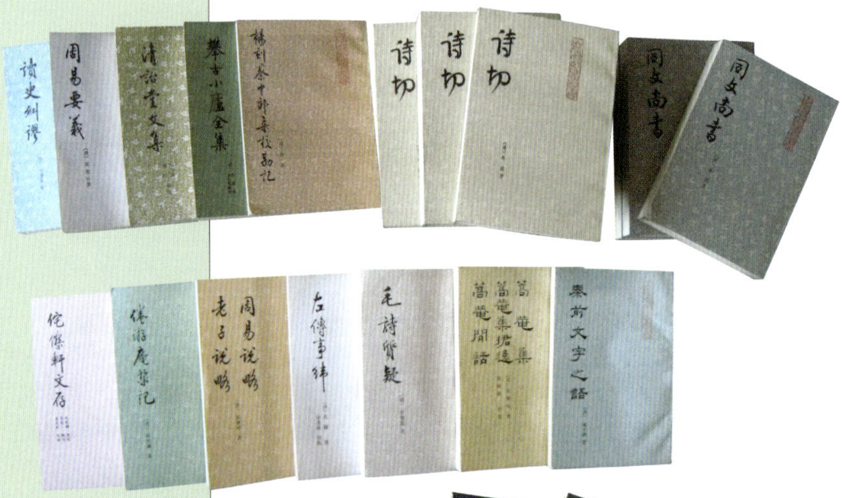

山左名贤遗书

王献唐遗书

全清散曲

全明散曲

全明诗话

王士禛全集

孔尚任全集

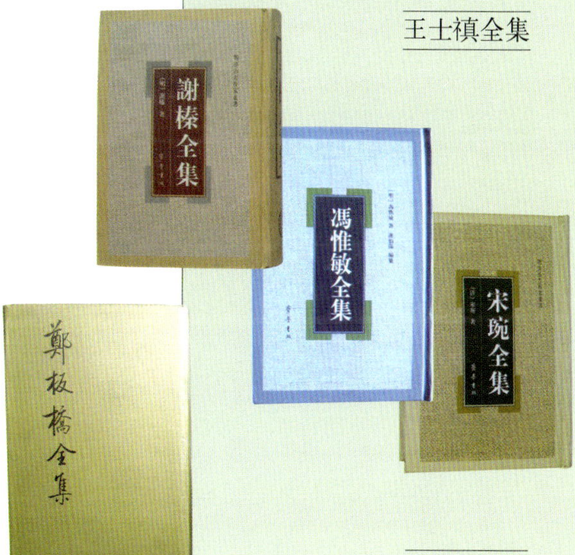

作家作品集

陶文图录　陶文字典

山东金文集成

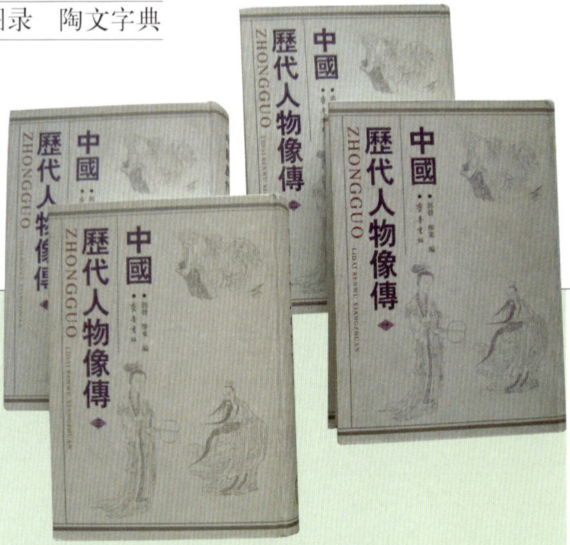

中国历代人物像传

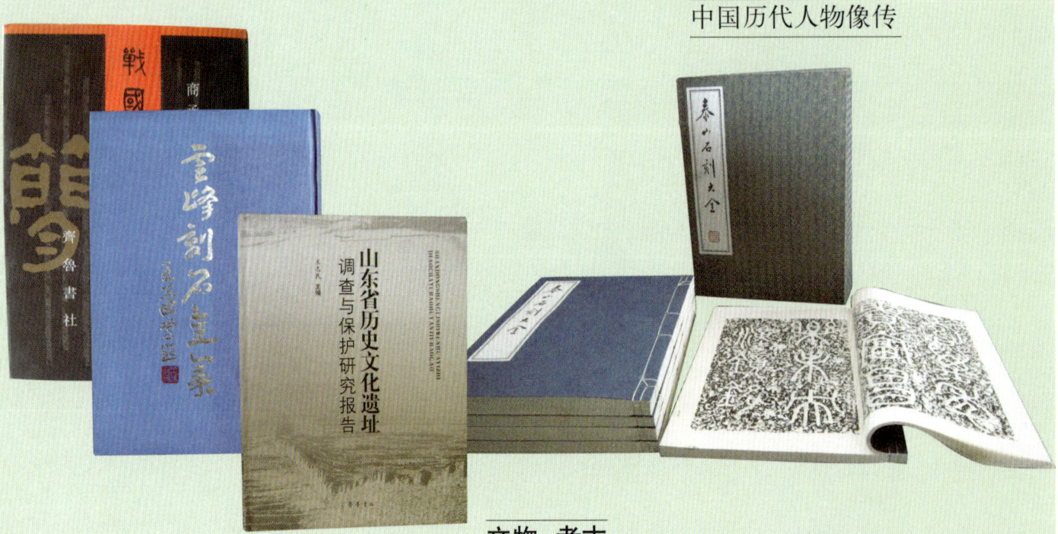

文物·考古

古今图书集成图集

钦定古今图书集成

四库全书存目丛书

四库全书存目丛书补编

续修四库全书总目提要

孔子系列图书

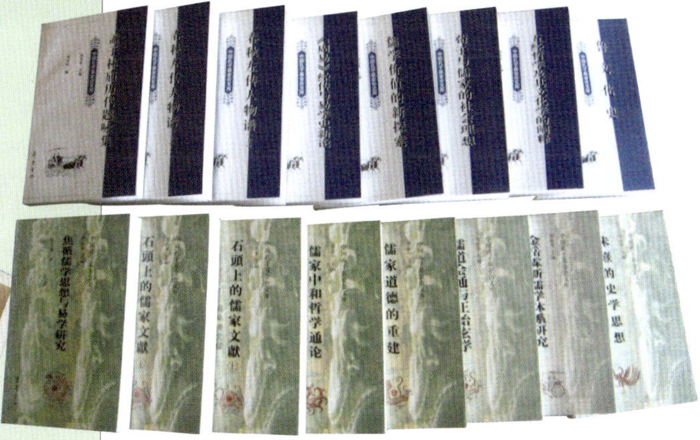

中国孔子基金会文库

孔子研究

中国美学思想史

中国封建社会经济史

二十五史外人物总传要籍集成

二十五别史

金瓶梅

明代四大奇书

清代四大小说

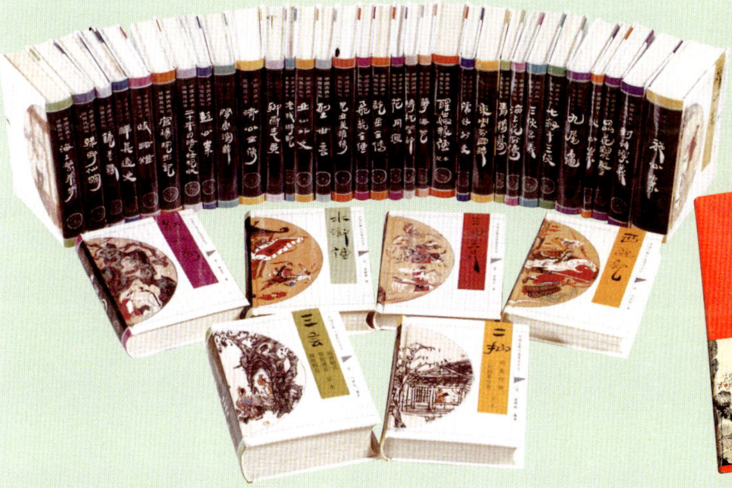

中国古典小说普及丛书

三言二拍

齐鲁书社30年图书要目

新版四大名著

绘图古典名著续书五种

历代笔记名著丛书

历代笔记小说丛书

聊斋系列图书

工具书系列图书

清代笔记丛刊

藏书家

历代诗经版本丛刊

齐文化丛书

孙子集成

地方志·年鉴

周易知识通览
隋唐佛教
雲笈七籤
刘大钧著
周易概論
吕澂佛学論著選集
吕澂著
中國宗教史
王友三主编
齊魯書社
历代易学名著研究
易學精華

哲学、宗教类图书

十二生肖与中国文化丛书

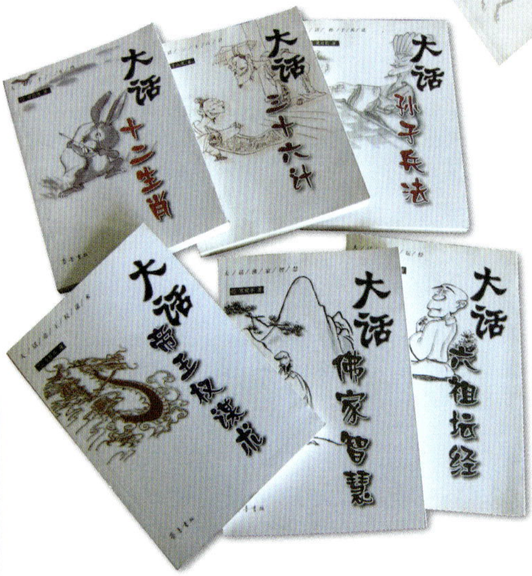

大话系列图书

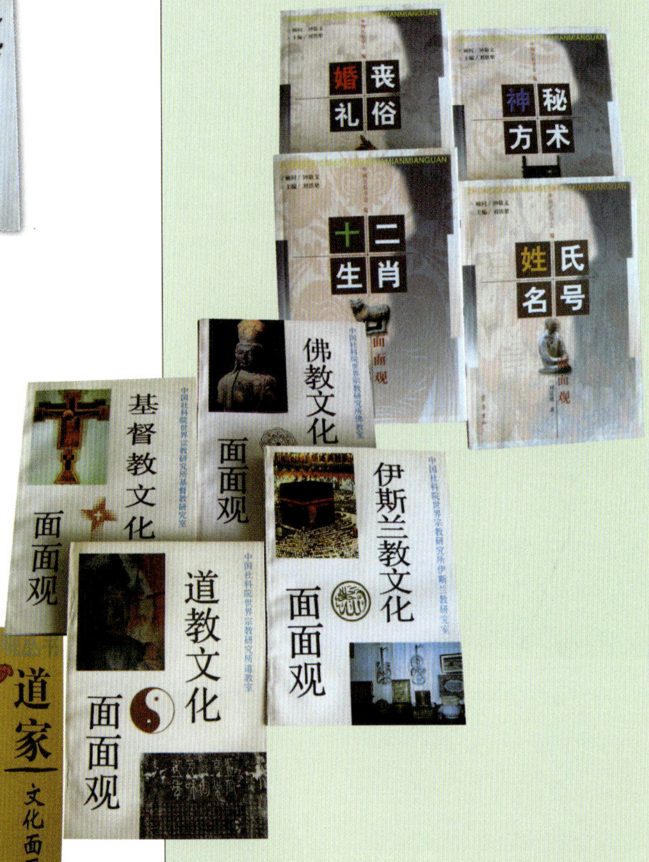

面面观系列图书

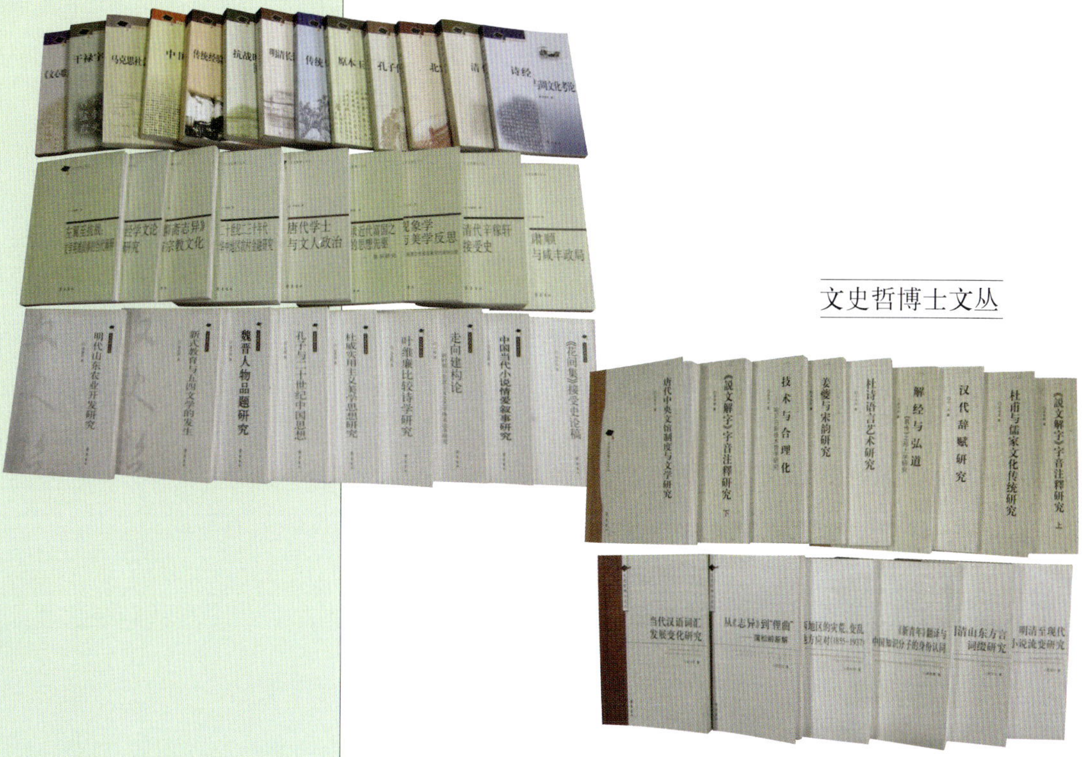

文史哲博士文丛

考研系列图书

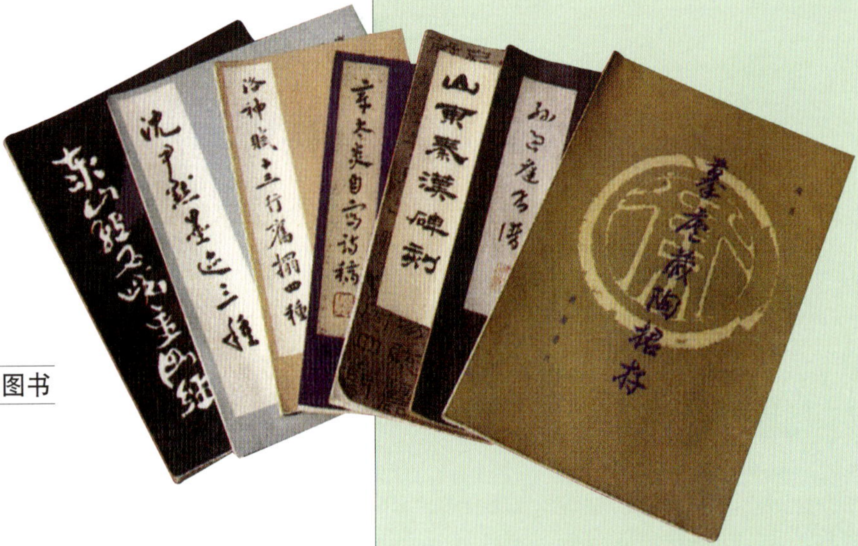

书法类图书

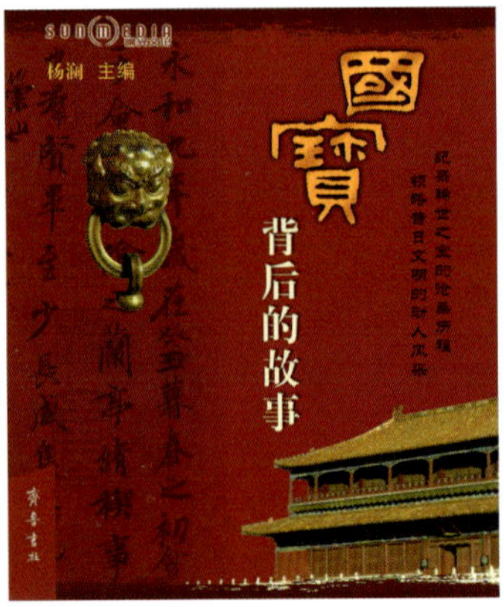

国宝背后的故事

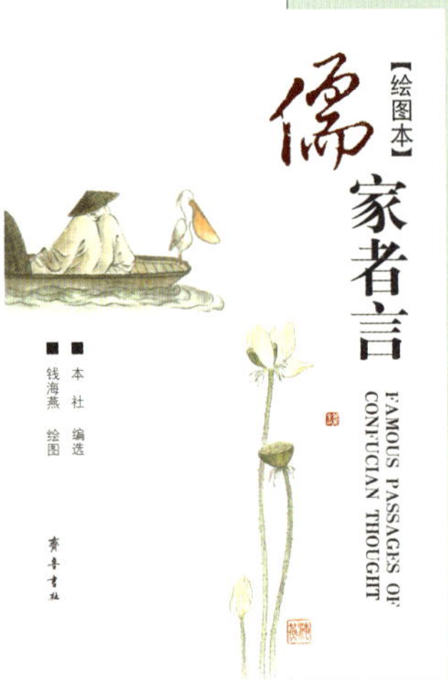

儒家者言

图说考古

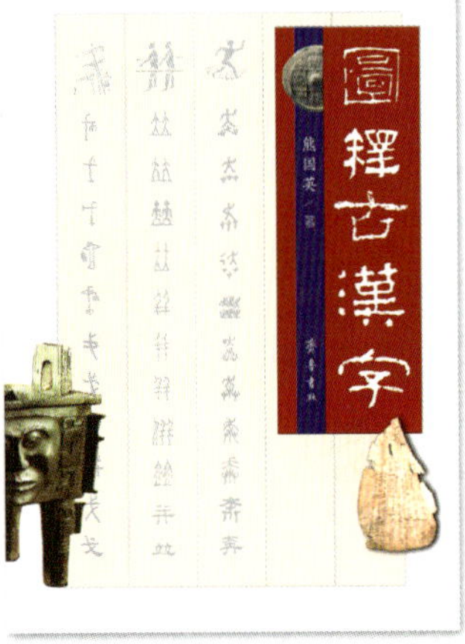

图释古汉字

三十年的回顾

齐鲁书社社长 宫晓卫

三十年前的今天，一九七九年二月二十二日，是国家出版事业管理局批复齐鲁书社成立的日子。时光荏苒，几乎是与祖国改革开放同步，我们已经走过了一万多个日日夜夜。这期间，既有最初仅仅是一个古籍编辑室规模的蹒跚学步、继而踌躇满志地意气风发；也有历经困境的迷茫彷徨；更有改革磨砺后的开拓发展，齐鲁书社走过的每一步，都记录着全社职工探索、创造所付出的心血。

山东是齐鲁之邦、孔孟之乡，历史悠久，文化丰富。作为中华民族主流文化的主要发祥地，这里人文汇萃，积淀着丰厚的文化底蕴，蕴藏着亟待世人发掘的文化宝藏。据建社档案记载，在改革开放之初，山东老一辈出版人是在聆听了十一届三中全会精神的传达之后，萌生了有必要设立一个专门的出版机构，发掘出版齐鲁文化这份宝藏，使之弘扬广大，乃至走出国门的设想的。由此形成的建议，很快促成了齐鲁书社的诞生。因此，齐鲁书社实实在在是应改革开放之运而生的，她也是“文革”后国内成立的第一家地方专业古籍出版社。时任全国政协副主席沈雁冰（茅盾）同志为书社题写了社名。此后国内数十位德高望重的专家学者相继应邀担任书社顾问，各级领导也给了书社多方关照，尤其是用于专业古籍整理和学术出版经费上的大力支持。良好的环境，滋养着书社得以快速健康地发展。书社的创办者们以高度的责任感和使命感，在短期内就推出了《二十四卷抄本聊斋志异》、《王献唐遗书》、《诗切》等在当时颇具影响的古籍整理项目，出版了匡亚明、萧涤非、钱仲联、杨向奎、童书业、金景芳、赵俪生等著名学者的学术专著，很好地践行了立足本省，面向全国；坚持地方特色，弘扬传统文化，繁荣学术出版的出版宗旨，社会反响好评如潮，迅速树立了自己的品牌形象。在建社五周年时，专家学者评价我社的出版工作为“文兴齐鲁，功在学林”。

此后，我社的图书出版顺应图书市场化的进程，勇于开拓，大胆创新，在当时严格的专业分工范围限制内，开辟了一条靠出版高品位、高水平的学术著作保持品牌，靠普及古典文学名著拓宽市场、赢得读者的新路子。两条腿走得稳当而扎实。我们不仅推出了《全清散曲》、《郑板桥全集》等一批很有功力的古籍整理项目，推出了《楚辞通故》、《清儒学案新编》、《明清实学思潮史》、《中国美学思想史》等份量厚重的学术专著；还在全国率先整理出版了《明代四大奇书》、《清代四大小说》、《全本三言二拍》等整理质量高，印制精美的古代小说系列图书，同时推出了“小字本”古代小说普及丛书，赢得了良好的市场影响，取得了不俗的经营效益，做到了品牌和市场的并重双赢。著名学者匡亚明同志为书社题辞“文质彬彬，硕果累累”。

然而，上世纪九十年代中叶之后，随着市场经济的进一步深入，我们曾为之自豪的那些市场占有率较高的图书渐渐地已经风光不再。强烈的反差让书社出现了极度的不适应，既无充分的心理准备，也无有效的应对方略，巨大的生存压力，使干部职工迷茫而困惑，书社一度陷入了经营管理上的困境。艰难的处境，迫使我们于九十年代末，在强化管理的基础上大力推行了内部三项制度改革。通过改革，打破了奖励分配制度的大锅饭，确立了职工的岗位目标责任制，落实了职称、职务的竞聘上岗。全体职工经历了改革浴火的洗礼，感受了切肤的阵痛，也因之解放了思想，转变了观念，明确了各自的职责，激发了工作的活力。单位的工作面貌显著改善，元气得以逐步恢复，图书出版开始走出低谷，走进稳步增长期。与内部改革并行，我们结合出版形势的变化和本社特点，重新梳理选题思路，明晰了自身出版图书选题的主打方向，扬长避短，从而形成了相对固定的四个主要出版板块：即文史古籍、学术专著、普及读物、助学读物。这样的图书结构，既保持并发扬光大了我社传统的专业出版特色，恢复并巩固了原有的品牌形象,又适应了新的市场需求,以连年提高的出版规模和经济效益,大大改善了出版社的经营面貌。十多年来,老职工退休,新职工补进,单位的人员并没有实际增长,而出书品种和销售收入均翻了数番,职工收入也随之水涨船高。不管外界如何变化,市场形势如何严峻,我们已保持了十几年的稳步增长,从曾经的入不敷出到具备了一定的经济实力,出版社已步入了良性循环的轨道。

这些年,我们完成了《四库全书存目丛书》及《补编》、《钦定古今图书集成》、《二十五别史》等大型图书的出版,它们也曾拥有过各自的多个"最":国内二十世纪出版的最大的古籍整理项目,新中国成立以来最大的线装书出版项目等,引起过重大的社会反响;组织出版了《校雠广义》、《中国美术史》、《中国封建社会经济史》、《中国古籍版刻辞典》等一大批高质量的学术著作和文史工具书;围绕儒学、兵学、易学等具有齐鲁文化特色的图书,均形成了一定规模的出版;落实了《全校会注集评聊斋志异》、《陶文图录》、《中国历代人物像传》、《王士禛全集》等相当数量的国家古籍整理资助项目或省古籍整理重点项目的出版安排;"文史哲博士文丛"业已形成品牌效应,成为青年学者的钟情选择,等等。先后获得了中宣部"五个一工程"奖、国家图书奖、国家辞书奖一等奖、中国出版政府奖提名奖等一系列大奖。在传统文化普及读物和助学读物的开发上也取得了新的突破,连年推出了多批次的丛套书,诸如《传统文化面面观丛书》、《历代笔记名著丛书》、《历史人物纵横谈》等,都有着良好的市场业绩;大中小学助学读物板块形成了各科考研辅导用书已达数十种、中小学教辅已经完整配套、《中国传统文化》地编教材的开发已获立项的局面。至此,我社的图书出版实现了专业突出、重点明确、结构合理、效益明显的布局。而尤其值得欣慰的是通过选题的开发、市场的历练,我们已经拥有了一支作风正、业务精、思维活跃、务实能干的出版队伍。凡此一切,都为我社夯实了长远发展的基础。

图书出版是出版社的根本。我们的乡贤孔夫子说过:"三十而立。"在建社三十周年之际,品味夫子之言,我们不免要回头看看这三十年自己都干了些什么,这就是这册书目的编纂缘起。将三十年的图书出版做一回顾,用文字将它们记录在案,既是对以往岁月的总结,也可启迪于后,这应是我们的责任。本书目并不是我社三十年图书出版的全部,因此称其"要目”;但它已足可反映齐鲁书社建社三十年来所出图书的基本面貌,这也就够了！翻检这册书目,不难看出我们的出版工作还有诸多的缺憾和不足,但从中看到更多的是我们的辛劳和汗水,当然也不乏由此铸成的荣耀。固本守正,开拓创新,我们一步一个脚印的走到了今天,正当而立之年,我们已不辱使命地站稳了脚跟,由此向前,路漫漫其修远,我们将更加满怀信心。

走笔至此,我从心底涌起一种由衷的谢意,想表达给那些为齐鲁书社的发展给予支持、关照,做出贡献的领导和朋友们,我想这肯定也是齐鲁书社全体职工的心意。因为没有各界的关心和支持,绝不会有我们的今天。同时又特别怀念那些参与了齐鲁书社事业的开创,如今已远离我们而去的老一代出版人,我的眼前似乎划过了他们每个人的面容,心中的谢意还须送给他们,是他们为开创齐鲁书社的基业贡献了自己的聪明才智。正是在这份基业上,我们已经更上了一层楼,也一定会继续走向崭新的明天。

谨以此书作为齐鲁书社成长三十年的见证,奉献给所有关心她的人们！

2009年2月22日夜

凡　例

一、本目选收齐鲁书社建社30年来所出版的主要图书的基本信息和内容简介,时间为1979年2月至2009年1月。

二、本目的编排,依照图书分类法,并结合本社出书的实际情况,将所收图书分为哲学宗教、文学、历史地理、语言文字、文化教育、艺术、综合等7大类,大类下又分若干小类。单品种书归入相应类别,内容兼类的单品种书酌情归入相关类别;为保证丛套书的整体性,单设了"丛套书"的类别,对于内容兼类的丛书归入综合类的"综合性丛书"。

三、同一小类中,按版权时间先后排列。对同一小类中个别品种较多且内容相近的图书相对集中排列。

四、每个条目包括:书名、作者、书号、出版时间、版次、开本、页数、装帧(不标者均为平装,有精装、平装两种的,分别标明)、定价(有精装、平装两种的,分别标明)、内容简介(不含新编方志、年鉴等);部分助学读物只存目。

五、本目中的图书条目所使用的书号包括统一书号和标准书号,对于既使用统一书号又使用标准书号或在初版时使用统一书号再版重印又使用标准书号的,一般在统一书号下用括号列出标准书号。

六、每个图书条目的版次一般只标出1版1次的相关信息,必要时标出再版重印的信息。

七、书目后附历年获奖书目,所收主要是图书奖和图书设计奖,也包括了部分所获之科研成果奖。

八、书末附书名笔画索引,以书名首字笔画为序,以备检索之用。

目 录

一 哲学 宗教

古籍整理

易　学

周易大传今注

高亨著

统一书号:2206·3

(ISBN 7-5333-0105-6)

1979年6月1版1次

大32开　675页　2.90元

《周易》成书年代久远,文字简古且多象数之说,号称难读。本书作者本着“以经解经,以传解传”原则,就传解传,实事求是地探究《易传》固有之象数,力图为《易传》象数说找出贯通全文之义例,使玄妙迂曲之文辞,得到朴素具体之说明。全书“通说”部分要言不烦,释义切中肯綮,释字简明有据,各卦注文后面所附考证尤多创获。

周易大传新注

徐志锐著

统一书号:2206·37

(ISBN 7-5333-0085-8)

1986年6月1版1次

大32开　560页　3.95元

本书是一部力图用科学态度、实事求是地给《周易大传》以系统注释的专著。作者认为《易经》成于殷周之际,是占辞汇编;而产生于战国末期的《易传》,则是用解“经”的方式寄托思想,是一部尚未与神学完全割断联系的哲学著作。本书参用旧注往往择善而从,重在阐明自己的认识,而不过多堆砌材料。注释的文字大都具体、详明,便于初学。书中于每篇节之后附有“按语”,或提示内容,或作概括的分析说明,也为一般读者研读《易传》提供了方便。

易学精华(全三册)

ISBN 7-5333-0148-X

1990年1月1版1次

16开　3012页　精装　98.00元

本社精选了15种唐、宋、元、明、清研究《周易》的著作,影印出版,汇成此书。书中所收既注重著作本身的学术地位,又兼顾各家各派的不同学说。一册在手,即可窥见易学发展之全貌,领略各家研究之要旨。

周易传文白话解

刘大钧　林忠军注译

ISBN 7-5333-0284-2

1993年4月1版1次

大32开　224页　4.20元

本书以现代知识体系为背景,在博览古今易学群书基础上撰写而成。作者弃门户之见,重训诂与象数,兼收百家之长,融会贯通,融学术性与知识性为一体,对《易经》作了全新的注释。

儒释道

四书章句集注

〔宋〕朱熹撰

ISBN 7－5333－0097－1

1988 年 7 月 1 版 1 次

16 开　1 册　精装　17.00 元

宋代大儒朱熹《四书章句集注》是一部影响深远的儒家经典,最早刊于南宋,惜宋本今已不见。元明两代均曾有人翻刻,但善本不多。本书据原海源阁所藏明版朱墨套印本影印。

四书章句集注(全六册)

〔宋〕朱熹撰

ISBN 7－5333－0134－X

1989 年 5 月 1 版 1 次

470 页　线装　40.00 元

中国孔子基金会为纪念孔子诞辰 2540 周年,特选宋代儒学大师朱熹《四书章句集注》山东海源阁所藏明版朱墨套印本影印出版。

四书章句集注

〔宋〕朱熹撰

ISBN 7－5333－0250－8

1992 年 4 月 1 版 1 次

32 开　510 页　6.70 元

本书据山东海源阁所藏明代善本点校整理,以简体横排出版。

论语集注

〔宋〕朱熹撰

ISBN 7－5333－0251－6

1992 年 4 月 1 版 1 次

32 开　226 页　3.30 元

《论语》记录了孔子和其弟子的言行,是儒家经典著作之一,在我国古代思想史和文化史上有极深远和广泛的影响。在历代众多的《论语》注本中,影响最大的当首推宋代儒学大师朱熹所撰《四书章句集注》中的《论语集注》。本书据山东海源阁所藏善本点校整理,以简体横排出版。

孟子集注

〔宋〕朱熹撰

ISBN 7－5333－0252－4

1992 年 4 月 1 版 1 次

32 开　232 页　3.30 元

《孟子》是我国古代伟大的思想家孟轲的言论辑录。在历代众多的《孟子》注本中,影响最大的当首推宋代儒学大师朱熹所撰《四书章句集注》中的《孟子集注》。本书以山东海源阁所藏明版朱墨套印本为底本,参校他本对《孟子集注》进行校点整理出版。

论语浅悟

姜厚粤著

ISBN 7－5333－1402－6

2004 年 9 月 1 版 1 次

大 32 开　754 页　精装　62.00 元

本书以如实记录圣人孔子及其弟子的言语、处世、学问等的儒家著述《论语》为对象,收录原文,加以今译,收集历代注释,并进行了评论。

论语今释

郑张欢著

ISBN 978－7－5333－1859－8

2007 年 9 月 1 版 1 次

大 32 开　316 页　20.00 元

本书以注、释、释按的形式,对《论语》原文进行了疏解，阐发了原文的主旨和意蕴，提出了自己一些独到而新鲜的见解。全书要言不烦，有助于加深读者对《论语》内涵的理解。

论语全解

李宗培编著

ISBN 978-7-5333-2060-7

2008年7月1版1次

大32开 340页 26.00元

本书作者在朱熹《论语集注》的基础上，参照古今译注解释《论语》，力求详尽。为了便于普及，作者依照原意，有的地方直译成白话，有的地方采取意译的方式，使之更加便于阅读理解。

论语全译

侯信杰 孔红晏点校 译著

孔国栋日文翻译

张晓文 孔艳英文翻译

ISBN 978-7-5333-2104-8

2008年9月1版1次

16开 304页 线装 180.00元

本书对《论语》进行了校点，并用现代汉语、英语、日语分别对《论语》进行了全文翻译。全书分20篇，每篇分若干小节，每小节体例为：本经、导读、译文。其中，译文的顺序为汉语、英语、日语。

孔子集语校补

〔清〕孙星衍撰 郭沂校补

ISBN 7-5333-0597-3

1998年10月1版1次

大32开 640页 35.00元

由清代著名学者孙星衍辑录、严可均审理的《孔子集语》一书，将群籍中有关孔子言论事迹的文献按内容分为14篇17卷，并加以校勘，是历代辑录孔子文献的集大成之作。其后，王仁俊和李滋然又分别作了一次补遗。此三书的文献来源多达220余种，可谓详备；其中有些文献现在已很难见到，非常珍贵。本书除了将此三书合而校之外，又增补了《孔子集语》因种种原因未收入的七种重要典籍和近期新出土的两种简帛文献，使之更加完善。《序言》部分对孔子文献进行了系统、深入的研究，对于使用本书具有参考价值。

孔子圣绩图

曲阜孔府文物档案馆编

ISBN 7-5333-1549-9

2005年9月1版1次

大6开 图39幅 精装 500.00元

《孔子圣绩图》是一部表现孔子一生事迹的连环图画，均依《论语》、《史记·孔子世家》等古籍，截取孔子生平主要事迹绘制而成。此圣绩图册页，旧题明仇十州画，文徵明书，分为上、下两卷，上卷存画19幅，下卷存画20幅，跋文一幅。原作现存曲阜孔府文物档案馆，国家一级文物，现公示珍藏，重编次序，原大影印出版。

明清彩绘孔子像

明清彩绘衍圣公及夫人像

曲阜孔府文物档案馆编

ISBN 7-5333-1666-5

2006年6月1版1次

大4开 图53幅 精装 1760.00元

《明清彩绘孔子像》共复制了孔府收藏的明清时期孔子画像11幅。从绘画技法上看，除《三圣像》、《弟子侍立图》为墨线白描外，其他均为中国传统工笔重彩技法。多人像中，布局主次分明，错落有致；单人像中，设色以淡雅为主，层次清楚，充分表现了中国传统肖像画的特点和高超技艺。《明清彩绘衍圣公及夫人像》自六十一代衍圣公孔弘绪始，至七十六代衍圣公孔令贻，共复制了42幅衍圣公及夫人肖像。这些画像形肖神似，工整细致，是中国肖像画的重要资料和珍品，对研究古代官制服饰、绘画技法均具有较高的价值。

明版彩绘孔子圣迹图

曲阜孔府文物档案馆编

ISBN 7－5333－1665－7
2006年7月1版1次
2开 图36幅 精装 1580.00元

《孔子圣迹图》是一部反映孔子生平事迹的连环画。此原大复制版《明版彩绘孔子圣迹图》的底本为36幅彩绘绢本，纸裱成册，设色鲜明，绘画精致，人物生动传神，图文并茂地介绍了孔子一生的主要行迹。

荀子诂译

杨柳桥著

统一书号：2206·28
1985年2月1版1次
大32开 890页 6.45元

《荀子》一书，义深词艰，加以千余年来流传中颇多讹误，不易索解。本书在深入钻研原著的基础上，积极吸取了前人的研究成果而写成的一部具有自己特色的新注。全书分为“释诂”和“译话”两部分，“释诂”包括古音、字义、校订、叶韵等内容；“译话”是对文义的通俗解释，有助于初学者理解原文。

尚书注训

黄怀信注训

ISBN 7－5333－1052－7
2002年3月1版1次
大32开 420页 28.00元

本书在吸收当前有关《尚书》研究新成果的基础上，对《尚书》逐篇进行新的注释和翻译；注释简明、准确，译文流畅、简洁而又忠于原文。

《坛经》对勘

郭朋校

统一书号：2206·11
1981年6月1版1次
大32开 178页 0.69元

《坛经》是佛教禅宗的创始人慧能“说法”的记录。慧能去世之后，先后出现四本《坛经》：一、《南宗顿教最上大乘摩诃般若波罗经六祖惠能大师于韶州大梵寺施法坛经》一卷，二、《六祖坛经》二卷，三、《六祖大师法宝坛经曹溪原本》一卷，四、《六祖大师法宝坛经》一卷。第一个本子（即敦煌写本，称法海本），是慧能当时的，在中唐时代；第二个本子（称惠昕本），出现于晚唐；第三个本子（这个本子实是契嵩的改编本，称契嵩本），在北宋；第四个本子（称宗宝本），在元代。中间相去几百年，愈是晚出，窜改愈多。而历来坊间的流通本，几乎只有宗宝本。致使研究慧能禅宗思想者，往往是真伪难分，甚至以假当真。本书以法海本为准，对四本《坛经》加以对勘，其间的是非、真伪，当可概见。

金刚经集注

〔明〕朱棣集注 一苇校点

ISBN 978－7－5333－1825－3
2007年7月1版1次
16开 208页 18.00元

《金刚经》历代主要有六种汉译本，其中鸠摩罗什译本年代最早、流行最广。此次校点以明永乐内务府刻本为底本，对其中明显的误字、衍字以及漏字等，参照其他版本逐一校订。同时，为方便普通读者阅读，文中未出校记，亦未作其他标识。

老子说解

张松如著

统一书号：2206·40
（ISBN 7－5333－0147－1）
1987年4月1版1次
大32开 536页 精装 5.10元

本书结构分经文、语译、校释、说解四部分，书后附录帛书《老子》全文。书的重点是校释和说解，特别在说解中，作者在汲取历代《老子》研究成果的基础上，检别疑谬，寻幽探微，颇多独到见解。

云笈七籤

〔宋〕张君房辑

ISBN 7-5333-0101-3

1988年9月1版1次

16开 748页 精装 29.80元

本书是北宋张君房在辑成宋藏《大宋天宫宝藏》之后，撷取其中精华编集而成。在宋藏久佚的今天，此书愈益珍贵，一些失传的古代文献据此得以保存。此书内容丰富，对研究中国传统文化，诸如哲学、史学、医药、化学、天文、地理、民俗、气功等，都极为有用，素来享有《小道藏》和《道教小百科》之盛名。

道德经释义

徐兴东 周长秋编著

ISBN 7-5333-0200-1

1991年7月1版1次

32开 212页 3.60元

本书对道家学派的经典著作《道德经》作了详细注释，译为白话文，并作了通俗的解说。

庄子新释

张默生原著 张翰勋校补

ISBN 7-5333-0356-3

1993年12月1版1次

大32开 762页 15.50元

该书对《庄子》一书，按"题解"、"集注"、"译释"三结合的形式进行了全面评析和阐述。此书是张默生先生的一部未完遗稿，山东师范大学张翰勋教授作了补写和整理。

老聃《老子》 太史儋《道德经》

张吉良著

ISBN 7-5333-0989-8

2001年9月1版1次

大32开 332页 18.00元

该书作者依据最新考古发现，对郭店简本《老子》和帛书本《德经》、《道经》及王弼本、河上公本、傅奕本《道德经》进行了系统的研究和考证，提出了《老子》为老聃书，《道德经》为太史儋书的观点，并对老聃和太史儋的学术思想进行了系统的阐述。

老子浅释

杨杜著

ISBN 7-5333-1539-1

2005年9月1版1次

大32开 216页 13.60元

本书以出土帛书《老子》甲本为底本，参阅其他权威版本，对《老子》八十一章的内容进行了注释和释义，并在每一章后附有"章后絮语"以阐述每一章的内容精髓。书的最末录有"帛书老子甲、乙本及傅奕古本对照"。

老子今释

郑张欢著

ISBN 978-7-5333-2098-0

2008年10月1版1次

大32开 180页 15.00元

本书对我国著名的哲学元典《老子》进行了新的简明的注释和解说，在总结前人研究的基础上，提出了许多富有新意的学术观点。

其他诸子

商子译注

山东大学《商子译注》编写组注

统一书号:11206·44
1982年10月1版1次

大32开　204页　0.77元

《商子》即《商君书》,主要内容系记述战国时期政治家商鞅的政治思想和政治主张,是研究先秦社会历史的一部重要典籍。《商子译注》对《商子》全书作了详细的注释和通俗的今译。书后附有《商鞅生平大事简表》、《商子译注重要词语索引》、《〈商子译注〉校勘表》、《校勘参用书目举要》等。

淮南旧注参正　墨子间诂参正

马宗霍著

统一书号:2206·23
1984年3月1版1次

大32开　562页　3.50元

《淮南子》一书,旧有许慎、高诱二家注,各自成说,五代、北宋时即合二为一。现在的通行本,虽标明高诱注,实则其中许多篇章为许慎注。本书作者乃绎本文,领会词义,对当注而旧注未及者,则为之补作,对虽有旧注而艰涩难明者,则更之为阐述发挥,对失允或传写讹误之处,则一一为之辨订。清人治《墨子》者不下十余人,孙诒让乃兼揽众家,择善而从,著有《墨子间诂》一书。本书作者就孙著发为《参正》,凡二百九十八条。晚近治墨学者多致力于阐述名理,作者所著则专主于释诂训,解疑难,以期于申晓文义,对于研究墨家思想者有所裨益。

晏子春秋译注

孙彦林　周民等注译

ISBN 7-5333-0208-7
1991年11月1版1次

大32开　410页　6.90元

《晏子春秋》以短篇故事形式记述晏婴生平言行,内容涉及齐国的内政外交,家庭生活趣事等。本书对原著进行校点、注释,并译成了通俗的语体文。

墨经训释

姜宝昌著

ISBN 7-5333-0378-4
1993年12月1版1次

大32开　412页　12.50元

本书是一部对《墨子》书中《经上》、《经下》、《经说上》、《经说下》四章进行了校注和阐释的学术专著。著者参考古今学者的研究成果,斟酌损益,断以己见,力图搞清每一条经文和说文的字词训诂和语句义理,将长期以来由于文字古奥、简札错乱等原因造成的艰深难读之处基本予以廓清。

《管子》房注释解

陈庆照　李障天注释

ISBN 7-5333-0935-9
2001年5月1版1次

大32开　492页　38.50元

《管子》一书是中国古代的重要典籍,但其文字古奥,素称难读。历代学者的注本中,以房玄龄注释本影响较大。然而,由于时代相隔,文字的古今差异,对一般读者来说,房注仍有难懂之处。此书对房注进行再注解,可帮助广大读者更好地理解《管子》原文。

孙子兵法新译

李兴斌　杨玲注译

ISBN 7-5333-0958-9
2001年6月1版1次

大32开　152页　10.00元

本书以魏武帝注本《孙子兵法》为底本,采用银雀山汉墓竹简《孙子兵法》为校本,采取原文与译文对读的形式,对这部古典名著加以整理。后附银雀山汉墓竹简《孙子兵法》摹本以及残文、佚文等。

孙膑兵法新译

李兴斌　邵斌注译

ISBN 7－5333－1071－3

2002年7月1版1次

大32开　164页　10.00元

本书对20世纪70年代临沂银雀山汉墓出土的已佚兵书《孙膑兵法》作了整理和注译，吸收了近年来关于该书的大量新的研究成果，并在书后附有全部的竹简摹本。

白话文韬武略宝典

——《论语》与《孙子兵法》今译

黄朴民主编

ISBN 7－5333－1069－1

2002年7月1版1次

大32开　344页　18.00元

本书将儒家经典《论语》和兵家经典《孙子兵法》合为一书，对原文进行简明注释和准确翻译，并以提要的形式逐篇概述其主要内容、思想精华和现实价值。

墨经校解

雷一东著

ISBN 7－5333－1562－6

2006年6月1版1次

大32开　356页　23.00元

本书作者在总结前人研究成果的基础上，用9年的时间，对《墨经》进行了深入的再研究和再认识。全书校正原文，解难释疑，阐发义理，洞见幽微。

《管子》新注

姜涛著

ISBN 7－5333－1748－3

2006年12月1版1次

大32开　596页　40.00元

本书是今存《管子》76篇的一个全译本，主要以文字训诂为基础，以串解文句、贯通篇意为重点，对一些文献的借鉴和问题的考校，注意取其精要，对所作各篇"解题"，也是提纲挈领，体现了本书的风格特点。

研究著作

易学研究

周易杂论

高亨著

统一书号:2206·2

(ISBN 7－5333－0106－4)

1979年7月新1版1次

大32开　110页　0.50元

本书原由山东人民出版社于1962年出版，此次依照原版重新排印。书中包括《周易》卦象所反映的辩证观点，《周易》卦爻辞的哲学思想，《周易》大传的哲学思想，《周易》卦爻辞的文学价值，《左传》、《国语》的《周易》说通解。

周易概论

刘大钧著

统一书号:2206·36

1986年5月1版1次

大32开　272页　1.95元

本书介绍了历代《周易》研究概况、前人研究《周易》的传统方法，以及作者本人对《周易》进行的研究。

周易概论(修订本)

刘大钧著

ISBN 7－5333－0053－X

1988年1月2版2次

大32开　378页　3.90元

本书是1986年本社版的《周易概论》的修

订本。

易的占筮与义理

(日)金谷治著　于时化译

ISBN 7-5333-0174-9

1990年11月1版1次

36开　216页　3.40元

本书是日本当代著名中国古代思想史家金谷治先生的著作。原书名《谈易》。作者以通俗易懂的文字、简明的笔调叙述了《周易》的两个基本方面:占筮与易理。作为占筮之书,作者简明扼要地介绍了易占的基本方法和有关知识;作为义理之书,作者深入浅出地介绍了《周易》的基本思想,并探讨了《易》与中国人思维方式的密切关系。本书的最大特点是通俗易懂、深入浅出,极容易阅读。

周易通读

张吉良著

ISBN 7-5333-0270-2

1993年1月1版1次

大32开　656页　10.50元

作者在本书中研究了《周易》与自然科学的关系,揭开了《周易》千古之谜。他认为八卦是二进位制的数学发明,并根据卦文词的记述,肯定《周易》乃古代社会著作,是古代丰富的文化宝库。

周易知识通览

朱伯崑主编

ISBN 7-5333-0329-6

1993年12月1版1次

大32开　1040页　精装　26.60元

本书论述了从《易经》到《易传》,再到历代易学研究发展的全部历程,内容包括:易经、易传、易学及其历史、易图学、易学与中华学术、易学中的思维方式、易学重要典籍简介等7编。

大易集要

刘大钧主编

ISBN 7-5333-0404-7

1994年3月1版1次

16开　366页　14.90元

本书是首届海峡两岸周易学术讨论会论文集,分《周易》经传研究、易学史研究、《周易》与文化、《周易》与自然科学四部分。

象数易学发展史(第一卷)

林忠军著

ISBN 7-5333-0429-2

1994年7月1版1次

大32开　370页　9.00元

本书以历史发展为线索,以当时的易学家与易学文献资料为主要研究对象,较全面地展现了春秋至两汉时期象数易学产生、发展与演变的过程,初步揭示象数易学在其发展过程中所表现出来的特点及对易学史乃至整个文化史所产生的影响。

纳甲筮法

刘大钧著

ISBN 7-5333-0457-8

1995年3月1版1次

大32开　176页　9.80元

本书是作者关于周易占卜与周易预测的讲座记录,主要讲述了最为流行的周易预测学——纳甲筮法的占卜原理及方法。文字简洁,卦例周详,并有许多作者关于纳甲筮法运算机制的独到见解。

象数易学研究(第一辑)

刘大钧主编

ISBN 7-5333-0529-9

1996年10月1版1次

大32开 360页 18.00元

象数是《周易》学说中的重要方面。本书将近年发表的在象数研究中最具代表思想和最有创新意义的论文收成专集。

象数易学研究（第二辑）

刘大钧主编

ISBN 7-5333-0611-2

1997年6月1版1次

大32开 350页 18.00元

象数是《周易》学说中的重要方面。本书将近年发表的在象数研究中最具代表思想和最有创新意义的论文收成专集。

象数易学发展史（第二卷）

林忠军著

ISBN 7-5333-0721-6

1998年6月1版1次

大32开 554页 30.00元

本书阐述了魏晋至宋代象数易学发展演变的历史。共分二编:第一编主要分析了象数易学式微的原因及象数易学的流传;第二编主要论述了象数易学的复兴,即图书之学兴起。

周易哲学和古代社会思想

张吉良著

ISBN 7-5333-0596-5

1998年9月1版1次

大32开 456页 25.00元

本书包括对《周易》的构成、《周易》哲学思想、《周易》古代社会思想、《周易》象数思想等专题的探讨与研究。

周易通演

张吉良著

ISBN 7-5333-0777-1

1999年9月1版1次

大32开 288页 精装 20.00元

本书对《周易》的文化思想内涵,予以多学科、多角度、多层次的透视,充分展示了《周易》固有的学术面貌。

易之道

苗孝元 姜在生著

ISBN 7-5333-1091-8

2002年10月1版1次

大32开 276页 20.00元

本书以新的科学发现和成就为依据,对《周易》作了全面、系统的研究,提出了《周易》是中国古代贤哲依据生命现象创造的一个用严密的数理逻辑语言表达宇宙基本结构和根本规律的科学体系的观点。

周易他说

张抒闻著

ISBN 7-5333-1274-0

2004年1月1版1次

大32开 312页 18.00元

本书针对《周易》的六十四卦进行文学语言、史料与哲理视角的解读,其题材涉及上古社会的经济、教育、政治、军事等多方面。

周易卦象与本义统解

杨吉德著

ISBN 7-5333-1400-X

2004年12月1版1次

大32开 456页 26.00元

本书将切入点选择在《周易》创作思路上,据此挖掘出创作卦爻辞的六十四卦卦象体系,并根据卦象规则和造字法,对许多字义作了新的探索,对卦爻辞也进行了新的阐释。这种治易方法初步实现了卦象、字义、卦爻辞思想的统一,开辟了一条义理与象数统一解易的新路径。

多维文化视野下的周易

——中国易文化传统研究

谭德贵著

ISBN 7－5333－1492－1

2005年5月1版1次

大32开　436页　27.00元

本书是一部全面客观探讨《周易》在传统文化中的地位与影响的书。作者从文化学的角度，客观全面地探讨分析了《周易》对中华民族传统思维模式、民族精神、国民人格以及政治、经济、军事、科技、宗教等诸方面的影响。

易学思维与人生价值论

刘玉平著

ISBN 7－5333－1578－2

2006年1月1版1次

大32开　336页　22.00元

本书通过对《周易》及汉至宋代易学的研究，发掘出了其中的易学思维，认为中国当代价值观和人生哲学的建构，应当从《周易》的思维逻辑和人生价值入手，重点探讨了《周易》思维对我们现实人生哲学、实现人生价值的借鉴与启迪意义。

周易今释

郑张欢著

ISBN 7－5333－1629－0

2006年6月1版1次

大32开　356页　24.00元

本书从文字学入手，对《周易》科学的产生和《易》的象、数、理、合等有关问题进行了系统全面的研究。作者视角独特，见解新颖，提出了许多有学术价值的观点。

三易通义

朱兴国著

ISBN 7－5333－1711－4

2006年9月1版1次

大32开　490页　30.00元

本书搁置前人旧说，通过解读三《易》(《周易》、《归藏》、《连山》)的意象体系，发现了三《易》是按照八卦四时休王之理推断吉凶的，这样不仅可以了解古人的意象思维方式和表达方式，而且《易》学领域中的疑难问题也可得到较好的解决。

汉易卦气学研究

梁韦弦著

ISBN 7－5333－1725－4

2007年1月1版1次

大32开　300页　20.00元

汉易卦气学是一个以天人感应论和五行生克、五行运数为理论支撑的占筮体系。本书从汉易卦气学形成和发展的源流，与洪范学、历数的关系，以及对两汉社会政治生活的影响等方面做了精确恰当的考证和分析，揭示了卦气学的本来面目，也提出了它特有的价值，令人信服地论证了其在中国古代学术体系中的地位。

周易思辨哲学(全二册)

王章陵著

ISBN 7－5333－1787－4

2007年1月1版1次

大32开　904页　67.00元

本书分上、下两册。上册“辩证的中道论”通过对《周易》的宇宙本原论、三律(质量互变律、对立统一律、否定之否定律)、数理逻辑、中道哲学、社会结构论等的揭示及重新思辨，建立了自身的《周易》理论体系。下册“辩证的符号逻辑学”充分运用自身创造的理论体系对《周易》六十四卦进行逐一解说，以揭示天地万物的普遍规律。

解经与弘道

——《易传》之形上学研究

张汝金著

ISBN 978-7-5333-1887-1

2007年11月1版1次

大32开　356页　23.80元

本书立足中国经典诠释传统和诠释实践，借鉴西方诠释学的有关理论和方法，审视《易传》对《易经》的诠释问题，厘清《易传》诠释《易经》的最初面貌、根本目的、方法体例、实践价值和哲学意义。

历代易学名著研究（全二册）

林忠军主编

ISBN 978-7-5333-1949-6

2008年5月1版1次

大32开　1068页　75.00元

本书从历代易学著作中选取有重要学术价值、在易学史和思想史上有重大影响的易学名著18种，概括介绍这18种书的成书过程、主要特色、对后世的影响及版本等情况，这些研究均能够站在学术前沿，重视前贤研究成果，关注当前易学动态，尤其注意利用新出土的易学资料阐发思想。

易学与汉语关系论稿

许钦彬著

ISBN 978-7-5333-2084-3

2008年9月1版1次

大32开　284页　22.00元

本书从易学的角度来演绎推论，借此证明易学的思想体系对汉语言乃至汉文化发展的重要推动力。作者通过解析汉语言与汉文字的阴阳平衡、论证汉语语法中的易学思想，并举《新华字典》与古代语法论著为实例，阐述了易学之于汉语的重要作用。

周易卦爻辞新解

许钦彬著

ISBN 978-7-5333-2043-0

2008年10月1版1次

大32开　488页　36.00元

本书运用六爻八卦纳甲的易术筮法理论，全面而又系统地诠释、阐述了六十四卦、卦辞以及三百八十六爻、爻辞的涵义，对其进行了深入的逻辑分析和推理演绎，表明《周易》是由符号、卦象、易术理论和由卦辞和爻辞的哲学思想理论两部分相辅相成而构成的一个不可分割的整体，从而认为：《周易》是一部独特的由中国古人归纳和总结出的与宇宙大自然的时空运行系统完全符合的华夏文化体系的百科全书。

读易札记

李修坤著

ISBN 978-7-5333-2083-6

2008年10月1版1次

16开　254页　28.00元

本书以读书札记的形式对易经的历史文化内涵进行发微，或涉及社会历史文化，或涉及日常生活琐事，多是家学渊源与作者自己多年潜心研究的综合所得，结构灵活简洁，主题鲜明隽永，可令读者随手翻阅，是一本关于易经的通俗解读之书。

儒释道研究

礼记目录后案

任铭善著

统一书号：11206·51

1982年8月1版1次

大32开　101页　0.39元

《礼记》相传是孔子弟子及后学者所记我国秦汉以前各种礼仪论述的选集，与《仪礼》、《周礼》合称三《礼》，是研究我国古代社会情况、儒家学说和名物制度的重要参考书。任铭善先生早年曾先后讲授《礼记》于之江大学和无锡国学馆，本书是作者多年来研究所得，现据其遗稿，经杭州大学中文系蒋礼鸿教授校点排印。

孔子评传

匡亚明著

统一书号:11206·105

(ISBN 7－5333－0094－7)

1985年3月1版1次　大32开

480页　平装4.15元　精装5.95元

本书共分十章，包括：导论、生平概略、孔子时代的社会背景、仁的哲学思想、仁的伦理思想、仁的政治思想、中国历史上第一个伟大的教育家、中国历史上第一个伟大的文献整理家、孔子对后世的影响、结论。书中除附有“孔子年谱”外，还附有“《论语》箴言六十条译释”，书前配有“孔子画像”六幅。本书是对孔子研究的较全面、较系统、评价较公允的一部重要著作。

近四十年来孔子研究论文选编

中国孔子基金会学术委员会编

统一书号:2206·44

(ISBN 7－5333－0007－6)

1987年5月1版1次

大32开　664页　精装　5.30元

本书共选全国(包括台湾)著名学者嵇文甫、杨向奎、冯友兰、任继愈、周予同、庞朴、丁伟志、李泽厚、唐君毅、钱穆、牟宗三、余英时等人文章共30余篇，提供一个新中国成立以来孔子研究的缩影，中国孔子基金会副会长辛冠洁为本书作序。

孔门弟子研究

李启谦著

统一书号:11206·144

(ISBN 7－5333－0022－X)

1987年8月1版1次

大32开　284页　1.80元

孔子是我国古代伟大的思想家和教育家，相传他有弟子三千，其中出类拔萃的七十二人。这些孔门弟子对传播孔子思想、创立儒家学派有着不可磨灭的贡献，研究他们的生平事迹是研究孔子思想和儒家学说的重要课题。本书作者生活工作在孔子故乡，数十年来致力于孔门弟子资料的搜集和思想研究，有许多精辟独到的见解。本书即为他研究孔门弟子的结晶。书中专题研究的九十七名孔门弟子的生平思想，均为研究孔子思想和儒家学说的珍贵资料，有重要的参考价值。

孔子思想研究论集

曲阜师范大学孔子研究所编

统一书号:2206·48

(ISBN 7－5333—0019－X)

1987年9月1版1次

大32开　454页　3.10元

本书共收孔子思想研究的论文26篇，主要是1962—1985年各报刊发表的孔子研究论文及近年来部分专家及中青年学者的新作，宗旨在于发扬学术、探索文化遗产的批判继承，对孔子和儒家以及中国传统文化进行科学的分析和总结。所选论文从不同角度对孔子的政治、哲学、法律、伦理、教育等思想进行了较深入的探讨，本着百家争鸣的原则，提出了一些与以往不同的见解。

儒学国际学术讨论会论文集(全二册)

中国孔子基金会

新加坡东亚哲学研究所编

ISBN 7－5333－0098－X

1989年4月1版1次

大32开　1434页　精装　38.00元

本书是1987年曲阜儒学国际学术讨论会论文的结集，由张岱年、杨向奎、汤一介、金谷治、成中英、李泽厚、高桥进、狄百瑞等81位中外著名学者撰著。作者的观点不同、研究的方法不同，因而对儒学的评价不一，结论各异，但都是在严格的科学分析的基础上作出的。透过本书，既能看清儒学的总体轮廓，也能看清它的每个细部，不失为一部完整的关于儒学、儒学的发展与影响，及其在现代社会的价值的学术专著。全书共分五大部分：一、演讲词，二、儒学总论，三、儒学发展的各个阶段和儒家代表人物的研究，四、儒学对东南亚各国和地区的影响，及世界各地儒学研究的情况，五、儒学与现代社会。

孔子家世

济宁市政协文史资料委员会

曲阜市政协文史资料委员会编

ISBN 7-5333-0158-7

1989年9月1版1次

大32开　294页　3.95元

本书为介绍孔子身世及孔庙等情况的资料专辑，分上、下两编。上编收文24篇，逐一介绍了孔子的先祖、父母、孔子的封谥号、年谱及历代孔子后裔的爵位继承、族谱、著述和孔令贻的丧仪、孔德成的大婚等纪事资料；下编为孔庙大成殿的“四配”“十二哲”、东西庑的“先贤”“先儒”及历代孔庙、孔林的建筑设施和历代皇帝祀孔纪略等文章，共18篇。

孔子儒学与当代社会文集

曲阜师范大学孔子研究会

曲阜师范大学孔子研究所编

ISBN 7-5333-0232-X

1991年7月1版1次

大32开　490页　8.20元

本书共收中外学者论文37篇，作者从各自不同角度，论述了孔子以及历代大儒思想的一个侧面。

清儒学记

张舜徽编著

ISBN 7-5333-0219-2

1991年11月1版1次

大32开　556页　精装　11.5元

《清儒学记》是我国著名文献学家、史学家张舜徽教授系统总结清代学术成就的一部力作。作者将涉及的每位学者的治学方法、态度、精神以及学术渊源、师承次第，作出全面而概括的说明，并运用新观点，对其学术中的疏漏进行了分析和辨证。

海峡两岸学者首次儒学对话

中国孔子基金会编著

ISBN 7-5333-0369-5

1993年12月1版1次

大32开　352页　精装　9.00元

在相互隔绝四十余年之后，二十几位大陆台湾学者于1991年10月在曲阜首次聚会，以儒学为话题，就中国传统文化主流上的共识与差异，充分表述了自己的见解。本书是这次会议论文的结集。书中收大陆论文16篇，大多着眼于宏观的概括性论述；台湾学者论文8篇，大多着眼于微观，作具体的分析。从中可看出两岸学者的学风和研究方法上的差异。本书对两岸文化学术界交流和中国传统文化思想的研究，是一本有益的参考书。

论儒教

（日）加地伸行著　于时化译

ISBN 7-5333-0387-3

1993年12月1版1次

32开　174页　4.50元

本书分为儒教的宗教性、儒教的创立、儒教与现代等6章。

孔子与中国美学

邓承奇著

ISBN 7-5333-0464-0

1995年7月1版1次

大32开　278页　7.80元

该书从哲学的高度，论证了孔子思想对中国美学创建与发展产生的重要影响，作者循着中国美学思想演进的脉络，对孔子与中国美学的关系作了周详缜密的探究，进行了多角度的分析。全书共分八章：中国古代美学的基石与主干、孔子的仁学与美学、社会美学与影响、孔子的艺术美及影响、孔子审美教育及影响、见仁见智、和而不同、中庸至美等。文笔流畅，征引资料丰富翔实，论点多有创见。

曾子家世

政协嘉祥县委员会文史资料委员会

政协济宁市委员会文史资料委员会编

ISBN 7-5333-0652-X

1997年12月1版1次

32开　160页　8.00元

本书分曾子研究、故里考论、文物古迹、研究资料四部分。内容涉及曾子家世、生平、著作、影响、遗址、纪念性建筑、历代曾子资料等。

颜子家世

济宁市政协文史资料委员会

曲阜市政协文史资料委员会编

ISBN 7-5333-0740-2

1998年11月1版1次

大32开　210页　12.80元

颜子是孔门四圣人之一，以德行著称于世。此书收录颜子生平思想及历代祀颜盛况之研究文章。

孔子与世界

曲阜市人民政府编

ISBN 7-5333-0904-9

2000年9月1版1次

大16开　216页　148.00元

本书是孔子学术会堂十年讲学录的结集，收录了自1990年至2000年十年间，杨向奎、陈香梅、季羡林、李学勤等20多位著名中外儒学研究专家在孔子学术会堂的演讲稿，并配以大量珍贵的照片和图片，图文并茂。演讲从不同的侧面，对孔子及其学说作了深入的研究，着重论述了孔子的思想学说在中国传统文化中的地位、孔子及儒学思想与现代文明的关系等，阐明了儒学思想在现代社会仍有其生命力，并能对世界文明的发展和未来作出贡献。

孔子·儒学研究文丛（一）

山东省儒学研究基地等编著

ISBN 7-5333-0948-0

2001年6月1版1次

420页　大32开　26.00元

本书系一部丛刊性质的学术文集，此为第一期。书中收入了近期国内孔子与儒学研究方面一批高质量的学术成果，足资孔子与儒家文化研究者和教学者参考使用。

儒学与汉代社会

刘厚琴著

ISBN 7-5333-1020-9

2002年1月1版1次

大32开　492页　28.00元

本书对儒学在汉代的兴衰及对汉代社会政治、经济及社会思想的影响进行了系统的研究。

儒家伦理

——秩序与活力

刘宗贤著

ISBN 7-5333-1094-2

2002年5月1版1次

大32开 372页 25.00元

本书从研究儒家伦理思想入手,对儒学与现代化的关系问题进行了探讨。作者认为,儒学属于一种伦理型文化,具有重和谐重安定的价值取向和进行道德文化整合、维护社会稳定的功能,对于新时期社会秩序和人们道德理想、信念的重建有着重要的意义。

儒家伦理与中国史学

许凌云著

ISBN 7-5333-1331-3

2003年3月1版1次

大32开 372页 23.00元

本书重点探讨了司马迁、刘知几、司马光、章学诚等四位重量级的儒家史学大家。司马迁的史学理论标志着儒家历史哲学的形成,刘知几的史学是儒家史学理论的系统总结,司马光的史学把儒家史学的政治伦理发展到了极致,而章学诚的史学把儒家史学理论推到了整个封建社会的高峰。通过对这四位大家的具体论述,本书探究了儒家的史学思想,尤其是儒家史学思想中所蕴涵的伦理精神。

颜子研究论丛

于联凯 颜世谦主编

ISBN 7-5333-1128-0

2003年5月1版1次

大32开 446页 30.00元

本书是对孔子弟子颜回进行思想研究和其家族文化与家世研究的文集,包括:颜回仁德三论,论颜子的思想及其社会意义,论颜子的精神境界等。

儒家管理哲学新论

孙聚友著

ISBN 7-5333-1221-X

2003年8月1版1次

大32开 364页 25.00元

本书分上、下两编。上编探讨了儒家管理的理论基础、种类、对象、本质、目的;下编探讨了儒家管理的经权方法及其计划管理、组织管理、领导管理等方法。

天人纠葛与历史运演

——西汉儒家历史观的现代阐释

张秋升著

ISBN 7-5333-1235-X

2003年9月1版1次

大32开 222页 15.00元

该书采用历史与逻辑相统一的方法对西汉儒家的历史观作了全面的、专门的、贯通的研究。

儒教中国的形成

——早期儒学与中国政治文化的演进

林存光著

ISBN 7-5333-1250-3

2003年10月1版1次

大32开 298页 19.00元

本书从政治与文化互动的视角来系统探讨儒学的意识形态化及儒教中国的形成问题。

儒学在国外的传播与影响

姜林祥编著

ISBN 7-5333-1277-5

2003年12月1版1次

大32开 392页 22.00元

本书系统概括了和梳理了儒学在朝鲜、日本、越南、新加坡、欧洲、美洲的传播及影响情况。

儒家传统与人权·民主思想

陈启智等主编

ISBN 7-5333-1251-1

2004年1月1版1次
大32开 288页 18.00元

本书收录的20多篇相关论文，就传统儒学与现代民主、人权的关系，中国儒学对西方近代人权思想的产生和形成的影响等主题展开讨论。

儒商与二十一世纪

陈启智 张树骅主编

ISBN 7-5333-1252-X
2004年1月1版1次
大32开 512页 32.00元

本书收录的60篇相关论文，针对“关于儒学与东亚经济发展模式的反思、儒家思想与现代企业文化建设”等儒学与儒商在21世纪发展所面临的挑战、机遇及其发展态势问题进行讨论，反映了国际学术界此项专题研究的学术水准。

儒学与全球化

陈启智主编

ISBN 7-5333-1253-8
2004年2月1版1次
大32开 668页 40.00元

本书为“儒学与全球化”国际学术研讨会论文集，围绕“儒学与全球化”的中心议题，就全球化与文化多元发展的关系、全球化发展趋势下儒学的价值及面临的问题等议题，收入了64篇文章。

境界形而上学及其限制

——由先秦儒学谈起

宁新昌著

ISBN 7-5333-1322-4
2004年3月1版1次
大32开 268页 17.00元

本书由具体论述孔子、曾点、曾参、颜渊、孟子、《论语》、《中庸》等先儒及其著作的境界形而上学，进而宏观地阐发了境界形而上学的超越性和局限性。本书认为，儒学本质上属于一种境界形态的形而上学，它和西方实体形态的形而上学有很大的差异。所以，本书从体贴、体验、体知出发，来思考儒学的哲学形态；从人的生存感受和对人生意义的理解出发，来思考儒学的性质。

先秦儒家教育哲学思想研究

韩钟文著

ISBN 7-5333-1324-0
2004年3月1版1次
大32开 368页 23.00元

本书围绕着先秦儒家学派及其学说，从他们论教育与社会的发展、教育与人的发展、教育目的、德育、智育、美育、教学论等诸方面系统地阐述了儒家教育哲学思想体系之精髓——“内圣外王之道”。其目的是为了让人们重新认识先秦儒家教育哲学思想的意义和价值，以期引起学术界的重视。

历史上的孔子形象

——政治与文化语境下的孔子和儒学

林存光著

ISBN 7-5333-1320-8
2004年3月1版1次
大32开 464页 30.00元

本书通过具体阐述孔子的历史和政治活动、孔子对各个历史时期的重大影响以及世人对孔子的各种褒贬评价，准确地概括了历史上的孔子形象：他建构了一个充满了内在张力性而又富于解释性的以人为本的理论架构——既重视以内省意识为核心的自我修身而又推崇以忠恕为原则的人际交往理性，既崇尚古圣先王之道而又关注现实民生，既尊君而又重民，既尊德性而又重道问学。总之，孔子不仅是一个伟大的思想家，更是一个以实际行动诠释其理念的行动家。

儒学与现代文明

苗润田　杨朝明主编

ISBN 7-5333-1356-9

2004年5月1版1次

大32开　172页　12.00元

本书是中韩“儒学与现代文明”学术研讨会的论文集，以冷静、客观、理性的态度，深入探讨儒学与现代文明，研究儒学与全球化的关系，探讨儒学在全球化文化发展中的地位和作用等问题。

儒学与近代以来中国政治

吕明灼等著

ISBN 7-5333-1392-5

2004年8月1版1次

大32开　552页　35.00元

儒学是中华文明的宝贵财富，千百年以来，它对中国的社会、政治产生着巨大的影响。本书以近代以来儒学与政治的互动史为视角，全面而深刻地揭示了两者之间复杂的关系，并从中得出许多富有启示性的见解和观点。

孔子伦理思想发微

——现代生活语境中的《论语》解读

王世明著

ISBN 7-5333-1398-4

2004年9月1版1次

大32开　504页　精装　36.00元

本书在继承前人关于孔子伦理思想研究成果的基础上，运用辩证唯物主义和历史唯物主义的观点和方法，紧密联系现代社会的实际，立足《论语》原著的解读，从中抽取出孔子伦理思想的重要论题，凝练出“仁、孝、学、言、省、和、思、道”八个基本范畴，并对这八个范畴的内涵予以深入挖掘，着重阐释其现代意义。

大哉孔子

孔祥林主编

ISBN 7-5333-1429-8

2004年10月1版1次

16开　228页　180.00元

本书以图文并茂的形式，介绍了孔子一生的主要事迹和思想，以及孔子文化在海外的传播。全书共有四编，第一编济世化民的一生，包括家世、志学、立教、从政、周游列国、终鲁六章；第二编博大精深的思想，包括哲学思想、政治思想、伦理思想、教育思想、其他思想四章；第三编源远流长的儒家学派，包括先秦显学、两汉经学、魏晋玄学、隋唐经学、宋明理学、清代儒学、当代儒学七章；第四编影响远播，惠及世家，包括孔子思想在朝鲜半岛的传播与影响、在越南的传播与影响、在日本传播与影响三章。本书收入有关孔子文物、遗迹、书画等彩色图片400余幅。

中国儒学史研究

张秋升　王洪军主编

ISBN 7-5333-1425-5

2004年12月1版1次

大32开　502页　33.00元

本书精选了曲阜师范大学十几位学者有关中国儒学史研究的论文30多篇，所选文章取材视角开阔，既有对以往研究成果的总结，又有对未来研究方向的展望。

儒家文献研究

黄怀信　李景明主编

ISBN 7-5333-1428-X

2004年12月1版1次

大32开　532页　35.00元

本书精选了曲阜师范大学十几位学者有关儒家文献研究的论文30多篇，取材视野开阔，其中不乏自出新意之作。

孔子与孔门弟子研究

杨朝明　修建军主编

ISBN 7－5333－1424－7

2004 年 12 月 1 版 1 次

大 32 开　528 页　35.00 元

本书收录了曲阜师范大学十几位学者有关孔子与孔门弟子研究的论文 30 多篇，资料详实，论证严谨，见解独到。

分判与融通

——当代新儒家德性与知识关系研究

赵卫东著

ISBN 7－5333－1685－1

2006 年 6 月 1 版 1 次

大 32 开　460 页　29.00 元

本书以张君劢、梁漱溟、熊十力、牟宗三等当代新儒家重要人物为代表，对当代新儒家德性与知识关系问题进行深入研究，揭示了他们均采取先分判、后融通的方式，达到了德性与知识关系圆融的共同特征，填补了当代新儒家德性与知识关系研究的空白。

北宋"儒术治国"政治研究

贾海涛著

ISBN 7－5333－1661－4

2006 年 7 月 1 版 1 次

大 32 开　372 页　24.00 元

本书以"儒术"和"儒术治国"为视角，以北宋为古代社会的个案，探讨"儒术治国"对北宋社会政治、经济、文化及国运的影响与相互制约，以及"儒术治国"与古代社会运作的辩证关系。

斯文在兹

——儒学与中国传统文化

王钧林等著

ISBN 7－5333－1772－6

2006 年 12 月 1 版 1 次

大 32 开　344 页　22.00 元

本书以平易、简明、流畅的语言，全面、系统地探讨了儒学的产生、发展及其与中国传统文化的密切关系，以及其在东学西渐过程中独尊地位的衰落和在新时期的复兴与发展，并深刻分析了这一历史现象的重要启示和文化意义。

《尚书》研究要论

刘起釪著

ISBN 7－5333－1594－4

2007 年 1 月 1 版 1 次

大 32 开　602 页　38.00 元

本书收入作者平生所发表的关于古代重要文献《尚书》的研究论文 30 余篇。这些文章观点新颖，论述全面而深刻。

名家评说孔子辨析

韩喜凯著

ISBN 978－7－5333－1958－8

2008 年 2 月 1 版 1 次

16 开　362 页　38.60 元

本书在引用前贤先哲和近代名家评说孔子和《论语》研究成果的基础上，对多年来在学术界引发争论的某些疑点、焦点问题，进行了比照、辨析和评述。

论语的语文

徐同林著

ISBN 978－7－5333－2031－7

2008 年 6 月 1 版 1 次

大 32 开　300 页　25.00 元

本书是作者数年悉心攻读《论语》的心得，以及参与大学语文课程学院级、国家级精品课程建设的实践的研究成果，共 13 篇，主要内容包括《论语》语文教育思想与方法的探讨、《论语》语文艺术的鉴赏,以及《论语》熏陶下的一些语文实践。

儒家伦理与《春秋》叙事

周远斌著

ISBN 978-7-5333-2092-8

2008年8月1版1次

大32开　336页　28.00元

本书阐述了儒家伦理与《春秋》叙事之关系,及以儒家伦理为内核的《春秋》叙事对后世史学、小说叙事之影响,是有关儒家伦理与中国传统文化关系的一部学术专著。

儒家思孟学派论集

山东师范大学齐鲁文化研究中心

美国哈佛大学燕京学社编

ISBN 978-7-5333-2152-9

2008年12月1版1次

16开　680页　98.00元

本书为2007年在山东召开的"儒家思孟学派国际学术研讨会"的论文结集。收集有关儒家重要人物子思、孟子以及相关人物研究的学术论文30余篇,系统地反映了此方面研究的最新研究成果。

隋唐佛教

郭朋著

统一书号:2206·4

1980年3月1版1次

大32开　642页　精装　2.85元

本书是研究佛教思想的专著。作者以历史唯物主义的观点,揭示了隋唐两代以皇帝为代表的封建统治阶级是如何扶植、利用佛教的,系统地论述了隋唐佛教思想的发展。全书按隋唐两个朝代分作上、下两编。

汉魏两晋南北朝佛教

郭朋著

统一书号:2206·31

1986年6月1版1次

大32开　892页　5.80元

本书分上、中、下三编(共二十一章):上编(四章),汉代佛教,叙述佛教初传时期的基本状况以及早期译经等情况;中编(九章),魏晋佛教,叙述魏晋译经以及以《般若》学说为代表的佛教思想的传播等情况;下编(八章),南北朝佛教,叙述佛教的南统与北统以及各个不同派别的思想状况等等。每个时期都是从概述时代背景和佛教同封建王朝的密切关系入手,进而通过若干佛教代表人物的思想、社会活动,以探索、揭示佛教发展的历史进程、思想特点、阶级实质和社会作用。作者力图用历史唯物主义的观点和方法,对佛教思想的发展和演变进行比较系统的叙述和评介。

玄奘论集

杨廷福著

统一书号:11206·120

1986年7月1版1次

大32开　228页　1.65元

本书是作者长期从事玄奘研究的一部论著结集,内有专论5篇和《玄奘生平简谱》。作者在本书中综汇百年来中外学术界研究成果,更向前探索,对聚讼疑案也均精细考较,提出自己独到见解。

吕澂佛学论著选集(全五册)

吕澂著

ISBN 7-5333-0100-5

1991年7月1版1次

大32开　3008页　精装　126.00元

丹阳吕澂先生为我国佛学界前辈学者,平生著作丰富。这部《选集》收录文章67种及有关文章的附录28篇。收录的文章,大致以写作时间的先后,结合分类编次。全书一字之校、一书之勘,无不探本穷源,言之凿凿,务求落实,每多孤明先发之见，对研究、阐发佛学之精义，做出了重大贡献。

老庄论集

张松如等著

统一书号:2206·41

1987年4月1版1次 大32开

404页 精装4.05元 平装3.00元

本书是海峡两岸学者合著的第一部老子和庄子的研究论集，所收20篇论文，荟萃了张松如、赵明、陈鼓应、张军四位作者近年研究成果的精华，论及老庄思想的诸方面重要问题。

道教通论

——兼论道家学说

牟钟鉴等主编

ISBN 7-5333-0214-1

1991年11月1版1次

大32开 786页 22.50元

本书是对道家和道教文化进行综合研究的学术专著。它在对道教作系统阐发的同时，也深入地研究了与道教相关的老庄和道家学说，并对道教文化作了一定的探讨。全书分上、中、下三编：上编溯源，中编寻流，下编探术。

中国古典道学与名学

张吉良著

ISBN 7-5333-1182-5

2003年4月1版1次

大32开 332页 20.00元

本书包括老子和中国古典道学、公孙龙子和中国古代名家两部分，并对道家与名家的传承关系进行了分析与研究。

庄子解读

——流变开放的思想形式

张涅著

ISBN 7-5333-1226-0

2003年9月1版1次

大32开 326页 23.00元

本书是对《庄子》的全面解读，核心观点即为副题“流变开放的思想形式”。第一章为总论，是对副题的具体阐释，以下七章分别以内七篇为纲作具体的解说和论证。每一章末附有前人对《庄子》思想和思想结构研究观点的编类。

郭店竹书老子论考

李若晖著

ISBN 7-5333-1246-5

2004年2月1版1次

大32开 424页 25.00元

本书首先回顾了郭店楚简《老子》的发现以来研究的过程，综述其多方面的成就；然后从方法论角度入手，讨论郭店简《老子》校勘间的各种问题；继之作者以“由字以通其词，由词以通其道”为原则，对简本与后来各本异文详作分析，即把简本、帛书本和传世本系列的各种版本排列在一起，一字一字地比勘，写出了《〈老子〉异文对照表》附录于书后。

全真七子与齐鲁文化

牟钟鉴著

ISBN 7-5333-1431-X

2005年5月1版1次

16开 398页 79.00元

本书是第一部全面研究全真道的学术专著。全书系统探讨了全真道的形成、发展和影响，以及全真七子的事迹、思想特点及其与齐鲁文化之间的渊源关系。书中附有近80幅珍贵插图。

老子秘语

尹国兴著

ISBN 7-5333-1681-9

2006年8月1版1次

大32开 304页 19.00元

本书对《老子》进行了全新的考证和解读，提出了一系列与传统观点大不相同的见解，是以启人意智，发人深思。

道藏炼丹要辑研究(南北朝卷)

容志毅著

ISBN 7-5333-1712-2

2006年12月1版1次

大32开 416页 29.00元

本书通过对南北朝道教炼丹术文献的探讨，对道教炼丹活动中所包含的科学因素，尤其对炼丹典籍中所隐含的原始化学资料进了系统的挖掘整理，对道教炼丹在古代中国科学技术史中的地位做出了适当的评价。

昆嵛紫气

——全真道始于胶东历史探秘

王钦法著

ISBN 7-5333-1755-6

2007年1月1版1次

大32开 474页 28.00元

山东东部地区的昆嵛山，是全真道的发祥地。始创于金元时期的全真道，对后世胶东地区以至整个山东社会文化产生了深远广泛的历史影响。本书对昆嵛山道教文化的源流与历史脉络进行了系统的论述。

诸子研究

诸子新笺

高亨著

统一书号:2206·1

1980年8月新1版1次

大32开 323页 1.30元

本书是作者《老子正诂》、《墨子校诠》之外，对先秦诸子研究著作的结集。内容包括《墨子新笺》、《庄子新笺》、《荀子新笺》、《韩非子新笺》、《吕氏春秋新笺》等五篇著作。此书系根据山东人民出版社1961年第二版重排印行，并增入作者1963年定稿的《商君书新笺》一种。

先秦七子思想研究

童书业著

统一书号:2206·22

1982年1月1版1次

大32开 313页 1.15元

本书是作者晚年研究古代思想意识方面的论文集。作者以历史唯物主义观点，在深入研究古代社会经济的基础上，对孔子、墨子、孟子、老子、庄子、荀子、韩非子所处的阶级地位和思想进行了深入的探讨和分析。

墨辩逻辑学(修订本)

陈孟麟著

统一书号:2206·29

1983年10月1版1次

大32开 380页 1.60元

本书系作者《墨辩逻辑学》的修订本。全书共分七章，论证和阐述了墨辩逻辑体系，对“名”、“辞”、“说”从逻辑学的角度作了较详尽的论述。增加了“墨辩六书今译”，书后附有作者墨辩研究论文四篇。

《公孙龙子》蠡测

杨俊光著

统一书号:2206·39

1986年12月1版1次

大32开 320页 2.15元

本书是作者对“名家”代表人物公孙龙思想进行多年研究的成果。作者广泛吸取前人考证、注释和研究的成果，对《公孙龙子》全书作了比较深入的探讨，文字的考释与思想的剖析融为一体，详评了各家的得失，特别是对公孙龙体系的客观唯心主义和形而上学性质作出了判断。同时，对《公孙龙子》在逻辑科学方面的卓越成就，以及它的整个体系在人类哲学思想的发展上所作出的独特的贡献和历史的价值，也给予了适当的评价。此外，作者参考明、清两代二十多种原著与其他著作写成的《校勘记》以及原书各篇的《校译》，亦可供深入研究公孙龙思想者参考。

孙膑军事思想研究

孙世民著

ISBN 7-5333-0385-7

1993年12月1版1次

32开 160页 4.60元

本书是孙膑军事思想的研究专著。

孙武孙膑兵法试说

邵斌 宋开霞编著

ISBN 7-5333-0532-9

1996年3月1版1次

大32开 312页 12.80元

本书以银雀山汉墓竹简二孙子兵法为底本，其中《孙子兵法》凡残缺处，对照《十一家注孙子兵法》补齐，然后对原文逐段进行注释、今译和解说，书末附以汉墓竹简二孙子兵法之摹本。

晏子研究文集

王振民主编

ISBN 7-5333-0687-2

1998年3月1版1次

大32开 568页 26.00元

本书收录研究晏子的文章32篇。

墨子研究论丛(四)

张知寒主编

ISBN 7-5333-0724-0

1998年12月1版1次

大32开 464页 35.00元

本书研究墨子思想，着重于墨子及其门徒作出的数十项领先于古代世界各国的发明创造，以及维护和平、消灭战争、无私奉献的辉煌业绩。

宗圣曾子

临沂市政协文史和学习委员会

平邑县政协文史委员会编

ISBN 7-5333-0917-2

2000年12月1版1次

大32开 456页 28.00元

本书是一部评介曾子生平思想和故里考论的专集，分曾子研究、故里考论、文物古迹和研究资料四部分，具有一定的学术和史料价值。

墨子研究论丛(五)

王裕安主编

ISBN 7-5333-0971-5

2001年7月1版1次

大32开 460页 32.00元

本书收入了国内外墨学研究的一批重要论文，从不同角度对有关墨学的一系列学术问题进行了探讨，提出了许多新的观点。

兵法·事业·人生

——十年讲学话《孙子》

(马来西亚)吕罗拔著

ISBN 7-5333-0990-1

2001年9月1版1次

大32开 320页 26.00元

本书作者自1984—1996年历任新加坡象棋总会会长、马来西亚象棋总会署理及会长、亚洲象棋总会副会长等。吕罗拔热心研究中国传统文化，着迷于孙子学术研究40余年，著有《瀛海游踪》、《我与孙子兵法》、《孙子兵法散论》、《漫谈孙子兵法》、《兵法·事业·人生》、《全面知伊战》及学术论文百余篇，他特别注重将孙子兵法运用于分析世界形势和经商实践，而本书为他的第三部著作。

《淮南子·天文》研究

——从数术史的角度

陶磊著

ISBN 7-5333-1206-6

2003年7月1版1次

大32开　278页　18.00元

本书阐述了古代天文与数术、数术与思想的关系、《天文》在《淮南子》的地位，并从数术中的角度，研究分析了其书的内容与结构、图局等。

门外谈兵

李兴斌著

ISBN 7-5333-1263-5

2004年5月1版1次

大32开　342页　20.00元

本书收录作者研究古代军事史的成果，包括《孙子》精髓新解、论韩信的用兵艺术等14篇专论及相关札记和随笔。

墨学概要

孙卓彩著

ISBN 978-7-5333-1943-4

2007年12月1版1次

大32开　272页　11.00元

本书全面而系统地介绍与阐述了墨子其人其书，并由此挥发开去，对"墨学"流派的形成、发展、价值、地位、影响以及在当代的重要意义作了重点论述，突出了墨子学说的思想特色和历史文化价值。

《管子》与《晏子春秋》治国思想比较研究

邵先锋著

ISBN 978-7-5333-1984-7

2008年5月1版1次

大32开　280页　20.00元

本书从时代背景、生活经历、执政环境、为政方式等不同侧面，全面研究、探讨了先秦著名典籍《管子》和《晏子春秋》所蕴含的大政治家管仲和晏婴的治国思想，并对其异同进行了比较，视角独特，观点新颖，具有很强的历史启示。

大智无疆

——孙子兵法在非军事领域的应用

姚振文著

ISBN 978-7-5333-2085-0

2008年8月1版1次

大32开　336页　28.00元

本书从宏观视角和理论层面对孙子思想在非军事领域的应用进行解读，使读者既能从"形而上之道"感悟孙子思想之理论精华，又能从"形而下之术"体悟孙子思想之应用实践，理论与实践的有机交融是本书的最大特色。

日本孙子书知见录

苏桂亮　（日）阿竹先之助合编

ISBN 978-7-5333-2141-3

2009年1月1版1次

16开　384页　56.00元

本书全面介绍了《孙子兵法》在日本的传播情况和目前日本所能见到的各种《孙子兵法》的版本，资料翔实，叙说准确，文图并茂。

美学研究

论中国古典美学

周来祥著

统一书号:2206·49
ISBN 7-5333-0020-3
1987年6月1版1次
大32开　360页　精装　3.50元

本书包括三部分:第一部分论述中国古典美学的性质与风貌;第二部分则通过对中西美学的比较,论证了中国古典美学的民族特色与独特规律;第三部分是中国古典美学发展管窥,从具体问题入手,探索古代美学发展的脉络。

会见自己

王朝闻著

ISBN 7-5333-0177-3
1991年6月1版1次
大32开　530页　7.90元

本书为著名美学家王朝闻1986—1988年的论文结集,全书以艺术和现实中的美丑为对象,辩证地阐述客体与主体,继承、借鉴与创造等关系,文风质朴自然,寓深刻的道理于浅显的叙述之中,情趣盎然,意味隽永。

从古典到现代

——中国文艺美学的民族性问题

谭好哲主编

ISBN 7-5333-1325-9
2003年12月1版1次
大32开　286页　26.00元

本书对古典文艺美学的思想原点、理论贡献及其现代价值进行了深入的学理性研究,内容包括:中国史前文化与审美心理的形成、王国维的意境论与境界说、中国人的自然观、美学民族化与本土性问题的叩问等。

学科定位与理论建构

——文艺美学论文选

曾繁仁　谭好哲主编

ISBN 7-5333-1326-7
2003年12月1版1次
大32开　308页　26.00元

本书从不同的视野和角度对文艺、美学学科的创生理论、未来展望等问题做了清晰概要的梳理和分析,内容包括:学科生成与理论进展、学理定位与学科特性、理论问题与学术视野等。

现代视野中的文艺美学基本问题研究

谭好哲　程相占主编

ISBN 7-5333-1333-X
2003年12月1版1次
大32开　308页　26.00元

本书全方位论述了现代文艺美学的基本问题,强化了现代意识,内容包括:文艺美学的学科生成与理论进展、文艺的审美价值与艺术美学的理论框架、文艺形成的审美意味、文艺接受的审美特性等。

现象美学与美学反思

——胡赛尔先验现象学的美学角度

王子铭著

ISBN 7-5333-1510-3
2005年5月1版1次
大32开　344页　22.00元

本书作者从现象学的视角,对美学的研究对象、研究方法、研究范围以及其学科性质进行了全新的考察,提出了自己的新颖独到的见解。

现代美学基本范式研究

王子铭著

ISBN 7-5333-1542-1
2005年9月1版1次
大32开　356页　24.00元

本书分上、下两编。上编系统阐述了审美现象学、审美诠释学,审美批判学等美学理论的一些基本范式;下编则针对审美现象中的一些重大问题进行了介绍与探讨。

中国经典文本中梦意象的美学研究

邹强著

ISBN 978－7－5333－1843－7

2007年8月1版1次

大32开 252页 19.00元

本书从现代美学的视角对中国古代经典梦意象如"熊罴梦"、"神女梦"、"南柯梦"等进行了系统研究,分析了它们形成的美学根源及蕴含着的中国古代审美文化变迁的历程,是目前首部研究梦意境的著作。

生态文艺与中国文艺思想的现代转换

盖光著

ISBN 978－7－5333－1903－8

2007年11月1版1次

大32开 428页 28.00元

本书是从生态文艺的基本观念到历史扫描,进而比较宏观地把握中国美学中的生态思想及中国古代艺术中生态性体验的特点,并由此通过对中国古代美学与艺术的生态特点的认识,通过对其理论及审美转换性的把握而引申至现代,着力挖掘其现代意义及价值。

综合研究

帛书五行篇研究

庞朴著

统一书号:11206·7

(ISBN 7－5333－0067－X)

1980年7月1版1次

大32开 88页 0.50元

本书为作者研究帛书《五行篇》所撰三篇著作的合集。作者认为马王堆出土帛书《老子》甲本卷后所附佚书之第一篇和第四篇,系思孟学派佚著,它的发现,解答了久讼不已的思孟五行说问题,是学术史上一件大事。经作者考证,思孟五行说,既不是五行水火木金土,也不是五常仁义礼智信,而是仁义礼智圣。作者据此为佚书之一取名为《五行篇》。全书除《马王堆帛书解开了思孟五行说古谜》、《五行篇校注》、《思孟五行新考》外,并附以佚书之一图版及佚书之四释文。

郑学丛著

张舜徽著

统一书号:9206·9

1984年6月1版1次 大32开

612页 平装3.00元 精装3.65元

作者从郑玄所作群经注义中,取其精华,加以条理化、系统化,写成六种专著,结集为本书。一、《郑学叙录》。介绍了郑玄的生平,并对汉代经学的今古文之争以及儒家经传和郑玄注述的新评价等方面,作了系统的叙述。二、《郑氏校雠学发微》。说明郑氏是刘向以后成绩最大的校雠学家。三、《郑氏经注释例》。从郑氏群经注义中,抽出共有的通则凡二十大例,以发明其经注之体。四、《郑学传述考》。综录历代传述郑学的名家及其成就。五、《郑雅》。依《尔雅》十九类,辑录郑氏群经注义中有关训诂、名物的内容。六、《演释名》。郑氏弟子刘熙,承郑氏声训之理,撰《释名》,作者沿用其体,写《演释名》。

张申府学术论文集

张申府著

统一书号:2206·38

1985年6月1版1次

大32开 200页 1.35元

本书为张申府先生自20世纪20年代至40年代所发表的关于论述哲学问题与哲学方法的论文集,收录文章21篇。卷首有张岱年先生的序文一篇。这本论文集,呈现了20年代至40年代中国哲学界的一个侧面,实属中国近、现代哲学的重要资料。

真与善的探索

张岱年著

ISBN 7－5333－0072－6

1988年6月1版1次

大32开　408页　4.40元

本书运用逻辑分析方法来阐明辩证唯物论的基本观点。内容包括《哲学思维论》、《知实论》、《事理论》、《品德论》以及《天人简论》、《认识、实在、理想》等篇。著者综合中外古今各学派之长，融会贯通，条分缕析，既发挥前哲所以宣示者，又多有著者独到之见解。本书虽为20世纪40年代之旧稿，然今日读来仍会受益匪浅。

哲学争鸣录

——近十年哲学理论问题研究举要

包锡妹　立斌编

ISBN 7－5333－0120－X

1989年6月1版1次

大32开　266页　3.30元

本书汇集了近十年哲学界理论研究中的主要问题及各种派别的主要观点，概括地展示了国内哲学界百家争鸣的热点和成果。

明清实学思潮史（全三册）

陈鼓应　辛冠洁　葛荣晋主编

ISBN 7－5333－0108－0

1989年7月1版1次

大32开　1796页　精装　25.00元

本书由大陆学者及台湾学者共同撰述，分上、中、下三卷，上卷为明中叶之部，中卷为明清之际之部，下卷为清中、后期之部。它探讨了自明代中叶至清代末期这一历史时期，由批判程朱理学和陆王心学末流而兴起的以经世致用、敦本务实为主流的学术思潮，从发展到衰落的演变史。本书在阐述实学思想的发展、昌盛、衰落的过程时，以时间为序，以人物为主线，从时代背景、治学道路、社会实践、思想创新、学术成果缕分条析地作了论辩。

容肇祖集

容肇祖著

ISBN 7－5333－0010－6

1989年10月1版1次

大32开　720页　8.90元

本书为作者有关哲学思想史的论文专辑。本论文集虽是作者的早年之作，但仍可以从中窥见其浑厚的功力。作者对于占卜源流、月令来源、明儒东莞学案八股文的形成与毒害、清初文字狱等问题进行了深入的研究，提供了大量丰富、翔实的材料，作出了不同凡响的结论。作者还对明清许多鲜为人知的思想家如林光、陈建、吴廷翰等进行了严肃的考证，为恢复他们在思想史上的应有地位进行了不懈的努力。

中国宗教史（全二册）

王友三主编

ISBN 7－5333－0206－0

1991年11月1版1次

大32开　1228页　19.80元

本书阐述中国本土宗教和外来宗教产生与发展的源流，研究宗教与诸多传统文化现象之间相互冲突、交融和影响。不仅为人们了解中国宗教的历史提供了较为完备的轮廓，而且也为人们从更新的层面研究中国传统文化贡献出有价值的启迪。

中国传统人生哲学纵横谈

紫竹编

ISBN 7－5333－0237－0

1992年1月1版1次

大32开　368页　6.00元

本书分价值观、人性论、人格论、命运观、生死观、苦乐观、朋友论、修身论、善恶论、忠孝观、婚姻观、养生论、解脱论十三个专题，对中国传统人生哲学作了有益的探索。

中日哲学思想论集

李威周著

ISBN 7-5333-0236-2

1992年4月1版1次

大32开　406页　6.50元

作者是国内较早从事日本哲学教学与研究的学者之一，本书为作者部分论文的结集。内容主要包括：一、哲学基本理论的研究，二、关于周易哲学思想的专题探讨，三、日本哲学专论，四、中日哲学思想比较研究。

明代思想史

容肇祖著

ISBN 7-5333-0276-1

1992年4月1版1次

32开　360页　6.00元

本书是作者于20世纪30年代撰写的一部断代思想史专著。该书系明代思想史领域的拓荒性著作，具有很高的学术价值。数十年来一直为海内外学术界所推崇，被研治明代思想史、哲学史工作者视为必备的参考书。

智慧的碰撞

——偶合之谜

王生平　何双及著

ISBN 7-5333-0290-7

1993年5月1版1次

32开　230页　3.90元

本书结合大量例证，系统阐发偶合现象，大胆探索智慧碰撞的规律，为解开偶合之谜作了有益的探索。

山东清真寺

山东省伊斯兰教协会编

ISBN 7-5333-0392-X

1993年12月1版1次

大16开　124页　80.00元

本书图文并茂地介绍了山东地域清真寺的建筑风格、历史沿革、经堂教育、宗教节日活动及对外友好交往等。

郑玄研究文集

王振民主编

ISBN 7-5333-0806-9

1999年10月1版1次

大32开　400页　26.00元

东汉高密人郑玄，是我国古代伟大的经学家，首开"义疏"的先河，对我国的经学、史学、训诂学等的发展，产生了重大影响。本书为研究郑玄的专集，汇集了全国专家学者多年以来研究郑学的论文精华。

中日哲学思想交流与比较

李威周著

ISBN 7-5333-0856-5

2000年1月1版1次

大32开　632页　精装　68.00元

本书是作者关于中日哲学思想交流与比较的论文结集，共收《老庄思想与日本》、《日本朱子学与朱熹哲学的比较》、《中日阳明学哲学思想的交流与比较》等21篇论文。

传统思想新论

王克奇著

ISBN 7-5333-0881-6

2000年6月1版1次

大32开　376页　25.00元

本书是一部研究中国古代思想史的学术著

作。书中全面而系统地介绍评说中国历史上有代表性的传统思想，诸如先秦子学、汉代经学、魏晋玄学、隋唐佛学、宋明理学、明清实学等，打破以往的哲学史、思想史的研究方法，从文化反思的角度研究传统思想。

中国宗教与人生修养

苏树华著

ISBN 7－5333－1427－1

2004 年 12 月 1 版 1 次

大 32 开　368 页　26.00 元

本书从中国古代宗教及儒释道三家的学说中，发掘有关人生修养及道德教育方面的思想，对于了解和继承优秀的传统文化、建设新时期精神文明和道德文化具有借鉴和启发意义。

复古神道哲学思想研究

牛建科著

ISBN 7－5333－1513－8

2005 年 7 月 1 版 1 次

大 32 开　228 页　17.00 元

日本神道教是在日本民族固有信仰的基础上发展起来的精神行为的传承，是日本固有的民族宗教，已有两千多年的历史。其间，吸收了儒、佛、道、阴阳五行、基督教等外来思想的影响，逐渐形成了神道的理论。本书将复古神道放在日本民族吸收外来文化的大背景下，置于神道发展的历史长河中，纵横梳理了其思想和影响。

塑造论哲学之经济学哲学论证（全二册）

张全新著

ISBN 7－5333－1724－6

2007 年 1 月 1 版 1 次

大 32 开　1596 页　精装　120.00 元

本书旨在对塑造论哲学体系进行经济学哲学方面的论证，对于经济必然性何以可能，对于经济学揭示其必然性何以可能作出回答，同时作为《塑造论哲学全书》的组成部分，与其他各个领域的论证一起，共同构成塑造论哲学的严整体系。

直接性的诉求

——西方当代本源性哲学研究

王子铭著

ISBN 978－7－5333－1833－8

2007 年 6 月 1 版 1 次

大 32 开　413 页　29.00 元

本书全面介绍了当代西方本源性哲学研究的基本情况，如威廉·詹姆斯与杜威的古典实用主义哲学、伯格森的直觉主义与怀特海的机体哲学、胡塞尔与海德格尔的现象学等。

礼学视野中的荀子人学

——以“知通统类”为核心

吴树勤著

ISBN 978－7－5333－1846－8

2007 年 8 月 1 版 1 次

大 32 开　292 页　18.00 元

本书从荀子人学思想的自然观根据、人性论根据、个体道德人格的培养、个人和社会价值的统一和理想人格的成就等五个方面对荀子哲学思想中的人学思想体系作了具体的阐释。

儒学与实学及其现代价值

张树骅　宋焕新主编

ISBN 978－7－5333－1871－0

2007 年 9 月 1 版 1 次

大 32 开　672 页　48.00 元

本书是儒学与实学及其现代价值国际学术讨论会的论文集，收录了儒学与实学研究的论文 80 多篇，主要内容为三方面：儒学的性质、特征、发展前景及其现代意义；儒家伦理观；儒学与实学的关系、实学家的思想探析等。

中国现代哲学新论

李军著

ISBN 978－7－5333－1864－2

2007年9月1版1次

大32开 536页 38.00元

本书主要探讨从“五四”运动到新中国建立这一时期的重要哲学代表人物的思想。该书以人系史，在探讨哲学代表人物思想的同时，也对当时的哲学流派（如自由主义西化派、传统保守派、东方文化派、现代新儒家学派等）及其发展情况进行了总结。

普及读物

孔子名言（汉英对照读本）

骆承烈 郭良文 李天辰 张家森

ISBN 7－5333－0075－0

1988年7月1版1次

32开 144页 1.90元

本书从《论语》中选出名言188条，并进行了分类编排，并译成现代汉语和英语。

儒家名言录

孔子文化展览筹备委员会编

ISBN 7－5333－0234－6

1991年7月1版1次

长64开 100叶 经折装 30.00元

本书辑录孔子及历代儒家论述为政、修身治学等著名言论一百条。

孟子名言（汉英对照读本）

骆承烈编译 李天辰 刘世生英译

ISBN 7－5333－0227－3

1991年12月1版1次

32开 110页 2.10元

本书选录《孟子》具有代表性的言论共114条，分类编排，并译成现代汉语和英语。

孙子名言（汉英对照读本）

田昌五编译 刘海明英译

ISBN 7－5333－0271－0

1992年6月1版1次

32开 100页 2.00元

本书从我国古代伟大的军事家孙子的著作中选出一些精彩的段落，并译成现代汉语和英语。

管子名言（汉英对照读本）

姜涛编译 张丽清英译

ISBN 7－5333－0272－9

1992年6月1版1次

32开 190页 2.70元

本书精选《管子》名言260余条，分类进行了编排，并译成了现代汉语和英语。

老庄名言（汉英对照读本）

文川编译 邓红风英译

ISBN 7－5333－0273－7

1992年6月1版1次

32开 140页 2.60元

本书从《道德经》及《庄子》中精选出名言246条，分为道德、哲理、认识、智慧、修养、处事、善恶、治国、战争十部分，并译成现代汉语和英语。

墨子名言（汉英日文对照读本）

鲁在岭主编 秦东华等译

ISBN 7－5333－0291－5

1992年9月1版1次

32开 162页 3.50元

本书选了190条墨子名言，并译成现代汉语、英语和日语。

论语今译（汉英对照本）

杨伯峻　吴树平今译

潘富恩　温少霞英译

ISBN 7-5333-0283-2

1993年3月1版1次

大32开　260页　精装　6.80元

本书在杨伯峻《论语译注》的基础上加以修订，并翻译成英语。

论语问答

幺峻洲著

ISBN 7-5333-1418-2

2004年10月1版1次

大32开　224页　15.00元

本书以问答的形式，对与《论语》和孔子本人有关的各种问题进行了阐释和解答，可以帮助读者进一步了解孔子的身世、交游和思想，加深对《论语》一书的理解。

儒家名言（中英文本）

齐鲁书社编

ISBN 7-5333-1547-2

2005年9月1版1次

长64开　100叶　经折装　30.00元

儒家典籍浩繁古奥，儒家学说博大精深，本书由本社组织儒学专家，从儒家言论中撷取了孔子及历代儒家名言名句100条，并由美国汉学专业人士逐条译成英语。

论语今译（汉英对照本）

杨伯峻　吴树平今译

潘富恩　温少霞英译

ISBN 7-5333-1548-0

2005年9月1版1次

16开　316页　线装　280.00元

本书是古典名著《论语》的白话译文和英文全译本。白话译本是在杨伯峻先生的《论语译注》和《论语》译文两个译本的基础上由吴树平先生加以修订的，更提高了其学术价值。

话说孔子

杨佐仁著

ISBN 7-5333-1563-4

2005年9月1版1次

16开　208页　19.80元

本书以通俗晓畅的语言系统地介绍了孔子的人生及其学术思想，主要内容包括：尼山降圣、圣母教子、有志少年、志在云霄、千锤百炼、好学不倦等，是一部带有学术旨趣，雅俗共赏的普及读物。

话说道家养生术

张兴发著

ISBN 7-5333-1543-X

2006年1月1版1次

16开　216页　28.00元

本书以通俗易懂的语言，从动功、静功、外丹、内丹、医药、饮食、房中、起居八个侧面系统介绍了道家在养生方面的基本理念和一些具体方法，对于人们进行养生和保健具有很好的启发性和实用性。

绘图本儒家者言

本社编选　钱海燕绘图

程远芬今译　（美）孟威龙英译

ISBN 7-5333-1662-2

2006年8月1版1次

16开　216页　35.00元

本书从多部儒家典籍中选录孔子及历代儒家名言200条，逐条译成现代汉语和英语，并配有数十幅精美彩色插图，以图文并茂的形式高度概括了儒家思想及学说，思想深邃，趣味盎然，是进行传统文化教育及海内外读者了解中国儒家经典教义的精品之作，通俗易懂而又不乏学术性。

彩绘本儒家名言

本社编选　钱海燕绘图　程远芬译

ISBN 7-5333-1762-9

2007年1月1版1次

16开　171页　24.80元

本书从多部儒家典籍中选录孔子及历代儒家名言200条，逐条译成现代汉语，并配有数十幅精美彩色插图，以图文并茂的形式高度概括了儒家思想及学说，思想深邃，趣味盎然，通俗易懂而又不乏学术性。

刘蔚华解读周易

刘蔚华著

ISBN 978-7-5333-1837-6

2007年7月1版1次

16开　392页　36.00元

本书是一部科学、系统、通俗地介绍著名中华文化元典《易》的普及性学术力作，介绍了《易》的起源、发展、形成、完善过程，《周易》的性质、特点和价值，主要易学流派及其代表性著作，并全面解读六十四卦卦爻辞内涵。全书观点新颖独到，语言畅达易懂，阐发深入浅出，解说密切联系社会与生活实际，在很大程度上揭开了长期以来笼罩在《周易》身上的种种神秘面纱，极具学术和启发性，结合文字内容，配有上百幅珍贵插图，文图并茂，可读性强。

孙子兵道与商战

谢德著

ISBN 978-7-5333-1824-6

2007年8月1版1次

大32开　408页　26.00元

本书提炼出孙子思想的精华，概括为“兵道”，吸收了古代兵法大家的理解，对于“兵道”展开深入浅出的论述，并有军政、商用案例加以阐释，附有按语加以延伸。

《孟子》问答

幺峻洲著

ISBN 978-7-5333-1985-4

2008年5月1版1次

大32开　436页　28.00元

本书以问答的形式，全面系统而又深入浅出地解答了与《孟子》内涵有关的各种各样的问题，对于读者深刻、准确地理解《孟子》全书的内容，具有很好的帮助作用。全书资料丰富，语言畅达，并紧密联系生活实际，极具启发性。

科圣墨子

墨子研究中心编

ISBN 978-7-5333-1996-0

2008年5月1版1次

16开　72页　22.00元

本书是一本介绍墨子生平事迹的图文书，分墨子名言、插图和生平事迹三部分，为图文并茂的传统文化普及读物。

讲故事　说诡辩

于惠棠著

ISBN 978-7-5333-1987-8

2008年6月1版1次

20开　260页　22.00元

本书以讲故事的形式，运用辩证逻辑的基本知识和原理，对中外历史以及现实生活中的大量诡辩实例进行深入分析，揭露其荒谬性和欺骗性的本质。所选故事典型有趣，逻辑分析简要精确，所配插图生动传神，具有较强的知识性和可读性。

枕边的禅

——禅宗公案趣说101篇

南北编著

ISBN 978-7-5333-2032-4
2008 年 7 月 1 版 1 次
32 开　288 页　18.00 元

本书精选 101 篇流传广泛而富有寓意的禅门公案故事，采取灵动风趣的现代语言和叙述方式，针对当代人们的思想和生活进行解读，并配有十几幅意味深远的禅画。

丛套书

中国古代著名哲学家评传及续编

中国古代著名哲学家评传（第一卷）（先秦部分）

辛冠洁　李曦编
（特精装）统一书号：2206·5
（精装）统一书号：2206·6
1980 年 9 月 1 版 1 次　大 32 开
630 页　特精装 3.50 元　精装 2.90 元

中国古代著名哲学家评传（第二卷）（两汉魏晋南北朝隋唐部分）

方立天　于首奎编
（特精装）统一书号：2206·7
（精装）统一书号：2206·8
1980 年 11 月 1 版 1 次　大 32 开
789 页　特精装 4.00 元　精装 3.40 元

中国古代著名哲学家评传（第三卷）（宋元明清部分）

辛冠洁　丁健生　蒙登进主编
（精装）统一书号：2206·9
（特精装）统一书号：2206·10
1981 年 5 月 1 版 1 次　大 32 开
1105 页　精装 5.15 元　特精装 6.15 元

《中国古代著名哲学家评传》对中国古代从孔丘到戴震等 47 名具有代表性的著名哲学家的身世、生平、经历和学术活动，作了较科学的考证和完整的叙述；对哲学家的思想作出了科学的评价，从中探求中国哲学史的发展规律。它是新中国成立以来第一部中国哲学史人物传记巨著，在一定程度上反映了鸦片战争前中国哲学史的基本思想，以及我国在哲学史研究方面的成果和创造精神。全书共分三卷四册：第一卷为先秦部分，一册；第二卷为两汉魏晋南北朝隋唐部分，一册；第三卷为宋元明清（鸦片战争前）部分，二册。

中国古代著名哲学家评传（续编一）

辛冠洁　丁健生　蒙登进主编
（精装）统一书号：2206·12
（特精装）统一书号：2206·13
1982 年 8 月 1 版 1 次　大 32 开
482 页　精装 2.40 元　特精装 2.90 元

中国古代著名哲学家评传（续编二）

辛冠洁　丁健生　蒙登进主编
（精装）统一书号：2206·14
（特精装）统一书号：2206·15
1982 年 8 月 1 版 1 次　大 32 开
471 页　精装 2.30 元　特精装 2.80 元

中国古代著名哲学家评传（续编三）

辛冠洁　丁健生　蒙登进主编
（精装）统一书号：2206·16
（特精装）统一书号：2206·17
1982 年 9 月 1 版 1 次　大 32 开
610 页精装 2.80 元　特精装 3.30 元

中国古代著名哲学家评传（续编四）

辛冠洁　丁健生　蒙登进主编
（精装）统一书号：2206·24
（特精装）统一书号：2206·25

1982年9月1版1次　大32开

767页　精装3.35元　特精装3.85元

《中国古代著名哲学家评传续编》，是为了弥补《中国古代著名哲学家评传》的不足而编撰的。全书分四册：第一册先秦两汉部分，第二册魏晋南北朝部分，第三册唐宋部分，第四册明清部分。全书的绣像和插图90多幅，是我国几十名专家、哲学工作者和画家共同劳动的结晶。全书对我国古代有重要影响的45名哲学家的身世、生平、经历和哲学思想作了较科学的考证和完整的叙述，其中既有名声显赫的大家，也有平时不被人们注意的人物。它不仅弥补了《评传》的不足，而且有助于研究领域的开拓和内容的丰富。

中国近代著名哲学家评传

中国近代著名哲学家评传

辛冠洁　丁健生　蒙登进主编

（精装上）统一书号：2206·19

（特精装上）2206·18

（精装下）统一书号：2206·20

（特精装下）2206·21

1982年8月1版1次　大32开　700页

精装上3.10元　特精装上3.60元

1983年4月1版1次　大32开　744页

精装下3.40元　特精装下4.35元

由中国社会科学院哲学研究所组织编写，侯外庐、张岱年、任继愈、冯友兰、容肇祖、石峻、王明、张恒寿任顾问，辛冠洁、丁健生、蒙登进主编的《中国近代著名哲学家评传》，是《中国古代著名哲学家评传》及其续编的继续，它载入从鸦片战争到“五四”运动时期，包括龚自珍、魏源、洪秀全、洪仁玕、康有为、严复、孙中山、章炳麟、朱执信、鲁迅、陈独秀、李大钊等26名中国近代著名哲学家，介绍了他们的生平、著作、学术活动；论述了他们的社会政治思想，特别是哲学思想。它比较全面、系统地介绍了从鸦片战争到“五四”运动时期这80多年间中国哲学史的发展状况，同时也力求说明中国古代哲学是怎样终结的，中国近代资产阶级哲学是怎样产生、发展的，并揭示怎样为马克思主义哲学在中国的建立与发展准备了条件。本书为一卷两册，与《中国古代著名哲学家评传》及其续编，组成一部完整的“评传”。

中国古代佚名哲学家评述

中国古代佚名哲学名著评述（一）

辛冠洁　丁健生主编

（精装）统一书号：2206·32

（特精装）统一书号：2206·33

1985年2月1版1次　大32开　548页

精装5.10元　特精装5.90元

中国古代佚名哲学名著评述（二）

辛冠洁　丁健生主编

（精装）统一书号：2206·34

（特精装）统一书号：2206·35

1984年11月1版1次　大32开　526页

精装4.90元　特精装5.70元

中国古代佚名哲学名著评述（三）

辛冠洁　丁健生主编

（精装）统一书号：2206·36

（特精装）统一书号：2206·37

1985年4月1版1次　大32开

460页　精装4.45元　特精装5.10元

《中国古代佚名哲学名著评述》是由中国社会科学院哲学研究所组织多方面专家和有关研究者撰写而成的，辛冠洁、丁健生任主编。本书对《尚书》、《周易》、《诗经》、《周礼》、《六韬》、《墨经》、《孝经》、《阴符经》、《战国策》、《礼记》、《黄帝内经》、《盐铁论》、《易纬》、《白虎通》、《太平经》、《列子》、《无能子》等17部内容丰富的、没有确定的作者的古代名著，考索了其成书的时代和成书的经过、版本的流传和嬗变情况，说明了其时代背景，评述了哲学思想。它和《中国古代著名哲学家评传》及其续编和《中国近代著名哲学家评传》可以说是姊妹篇。

清儒学案新编

清儒学案新编（第一卷）
杨向奎著
（平装）统一书号：2206 · 26
（精装）统一书号：2206 · 27
1985 年 2 月 1 版 1 次　大 32 开
752 页　平装 4.50 元　精装 5.15 元

清儒学案新编（第二卷）
杨向奎著
（精装）ISBN 7－5333－0001－7
（平装）ISBN 7－5333－0002－5
1988 年 6 月 1 版 1 次　大 32 开
812 页　精装 8.90 元　平装 7.00 元

清儒学案新编（第三卷）
杨向奎　冒怀辛著
ISBN 7－5333－0267－2
1994 年 3 月 1 版 1 次
大 32 开　632 页　精装　21.00 元

清儒学案新编（第四卷）
杨向奎等编著
ISBN 7－5333－0230－3
1994 年 3 月 1 版 1 次
大 32 开　572 页　精装　19.50 元

清儒学案新编（第五卷）
杨向奎等编著
ISBN 7－5333－0241－9
1994 年 3 月 1 版 1 次
大 32 开　622 页　精装　21.00 元

清儒学案新编（第六卷）
杨向奎著
ISBN 7－5333－0266－4
1994 年 3 月 1 版 1 次
大 32 开　614 页　精装　20.50 元

清儒学案新编（第七卷）
杨向奎等编著
ISBN 7－5333－0286－9
1994 年 3 月 1 版 1 次
大 32 开　578 页　精装　19.50 元

清儒学案新编（第八卷）
杨向奎等编著
ISBN 7－5333－0343－1
1994 年 3 月 1 版 1 次
大 32 开　652 页　精装　21.50 元

杨向奎先生有鉴于徐世昌主编的《清儒学案》（简称旧案）书成众手，别择未严，有关评传殊鲜学术内容，遂着手编著《清儒学案新编》一书。较诸《旧案》，它的特点是：一、选材严谨，突出了学术内容，具有清代学术思想史及史料选辑的双重作用；二、所选学术思想资料多为第一手材料，务求言之有据；三、增补了鸦片战争以后的学术思想资料，尤其是外来思想对中国学术界的影响，更能反映清代学术史的全貌。

中国美学思想史

中国美学思想史（第一卷）
敏泽著
统一书号：10206 · 159
（ISBN 7－5333－0150－1）
1987 年 7 月 1 版 1 次　大 32 开

712页 精装5.95元 平装4.95元

中国美学思想史(第二卷)

敏泽著

ISBN 7-5333-0092-0

1989年8月1版1次

大32开 730页 精装 10.50元

中国美学思想史(第三卷)

敏泽著

ISBN 7-5333-0135-8

1989年8月1版1次

大32开 656页 精装 9.50元

《中国美学思想史》共三卷,分为七编,五十四章。第一卷自史前时期至南北朝,第二卷自唐代至明清,第三卷为清代和近代。该书以我国民族的审美意识、观念、审美活动的本质和特点的发展历程为研究对象,从审美意识的发生与发展入手,走综合研究的道路,科学地论述了我国民族的审美观念、意识的历史特点及其演变,深入探讨了我国美学思想体系的形成和发展。立论基础坚实,论证有力,在前人研究的基础上多有开拓。

中国传统思想研究丛书

洛学源流

徐远和著

统一书号:2206·47

(ISBN 7-5333-0013-0)

1987年9月1版1次

大32开 392页 3.20元

"洛学"以程颢、程颐居住地洛阳而得名。洛学与濂学、关学、闽学是宋明理学的主干。洛学不仅是宋明理学的奠基者,而且是宋明理学发展和演变的方向的决定者。为了弄清作为理学起点的洛学的来龙去脉,以便系统深入地发现理学的本质和规律,本书作者从源头上,即从北宋的社会及社会改革、学派及学派斗争、濂学与洛学的师承关系等方面,进行了历史和逻辑的系统考察;又从方向上对洛学的传人谢良佐、杨时、游酢、吕大临、尹淳等及其相互关系作了辨析,并对洛学的心学化、闽学化,特别是金元之际洛学在北方的传播和发展作了非常有益的研究。它涉及一系列新材料,提出了许多新观点。

道旨论

王德友著

统一书号:2206·51

(ISBN 7-5333-0023-8)

1987年9月1版1次

大32开 228页 3.50元

"道"是中国传统思想文化领域中的常用术语,也是中国古代哲学的重要范畴。道为何意?蕴何哲理?在中国传统思维形式的发展中有何意义?探讨这些问题是本书的主旨所在。书中阐释了道的种种含义,论述了道与哲学、道与社会环境、道与思想家个人的境遇、道与自然科学等方面的关系,探索了老子之道从先秦到魏晋、《易传》之道从宋代到明清之际的演变史,分析了道在自身发展过程中表现出的理论价值,从哲学范畴演变规律的角度总结了道在自身发展过程中表现出的普遍现象。

正始玄学

王葆玹著

统一书号:2206·52

(ISBN 7-5333-0024-6)

1987年9月1版1次

大32开 444页 3.75元

玄学,是魏晋时期的一种哲学思潮。本书对正始玄学的名称、渊源、社会背景、著作、分期、派别、演变、影响及评价等问题作了系统的论述;并对其才性之辨作了形上形下的区分,将立意之辨分为立象尽意、微言大义、妙象尽意诸说,还对道德之辨、性情之辨和数的问题,作了专题研究。

《吕氏春秋》与《淮南子》思想研究

牟钟鉴著

统一书号:2206·53
(ISBN 7－5333－0026－2)
1987年9月1版1次
大32开　344页　3.15元

全书分《吕氏春秋》思想研究与《淮南子》思想研究两大部分。两者既独立成章,又密切关联。《吕氏春秋》与《淮南子》是秦汉道家思潮的两部理论代表作,彼此时间上有间隔、内容上有差异,但前后相接,有近亲血缘,是秦汉道家的姊妹篇。两书究天人之际,通古今之变,给人们提供了丰富的历史与思维经验教训。《吕氏春秋》的阴阳五行构架、《淮南子》的宇宙发生论,都给予汉代思想以深刻的影响。

先秦两汉儒家教育

俞启定著

统一书号:2206·54
(ISBN 7－5333－0027－0)
1987年9月1版1次
大32开　298页　2.85元

儒家教育形成于春秋时期,在汉代取得了教育的统治地位,在整个中国封建时代的教育活动中具有支配性的影响。本书论述了儒家教育产生的渊源、儒家教育从形成到取得统治地位的发展过程及其历史必然性;论述了"独尊儒术"主要表现在教育方面,并对汉代的学校制度、选士制度、经学教育的内容以及经学传授的发展和演变作了较为深入的阐发,其中作者作了不少新的探索。

中国古代同一思想史

王永祥著

ISBN 7－5333－0195－1
1991年5月1版1次
大32开　474页　8.10元

本书叙述了先秦至清关于辩证法同一范畴思想的产生发展及流变。

何晏王弼玄学新探

余敦康著

ISBN 7－5333－0203－6
1991年7月1版1次
大32开　420页　6.60元

本书是一部研究曹魏正始年间由何晏、王弼倡导的玄学产生的时代背景、思想渊源、基本特征与哲学意义的学术专著。作者认为,由何晏、王弼倡导的贵无论玄学,在中国思维发展史上引起了一场划时代的大变革。这场变革最终结束了统治两汉达数百年之久的经学思潮,开创了贯穿整个魏晋南北朝时期的一代玄风。

儒家的天论

向世陵　冯禹著

ISBN 7－5333－0220－6
1991年12月1版1次
大32开　296页　5.80元

天论是整个儒家哲学理论的基石,天作为人类社会及其思想家们接触最早和思考最多的对象性范畴,与人类对自身的认识有着密不可分联系,而天作为具有自然之天、本体之天、主宰之天和理想境界等多样性含义的整体性范畴,又与西方引入的现代哲学的诸多范畴不完全对应,它具有东方民族理论思维的特点。本书对儒学史上有代表性的思想家们的天论进行了创新性的研究和阐发,从一个侧面揭示出儒家传统哲学的要旨和概貌。

三国两晋玄、佛、道简论

许抗生著

ISBN 7－5333－0226－5
1991年12月1版1次
大32开 424页 7.60元

作者在本书中对魏晋时期中国历史上出现的儒学一度衰颓，玄学、佛教、道教三大思潮相继在思想领域中占据统治地位的现象，以及玄、佛、道的产生、发展乃至形成完备体系的过程，作了全面考察。作者以上、中、下三编即玄学发展的三个阶段和各个时期佛、道发展概况，构成本书的总体框架，其间特别着力于通过阐述，分析玄、佛、道各派代表人物和他们的主要著作、观点，勾画出了魏晋玄学和佛、道两大宗教思想在这一特定历史时期的基本思想内容，以及它们在中国哲学史中的地位和影响。

汉代道家的政治思想和直觉体悟

那薇著

ISBN 7－5333－0231－1
1992年1月1版1次
大32开 286页 5.90元

本书是一部对道家思想另辟蹊径的研究专著。一般人认为，道家主张恬淡无欲、清静无为，与政治无缘，但作者认为，这种评价，对先秦道家尚可，对汉代道家就很不公正。汉代道家虽阐释老庄，却意在政治。本书另一重点是作者认为汉代道家习惯以直觉思维方式观察宇宙、自然和社会，热衷以素朴的心性直契万物的本性，既不执着于有，也不执着于无，游荡于有无之间。作者认为，直觉思维方式是中国古代思想尤其是道家的思维特点，揭示这种思维方式在中国文化中的地位，或许可以更真切地看到中国文化的真面目。作者通过对汉代道家五部重要著作的研究，为我们理出道家思想在汉代演变的脉络，道家思想向道教——宗教思想转化的轮迹。

天理与人欲

——理学理欲观演变的逻辑进程

王育济著

ISBN 7－5333－0289－3
1992年12月1版1次
大32开 454页 8.00元

理欲关系问题是中国思想文化史上的一个重要问题。从孔孟“养心寡欲”到汉儒的“天理正从人欲中见”，每一代著名的思想家都极为重视理欲问题的探讨，尤其是宋元明清八百年间，所谓“天理人欲”更是成为思想文化界，特别是理学界讨论的一个焦点问题，具有广泛的社会影响。本书即是对理学理欲观发展演变的逻辑进程及其社会影响进行系统和深入探讨的第一部专著。它不但具有较高的学术价值，同时，对当代伦理建设亦不乏借鉴意义。

宗教文化通俗丛书

佛教文化面面观

中国社会科学院世界宗教研究所佛教研究室

ISBN 7－5333－0145－5
1989年10月1版1次
大32开 272页 4.10元

本书运用深入浅出的手法，对佛教历史、故事传说、佛学经典、禅宗理论、艺术遗产等作了系统全面的介绍。全书分题编写，内容丰富，融知识性和趣味性于一体。

道教文化面面观

中国社会科学院世界宗教所道教研究室

ISBN 7－5333－0163－3
1990年5月1版1次
大32开 206页 4.10元

本书以通俗易懂的形式，广泛地介绍了道教的历史、神话传说、斋醮仪式、修炼方术，以及道教流派、宫观和中国民俗的关系等。全书分题编写，内容丰富，融知识性和趣味性于一体。

伊斯兰教文化面面观

中国社会科学院世界宗教研究所伊斯兰教研究室

ISBN 7-5333-0221-4
1991年10月1版1次
大32开 344页 6.10元

本书具体介绍了伊斯兰教的形成、发展,在世界各地传播的情况,伊斯兰教与政治、社会生活、文化艺术发展的关系以及伊斯兰教的宗旨、信奉、经卷、教育、教务活动及制度等,还介绍了中国伊斯兰教的特点及历史沿革、寺院建筑、文物古迹等多方面情况。

基督教文化面面观

中国社会科学院世界宗教研究所基督教研究室

ISBN 7-5333-0222-2
1991年10月1版1次
大32开 344页 6.25元

本书从宗教文化背景上介绍了基督教的历史渊源、三大教派、新旧约《圣经》、宗教教义、宗教战争、宗教习俗、在我国的传布情况,及其在文学、音乐、绘画、建筑、雕塑等方面形成的各种宗教艺术风格等。

孙子集成

孙子集成(全二十四册)

谢祥皓 刘申宁辑

ISBN 7-5333-0346-6
1993年4月1版1次
大32开 1996页 精装 1800.00元

孙子一向被尊为武圣,其声名广播寰宇。《孙子》一书哲理深邃、内涵宏富的内容展示了孙子的兵学思想。本书广录宋、元、明、清各代《孙子》之珍本、善本、抄本等近百种,国内外有关《孙子》之公私藏本搜罗殆尽,堪称《孙子》之集大成者。

中国孔子基金会文库

金岳霖新儒学体系研究

乔清举著

ISBN 7-5333-0784-4
1999年10月1版1次
大32开 364页 23.00元

金岳霖是当代新儒家的代表人物之一,全书系统论述了他融汇西方哲学形成的新儒家思想体系,内容包括传统儒家哲学的现代转化、基础本体论、知识本体论、知识论等。

儒道会通与正始玄学

高晨阳著

ISBN 7-5333-0780-1
2000年1月1版1次
大32开 382页 25.00元

本书根据魏晋时期正始年间兴起的玄学思想,分析了中国儒家和道家的思想互补与学说会通的关系。

朱熹的史学思想

汤勤福著

ISBN 7-5333-0782-8
2000年1月1版1次
大32开 452页 28.00元

本书是第一部系统研究朱熹史学思想的学术专著。书中对朱熹的历史哲学、治史态度、治史方法、史著编纂思想、史学批评思想及朱熹史学思想在宋代史学上的地位等专题进行了深入的探讨。

焦循儒学思想与易学研究

陈居渊著

ISBN 7-5333-0783-6
2000年2月1版1次
大32开 484页 30.00元

本书以焦循的儒学思想与易学为研究主题，就其学术思想与易学体系置于中国儒学史和整个乾嘉学术中作全面的考察与新的探索。

儒家中和哲学通论

董根洪著

ISBN 7-5333-0779-8
2001年4月1版1次
大32开 494页 32.00元

本书共有6章，包括：儒家中和哲学概论、先秦儒家政论中庸哲学、汉唐阴阳中和哲学、宋明心性中和哲学等，系统论述了儒家中和思想的起源和在各个时期的发展、演变。

儒家道德的重建

丁冠之等主编

ISBN 7-5333-0869-7
2001年4月1版1次
大32开 432页 26.00元

本书是一部儒学论文集，所收文章多系近年来国内学术刊物上公开发表的儒学论文，从多侧面多角度探讨了儒学伦理道德问题及其与当前我国的精神文明建设的关系，反映了当前学术界对儒学思想发展的关注与思考。

石头上的儒家文献
——曲阜碑文录

骆承烈汇编

ISBN 7-5333-0781-X
2001年5月1版1次
大32开 1164页 76.00元

本书较为全面地搜集了曲阜孔庙、孔府、孔林、颜庙、周公庙、少昊陵、尼山自汉魏以至民国的碑文、碣文、题记等，系统地反映了历代帝王尊孔、祭孔和利用儒家思想巩固封建统治的一些具体情形，同时也不同程度地反映了各个时代其他方面的一些社会现实情况。

鲁文化史

杨朝明著

ISBN 7-5333-0974-X
2001年8月1版1次
大32开 452页 30.00元

本书是一部研究周代鲁国历史文化形成、发展、兴盛、演变以及衰落的著作，通过鲁文化渊源、鲁文化先驱、鲁文化与儒墨显学、异彩纷呈的鲁文化、鲁文化与现代化等专题研究，全方位地介绍鲁文化的发展概况与基本特点，并对其历史地位与现实意义做了分析。全书分绪论、建构篇、生长篇、兴盛篇、衰变篇五部分。

荀子与儒家的社会理想

韩德民著

ISBN 7-5333-0977-4
2001年8月1版1次
大32开 582页 40.00元

本书共分三篇九章，从历史溯源、结构透视和实践影响几个不同侧面，探讨了儒家社会思想的历史前提、儒家社会理想的发生发展，荀子社会思想的治学描述、规则设定、价值依归，以及荀学与汉代政治、荀学与宋明理学等一系列重要的学术问题，提出了作者的新的见解，是一部研究荀子与儒学的力作。

儒学价值的新探索

牟钟鉴编著

ISBN 7-5333-0972-3
2001年8月1版1次
大32开 262页 18.00元

本书对儒学的历史命运进行了系统总结与评价，并就儒学的基本思想理论在新的历史时期的价值与意义，进行了全面的分析与研究，提出了许多新的见解。

孟子林庙历代题咏集

刘培桂编

ISBN 7-5333-0973-1

2001年8月1版1次

大32开　288页　19.00元

本书搜集、汇编了留存于孟子林庙石刻、孟氏家志、《邹县志》以及个人文集中的历代题咏370篇，其中多为诗歌，已有赞、铭等，编著者在文后分别作了介绍和注释，资料丰富，弥足珍贵。

春秋左传人物谱（全二册）

方朝晖编著

ISBN 7-5333-0978-2

2001年8月1版1次

大32开　1114页　76.00元

本书选取《春秋左传》中重要人物150多位，将与之有关的经、传史料，爬梳剔抉，分别系于人物之后，在此基础上，作者根据经、传而载之史实，进行了评述，发表了自己的心得与见解。

《周易》经传与易学史新论

廖名春编著

ISBN 7-5333-0975-8

2001年9月1版1次

大32开　380页　28.00元

本书运用出土材料与传统文献相互发明的方法，系统而又有一定选择地探讨了《周易》经传及易学史的一些学术问题，提出了作者自己新的见解。

五经哲学及其文化学的阐释

严正著

ISBN 7-5333-0976-6

2001年9月1版1次

大32开　534页　36.00元

本书从文化学的角度，对中国古代五种重要的经学著作《诗经》、《尚书》、《周易》等进行了系统研究，重点探讨了五经的哲学思想、五经哲学的基本观念、经学的宗教功能、儒者的生存困惑以及经学的思维方式等学术问题。

儒学走向世界文献索引

朱仁夫　邱绍雄编

ISBN 7-5333-1007-1

2003年8月1版1次

大32开　890页　72.00元

本书收录了15个国家1995年1月—2000年3月间9种文字的关于儒学的研究文献目录，并依据年代和语言种类的不同作了分类。

传统文化面面观丛书

儒家文化面面观

杨朝明等著

ISBN 7-5333-0714-3

2000年3月1版1次

大32开　410页　20.00元

儒家文化是中国传统文化的重要组成部分，本书以专题问答形式详细介绍了儒家文化的基础知识，介绍了儒家代表人物及其事迹，阐释了儒家核心概念及儒家文化经典，寓论于史，史论结合，深入浅出，语言生动，是一部具有可读性、知识性的通俗读物。

道家文化面面观

刘增惠著

ISBN 7-5333-0715-1

2000年3月1版1次

大32开　294页　14.00元

道家文化是中国传统文化的重要组成部分,本书以专题问答的形式详细介绍了道家文化的基础知识,介绍了道家代表人物及其事迹,阐释了道家核心概念及道家文化经典,寓论于史,史论结合,文笔生动,是一部具有可读性、知识性的通俗读物。

法家文化面面观

苏南著

ISBN 7－5333－0716－X

2000年3月1版1次

大32开 196页 10.00元

法家文化是中国传统文化的重要组成部分。本书以专题问答形式详细介绍了法家文化的基础知识,介绍了法家代表人物及其事迹,阐释了法家核心概念及法家文化经典,寓论于史,史论结合,深入浅出,语言生动,是一部具有可读性、知识性的通俗读物。

兵家文化面面观

徐勇等著

ISBN 7－5333－0717－8

2000年3月1版1次

大32开 304页 16.00元

兵家文化是中国传统文化的重要组成部分。本书以专题形式详细介绍了兵家文化的基础知识,涵盖了古代军事史中重要的人物、事件以及兵家典籍等内容。在书中,作者总结了历代兵家文化的特点和精义,寓论于史,史论结合,深入浅出,语言生动,阐释了兵家文化所蕴涵的深厚文化积淀,是一部具有可读性、知识性的通俗读物。

洙泗学人文库

儒学与未来

刘蔚华著

ISBN 7－5333－1110－8

2002年3月1版1次

大32开 346页 23.00元

本书为作者在儒学研究方面发表的论文专集。主要收录的文章有作者对先秦早期儒家思想研究的看法,一些探讨专题源流的综述性认识,以及涉及儒学与现实的问题、儒学与未来问题的通论性文章。

儒家文献与早期儒学研究

杨朝明著

ISBN 7－5333－1109－4

2002年3月1版1次

大32开 324页 21.00元

本书收录了作者研究《诗经》、《尚书》等早期儒家文献的专题论文。

儒学价值传统与现代化

姜林祥著

ISBN 7－5333－1111－6

2002年3月1版1次

大32开 312页 21.00元

本书围绕儒学与现代化的关系问题进行了专题论述。

美善境界的寻求

——儒家教育哲学思想研究

韩钟文著

ISBN 7－5333－1112－4

2002年3月1版1次

大32开 324页 21.00元

本书对孔子、孟子、陆九渊等人的教育哲学思想进行了全方位的研究。

孔学研究

骆承烈著

ISBN 7－5333－1113－2

2002年3月1版1次

大32开　330页　21.00元

本书对孔子进行了全方位的深入研究。

解构与传承

——孔子、儒学价值及其现代价值研究

苗润田著

ISBN 7-5333-1114-0

2002年3月1版1次

大32开　294页　21.00元

本书是作者对孔子、儒家及其现代价值研究一系列问题发表的论文汇编。作者在书中重点论述了孔子的文化观、孔子的人性思想、孔子的义利观等等诸多问题，提出了深刻、独创的见解。

儒学精蕴新释

葛荣晋著

ISBN 7-5333-1115-9

2002年3月1版1次

大32开　328页　24.00元

本书对儒家"仁"、"孝"等伦理思想进行了研究，并对陆贾、王符、仲长统等人的哲学思想进行了评述。

门外说儒

王钧林著

ISBN 7-5333-1122-1

2002年3月1版1次

大32开　316页　21.00元

本书从儒家的起源、孔孟儒学、齐鲁文化、近代儒学与文化等方面进行了专题研究。

经史因缘

许凌云著

ISBN 7-5333-1116-7

2002年3月1版1次

大32开　308页　21.00元

本书详细论述了经学与史学之间密不可分的关系，并对司马迁、刘知几的学术思想进行了评述。

伦理的智慧

杜振吉著

ISBN 7-5333-1117-5

2002年3月1版1次

大32开　282页　21.00元

本书为作者的论文集，精选了近年来在各类刊物上发表的有关孔子与毛泽东伦理思想的论文32篇。

历代易学名著整理与研究丛书

《京氏易传》导读

郭彧著

ISBN 7-5333-1123-X

2002年10月1版1次

大32开　318页　24.00元

本书从三方面对《京氏易传》进行整理和研究：一、导读。包括介绍作者生平、成书年代、成书原因和资料根源；阐述主要易学思想和方法、特点；介绍当今海内外学者对该书的研究现状和古今版本情况。二、对原著进行整理。包括标点、注释、校勘及规范古今用字等。三、辑佚。京氏易学在汉代影响很大，作者将散见于各种易学著作和古籍中的京房易论收辑起来，为从事京易研究的学者提供了十分有价值的资料。

《易纬》导读

林忠军著

ISBN 7-5333-1124-8

2002年11月1版1次

大32开　285页　21.00元

《易纬》共有八篇，郑玄注，是研究汉代易学和哲学的必备资料。《〈易纬〉导读》除对《易纬》原著进行标点、注释、校勘外，还详细介绍了该书的情况、主要易学思想和方法及在易学史上的地位和影响等,对读书的各篇进行了导读。

《易章句》导读

陈居渊著

ISBN 7-5333-1118-3

2002年12月1版1次

大32开 364页 26.00元

《易章句》是清代朴学家焦循的易学著作,是焦氏按照《易通释》所制定的诠释原则对《周易》经传逐句注释,体现出与传统迥异的特色。《〈易章句〉导读》并附《易围略》,分导读和原著整理校点两部分。导读就原作的作者生平、成书及其思想渊源、方法特点、地位、影响加以介绍;整理包括标点、校勘、简注、规范古今用字等。

《程氏易传》导读

梁韦弦著

ISBN 7-5333-1197-3

2003年8月1版1次

大32开 372页 27.00元

《程氏易传》是北宋理学创始人程颐的代表作。程颐通过对《周易》文本的解说,创立了以理为本体的理学体系,对中国易学乃至哲学产生了重大的影响。本书从两大方面对《程氏易传》进行了整理和研究:第一,导读。着重介绍作者生平,成书年代、原因和资料根源;该书在易学史上的地位、重要贡献,当今海内外学界对该书的研究状况和古今版本流行;详细阐述该书的主要易学思想体系和方法、特点。第二,整理。包括标点,注释,校勘和规范古今用字等。

《周易本义》导读

萧汉明著

ISBN 7-5333-1205-8

2003年10月1版1次

大32开 294页 23.00元

《周易本义》是南宋理学家集大成者朱熹的易学代表作。本书从两大方面对《周易本义》进行了整理和研究:第一,导读。包括介绍作者生平、成书年代、成书原因和资料根源,阐述重要易学思想和方法、特点,介绍该书在易学史上的地位、影响及今天的研究意义,介绍当今海内外学界对该书的研究状况和古今版本情况。第二,整理。包括加注新式标点、校勘、补漏、释疑,规范古今字等。

《横渠易说》导读

丁原明著

ISBN 7-5333-1282-1

2004年4月1版1次

大32开 220页 19.00元

《横渠易说》是北宋理学家张载解释和阐发《周易》的著作。本书从两大方面对《横渠易说》进行整理和研究:第一,导读。着重阐述了张载的易学学术风格和易学哲学思想。从该书的思想体系、诠释语言、新颖见解、重要贡献和版本流行等方面详加论述,使学习者有所依从。第二,整理。精选底本,广采博稽,收罗善本,精心校勘,为研究者提供了一部可供参考的、有一定权威性的易学著作。

《易图明辨》导读

刘保贞著

ISBN 7-5333-1287-2

2004年5月1版1次

大32开 384页 27.00元

本书从两大方面对《易图明辨》进行整理和研究:第一,导读。第二,整理。包括:注标点、注释、校勘、规范古今用字等。

《周易集解》导读

张文智著

ISBN 7-5333-1610-X

2005年12月1版1次

大32开　476页　32.00元

《周易集解》由唐李鼎祚集三十余家《易》论而成,在易学史上占有十分重要的地位,是唐朝以后保存汉易的唯一文献。本书从导读和诠释两个方面对《周易集解》进行了整理和研究。

《周易正义》导读

刘玉建著

ISBN 7-5333-1611-8

2005年12月1版1次

大32开　464页　32.00元

《周易正义》作为五经之首,是中国易学由学派林立阶段进入学派融合统一阶段的标志,是易学史上除经传之外最重要的典籍。本书从导读和诠释两个方面对《周易正义》进行了整理和研究。

《易纂言》导读

王新春　吕颖　周玉凤著

ISBN 7-5333-1727-0

2006年6月1版1次

大32开　564页　38.00元

本书是对《易纂言》进行的研究,共两部分:前一部分是导读,对《易纂言》进行了详细分析和说明;后一部分是《易纂言》的原文,作者进行了标点和校勘,以便读者阅读。

《周易述》导读

张涛　陈修亮著

ISBN 7-5333-1726-2

2007年1月1版1次

大32开　692页　48.00元

《周易述》是清代乾嘉学派中吴派的创始者惠栋一生治《易》的结晶,是乾嘉时代最具代表性的《易》学著作,其主旨在于彰显和发挥汉易传统。它与惠栋的其他易学著作为保存和整理汉易作出了重大贡献,引导了乾嘉《易》学的发展方向。《〈周易述〉导读》详细介绍了惠栋的生平及学术成就、《周易述》的成书背景及主要版本、惠栋的《易》学思想及其在易学史和学术史上的地位,并对《周易述》全书进行了校点。

中国经典解读丛书

论语说解

幺峻洲著

ISBN 7-5333-1171-X

2003年6月1版1次

大32开　412页　30.00元

本书是一部系统阐发《论语》义理的普及性读本。作者紧密联系现实,深入浅出地解说了《论语》一书的思想和意义。

孟子说解

幺峻洲著

ISBN 978-7-5333-1654-9

2006年8月1版1次

大32开　384页　24.00元

本书是一部系统解读《孟子》的儒家经典普及读本。全书以章为单位,对《孟子》全书进行了注释和白话翻译,并在汲取前人研究成果的基础上,联系现实生活,深入浅出地阐发了原著的深刻思想和丰富义蕴。

大学说解　中庸说解

幺峻洲著

ISBN 7-5333-1701-7

2006年8月1版1次

大32开　226页　15.00元

本书对儒家经典《大学》与《中庸》逐章进行了注释、白话翻译和解说,对于帮助读者阅读和理解原著的思想和意义,有很好的作用。

先秦智慧名言故事丛书

先秦智慧名言故事丛书(全十六册)

张树骅主编

ISBN 7-5333-1262-7

2004年5月1版1次

大32开 3656页 175.00元

本丛书包括16个分册,各分册分别从《尚书》、《战国策》、《周易》、《左传》、《诗经》、《论语》、《老子》、《庄子》、《孙子兵法》、《孟子》、《荀子》、《墨子》、《管子》、《韩非子》、《吕氏春秋》、《国语》、《礼记》17部先秦经典中精选名言若干,然后对名言的要义与背景作扼要的阐释,最后附以相应的故事,以对名言的深厚内涵作进一步的阐发。名言的选择力求完整、概括、思想品位高,能全面、正确、贯通地反映诸子思想;要义主要是对名言进行简注、标音、介绍历史背景和现代释义;故事的选择以名言中包含的事例、传说、神话为主,并辅之以体现名言精神的后世历史事例、人物或传说故事,以帮助读者加深理解和领会。名言、要义、故事三位一体,是一种较好的解读经典的方法,从而能从学术、知识、通俗实用的不同层面来适应读者的不同需求。

全真道文化丛书

丘处机集

〔金〕丘处机著 赵卫东辑校

ISBN 7-5333-1506-5

2005年6月1版1次

大32开 614页 43.00元

丘处机是中国道教的代表人物之一。本书辑录了现存丘处机的全部著述和著述补遗,并对其进行了系统的整理和校点。

王重阳集

〔金〕王重阳著 白如祥辑校

ISBN 7-5333-1508-1

2005年6月1版1次

大32开 388页 28.00元

王重阳为中国道教重要流派全真派的创始人和领袖人物。本书辑录了现存王重阳的全部著作,对其进行了系统的整理和校点。

马钰集

〔金〕马钰著 赵卫东辑校

ISBN 7-5333-1507-3

2005年6月1版1次

大32开 372页 27.00元

马钰为“全真七子”代表人物。本书辑录了现存马钰的全部著作,并对其进行了系统的整理和校点。

谭处端 刘处玄 王处一 郝大通 孙不二集

〔金〕谭处端等著 白如祥辑校

ISBN 7-5333-1505-7

2005年6月1版1次

大32开 552页 38.00元

谭处端、刘处玄、王处一、郝大通、孙不二是全真道“全真七子”的代表人物。本书辑录了上述五人存世的全部著作,并对其进行了系统的整理和校点。

儒家名典箴言录

《诗经》名言

本社编选 王铭基绘图 李玉良翻译

ISBN 7-5333-1719-X

2006年8月1版1次

16开 160页 18.00元

《论语》名言

本社编选 王铭基绘图

李慧今译　刘立壹英译
ISBN 7 - 5333 - 1664 - 9
2006 年 8 月 1 版 1 次
16 开　168 页　18.00 元

《孟子》名言
本社编选　王铭基绘图
李慧今译　李玉良英译
ISBN 7 - 5333 - 1717 - 3
2006 年 8 月 1 版 1 次
16 开　160 页　18.00 元

《荀子》名言
本社编选　王铭基绘图
李晓亮今译　朱新林英译
ISBN 7 - 5333 - 1663 - 0
2006 年 8 月 1 版 1 次
16 开　168 页　19.00 元

《礼记》名言
本社编选　王铭基绘图　孙昌坤翻译
ISBN 7 - 5333 - 1718 - 1
2006 年 8 月 1 版 1 次
16 开　160 页　18.00 元

《左传》名言
本社编选　王铭基　张蕾绘图
马小方今译　李玉良英译
ISBN 7 - 5333 - 1720 - 3
2006 年 8 月 1 版 1 次
16 开　164 页　19.00 元

本丛书从儒家经典《诗经》、《论语》、《孟子》、《荀子》、《礼记》、《左传》中分别选取 100 条名言佳句，采用现代汉语与英语对照的方式译出，并配以诙谐的漫画进一步予以阐释，所选语句词约旨丰，所配漫画慧黠生动，可令读者于会心一笑间轻松感悟古圣先贤之大智慧，是海内外读者了解中国儒家经典的精品之作。

二 文 学

古籍整理

全集、选集、辑录

重辑李清照集

黄墨谷编著

统一书号:10206·23

1981年11月1版1次

大32开 325页 1.50元

本书辑录了现今所能见到的李清照的全部诗、词和文章,参考现行诸辑本,并根据历代有关资料、李清照的创作风格及其生活经历等,对这位女作家的著作进行了校订甄录。凡有事迹可考者,并为编年。诗词、文后都作校记、笺注。对误辑入诸家刻本的11首词,录在校勘记后,并附刊削意见。卷首《李清照评论》一文,比较全面地评述了她的各个时期的著述。在有关各部分所附的文章中,编著者对李清照研究中存在的问题,都提出了自己的独到见解。本书撰有《李清照易安居士年谱》,另有《宋以来历代总集辑录李清照词一览表》以及书末所附的自宋至今有关李清照的评论。

郑板桥全集

卞孝萱编

统一书号:10206·103

(ISBN 7-5333-0117-X)

1985年11月1版1次 大32开

832页 平装5.80元 精装6.90元

本书分"板桥集"、"板桥集外诗文"、"板桥研究资料"三大部分,不仅将板桥集外诗文搜罗殆尽,是迄今最为完备的郑板桥文集,而且还收录了前人有关郑板桥的记述和评论,为研究郑板桥的生平、思想、交游及创作活动等提供了一份比较完整而可靠的资料。

东方朔作品辑注

傅春明辑注

统一书号:10206·171

ISBN 7-5333-0009-2

1987年8月1版1次

大32开 152页 1.20元

东方朔是汉武帝时期以滑稽巧辩闻名于世的辞赋家。本书从有关正史和文集中辑录了他的作品,去伪存真,并加以注释。诠释博采旧注,进行辨析,时有新见;前言部分对东方朔及其文学成就作了总的评述;书后附有大事年表和有关资料。

何逊集校注

〔梁〕何逊著 李伯齐校注

ISBN 7-5333-0115-3

1989年10月1版1次
大32开　362页　5.00元

何逊在中国诗歌发展史上是一个重要人物。本书校注者广泛搜求了海内所存各种版本以及南朝以来的类书、诗文总集和选集，精心校勘，并对全部典实和诗句、文句作了深入浅出的注释和疏解，又在每篇题下对诗文所涉及的有关人物和写作时间加以推考、说明。书末还附录了版本著录、作者传记、题跋、评论等有关资料。

赵执信全集

〔清〕赵执信著　赵蔚芝　刘聿鑫校点

ISBN 7-5333-0216-8
1993年8月1版1次
大32开　672页　16.80元

赵执信是清初著名的文学家。本书收有赵执信的诗集20卷，计诗1109首，词72阙；文集12卷，计策、序、跋、碑记、传、墓志铭、祭文、杂文等共92篇，另附代稿5篇；《谈龙录》1卷；《声调谱》1卷；《礼俗权衡》2卷。本书前言对作者的生平作了概括的介绍，对其著作以及版本情况，作了比较详细的论述。书末附录《海鸥小谱》、饴山诗文补遗、赵执信诗文杂著编年、介绍赵执信生平的3篇传志有关资料。

李攀龙集

〔明〕李攀龙著　李伯齐点校

ISBN 7-5333-0350-4
1993年12月1版1次
大32开　744页　22.00元

李攀龙是我国文学史上颇具影响力的著名作家，他与王世贞同为“后七子”的首领达20余年之久。李攀龙的诗文集原名《沧溟集》，为其密友王世贞整理刊印，共30卷，计诗14卷，1380余首；文16卷，240余篇；另附志传表诔1卷，基本上搜罗了他的全部作品。本书以清道光本为底本，对照其他多种版本进行了认真细致的标点和校勘，并改为今名。

颜光敏诗文集笺注

赵传仁主编

ISBN 7-5333-0490-X
1997年4月1版1次
大32开　348页　16.20元

颜光敏是清初的著名诗人，为“金台十子”之一，其作品对现实生活有深刻的反映，曾受到顾炎武、王士禛、朱彝尊、施闰章、孔尚任诸大家的高度评价。然而身后寂寞，诗集《乐圃集》，仅有王士禛所刻《十子诗略》本，流传稀少，其他著作只有抄本和稿本藏南开大学。本书广泛地征集颜光敏的存世之作，并对其诗文中所应注释之处作了精当周详的阐释。

清江三孔集

〔宋〕孔文仲等著　孙永选校点

ISBN 7-5333-1095-0
2002年9月1版1次
大32开　538页　35.00元

本书是北宋孔文仲、孔武仲、孔平仲兄弟的诗文合集。

谢榛全集

〔明〕谢榛著　朱其铠等校点

ISBN 7-5333-0509-4
2000年2月1版1次
大32开　886页　精装　50.00元

谢榛是明代复古诗派“后七子”的中坚人物，其诗在前后七子中成就最高，数量最多，诗论也卓有建树。此次整理旨在保存明刊本《四溟山人全集》的原貌，底本及主要校本均为明本，其中《适晋稿》系海内孤本。

宋琬全集

〔清〕宋琬著　辛鸿义等点校

ISBN 7-5333-0465-9
2003年8月1版1次
大32开 862页 精装 58.00元

本书为清代著名诗人宋琬的诗文全集，共收录作者各体著作七种二十卷，包括《安雅堂文集》、《重刻安雅堂文集》、《安雅堂诗》、《二乡亭词》、《祭皋陶》杂剧等。

颜之推全集译注

张霭堂译注

ISBN 7-5333-1337-2
2004年9月1版1次
大32开 480页 32.00元

本书收录了目前可以查到的颜之推著作的全部，内容广泛，资料丰富，是迄今为止收录最全的颜氏著作，注释详尽，译文明畅。

孔尚任全集辑校注评(全四册)

徐振贵主编

ISBN 7-5333-1335-6
2004年10月1版1次
大32开 2632页 精装 219.00元

该书对孔尚任一生著述搜罗殆尽，校勘精严，注评得当。全书含戏剧、诗词和文三部分。

冯惟敏全集

〔明〕冯惟敏撰 谢伯阳辑校

ISBN 978-7-5333-1793-5
2007年6月1版1次
大32开 618页 精装 59.00元

本书将明代著名诗人、戏曲家冯惟敏诗、文、散曲、杂剧方面的文学成就搜罗殆尽，并作精心点校，书末附冯惟敏年谱。

王士禛全集(全六册)

〔清〕王士禛著 袁世硕主编

ISBN 7-5333-0265-8
2007年6月1版1次
大32开 5188页 精装 526.00元

本书辑录了清代著名诗人、诗论家王士禛个人创作的诗、文、杂著等全部作品，为研究王士禛及清代文学创作提供了第一手的完备资料。

苏轼选集

刘乃昌选注

统一书号:10206·8
(ISBN 7-5333-1533-2)
1980年5月1版1次
大32开 243页 0.90元

本书共选注苏轼诗195首，词48首，文20篇。诗、词、文三部分，每部分均按时代顺序排列。题注简要说明写作时代、背景、本事等，有些篇章对思想和艺术也略加评述。

王渔洋诗文选注

李毓芙选注

统一书号:10206·45
1982年1月1版1次
大32开 471页 1.60元

王士禛，别号渔洋山人，是清代初年著名的诗人。本书选注渔洋诗三百篇、文百篇。选诗主要依据《渔洋诗集》，力求选取思想性和艺术性较好的作品，兼顾古、今体诗，以期所选有一定代表性，能显示渔洋诗的特色。每篇都有概述诗文大意的题解和简明扼要的注释。卷末附有《渔洋年表》，介绍作者的生平事迹、诗文著述和所处的时代背景。

济南诗文选

张传实 李伯齐选注

统一书号:10206·49
1982年4月1版1次
大32开 463页 1.50元

本书选注自上古迄晚清有关济南地区历史文化和名胜古迹的诗、词、曲312篇，文30篇。所选作品按名胜古迹分为《明湖编》、《名泉编》、《名山编》、《杂编》。各编中的作品，以先诗后文的次序排列；诗文排列则基本以作者年代先后为序。书中对各名胜古迹的历史沿革及今貌，均作简要说明。

刘禹锡选集

吴汝煜选注

ISBN 7－5333－0138－2
1989年11月1版1次
大32开　420页　4.45元

本书精选刘禹锡各个创作时期的代表作品和各种体裁的优秀篇章，共选诗171首，词33首，文17篇，赋3篇，合计224篇。本书每篇都有评析，以流畅的文笔，深入浅出，力求明确允当，得其旨趣；注释切要明了，除注明典故出处，训释词语来源，考核名物，征引书证外，还对句意进行串解。

聊斋佚文辑注

蒲松龄纪念馆编　盛伟辑注

统一书号：10206·132
1986年1月1版1次
大32开　240页　1.55元

本书辑注出版蒲松龄的作品或墨迹等，内容分序、注、书启、呈稿、碑文、祭文、挽联、拟表、俚曲、诗赋、杂著和制艺等部分。

苏轼密州作品赏析

李增坡主编

ISBN 7－5333－0625－2
1997年8月1版1次
大32开　332页　15.00元

北宋著名文学家苏轼在密州写下了大量的作品，本书对这些作品进行了赏析，同时反映出苏轼在密州这一阶段的心态，对研究苏轼人生的心路历程是很好的资料。

问次斋稿

〔明〕公鼐著

ISBN 7－5333－0654－6
1998年12月1版1次
16开　334页　48.00元

《问次斋稿》是明代后期山东蒙阴人、著名文学家公鼐的诗集。全书三十一卷，共收录赋千篇、诗两千余首。该书影印清代的手抄本，保留原本的面貌，为研究公鼐及明朝的历史文化提供了可靠的依据和珍贵的资料。

小说、话本、笔记、散文

聊斋志异（二十四卷抄本）

〔清〕蒲松龄著

统一书号：10206·001
1980年7月1版1次
18开　2532页　线装本

《聊斋志异》是蒲松龄的著名短篇小说集。这部二十四卷抄本，60年代初于山东发现，是为世人所未见的一个重要抄本。这个抄本与铸雪斋抄本比较，篇数相等，但篇目不同。此本所少篇章，基本上是所谓“单章只句”“意味平浅者”；而多出的篇章，则篇幅较长，是些思想内容较深刻的有份量的篇章。这个抄本，更接近于手稿本。本书按原大影印，线订二十四卷，分上、下两函，各装十二卷。

聊斋志异（二十四卷抄本）

〔清〕蒲松龄著

统一书号：10206·6
1981年1月1版1次
大32开　2532页　9.80元

本书是二十四卷抄本《聊斋志异》的影印平装本，按原大影印，分装四册出版。

聊斋志异(二十四卷抄本)

〔清〕蒲松龄著

统一书号:10206·29

1981年1月1版1次

大32开　2532页　精装　11.80元

本书是二十四卷抄本《聊斋志异》的影印精装本,按原大影印,分装四册出版。

聊斋志异(二十四卷抄本)

〔清〕蒲松龄著

统一书号:10206·34

(ISBN 7-5333-0172-2)

1981年9月1版1次

32开　832页　2.20元

本书是二十四卷抄本《聊斋志异》的铅字排印本,对原书特加标点,改正明显笔误,分上下册出版。这部抄本未收篇章,作为补遗,不能肯定蒲氏所作的,作为附录,均附书末,以供参考。

聊斋志异选

〔清〕蒲松龄著　严薇青　朱其铠选注

统一书号:10206·84

1984年4月1版1次

669页　平装3.80元　精装4.45元

蒲松龄的《聊斋志异》是清代一部著名的文言短篇小说集,本书系从《聊斋志异》中精选百篇,多为思想性艺术性较高、篇幅较长的作品;除对原文作了详尽的注释外,并在每篇之后附有简要评说,意在点明各篇主要思想、倾向或艺术特色。

王刻聊斋志异校注

〔清〕王金范刻　孟繁海　孟原校注

ISBN 7-5333-0674-0

1998年10月1版1次

大32开　1004页　54.00元

清人王金范刻《聊斋志异》是《聊斋志异》的最早刻本之一,其版本价值和分门别类、重新编排的形式,对于版本收藏和研究,以及读者阅读,都别有其价值。

全校会注集评聊斋志异(全三册)

〔清〕蒲松龄著　任笃行辑校

ISBN 7-5333-0851-4

2000年5月1版1次

大32开　2624页　精装　160.00元

清代著名文学家蒲松龄的文言短篇小说集《聊斋志异》问世后,评注家颇多。1962年张友鹤先生三会本集十一家评注出版,影响较大。但三会本由于历史条件等原因,在收辑、卷次安排和评注中存在着不少缺陷和不足。本书按接近手稿原貌的次序重新编排为八卷本,收十五家评注,成为《聊斋志异》迄今最完备的评注本,不仅可以代替旧的三会本,而且也为《聊斋志异》研究提供了更多的新材料。

聊斋志异(二十四卷抄本)

〔清〕蒲松龄著

ISBN 7-5333-1265-1

2006年8月1版1次

大32开　536页　49.00元

本书以本社影印二十四卷抄本《聊斋志异》为基础,并参照本社1981年排印本,加以精校,重新排印出版。

太平广记选(上)

王汝涛等选注

统一书号:10206·14

1980年8月1版1次

32开　495页　1.50元

《太平广记》是我国宋代初年编成的一部古代小说总集。全书约有故事七千则,内容多为神仙、鬼怪、奇人、异事,对文学的发展有重大影响。这个选本(上册),编入故事近百篇,大多故事性强,艺术水平较高。按原载专集编排,并对专集作了介绍,每篇均作背景介绍并予评价,注释则多用现代汉语作说明或注解,力求详尽。

太平广记选(下)

王汝涛主编

统一书号:10206·42

1981年8月1版1次

32开 629页 1.75元

《太平广记》是我国宋代初年编成的一部古代小说总集。全书约有故事七千则,内容多为神仙、鬼怪、奇人、异事。下卷的选文标准,大体上与上卷相同。只是在小说之外,又选了一些侧重知识性的文章。选入的故事近二百篇。编排均按原载专集次序,并对专集作了介绍。每篇都附有背景介绍和评论。书前有王小古所作彩图4幅。

太平广记选(续)

统一书号:10206·55

王汝涛主编

1982年7月1版1次

32开 424页 1.20元

为了较全面地反映《太平广记》的总貌,继《太平广记选》上、下册之后,作者又编选了这部续册。三册通阅,既可窥见"广记"收容之完备、丰富,又可上穷源头、下际余波,对宋代以前的文言小说,得一完整的概念。这本续册,选入唐代以前及五代宋初部分作品,共近300篇。这些作品,多系短文,内容大多仍是神仙鬼怪、奇人异事,但也有不少是知识性的,有些典故源出于此。

太平广记选(修订本)(全二册)

王汝涛主编

统一书号:10206.150

1987年5月1版1次

大32开 1376页 精装 9.95元

《太平广记》是宋代初年编成的一部古代小说总集,收录上起两汉,下逮北宋初年的作品,内容多为神仙、鬼怪、奇人、异事。这部选本,选入故事五百余篇,编排均按原载专集顺序重新排列,并对专集加以介绍,每篇附有背景介绍和评介,注释力求简练准确。书前有王小古作彩画多幅。该选本原以上、下、续三册出版,现经修订,重新出版。

醒世姻缘传(全三册)

〔清〕西周生著

(上册)统一书号:10206·37

(中册)统一书号:10206·38

(下册)统一书号:10206·39

1980年12月新1版1次 32开 1323页

上册1.20元 中册1.15元 下册1.20元

《醒世姻缘传》是一部白话长篇小说。作品所接触的社会面相当广阔,多类人物的各种生活都有所反映。某些章节,对宦官弄权、官场黑暗、科举丑闻以及炎凉世态,有所暴露与批判。作品系用山东方言土语写成,笔墨酣畅流利,颇具独特风格。本书是根据新中国成立前亚东图书馆本排印,并参照清代同治庚午刻本作了订正。

老残游记

〔清〕刘鹗著 严薇青注

统一书号:10206·21

1981年2月1版1次

32开 356页 1.15元

刘鹗的《老残游记》是脍炙人口的名著。本书和过去出版的版本相较,特点是全。别的版本只是《老残游记》二十回,或是加上续集遗稿六回。本书则将续集后三回及外编卷一残稿一并补入,并将作者自己写的第一回至第十七回原评分别补入各回,使读者得窥全豹。注释详尽恰切,有些注释则联系作者思想或当时背景加以说明。

绘图今古奇观（全二册）

〔清〕抱瓮老人辑

统一书号：10206·106

1985年5月1版1次

32开 886页 4.50元

《今古奇观》凡四十卷，明末抱瓮老人辑。这部选集，系从“三言”“二拍”中精选40篇而成，基本体现了“三言”“二拍”的主要精神，概括了宋、元、明“话本”和“拟话本”的艺术成就，是一部优秀的古代白话短篇小说选集。《今古奇观》一书，现存有明末刊本；有清一代，刊本较多，但文字上并无大的差异。本书以清光绪戊子（1888年）秋月上海书局刊本为底本，参校了国内出版的几种不同版本的《今古奇观》和“三言”“二拍”等，作了个别字句的订正，附有插图80幅。

女仙外史（全二册）

〔清〕吕熊著

统一书号：10206·130

1985年12月1版1次

32开 1008页 4.90元

本书是清代的一部白话长篇小说。它以明初削潘导致的燕王靖难、建文帝逊位的历史事变为背景，主要描写了山东女英雄唐赛儿领导农民起义，扶助建文，讨伐永乐（燕王）的故事。全书以诛伐叛逆、表彰忠烈为主题，构思奇妙，情节曲折。故事有某些历史依据，但多系虚构，亦真亦幻，具有神魔小说的特点。本书以清刊本为底本，校改了其中明显的错讹字句，加以标点，保留原有序跋及每回的评语。

唐代志怪小说选译

王汝涛等译注

统一书号：10206·131

（ISBN 7-5333-0058-0）

1985年12月1版1次

大32开 344页 2.00元

唐代小说，一般概称之为“唐传奇”，本书编者认为应区分为传奇、志怪、杂录，而志怪则系专记鬼神怪异之事。本书选编了40篇志怪小说，皆为名篇佳作，原文均经校点，每篇都指出作品的积极意义，并有简明注释。译文忠实原作，力求简洁流畅。

禅真逸史

〔明〕清溪道人著

统一书号：10206·116

1986年7月1版1次

32开 640页 3.30元

本书原名《奇侠禅真逸史》，在孙楷第《中国通俗小说书目》中列入“讲史”类，叙述南北朝至隋唐间，东魏大将林时茂因昏君和权奸的逼迫逃亡出家，与徒弟杜伏威、薛举、张善相除暴安良，兴起义兵，共谋大业的故事。情节曲折丰富、人物性格相当鲜明。文学家戴不凡先生认为本书“在一般武侠小说中，切实为较富有‘人情’意味之一种”。

雪月梅传

〔清〕陈朗著 〔清〕董孟汾评释

统一书号：10206·117

1986年7月1版1次

32开 448页 2.25元

《雪月梅传》亦名《第一奇书》、《儿女浓情传》。此书以明嘉靖年间的抗倭斗争为背景，描写了普通知识分子岑秀历经磨难，成长为文武全才并领导抗倭斗争取得胜利的故事。书中穿插了岑秀与雪（许雪姐）、月（王月娥）、梅（何小梅）的爱情故事，情节曲折，语言活泼，塑造的人物形象栩栩如生。

金瓶梅（张竹坡批评第一奇书）（全二册）

〔明〕兰陵笑笑生著 〔清〕张道深评

王汝梅等校点

统一书号:10206·160

1987年1月1版1次

大32开　1650页　精装　25.00元

本书以张竹坡批评《第一奇书》清康熙间刊本为底本,参校世存近十种《金瓶梅》版本校点完成,全书一百回。书中保留了张竹坡的回批和旁批,并尽可能保持了张评康熙本文字原貌。但对书中的性描写进行了适当的删节。

吴三桂演义(明清两国志)

史青校点

ISBN 7-5333-0036-X

1988年1月1版1次

32开　392页　2.30元

本书以吴三桂为主人公,描写了明末清初的大动乱。从吴三桂发迹写起,写吴三桂引狼入室、镇压农民起义,受清朝藩封,一直到三藩之乱,吴三桂称帝反清以至灭亡。故事情节曲折跌宕,于烽火硝烟之中穿插吴三桂和陈圆圆、莲儿的爱情描写,有情有致,生动感人。

今古奇闻

〔清〕王冶梅选　李禾校点

ISBN 7-5333-0037-8

1988年1月1版1次

32开　298页　1.85元

本书十二卷,是仿效《今古奇观》例,选取《醒世恒言》、《娱目醒心编》和《西湖佳话》等书中的22篇短篇小说而编成的又一部话本小说选集。本书所选收的话本,有一定的代表性,其中既不乏脍炙人口的名篇,又多收今天读者罕见的故事,塑造了各具情态的形形色色的人物。本书以初刊本为底本,整理点校出版。

开辟演义

〔明〕周游著　程前校点

ISBN 7-5333-0042-4

1988年1月1版1次

32开　230页　1.80元

本书是一部上古通俗演义小说,描述盘古开天、三皇五帝至周武王吊民伐罪的故事。小说生动地展现了原始先民开创人生的宏伟业绩和无穷智慧。叙事多本史鉴,汇辑了大量的神话传说和史前文明记载,文字通俗,异趣横生,富有浓厚的神话传奇色彩,在历史演义小说中,可以衔接《封神演义》。原书80回,有图40余幅和明竟陵派著名作家钟惺回评。本书以明刊本为底本,校以道光诸本,保留插图和钟评。

蜃楼志

〔清〕庾岭劳人说　禺山老人编

王俊年校点

ISBN 7-5333-0051-3

1988年6月1版1次

32开　280页　2.20元

本书是一部描写清朝中期广东以至沿海城市生活,着重暴露当时官场腐败堕落的长篇章回小说。作品以与洋人贸易的广州十三行"高总"及其家庭生活为中心,再现了中国封建社会的风貌,揭露了当时南方重臣贪赃枉法、荒淫腐朽的罪行。

禅真后史

〔明〕清溪道人著　余芳等校点

ISBN 7-5333-0071-8

1988年6月1版1次

32开　504页　3.90元

禅家以人死而精神不灭,随复受形,故贵修道以练精神。究其根源,则唯以智慧刀割断烦恼,用光明拳打破痴迷。节烈豪雄,便是禅真真面目。《禅真后史》描写了唐太宗贞观二十三年,饥馑流离,盗贼蜂起,叶法师发檄祈请上帝,遂有真人降生阳世,征番灭寇,拯溺救危,逐鬼荡魔，利物济民，三十年间做成了许多因果。真人功德圆满，又提携了几个道友升天。故事情节曲折生动，语言优美流畅。

金瓶梅续书三种（全二册）

〔清〕丁耀亢著　陆合　星月校点

ISBN 7-5333-0086-6

1988年8月1版1次

大32开　精装　24.00元

本书合辑《续金瓶梅》、《隔帘花影》、《金屋梦》三种《金瓶梅》续书，对书中的性描写进行了适当的删节，供《金瓶梅》爱好者阅读和研究。

新刻绣像批评金瓶梅（全二册）

齐烟　汝梅校点

ISBN 7-5333-0136-6

1989年5月1版1次

大32开　1408页　特精装　175.00元

本书为《金瓶梅》两大版本系统之一的明崇祯本，以北京大学藏本为底本，校勘以今存的多种珍贵的崇祯系统版本，繁体竖排，尽量保留了底本的文字原貌，并保留原刊本插图200幅，全本无删节，供研究者使用。

儿女英雄传（全二册）

〔清〕文康著　〔清〕董恂评　尔弓校释

ISBN 7-5333-0146-3

1990年2月1版1次

大32开　1082页　15.50元

本书是一部具有特色的极富吸引力的世情小说。侠女何玉凤在其父为权贵陷害致死后，偕母逃离虎口，改名十三妹，矢志为父报仇，并永不嫁人。路过荒寺，遇安骥蒙难，仗义解救，使其脱险。后来经过极为曲折的过程，二人竟成伉俪，成家立业，平步青云。作者竭力塑造何玉凤既为侠烈英雄又是温柔儿女的性格，与一般才子佳人小说写法迥异，又多表现清代后期满族人的社会生活。本书有注有评，易于阅读。

兰花梦奇传

〔清〕吟梅山人著　闻今校点

ISBN 7-5333-0162-5

1990年3月1版1次

32开　480页　6.40元

该书是晚清时期描写婚姻悲剧的长篇小说。书中塑造了一位有才有智、聪慧过人而又深受封建婚姻制度和三纲五常等观念之害的女子形象——松宝珠。由于多种原因，宝珠出生就按男子抚养，后来中举、点探花、升官破案、挂帅出征、屡建奇功，全都是女扮男装。但被人识破，嫁许文卿后，在夫权淫威残害下受尽折磨，19岁吐血身亡。小说结构奇巧动人、语言自然流畅、人物形象生动，且有诗词巧对、酒令笑话，颇得雅趣，表达了争女权反夫权的进步倾向。

风月梦

〔清〕邗上蒙人著　苗壮　石星校点

ISBN 7-5333-0194-3

1991年4月1版1次

32开　266页　3.70元

本书展示出一幅封建末世中国江南名城扬州的风俗长卷，旨在警醒世人，极言青楼妓馆的冶游生活之骗人坑人，坏人心术，破人婚姻，败人家业，不可轻易沾染。

明清稀见小说丛刊

黄霖等标点

ISBN 7-5333-0506-X

1996年8月1版1次

大32开　916页　精装　52.00元

本书收《山水情》、《闪电窗》、《空空幻》、《醒名花》、《跻云楼》、《跨天虹》、《锦绣衣》、《笔梨园》、《花影集》和《春梦琐言》共十种明清稀见小说，其内容既有才子佳人婚姻爱情故事，也有市民生活世态炎凉描写，既有白话长、短篇小说，也收两种罕见的文言传奇。这十种小说多故事情节曲折，并刻画了许多栩栩如生的人物形象，对认识明清世情文风有一定的参考价值。这十种小说现是藏于海内外的孤本秘籍，今首次整理面世，因此弥足珍贵。

红楼梦

〔清〕曹雪芹　高鹗著　黄渡人校点

ISBN 7-5333-0693-7

2002年9月1版1次

大32开　872页　21.00元

《红楼梦》以描写贾宝玉、林黛玉、薛宝钗之间的爱情悲剧为主要线索，真实细致地揭发了悲剧发生发展的深刻社会根源。

三国演义

〔明〕罗贯中著　齐烟校点

ISBN 7-5333-0694-5

2002年9月1版1次

大32开　608页　15.00元

《三国演义》起于刘、关、张桃园结义，终于三国归晋。描写了东汉末年和整个三国时代封建统治集团之间的矛盾和斗争。

水浒传

〔明〕施耐庵著　刘一舟校点

ISBN 7-5333-0695-3

2002年9月1版1次

大32开　884页　21.00元

《水浒传》描写了北宋末年的农民战争，塑造了宋江、林冲、鲁智深、李逵、武松等一系列英雄好汉形象，揭示了当时的社会矛盾，暴露了封建统治阶级的腐朽和残暴。

西游记

〔明〕吴承恩著　古众校点

ISBN 7-5333-0696-1

2002年9月1版1次

大32开　752页　18.00元

《西游记》是我国神怪小说中成就最高、流传最广的一部，是我国古典小说代表作之一。其故事神奇百怪，语言诙谐幽默，人物形象个性鲜明。

红楼梦

〔清〕曹雪芹　高鹗著　黄渡人校点

ISBN 978-7-5333-1812-3

2007年6月1版1次

大32开　876页　精装　19.00元

《红楼梦》以描写贾宝玉、林黛玉、薛宝钗之间的爱情悲剧为主要线索，真实细致地揭发了悲剧发生发展的深刻社会根源。

三国演义

〔明〕罗贯中著　齐烟校点

ISBN 978-7-5333-1809-3

2007年6月1版1次

大32开　606页　精装　14.00元

《三国演义》起于刘、关、张桃园结义，终于三国归晋。描写了东汉末年和整个三国时代封建统治集团之间的矛盾和斗争。

水浒传

〔明〕施耐庵著　刘一舟校点

ISBN 978-7-5333-1810-9

2007年6月1版1次

大32开　882页　精装　19.00元

《水浒传》描写了北宋末年的农民战争，塑造了宋江、林冲、鲁智深、李逵、武松等一系列英雄好汉形象，揭示了当时的社会矛盾，暴露了封建统治阶级的腐朽和残暴。

西游记

〔明〕吴承恩著　古众校点

ISBN 978-7-5333-1811-6
2007年6月1版1次
大32开 750页 精装 16.00元

《西游记》是我国神怪小说中成就最高、流传最广的一部，是我国古典小说代表作之一。其故事神奇百怪，语言诙谐幽默，人物形象个性鲜明。

聊斋志异话本集

关德栋辑校

ISBN 7-5333-0209-5
1991年7月1版1次
大32开 294页 5.00元

本书辑校《醒梦骈言》全书和《删定二奇合传》中的两篇话本。《醒梦骈言》十二回，收话本十二篇，分别演述《聊斋志异》中的《陈云栖》、《张诚》、《阿宝》和《仇大娘》等十二个故事；《删定二奇合传》四十回，本书辑校的两篇为《曾友于》和《姊妹易嫁》。每篇话本都附有较详细的校记。

宋元小说家话本集（全二册）

程毅中辑注

ISBN 7-5333-0739-9
1999年6月1版1次
大32开 874页 50.00元

宋元话本是中国古代早期白话小说，多保留宋元人的语言风格和民间艺人的创作痕迹，并保存大量的宋元时期社会生活史料，是中国古代小说的奇葩。本书将现存公认的40篇宋元小说家话本合为一编，宋元话本搜罗殆尽。每篇前有解题，篇后有校注。

世说新语选译

〔南朝·宋〕刘义庆撰 徐传武注译

ISBN 7-5333-0180-3
1991年4月1版1次
大32开 442页 6.70元

《世说新语》是记载东汉末至东晋间人物逸闻琐事的小说。本书从文学、语言、历史、政治、哲学和佛学等各个角度选译了有代表性的篇章400则加以注释并译文言为白话。

乡园忆旧录

〔清〕王培荀著 蒲泽校点 严薇青审订

ISBN 7-5333-0348-2
1993年12月1版1次
大32开 458页 10.70元

本书是清人王培荀编著的以记述山东及游宦山东的名人先贤嘉言懿行、逸闻轶事为主，兼及地方风土民俗、山川风物、名胜古迹的笔记体著作。书中所记，上起明中叶，下迄清道光，对三百年间山东政治、经济、文化均有广泛的记载。特别是对清初至中叶文人生活的描述，对《聊斋志异》的创作和流传的记录，都为清代文学研究提供了宝贵的文献史料。

笑林广记二种

〔清〕游戏主人 程世爵撰 廖东辑校

ISBN 7-5333-0454-3
1996年1月1版1次
大32开 402页 15.80元

本书集中国古代笑话作品之大成，大多数作品对中国封建社会的官场腐败、民风衰劣、文人愚陋及社会上种种丑恶现象，极尽讽刺揶揄之能事，有一定的社会认识价值。

清代笔记丛刊（全四册）

〔清〕刘献廷等著

ISBN 7-5333-0691-1
2001年1月1版1次
16开 精装 650.00元

本书收录清人笔记著作41种，是了解清人笔记概貌以及清代名人轶事、历史琐闻、典籍掌故、社会风俗的必备图书。

白话耳梦录

〔清〕张贞著　周庆武编注

ISBN 7－5333－1260－0
2004 年 1 月 1 版 1 次
大 32 开　296 页　25.00 元

《渠丘耳梦录》是清代安丘人张贞撰写的一部文言笔记小说，记叙了安丘的许多奇闻轶事和名胜风物，是了解安丘古代社会和历史文化不可多得的资料，可谓安丘的“聊斋”。编注者周庆武写成这本《白话耳梦录》。书名虽名之为“白话”，但并非完全将原文一一对照翻译，而着重意译并适当增加一些必要的背景介绍；另外，为了保持书中诗歌和词曲的独特韵味与文学形式美感，编注者对其没有进行翻译，而是将里面难以理解的名词和典故加以注解，意在让读者自己咀嚼、品味。

古文观止今译（全二册）

徐北文主编　袁梅等注译

（平装）统一书号：10206·63
（精装）统一书号：10206·81
（ISBN 7－5333－0185－4）
1983 年 5 月 1 版 1 次　大 32 开
1103 页　平装 3.60 元　精装 4.35 元

《古文观止》是清朝康熙年间吴楚材和吴调侯编选的一部供学塾使用的文章读本，共选取了从先秦至明末 222 篇古文，分为十二卷。这些文章，多为历来传颂的名篇。这部今译本的分卷、篇目一律依照原书，每篇作品都与原在书籍加以校对。有“作者介绍”。每篇都有“题解”，除提供必要的背景材料、文章分析之外，对于内容有的提出批判意见，对于伪作也予指出。“注释”着重于年代、地名、典章、文物等。译文力求遵守“信、达、雅”的准则。

侯朝宗文选

徐植农　赵玉霞注译

ISBN 7－5333－0088－2
1988 年 12 月 1 版 1 次
32 开　296 页　2.95 元

侯方域（朝宗）是清初古文三大家之一，也是《桃花扇》剧中的主要人物。本书选自侯方域的《壮悔堂文集》，共选文章 50 篇，包括序、书、传、记、论等各种体裁，内容也兼顾各个方面，可以反映出侯的文章风貌和他所处的时代。每篇文章均有题解、注释和译文，并保存了原有几家的评语。

诗、词、赋

铁云诗存

刘蕙孙标注

统一书号：10206·25
1980 年 12 月 1 版 1 次
大 32 开　69 页　0.31 元

刘铁云（鹗）先生以其《老残游记》、《铁云藏龟》等著作闻名于世，而其诗词独未梓行。先生文孙刘蕙孙教授多方搜集汇抄，辑为《铁云诗存》，并加标注，交付出版。这部诗集，分编四卷，卷一为芬陀利室存稿，卷二为东游草，卷三为抱残守缺斋遗诗辑存，卷四为老残游记所附诗和长短句。全书共收诗词 113 首。

诗经译注（国风部分）

袁梅译注

统一书号：10206·26
1980 年 12 月 1 版 1 次
大 32 开　403 页　1.30 元

《诗经》是我国最早的一部乐歌总集，分为风、雅、颂三部分。本书对其时代背景、内容与形式以及有关问题，作了简要的评介；对 160 篇国风，全部作了语译和注释。原诗与译文并列，便于对照参阅。译文比较准确地表达了原作精神，并保持了民歌的艺术特色；解释字、词、语句，也较通俗、明确，对疑难问题加以考证，以供参考。

龚自珍诗选

郭延礼选注

统一书号:10206·40

1981年7月1版1次

大32开 222页 0.78元

龚自珍是清代杰出的思想家、文学家和诗人。本书共选龚诗123首,注重思想性和艺术性的统一。每首诗都有说明和注释。说明部分侧重于思想内容和艺术特点的分析,并联系作者同一主题的诗文加以对照比较;注解除力求浅显通俗、准确恰当外,又对政治诗中所涉及的史实作了说明,或加以评论,可方便读者正确地理解诗意。

诗经译注(雅颂部分)

袁梅译注

统一书号:10206·46

1982年6月1版1次

大32开 653页 2.05元

本书对《诗经》中现存的"二雅"部分105篇,"三颂"部分40篇作品,全部作了语译和注释,并对每首诗的中心思想或时代背景作了简括的提示。译文通俗而口语化,力求忠于原作,保持其固有的特色。注释用现代汉语,力求确切、恰当;对某些疑难问题,加以考证。

赵执信诗选

赵蔚芝 刘聿鑫选注

统一书号:10206·59

1983年3月1版1次

大32开 302页 1.20元

赵执信是清代优秀的现实主义诗人。他的《饴山诗集》,共收现存各体诗作1044首。本书选了194首。入选作品,大都具有强烈的现实性和相当高的艺术性。所选作品按照原作的编年顺序排列,每篇都作了较详细的注释,并对作品的思想内容和艺术特点作了扼要的介绍。前言部分论述了作者的生平和为人,以及他在诗歌创作上的成就。

宋金三家诗选

〔清〕沈德潜选

统一书号:10206·60

1983年7月1版1次

16开 418页 5.00元

《宋金三家诗选》是清代著名诗评家和选诗家沈德潜编的苏轼(东坡)、陆游(放翁)、元好问(遗山)的诗歌选集。其中的《苏东坡诗选》共两卷,收185首;《放翁诗选》两卷,收208首;《遗山诗选》一卷,收134首。本书为海内外罕见版本,并有清代著名诗评家赵翼手批160多则,特影印出版。

聊斋诗词选

殷孟伦 袁世硕选注

统一书号:10206·64

1983年10月1版1次

大32开 165页 0.79元

蒲松龄毕生致力于创作,他在醉心于《聊斋志异》撰写的同时,也写下大量的诗词,估计有1000余首。他的诗歌创作,面向社会现实,不拘一体,有的反映农村灾难和农民生活疾苦,愤怒批判封建统治;有的深刻揭露科举制度的腐朽;有的表现个人生活情状;也有描写自然风物之作。大都直抒胸臆,意新语工,给人以极其真切和淳朴自然的感觉。本书选收诗80首、词20首,并作较详的注释。

诗经译注

袁梅译注

统一书号:10206·105

1985年1月1版1次

大 32 开　1055 页　精装　7.90 元

《诗经》为我国第一部诗歌总集，共收诗 305 篇。本书对这些作品全部作了语译和注释，对每首诗的中心思想或时代背景及其艺术特色，概括地作了提示。原诗与译文并列，便于对照参阅。译文比较准确地表达了原作精神，并保持了民歌的艺术特点。注文解释字、词、语句，通俗、明确，界说清楚，繁简得当。对某些疑难问题，加以考证，略附援引，以供参考。我社曾将《诗经译注》国风、雅颂两部分分册出版，现改为精装本全一册。

西昆酬唱集笺注（全二册）

〔宋〕杨亿等著　郑再时笺注

统一书号:10206·113

1986 年 1 月 1 版 1 次

16 开　720 页　14.00 元

《西昆酬唱集》是中国文学史上一部著名的诗歌总集。内容是北宋初期文学家杨亿与其友人刘筠等人的唱和诗。它对当时及以后的文风产生过重要影响。郑再时是一位有成就的山东学者，通小学，喜考据，作此笺注，广征博引，采摭宏富，并于目录、版本以至校勘方面下了功夫，撰成《西昆诗人年谱》置于卷首，还辑录了历代对《西昆集》的著录和评论，一并附于书中，是《西昆集》的一个较为详备的注本。此书为郑氏遗著，据 1957 年作者所出稿本影印。

玉谿生诗醇

王汝弼　聂石樵笺注

统一书号:10206·122

（ISBN 7-5333-0063-7）

1987 年 1 月 1 版 1 次

大 32 开　448 页　3.20 元

李商隐（号玉谿生）是我国唐代杰出诗人。他的诗以“包蕴密致”、工丽典雅的艺术风格为人所称赏。本书精选李商隐诗歌醇美之作 150 余首，广泛吸取明清以来的名家注评研究成果，加以笺释校正。注者对所选各篇详加考订、系年，说明写作背景和各篇要旨；难懂的诗句和用典大都疏通文意，对各家之说详加辨析，时有新见；并且注意将艺术分析融汇于笺注之中，使读者从中得到有益的启迪和鉴赏。

宋人绝句选

傅璇琮选　倪其心　许逸民注

统一书号:10206·110

（ISBN 7-5333-0056-4）

1987 年 3 月 1 版 1 次

大 32 开　472 页　3.05 元

绝句是我国古典诗歌的一种重要体裁，曾被人誉为“百代不易之体”。宋代的绝句在内容和艺术上都具有自己的特色。本书选收了宋代 160 多位诗人的优秀绝句近 300 首。对所选诗人在作品前均有小传；对所选诗作的注释力求简明通俗，有的着重注释词语，有的着重串释全句；对每首诗还有简单的评析。

清诗精华录

钱仲联　钱学增选注

统一书号:10206·151

1987 年 4 月 1 版 1 次　大 32 开

948 页　精装 7.20 元　平装 6.20 元

有清一代，诗家辈出，流派纷呈，作品繁富。本书即从上迄清初，下逮辛亥革命三百年间的诗作中精选 160 多家，计收诗 627 首，按古、律、绝体裁分类编录，兼及作家、作品、风格、流派、样式等方面，既注意作品的思想性和艺术性，又不因人废诗。同时，本书还附有作者介绍，并对作品或考证本事，或征引史料，或注释语词、典故，或诠解作品所涉释道经典，注释翔实精当，引用资料丰富，有助于对清诗全貌的基本了解。

渔洋精华录集注（全二册）

〔清〕王士禛著　〔清〕惠栋　金荣注

伍铭点校整理

ISBN 7-5333-0170-6
1992年1月1版1次
大32开 1526页 精装 32.00元

清代著名诗人王渔洋的《精华录》由于直接反映了作者倡导的"神韵"诗的创作风貌，是当时很有影响的诗别集。清人惠栋的《精华录训纂》和金荣的《精华录笺注》对其诗的地理、名物、人事典故进行了详实的笺注。本书集合两家注予以整理点校，形成了渔洋诗较为完善的注本。

千家诗（附神童诗）

潘慧惠注解
ISBN 7-5333-0389-X
1993年12月1版1次
32开 186页 4.50元

本书为传统蒙学读本之一，选唐宋间120多位著名诗人的绝句、律诗226首，其中多为名片佳作，诗情浓郁，艺术性强，深受读者欢迎，成为脍炙人口，雅俗共赏的优秀选本。现经注解，对每首诗的作者作简明介绍，每条较难较深的词语扼要注释，并点明该诗的思想、艺术特点，更加便于广大青少年诵读。书中所附《神童诗》也是久已传诵的蒙学读物之一，其中不少启发智慧、增长知识的名句。

唐人万首绝句选校注

〔清〕王士禛选 李永祥校注
ISBN 7-5333-0407-1
1995年2月1版1次
大32开 442页 17.50元

宋人洪迈曾辑《唐人万首绝句》，清人王士禛又从唐诗绝句中作选，使精粹杰作更加集中。全书分五言绝句与七言绝句两大部分。初盛中晚，唐诗四个时期的优秀作品都有选录，同一时期选诗中又注意艺术风格多样性。今人李永祥作了精心校注，并把涉及的每位诗人的生平事迹及艺术特点，都作了简单介绍。

杜律启蒙

〔清〕边连宝著 韩成武等点校
ISBN 7-5333-1478-6
2005年6月1版1次
大32开 544页 36.00元

本书是清代人边连宝所著《杜律启蒙》一书的点校本，专事注解杜甫诗歌中的五律和七律，共计627首。总注在前，详注在后，先挈纲领，后疏脉络。注释疏解，简明扼要。

渔洋精华录汇评

周兴陆编
ISBN 978-7-5333-1831-4
2007年10月1版1次
大32开 688页 精装 65.00元

《渔洋精华录》是清代著名诗人王士禛的诗歌选集，在有清一代广有影响。本书辑录了清人评点《渔洋精华录》著述近20种，涵盖目前已知的评点版本，精汇精校，极具文献价值和权威性。

稼轩词选注

薛祥生注
统一书号:10206·13
1980年9月1版1次
大32开 185页 0.66元

辛弃疾（号稼轩）是南宋时期伟大的爱国词人。其创作风格虽以豪放为主，却也不乏清丽婉约的一面。本书在选词上即兼顾了其风格的多样性。本书取辛词中艺术思想成就较高的作品120首，每首详加注释并附以简洁的解说。

二晏词选

柏寒选注
统一书号:10206·97
1985年1月1版1次

大 32 开　136 页　0.86 元

晏殊、晏几道父子是北宋前期词坛上的重要作家。他们的作品清丽婉曲，在宋词的发展史上，具有较大的影响。本书依据汲古阁本《宋六十名家词》选晏殊《珠玉词》38 首；依据彊村丛书本选晏几道《小山词》78 首；并参阅其他版本加以校勘，择善而从。注释力求简明确当。对每首词的思想内容和艺术特色，都略加评析，有些有代表性的前人评论，也酌予引用。本书附录有关资料数篇及《二晏行年简谱》。

乔大壮手批周邦彦片玉集

周邦彦著　乔大壮手批

统一书号:10206 · 108

1985 年 5 月 1 版 1 次

16 开　264 页　3.50 元

周邦彦是北宋著名词人，词作富艳精工，典雅清丽，对于慢词的发展有重要贡献。乔大壮生前曾被誉为"一代词坛飞将"，其词论继承前贤，并多新意，手批《片玉集》二百余处，结合作品较全面地体现了他的词论。本书为宋刻陈元龙注本，是一本研究词论的重要资料。

梦秋词

汪东著

统一书号:10206 · 100

1985 年 11 月 1 版 1 次　16 开　501 页

平装 7.70 元　精装 9.10 元

《梦秋词》系近代词学大家汪东的词集，为他生前亲自缮录、编定，凡二十卷，计存词 1380 余阕。汪东为章太炎的高足，精音韵、训诂、文字之学，亦善书画，尤以词章名世。《梦秋词》手稿在十年浩劫中几被焚毁，幸被汪东之孙抢救而出，得以保存。现据原稿并附《词学通论》等三篇词学论著影印出版。

李清照词鉴赏

统一书号:10206 · 142

(ISBN 7 - 5333 - 0057 - 9)

1986 年 4 月 1 版 1 次

大 32 开　192 页　1.35 元

李清照是宋代杰出女作家，工诗善文，尤以词著称，是婉约派代表。词作语言朴素，声律优美，委婉含蓄，意境深邃，世称"易安体"，极为词界推崇。本书收其词 42 首，为目前学术界所公认的全部李清照词。注释力求准确，赏析阐明作品思想内容，讲述艺术技巧，力求确切、深入、细致。

蒋鹿潭年谱考略　水云楼诗词辑校

冯其庸著辑

统一书号:10206 · 121

1986 年 9 月 1 版 1 次

大 32 开　388 页　2.45 元

蒋鹿潭(春霖)是清季一位著名诗人，一生历经坎坷，穷困潦倒，故其作品对动乱的社会有所反映，词作的艺术性也较高。但由于其作品流布不广，所以后人对蒋鹿潭所知甚少。本书作者经几十年的搜集、整理和研究，撰成《蒋鹿潭年谱考略》，详述其政治和文学活动。同时，还对蒋鹿潭的诗、词及有关词话、唱酬等进行了汇集、辑佚和编校，是为《水云楼诗词辑校》，可称为蒋氏全集。本书为蒋氏以至清词研究，提供了一份完整的资料。

辛弃疾词鉴赏

统一书号:10206 · 157

(ISBN 7 - 5333 - 0059 - 9)

1986 年 12 月 1 版 1 次

大 32 开　416 页　2.65 元

生长在我国南宋时期的伟大爱国词人辛弃疾，他的词以其思想的光芒和由豪放与深婉相兼的风格而展现的强烈的艺术魅力，给后人留下了深刻的影响。齐鲁书社约国内词学专家数十人，就辛词中那些脍炙人口的名篇及思想、艺术性较高的佳作近百阕逐篇加以释解、赏析，尤其是对每篇词作的艺术特点做了深入浅出的探讨、介绍。

石湖词校注

〔宋〕范成大著　黄畲校注

ISBN 7-5333-0103-X

1989年6月1版1次

大32开　154页　2.00元

本书是南宋范成大词集。范成大，号石湖居士，他不仅以诗歌名世，长短句亦自“风流跌宕”，颇为后人称咏。台湾籍词学研究家黄畲先生，以彊村丛书本《石湖词》为底本，并收辑佚篇，进行整理校注，或加评笺，书后附以序跋、词话、传记、年表等数据。

晁补之词编年笺注

〔宋〕晁补之著　乔力校注

ISBN 7-5333-0213-3

1992年3月1版1次

大32开　280页　4.80元

晁补之是宋代著名文学家，著述颇丰，其词神姿高秀，苦心踪迹苏轼，在宋词发展史上占有重要地位。晁补之词现存160余首，其词集的版本虽不算少，但向未进行过系统整理。本书对晁词的编年和笺注也做到了信而有证，雅俗共赏。书末附录《晁补之年诚谱简编》考订晁氏生平、著述、交游确当。

草窗词校注

〔宋〕周密著　史克振校注

ISBN 7-5333-0278-8

1993年12月1版1次

大32开　288页　6.20元

周密，号草窗，山东人，宋代著名文学家。本书是集现存周密词为一编，精心校勘，详加注释。本书凡三卷，卷一收宋亡前作品52首，失调名残词1首；卷二收宋亡前作品61首；卷三收宋亡后作品39首。

屈原赋译注

袁梅译注

统一书号:10206·79

(ISBN 7-5333-0055-6)

1984年1月1版1次

大32开　326页　1.75元

本书译注了《离骚》、《九歌》、《九章》、《天问》、《招魂》五种屈原的著作和《卜居》、《渔父》(作为附录)两篇作品。在序中，比较详细地介绍了屈原的生平和思想，分析了他的作品的思想内容和艺术特色，论述了“楚辞”的产生和发展过程。译文力求忠于原作，比较准确地表达作品固有的思想感情，以普通话为基础，照顾到韵文的特点，做到流畅顺口；注释力求简明扼要，切当妥贴，且适当吸取古今学者、专家的研究成果；各篇题解力求能总摄文意而不失其主旨，使读者能够正确理解原作精神。

宋玉辞赋今读

袁梅译注

统一书号:10206·147

1986年8月1版1次

大32开　176页　1.75元

宋玉是继屈原而起的楚辞作家，他的作品一向为后世所推重。本书译注了《九辩》、《风赋》、《高唐赋》、《神女赋》、《登徒子好色赋》五篇作品，后四篇虽尚不能确定为宋玉所作，但亦流传甚广，影响殊深。对这些作品，本书先解题旨，次录原文及注释，后录译文。注释准确明白，译文力求忠于原作，努力做到信、达、雅。引论集中地评介宋玉的生平、所处时代、作品辨伪及《九辩》的思想内容与艺术特色。另附《对楚王问》等八篇作品之白文，以存疑备考。

屈原宋玉辞赋译注

袁梅译注

ISBN 978－7－5333－1935－9
2008 年 5 月 1 版 1 次
大 32 开　576 页　42.00 元

本书将屈原、宋玉二人的作品合为一编，收录了二人的全部作品并全面介绍了屈原及宋玉的身世、生活背景及其作品的内容、特色、成就、对后世的影响等。对每篇作品先解题旨，次录原文及注释，后录译文。其题旨及注释考证精审，译文通俗易懂而又不乏学术性，是研究屈原及宋玉赋作不可多得的著作之一。

戏曲、散曲、杂剧

聊斋俚曲选

关德栋编
统一书号:10206·9
1980 年 9 月 1 版 1 次
大 32 开　109 页　0.40 元

本书选编了蒲松龄的通俗俚曲《穷汉词》、《学究自嘲》、《千古快》、《墙头记》四种和用俚曲写成的剧作《闹馆》一种。选注者将每篇作品作了说明和注释。

新编聊斋戏曲集

本社编
统一书号:10206·27
1981 年 3 月 1 版 1 次
大 32 开　285 页　0.88 元

本集包括从《聊斋志异》和蒲松龄的其他作品改编成的五个戏曲剧本:《墙头记》、《姊妹易嫁》、《花灯记》、《胭脂》、《花为媒》。

贾凫西木皮词校注

关德栋　周中明校注
统一书号:10206·43
1982 年 10 月 1 版 1 次
大 32 开　264 页　1.00 元

贾应宠，字思退，一字晋蕃，号凫西，别号木皮散客。他是明末清初具有封建叛逆倾向的进步文人。他的《木皮词》，亦庄亦谐，宜俗宜雅，颇为人所称道。校注者根据十种不同的木皮词版本，校理考订，择善而从，力求更接近于原作。并附有详细的校记，以资参证。注释部分，除注明方言土语、疑难词句、典故出处外，还逐一查对有关史实根据，详为征引。本书附有云亭山人(孔尚任)的《木皮散客传》和其他有关的评传、序言十余篇。《澹圃诗草》系贾凫西著《澹圃恒言》的第四卷，共收诗 160 首，亦作了点校简注，附编于后，以供参考。

董解元西厢记(全二册)

〔明〕杨慎点定　黄嘉惠校阅
统一书号:10206·72
1984 年 2 月 1 版 1 次
16 开　160 页　线装　7.00 元

《董解元西厢记》(简称“董西厢”)描写崔莺莺的爱情故事，作品改变了原故事“始乱终弃”的基本情节，赋予新的思想内容，使其具有更加鲜明的反封建倾向和动人心魄的艺术魅力。“董西厢”元明刻本较少，流传极稀。此为明末黄嘉惠刻本，精刻初印，尤以插图最工。书中有清代著名文字学家王筠批校与题跋，是一部罕见的珍贵版本。特予影印线装出版。

元曲四大家名剧选

徐沁君　陈绍华　熊文钦校注
统一书号:10206·126
1987 年 1 月 1 版 1 次
大 32 开　1264 页　精装　9.95 元

本书校注了关汉卿的《拜月亭》、《调风月》、《望江亭》、《救风尘》、《单刀会》、《窦娥冤》，白朴的《梧桐雨》、《墙头马上》，马致远的《汉宫秋》、《青衫泪》、《荐福碑》、《陈抟高卧》，郑光祖的《周公摄政》、《王粲登楼》、《倩女离魂》、《㑇梅香》。末附元曲四大家综合年表、元曲四大家现存杂剧版本表。作品前附有作者小传。本书校勘精审，注释详明。有些句子作了串讲，有关元代社会资料尽可能注出。每场、每折的内容都在首注中作了分析和说明。

诸宫调两种 附：撷芬室文存

凌景埏 谢伯阳校注

ISBN 7-5333-0078-5

1988年2月1版1次

大32开 496页 精装 4.90元

本书对金刊《刘知远诸宫调》残本和元王伯成作的《天宝遗事诸宫调》残篇辑本作了比较详细的校勘和注释，是研究我国戏曲史的珍贵资料。另附《撷芬室文存》辑有著名学者凌景埏的9篇文章。有的探讨大晟府的体制，有的对套曲进行了考证，还有几篇对《再生缘》、《珍珠塔》和弹词目录进行了深入的研究和考订。

小忽雷传奇

〔清〕孔尚任 顾彩著

戴胜兰 徐振贵校注

ISBN 7-5333-0076-9

1988年6月1版1次

大32开 328页 3.50元

本书是一部清代传奇剧本。它以唐代宪宗至文宗四朝治乱兴衰的历史为背景，以小忽雷的故事为线索，主要描写了文武兼备的青年才子梁厚本与纯洁、正直的少女郑盈盈之间在爱情上悲欢离合的故事，鞭挞了以仇士良为首的宦官集团，揭露了宦官专权的弊政，从而比较真实地反映了中唐后期朝政腐败、权奸当道、忠良受害、贤士蒙冤的黑暗现实。本书对原文作了简要的注释和精当的校勘，并在附录中收集了有关资料。

云庄休居自适小乐府笺

〔元〕张养浩著 王佩增笺

ISBN 7-5333-0083-1

1988年12月1版1次

大32开 176页 2.40元

《云庄休居自适小乐府》是元代著名作家张养浩的散曲集。张养浩既是诗人，又是散曲大家，他的散曲不仅展现其退隐后"休居自适"的闲适生活及啸傲山水的情趣，也表达了在宦途上饱经忧患的不平静内心和同情人民疾苦的思想，熔轻松诙谐和含蓄深刻于一炉。散曲的语言生动活泼，通俗易懂，加之本书笺注者深入浅出的注解和简释，更有助于今天读者的欣赏。

重订增注中国十大古典喜剧集

王季思主编

ISBN 7-5333-0161-7

1991年7月1版1次

大32开 786页 精装 16.50元

本书是1982年出版的《中国十大古典喜剧集》的重订增注本。与原版本比较一是增加了注释，目的在于帮助读者读通原文，不做进一步疏通、引申或过多考证；二是修订原书，对原有和新增的眉批细加审定。

重订增注中国十大古典悲剧集（全二册）

王季思主编

ISBN 7-5333-0168-4

1991年9月1版1次

大32开 1304页 精装 27.00元

本书是1982年出版的《中国十大古典悲剧集》的重订增注本。与原版本比较一是增加了注释，目的在于帮助读者读通原文，不做进一步疏通、引申或过多考证；二是修订原书，对原有和新增的眉批细加审定。

元杂剧包公戏评注

范嘉晨评注

ISBN 7-5333-1774-2

2006年12月1版1次

大 32 开　388 页　25.00 元

元杂剧包公戏,创造了成熟的清官包公形象,在元杂剧中占有重要的地位。本书辑现存元杂剧包公戏共十一种,都成一集。其中除《替杀妻》一种本于《元刊古今杂剧三十种》外,余者皆本于《元曲选》,另附有《元杂剧包公戏全目提要》和《宋史·包拯传》。每剧前有简明评论。注释侧重于名物制度和风尚俗语,适当稽考旧文;对方言、僻词、典故等也略为注出。

诗论、文论

司空图《诗品》解说二种

〔清〕孙联奎　杨廷之著

孙昌熙　刘淦校点

统一书号:10206·3

1980 年 8 月新 1 版 1 次

大 32 开　142 页　0.50 元

本书包括解说司空图《诗品》的《诗品臆说》、《廿四诗品浅解》二种。《臆说》对《诗品》不仅做了较详尽的注释,并且从理论上加以阐述,大胆做了发挥。《浅解》对《诗品》做了细密的诠释与串讲。

人间词话新注

王国维著　滕咸惠校注

统一书号:10206·47

1981 年 11 月 1 版 1 次

32 开　123 页　0.48 元

王国维的《人间词话》是一部重要的有影响的文艺理论著作。这部新注是以王氏原稿为基础重新整理的,有十三条材料是他本没有的。新注不仅引录王氏论及的作品,而且进一步征引和王氏的理论观点有关的中外文艺理论。书前有校注者写的《略论王国维的美学思想》一文。

诗式校注

〔唐〕释皎然著　李壮鹰校注

统一书号:10206·136

1986 年 3 月 1 版 1 次

大 32 开　304 页　1.90 元

《诗式》是中唐诗僧皎然撰的诗论专著。其论诗观点直接影响了晚唐司空图的《二十四诗品》,成为后世"以禅说诗"及"神韵说"的先声。此书文字简约,精蕴往往含而未申。本书以清代陆心源《十万卷楼丛书》刻本为底本,参照十几种版本并征引唐以来的诗话、杂著 20 余种加以校勘、注释,对其理论探赜发微,颇有新见。书后附有皎然传记和其他论著资料,可供参考。

魏晋南北朝诗话

萧华荣辑注

统一书号:10206·144

1986 年 6 月 1 版 1 次　大 32 开

288 页　精装 2.95 元　平装 1.95 元

宋计有功的《唐诗纪事》,开创了自唐以来的历代诗话、纪事著作体例,但迄今为止,尚无魏晋南北朝以前的诗话专著问世。本书仿其体例,从正史、类书及其他著作中,广泛辑录了魏晋南北朝时期有关诗歌创作的本事、逸闻和评诗、论诗的记述,并作了简要注释。书中引录资料丰富,具有较高的史料价值,填补了魏晋南北朝时期诗话著作的空白。

诗品注释

〔梁〕钟嵘著　向长清注

统一书号:10206·146

1986 年 7 月 1 版 1 次

大 32 开　232 页　1.40 元

《诗品》是中国古代第一部较系统的论诗专著,其评论对象是梁代以前的五言诗及其作者。作者追溯了五言诗的起源,说明了诗歌的功用和表现方法,提出了评诗标准,进而就两汉、魏、晋以至齐、梁每一时代诗坛的主流加以扼要的评述,并从中举诗人 120 余家,分为上、中、下三品加以评论。虽难免有片面、不当之处,但对后代诗歌批评有较大影响。本书对《诗品》详加注释,并对钟嵘诗论的优劣予以分析、评介。附录《诗品所录诸家诗举要》,可供参考。

人间词话新注(修订本)

王国维著　滕咸惠校注

统一书号:10206·124

(ISBN 7-5333-0144-7)

1986年8月新1版1次

大32开　176页　1.10元

本书是齐鲁书社1981年出版的王国维的《人间词话》修订本。

古典诗论集要

屈兴国　罗仲鼎　周维德选注

ISBN 7-5333-0167-6

1991年5月1版1次

大32开　368页　5.70元

本书从先秦至晚唐的丰赡诗论中,辑录有代表性的语录体的诗论达500余条,大致可分创作中的言志与缘情、诗品与人品、风格与流派、形似与神似以及意象,意境、韵味等方面,从中可领略中国古代诗论的丰富内容和民族特色,也为今天的诗歌以及文学创作提供了珍贵的理论宝库。本书对有关作者、诗论中的一些生词僻典等作了言简意赅的注释。

文木山房诗说笺证

〔清〕吴敬梓撰　周延良笺证

ISBN 7-5333-1029-2

2002年4月1版1次

大32开　226页　16.00元

本书是一部关于《诗说》研究的专著,收《孔子删诗》、《后妃》、《马鹿》、《汉神》、《四牡》、《采薇》、《出车》、《伐木》等古典诗歌研究文章。

杜甫诗话六种校注

张忠纲编著

ISBN 7-5333-1083-7

2002年9月1版1次

大32开　592页　40.00元

本书收辑宋代以来的《诸家老杜诗评》、《杜工部草堂诗话》、《杜工部诗话》、《养一斋李杜诗话》、《续杜工部诗话》、《新编渔洋杜诗话》等珍贵杜甫诗话专集六种,依据多家诗话与杜集加以校注,并附录杜诗论评及古诗平仄论等资料。

文心雕龙译注(上册)

陆侃如　牟世金

(平装)统一书号:10206·28

(精装)统一书号:10206·41

1981年3月新1版1次　大32开

272页　平装1.25元　精装1.80元

《文心雕龙译注》上册包括20篇,译注者在"引论"中,详细地论述了产生《文心雕龙》的历史条件、作者的生平和思想;比较透彻地分析了《文心雕龙》的理论体系、对前人创作经验的总结以及创作论、批评论等等,对一些有争议的重要问题,提出了自己的见解。译文通畅,尽量做到准确地表达原意;注释简明扼要,力求精当恰切。

文心雕龙译注(下册)

陆侃如　牟世金

(平装)统一书号:10206·57

(精装)统一书号:10206·58

1982年9月1版1次　大32开

426页　平装1.40元　精装1.90元

《文心雕龙译注》下册共30篇。注释详细,注文力求恰切精当,引文以有助于理解原著为主,部分与旧注不同或为其他注家未曾引用过的资料,也酌予引征;译文采取直译方式,力求通俗晓畅,能够准确地表达原作旨意;每篇开始都概括地介绍其内容及各个部分的主要意义。

文心雕龙译注(全二册)

陆侃如　牟世金

ISBN 7-5333-0047-5

1988年1月1版3次

大32开　824页　6.00元

南朝梁代刘勰的《文心雕龙》,是我国最早的一部文学理论著作。《文心雕龙译注》分上、下两册,分别对原书全部50篇文章作了译注。译注本取直译方式,力求做到信、达、雅。每篇开头作概括介绍,点出主要意义。全书开头有译注者的引言,详细论述了《文心雕龙》产生的历史条件、作者的生平和思想、该书对前人创作经验的总结,同时讨论了《文心雕龙》表达的创作论、批评论等问题,对文论界有争议的焦点,也提出了译注者自己的意见。

文心雕龙绎旨

〔梁〕刘勰撰　姜书阁述

(平装)统一书号:10206·51

(精装)统一书号:10206·93

1984年3月1版1次　大32开

198页　平装1.55元　精装2.20元

南北朝梁刘勰所撰《文心雕龙》一书,系我国古代文论中体系最完整、结构最严密之著作。但因文用骈体,且多典故,故而难以通晓。本书乃对原作简约难明之句,引申而长之;其藻采典高可予省削者,则略去以简之。每篇先录本文,继以"译旨",冀使读者得贯通全篇,明其大旨。全书取通行之黄叔琳《文心雕龙辑注》本,校字则杂采各家,择善而从,改校字句直录原字句下,以便阅读。

研究著作

作家与作品研究

辛弃疾论丛

刘乃昌著

统一书号:10206·2

1979年6月1版1次

32开　199页　0.61元

辛弃疾是南宋时期豪放派中最为重要的词人,他的作品受到后人的高度重视。本书从多个侧面探讨了辛弃疾的全人及其作品,并就一些众说纷纭的问题作了辨析,多有创见。书后附有《辛弃疾年表》。

韩愈柳宗元文学评价

黄云眉著

统一书号:10206·4

1980年1月新1版1次

大32开　206页　0.95元

本书收录了《韩愈文学的评价》和《柳宗元文学的评价》2篇正文,以及《读陈寅恪先生论韩愈》1篇附文。另外录新唐书韩柳传及韩柳碑志共5篇,又选了韩柳作品48篇。这次印行是按照山东人民出版社1959年版重排的,内容未作改动。

杜甫研究(修订本)

萧涤非著

(平装)统一书号:10206·22

(精装)统一书号:10206·31

1980年12月新1版1次　大32开

405页　平装1.35元　精装1.90元

本书分上、下卷,上卷比较系统全面地论述杜甫所处的时代背景和他的思想、生活及其作品的人民性、艺术性、体裁、影响等。下卷是作者自新中国成立初期到现在所有关于杜甫的论文的一个结集。其中有的是对错误观点的批判,有的是对有关问题的探讨,有的是对作品的剖析。这些文章论点明确,论据充分,说理精辟透彻。

苏轼文学论集

刘乃昌著

统一书号:10206·53

1982年4月1版1次

大32开　268页　0.80元

本书辑录有关评论苏轼的文章17篇。主要论述了苏轼的生平、思想和创作成就,还分别就其诗、词、文、文艺观、艺术个性以及师承、交游等方面,较细致地进行了分析和评述。这些文章论点明确,颇多新颖独到的见解。每题有相对独立性,各篇又相互配合,形成一定系统性,书末附《苏轼年表》。

苏轼新论

朱靖华著

统一书号:10206·80

1983年11月1版1次

大32开　223页　0.96元

本书包括作者近年有关苏轼研究的论文10篇。内容涉及苏轼的政治思想、诗、词、文、赋、创作理论等方面;阐述的问题,都是在深入研究史料、审慎地考察前人和当代研究成果的基础上提出的,对旧议题的探讨有新的突破,而对苏轼与北宋诗文革新运动的关系、《赤壁赋》题旨、苏轼的寓言艺术等的论述,则是新的开拓。

李后主评传　附词诗文辑注

高兰　孟祥鲁著

统一书号:10206·134

1985年9月1版1次

大32开　160页　1.25元

本书是山东大学教授高兰先生新中国成立前的旧著,现重新整理出版。评传简要而系统地评述了南唐后主李煜的思想,及其诗词、书画、音乐等方面的造诣,并附有目前所能见到的李后主全部诗、词、文作品(包括新辑铁文)注释和年表。这部出自诗人和学者手笔的诗家评传,不仅辑录的资料丰富,而且体例新颖,文字流畅,富有激情和诗意。

谢灵运论稿

钟优民著

统一书号:10206·135

1985年10月1版1次

大32开　276页　1.75元

谢灵运是南朝宋著名文学家。本书分十章,全面而系统地论述了谢灵运的家世、经历、思想、创作及其成就与影响,广搜博引,辨诬证实,且深入浅出,堪称知人论世的力作。

李白论

乔象钟著

统一书号:10206·112

1986年4月1版1次

大32开　240页　1.55元

本书共收研究李白及其作品的论文9篇。文章分别论述了李白的生平、思想和艺术实践,结合历代对李白的研究,详为论证,多有创见。

李白考异录

李从军著

统一书号:10206·154

1986年10月1版1次

32开　232页　1.20元

本书从更好地继承李白的诗歌遗产出发,根据丰富的资料,对李白的生地、家世、家室、行踪、交游和部分诗作的创作背景等,进行了富有科学性的考辨,有助于提高对李白的认识及其诗歌的理解。

蒲松龄事迹著述新考

袁世硕著

ISBN 7－5333－0038－6

1988年1月1版1次

大32开　440页　精装　4.90元

本书是作者近十年间研究成果的专著，分上、下两编。上编以蒲松龄的生平事迹为纲，探索了蒲松龄的生活环境、个人经历和《聊斋志异》创作思想等情况；下编对蒲松龄的诗词、杂著和几种《聊斋志异》的版本，做了广泛深入的考察。作者立论严谨，多以第一手资料为据，并披露了蒲松龄许多鲜为人知的事迹，颇多新见，确是目前蒲松龄研究的一部力作。

李清照研究论文集

孙崇恩　傅淑芳主编

ISBN 7－5333－0207－9

1991年5月1版1次

大32开　412页　6.30元

本书为李清照第二届讨论会论文精选。

《聊斋志异》艺术论

李永昶著

ISBN 7－5333－0344－X

1993年2月1版1次

大32开　284页　4.80元

本书包括《聊斋志异》艺术总论、鬼狐形象、人物塑造、细节描写、美学贡献等14章内容。

谢榛研究

李庆立著

ISBN 7－5333－0354－7

1993年4月1版1次

大32开　374页　9.80元

本书内容分为四部分：一、谢榛生平、行实、著作丛考，二、诗歌理论和美学思想探讨，三、诗歌创作研究，四、谢榛与《金瓶梅》关系辩说。

醒世姻缘传作者和语言考论

徐复岭著

ISBN 7－5333－0370－9

1993年8月1版1次

大32开　394页　7.80元

《醒世姻缘传》的作者历来在学术界存在不同看法。本书著作者经过广泛研究、考证，认为《醒世姻缘传》作者应是山东兖州的贾凫西。同时又对全部语言规律、特点进行了深入探索。

苏轼在密州

李增坡主编

ISBN 7－5333－0481－0

1995年9月1版1次

大32开　876页　精装　42.00元

本书内容广博，包括苏轼密州系年，苏轼在密州的作品辑录，事迹考论，遗址遗迹考略，超然台刻石拓本辑存（影印）民间传说等。书首有苏轼像、手迹、游历处等彩色图片，书中亦有较多插图。

赵执信研究论文集

贺连春主编

ISBN 7－5333－0501－9

1995年12月1版1次

大32开　328页　13.90元

本书收录了全国首届赵执信学术讨论会的论文，对推动了赵执信学术思想的研究，扩大赵执信学术思想在国内外的影响起到了重要作用。

钱谦益古文首探

裴世俊著

ISBN 7－5333－0534－5

1996年1月1版1次

大32开 256页 11.00元

本书对钱谦益古文进行了深入的研究。

孔尚任与桃花扇

李季平著

ISBN 7-5333-1076-4
2002年9月1版1次
大32开 120页 8.00元

本书向人们展示了孔尚任这位伟大的文学家坎坷的一生及创作《桃花扇》的经过,内容包括:家世、时代,出仕以前,宦海生涯,创作理想的实现与罢官,清寒的晚年,杰出的剧作家、优秀的诗人。

元前陶渊明接受史

李剑锋著

ISBN 7-5333-1082-9
2002年11月1版1次
大32开 460页 29.00元

本书运用西方解释学和接受美学等理论,总结了东晋诗人陶渊明诗文的美学价值与艺术成就对后世的深远影响及其被东晋南北朝至宋末元初革命家流派所接受融合、发扬光大的历史。

袁枚诗论

石玲著

ISBN 7-5333-1202-3
2003年6月1版1次
大32开 292页 22.00元

本书从诗人生活的时代背景、独特人格精神内涵和美学特征等诸多方面,多角度地论述了清代乾嘉诗坛独领风骚的诗人袁枚诗歌创作的风貌。

苏轼文学论集

刘乃昌著

ISBN 7-5333-1349-6
2004年5月1版1次
大32开 312页 20.00元

本书是一部研究苏轼的论集,内容包括苏轼的生平思想、苏轼的创作风格和艺术成就,以及苏轼与同时代文学巨匠的交游等,书尾附有苏轼年表。共收录专题文章20篇,代表了作者几十年来苏轼研究的主要成果,是唐宋文学研究领域一部重要的学术著作。

黄人及其《小说小话》之研究

龚敏著

ISBN 7-5333-1639-8
2006年5月1版1次
大32开 306页 20.00元

黄人是清末民初著名的文字学家、小说理论家以及研究型学者。本书作者在爬梳整理了大量的资料的基础上,详细、全面地介绍、论述了黄人的生平、思想、交游以及其代表作《小说小话》的具体内容。

王充及其文学思想

王治理著

ISBN 7-5333-1761-0
2006年11月1版1次
大32开 224页 16.00元

本书分上、下两篇,上篇系统地介绍了王充家世、生平及其以《论衡》为代表的著述;下篇从王充对"文"的划分、对文体的认识、文气说、劝惩说、文艺心理学思想等方面对王充的文学思想进行了系统探索与研究。

苏颋张说研究

林大志著

ISBN 978-7-5333-1888-8
2007年11月1版1次
大32开 308页 22.00元

本书对苏颋、张说的文学成就及其对唐代及后世文学的影响等方面进行了细致的探讨与研究。

纵横论王维(修订本)

王志清著

ISBN 978-7-5333-2030-0

2008年7月1版1次

大32开 452页 38.00元

本书广泛论及与王维生活、创作相关的方方面面,博涉交叉,从容整合,把诸多不同门类的知识综合起来进行辟析、论评,视角新颖,论析精密,新意迭出。

陆机的文学创作与理论

李秀花著

ISBN 978-7-5333-2053-9

2008年8月1版1次

大32开 236页 20.00元

本书分上、下两编,上编述陆机文学创作在内容、形式及创新上的贡献,下编述陆机《文赋》在文学理论史上的地位与影响。

小说、散文研究

中国小说丛考

赵景深著

(平装)统一书号:10206·20

(精装)统一书号:10206·33

1980年10月1版1次 大32开

551页 平装2.05元 精装2.55元

本书是作者研究、考证中国小说的结集,共收入有关文章74篇。侧重于考据中国小说的来源、演变、作品真伪、作者生平、版本校勘,同时也涉及作品的时代背景、历史条件、社会情况等。本书按照鲁迅的《中国小说史略》次序排列,广征博引,内容丰富,有不少珍贵资料,颇多精辟见解。

红楼梦艺术论

中国《红楼梦》学会秘书处编

统一书号:10206·78

1983年8月1版1次

大32开 394页 1.70元

1981年中国《红楼梦》学会召开了以探讨《红楼梦》的艺术成就为主题的全国性的会议。本书即这次讨论会的论文选集,收文23篇,从美学、总结创作经验、小说发展史等不同角度,对《红楼梦》的创作方法、人物塑造、艺术风格和语言运用等,作了较为深入的分析研究。

金瓶梅新证

张远芬著

统一书号:10206·85

1984年1月1版1次

大32开 171页 1.10元

《金瓶梅》是我国明代的一部著名的长篇小说,但其作者究系何人,四百年间,一直众说纷纭,迄今仍无定论。本书作者摈弃旧说,另辟蹊径,以明代山东峄县文学家贾三近的家世生平、文学素养、精神气质、笔名由来和诗文作品及于慎行为之撰写的墓志铭为主线,以《万历野获编》的记载和《快雪时晴帖》的题跋等为旁证,并结合《金瓶梅》中的大量明代史实以及小令和方言,进行了周密的考辨和深入的研究,论证了《金瓶梅》的作者兰陵笑笑生就是贾三近。本书作者这一观点,已引起国内外学术界的重视。书后有《金瓶梅》词语选释,收书中方言俚语凡500余条,并附有例句。

聊斋志异丛论

孔一珍著

统一书号:10206·86

1984年1月1版1次

32 开 255 页 0.90 元

本书选收作者近年论文11篇，分别对《聊斋志异》的创作方法、艺术技巧、人物塑造和有关评论等，作了较深入细致的探讨。

《镜花缘》公案辨疑

孙佳讯著

统一书号：10206·88

1984年5月1版1次

大32开 148页 0.76元

《镜花缘》是清代的一部著名的长篇小说，其作者是李汝珍已为世所公认。但二百年间，江苏海州一带，风靡种种传说：或谓《镜花缘》为许乔林、许桂林兄弟所作；或谓是许、李合作，等等，聚讼纷纭，是桩老公案。本书作者早在五十余年前，就悉心致力于《镜花缘》作者的研究，并多著文纠正讹传；近年来订正旧作，补充材料，通过大量的有关李汝珍生平的第一手资料，辨正海州传说的谬误，进一步证实《镜花缘》的作者就是李汝珍。

红楼梦脂评校录

朱一玄编著

统一书号：10206·148

1986年9月1版1次

大32开 624页 4.40元

脂评《石头记》是最早的《红楼梦》评本，脂砚斋评语对研究《红楼梦》原本内容及其作者曹雪芹的家庭与身世有重要参考价值。但各种抄本上的评语多寡不一，文字亦有出入，为了便于研究，俞平伯等已辑有《脂砚斋红楼梦辑评》等书，朱一玄在此基础上广泛吸收了红学专家多年来的研究成果，又辑成此书，将各本的脂评汇于一集，并兼采有关论著，附录了后人的续评，为《红楼梦》研究者提供了一部比较完备的脂评资料。

论金瓶梅的成书及其它

徐朔方著

ISBN 7－5333－0032－7

1988年1月1版1次

大32开 284页 2.30元

本书系作者研究《金瓶梅》的成果专集。书中论证了《金瓶梅》的成书过程，提出了“《金瓶梅》是世代累积型的集体创作”，其“写定者是李开先或他的崇信者”的见解，并对《金瓶梅》作者屠隆说进行了质疑，同时也探讨了《金瓶梅》与其他古典名著的关系。

金瓶梅研究集

杜维沫 刘辉编

ISBN 7－5333－0039－4

1988年1月1版1次

大32开 348页 2.70元

本书收有关《金瓶梅》论文20篇，对《金瓶梅》的思想内容、艺术性、成书过程和作者问题，作了深入而新鲜的探索。

金瓶梅人物艺术论

高越峰著

ISBN 7－5333－0107－2

1988年12月1版1次

大32开 194页 2.60元

本书对《金瓶梅》中的一些主要人物、思想内容和艺术上的主要成就，进行了研究。

日本研究《金瓶梅》论文集

黄霖 王国安选译

ISBN 7－5333－0132－3

1989年10月1版1次

大32开 360页 4.25元

本书是日本近三十年来研究《金瓶梅》的有代表性的论文选集，共选译了日本老一辈汉学名家和青年学者的优秀论文21篇，其中既有对《金瓶梅》版本问题、作者问题及成书年代等诸方面进行的考证，也有对这部小说的语言、名物、特点所作的分析，还有作者花了多年心血收集编成的《金瓶梅》研究资料。

唐宋八大家汇评

吴小林编

ISBN 7-5333-0205-2
1991年7月1版1次
大32开　298页　5.50元

唐宋八大家，唐代韩愈、柳宗元，宋代欧阳修、王安石、曾巩、苏洵、苏轼、苏辙。他们的散文在文学史上占有重要地位，对后世有深远影响。本书辑录者从浩繁的古籍及近代文论中，汇集、整理了250个历代有代表性的作家对唐宋八大家的有关评论，内容十分广泛。本书资料按中唐及五四时期的时代顺序排列，书后附有引用书目，以备检阅。

清代小说论稿

孙永都著

ISBN 7-5333-0440-3
1994年8月1版1次
大32开　238页　7.80元

本书是一部清代小说的研究专著。

明代言情小说创作模式研究

曹萌著

ISBN 7-5333-0493-4
1995年11月1版1次
大32开　314页　14.80元

本书是一部研究有明一代言情小说之构成的学术著作，旨在从明代社会思潮、士人心理状态以及言情小说的情节类型、结构模式、色情场面处理格式、语言特色诸层面描述、分析此一历史时期言情小说的构成，从中揭示出一定的理论问题。

金瓶梅语音研究

张鸿魁著

ISBN 7-5333-0510-8
1996年8月1版1次
大32开　356页　18.00元

作者多年致力于《金瓶梅》一书的语言研究，本书即从其语言性质、谐音、用韵、音系等方面入手，详细深入地考查研究了此书语言的特点和价值，是一部填补《金瓶梅》研究空白的力作。

文学史学的明清小说研究

袁世硕著

ISBN 7-5333-0723-2
1999年12月1版1次
大32开　358页　20.00元

本书是研究明清小说的论文集，共收论文20篇。这些论文是作者研治明清小说四十年来成果的结晶，资料丰富，观点鲜明，从文学史学的角度对明清小说进行了深入的探究和分析。其中既有新发现的小说作者、本事等方面的史料，也有研究者的真知灼见。

水浒传接受史

高日晖等著

ISBN 7-5333-1584-7
2005年5月1版1次
大32开　380页　24.50元

作者借鉴运用接受美学这一理论，对《水浒传》自成书以来不同时代、不同人物的接受情况予以仔细爬梳，从中折射出近现代中国的社会史、思想史、文化史、政治史、心理学以及文学观点等的演变轨迹。

中国文言小说史

吴志达著

ISBN 7-5333-0400-4
2005年6月1版1次
大32开　816页　精装　55.00元

记述先秦至明清各类题材文言笔记小说发展史,为上世纪90年代以来国内最有影响的文言小说史专著。

禁忌与放纵

——明清艳情小说的文化研究

李明军著

ISBN 7-5333-1493-X

2005年6月1版1次

大32开 372页 25.00元

明清艳情小说作为一种文学现象,存在时间长,影响范围大,是一个颇值得关注的课题。本书从整体上研究艳情文学与社会思潮、其他文学样式之间的关系,深入剖析艳情文学的文化内涵,给艳情文学以准确定位,有助于读者正确全面认识艳情文学在文学史上的地位及影响。

《聊斋志异》与宗教文化

黄洽著

ISBN 7-5333-1583-9

2005年11月1版1次

大32开 244页 18.00元

本书共五章,论述了清代文言小说名著《聊斋志异》受儒释道三教思想的影响和与民间鬼神信仰的联系,及其所反映的宗教文化艺术价值。

数理批评与小说考论

杜贵晨著

ISBN 7-5333-1550-2

2005年12月1版1次

大32开 524页 30.00元

本书分上、下两编。上编主要针对明清小说中所出现的"数理"现象进行了归纳与总结;下编则针对当下小说界的一些说法进行了考证与论述,澄清了一些模糊说法,纠正了偏颇的观点。

清末小说研究集稿

(日)樽本照雄著 陈薇译

ISBN 7-5333-1653-3

2006年8月1版1次

大32开 248页 25.00元

本书是日本学者樽本照雄先生研究清末小说的论文集,涉及对《老残游记》及其作者的研究,对《绣像小说》、《官场现形记》的研究等。论文中使用了在日本新发现的若干珍贵文献资料,解决了许多在学术界悬而未决的问题,并订正了以前的许多错误认识。

先秦散文艺术新探

谭家健著

ISBN 978-7-5333-1805-5

2007年4月1版1次

大32开 692页 43.00元

本书是作者有关先秦散文研究的一部系统的专著,在注重历史的考察下,拓宽了先秦散文研究的领域,深入研究了先秦散文的艺术特征。文字表达生动,语言精当有趣。

三国故事演变中的文人叙事与民间叙事

王丽娟著

ISBN 978-7-5333-1845-1

2007年9月1版1次

大32开 426页 28.00元

本书以元明时期三国故事叙事文本的分析为主,主要对三国故事的源流演变进行文化考察。在三国故事嬗变文本的细致比较中,总结了两种叙事、两种文化传统的特质,并考察了两种叙事、两种文化的重合、对立及渗透关系。

清初散文三家研究

张云龙著

ISBN 978－7－5333－1947－2
2007年12月1版1次
大32开　300页　23.00元

本书对侯方域、魏禧、汪琬三位清初散文家的立身行事、文学观念、散文创作特征和艺术成就作了客观的诠释。

《金瓶梅》与临清
——第六届国际《金瓶梅》学术讨论会论文集

黄霖　杜明德主编

ISBN 978－7－5333－2033－1
2008年6月1版1次
16开　636页　76.00元

本书是第六届国际《金瓶梅》学术讨论会论文集，共收论文46篇，包括《金瓶梅》的研究现状、《金瓶梅》与临清的关系、《金瓶梅》与其他古典小说的比较、对《金瓶梅》中的习俗和器物的考论等方面。

《六十家小说》研究

常金莲著

ISBN 978－7－5333－2044－7
2008年9月1版1次
大32开　272页　20.00元

嘉靖年间钱塘人洪楩编辑的《六十家小说》是现知最早的话本小说集。本书对《六十家小说》与《清平山堂话本》的关系作出必要说明，考证并梳理洪楩的家世，推考已佚篇目，并从类型和叙事两方面入手分析《六十家小说》文本，阐发了《六十家小说》在中国小说发展史上的不可替代的重要意义。

持守与嬗变
——明清社会思潮与人情小说研究

齐裕焜著

ISBN 978－7－5333－2108－6
2008年9月1版1次
大32开　312页　22.00元

本书以《红楼梦》、《金瓶梅》、《醒世姻缘传》为考察对象，结合明清社会风气、背景进行了多角度的考察。

《红楼梦》的现代误读

陈文新著

ISBN 978－7－5333－2054－6
2008年9月1版1次
16开　240页　28.00元

本书对从1919年至今的红学研究中的种种误读现象进行了全景式的观照和批判。胡适作为“新红学”当之无愧的宗师，发动了“红学”革命，开启了探佚的法门，但却把红学研究推向了狭窄的胡同，作者以胡适为主要批评对象，详尽解析了造成胡适误解《红楼梦》的诸多因素，着重批判了胡适作为“新红学”宗师对红学造成的负面影响。继之对追随者俞平伯、周汝昌、刘心武等在红学研究中的种种误读进行了分析。

诗词、辞赋研究

先秦辞赋原论

姜书阁著

统一书号:10206·71
1983年9月1版1次
大32开　198页　1.00元

本书共收论述先秦辞赋文章八篇:《先秦楚歌叙录》阐述屈原《离骚》之所因依，以考其递遭演变;《屈原与江湘》、《人民诗人屈原之爱国主义思想》分别对屈原之生平、思想进行探讨;《屈赋楚语义疏》搜括屈赋中所用楚语，归并为六十四条，一一疏其语义。另有两篇文章，较详细地论述宋玉之身世，考辨其辞赋之真伪及影响。还有两篇分论荀子之《成相》与《赋篇》。

屈赋新探

汤炳正著

(平装)统一书号:10206·87
(精装)统一书号:10206·92
1984年2月1版1次 大32开
428页 平装 2.70元 精装3.35元

屈原是我国文学史上第一个伟大的诗人,他的爱国思想和诗篇,长期以来闪耀着灿烂的光辉。本书是研究屈原及其作品的重要成果,对屈原的生平事迹、以屈赋为主的《楚辞》的成书与传本、屈原的思想与所属流派、屈赋中的神话传说、屈赋的语言艺术等进行了深入的探讨。

唐宋词学论集

唐圭璋 潘君昭著
统一书号:10206·99
1985年2月1版1次
大32开 190页 1.25元

本书收集词学专家唐圭璋、潘君昭有关唐宋词的评论文章15篇,主要有关于词的起源、唐宋词发展情况的探讨和对温庭筠、韦庄、李煜、柳永、欧阳修、苏轼、秦观、李清照、姜夔等名家词人的生活、思想、创作艺术的具体评述。作者运用历史唯物主义观点和丰富的资料,对作家、作品作出实事求是的评价,颇有独到见解。

乐府诗词论薮

萧涤非著
统一书号:10206·98
1985年5月1版1次 大32开
398页 平装2.65元 精装3.95元

本书是作者乐府诗词研究的论文集,分为上、下卷和附录三部分。上卷是关于汉魏六朝乐府的评论,对两汉南北朝乐府的来源、一般特点和一些乐府名篇中的疑难问题作了富有启发性的探讨。下卷是唐宋诗词的评论,主要谈王维、刘禹锡的诗,并论及词的起源和李煜、张先、柳永、周邦彦词的风格、语言、本事等。附录部分介绍了诗词格律,并收有作者早年听黄节先生讲授魏晋诗歌的笔记三则。

江西诗派研究

莫砺锋著
统一书号:10206·155
1986年10月1版1次
大32开 344页 2.25元

以黄庭坚为代表的江西诗派,是我国宋代的一个重要的诗歌流派,它以其独具特色的诗歌创作和诗歌理论,对宋金诗的发展产生过广泛的影响。但长期以来,对它在文学史上的地位缺乏应有的评价。本书运用新的研究方法和文献资料,比较系统地探讨了江西诗派的产生、发展、艺术成就和影响,对它在文学史上的地位和作用给予了充分的肯定,是一部能够代表新成果的江西诗派研究专著。

楚辞研究

中国屈原学会编
ISBN 7-5333-0004-1
1988年1月1版1次
大32开 464页 3.00元

本书由中国屈原学会成立大会暨第四次学术讨论会所收论文百余篇中选有代表性的20余篇结集,探讨了有关屈原、《楚辞》、楚文化及"楚辞学史"的许多重要问题,包括不同观点和流派,并着重展示了创新之见。这些文章资料翔实、论证精当,多发前贤所未发,反映了学科的新进展。

汉赋通义

姜书阁著
ISBN 7-5333-0062-9
1989年10月1版1次
大32开 464页 6.00元

本书是一部全面系统地论述汉赋的学术研究专著。上卷于其渊源流变及著名赋家凡数十辈皆研索而毕陈之，下卷细论其思想内容、结构形式、句法句式、音节声韵。书末附录《现存汉人辞赋篇目考略》，将散见于典籍中的汉人辞赋作品乃至残篇一一考订存佚真伪，以利研究者检索。

清诗代表作家研究

朱则杰著

ISBN 7－5333－0496－9

1995 年 10 月 1 版 1 次

大 32 开　402 页　18.50 元

本书对清代著名作家有广泛涉猎，对作家、流派和作品进行较深入探讨，特别是对清初著名诗人吴伟业进行了专题研究，颇多新见。

楚辞与上古历史文化研究

江林昌著

ISBN 7－5333－0548－5

1998 年 5 月 1 版 1 次

大 32 开　336 页　15.00 元

作者通过对楚辞和先秦诸多古籍的研究，并且大量引用当代考古发掘出来的真实历史文物资料，创造性地阐明了中国古代太阳循环文化的观点。本书对研究中国古代历史文化、对鉴赏中国古代文学艺术遗产，都会产生重大的帮助。同时，对楚辞历代研究工作作了历史性的回顾，并且能从新的角度预言今后研究工作的发展方向。

九歌考释

国光红著

ISBN 7－5333－0776－3

1999 年 3 月 1 版 1 次

272 页　大 32 开　15.00 元

本书是一部对于《九歌》进行考证和研究的著作，作者潜心研究《九歌》多年，历览前人成果融汇于胸，多发前人之所未发，自成一家之言。

中国诗歌文化

李善奎著

ISBN 7－5333－0828－X

1999 年 11 月 1 版 1 次

大 32 开　640 页　27.80 元

本书从中国诗歌文化产生和发展的背景、中国诗歌文化的主体、中国诗歌文化的价值和知识取向、中国诗歌文化的品格及中国诗歌文化的审美性等五个方面，对中国诗歌文化进行了系统的研究和阐述。

西晋士风与诗歌

——以“二十四友”研究为中心

张爱波著

ISBN 7－5333－1731－9

2006 年 10 月 1 版 1 次

大 32 开　352 页　20.00 元

本书主要从政治对西晋士风的影响及作用、西晋士风对于诗歌的影响及诗歌对士风的反映、“二十四友”集团研究、“二十四友”集团作家个论等四个角度展开阐述，运用“考—述—论”相结合的论述方法，围绕着“二十四友”集团成员的心态流变和诗歌创作展开论述，力求全面展示出西晋“政治—士风—诗歌”之间的相互关系与整体状况。

二十世纪以来先秦至唐代诗歌研究

刘怀荣著

ISBN 7－5333－1775－0

2006 年 12 月 1 版 1 次

大 32 开　328 页　19.00 元

本书采取了以诗歌题材和主题发展为线索，对 20 世纪以来先秦至唐代诗歌中几种重要诗歌题材研究的学术史进行了初步清理，主要包括咏史诗、思乡诗、伤春悲秋诗、政治诗、别情诗、田园诗、山水诗、边塞诗、爱情诗、登高诗、咏侠诗、七夕诗及月意象等专题。

《诗经》英译研究

李玉良著

ISBN 978 -7 -5333 -1873 -4

2007 年 11 月 1 版 1 次

大 32 开　424 页　30.00 元

本书梳理了《诗经》研究流变的历程和《诗经》英译的历史发展，而且对《诗经》翻译的经学、文学、文化、诗学以及译本比较、文化传播、典籍译论等重要问题作了比较深入的探讨。

宋初诗派研究

赫广霖著

ISBN 978 -7 -5333 -1944 -1

2008 年 1 月 1 版 1 次

大 32 开　292 页　23.00 元

本书从诗派群体的研究角度入手，论述宋初白体、晚唐体、西昆体、反西昆派等诸多流派的产生动因和发展趋势，既有内部关照，又有宏观把握，勾勒了宋初诗坛的生动风貌，寻绎出宋初诗歌发展的内在规律。

杜诗学研究论稿

孙微著

ISBN 978 -7 -5333 -1938 -0

2008 年 6 月 1 版 1 次

大 32 开　312 页　22.00 元

本书是作者对杜诗学研究领域的最新思考成果的结集。

花间词品论

赵逸之著

ISBN 978 -7 -5333 -2045 -4

2008 年 9 月 1 版 1 次

大 32 开　400 页　26.00 元

本书主要分为"花间词品"、"花间词论"和"花间词话"三部分。前者注重对词作文本的细读和品评，同时配合个体词人性情和词风进行考订辨析，理出花间词风的生成和迁变脉络与原因。中者注重对词作进行带有浓郁个性化色彩的评论，从而对花间词作和花间词人的文学价值和历史地位有一个更为客观、准确的把握。后者尝试以传统词话形式，将花间词置于历史地位而言说，多为平素感悟之片段。

侘傺轩说经

吴秋辉遗稿

张乾一　吴少辉辑存　张树材整理

ISBN 978 -7 -5333 -2093 -5

2008 年 10 月 1 版 1 次

16 开　1108 页　精装　320.00 元

吴秋辉先生是现代著名学者，其在经学方面的研究成果，得到了学术界的高度评价。本书为作者最重要著作之一，作者充分利用古文字、古器物的铭文，以及民俗学、社会学多方面的资料，调动多学科文献原始资料综合对勘，将《诗经》的研究推向了一个新的高度，是《诗经》研究的经典著述之一。

戏曲、散曲、杂剧研究

中国戏曲史探微

蒋星煜著

统一书号:10206·101

1985 年 12 月 1 版 1 次

大 32 开　376 页　2.90 元

本书共收有关我国戏曲史的论文 32 篇，分三个部分：第一部分 13 篇，论述中国戏曲史的概貌，涉及作家、作品、演员等各个方面；第二部分 11 篇是关于明刊本和清刊本的《西厢记》的论文，主要是介绍这些版本的特点以及和其他《西厢记》版本的相互关系；第三部分 6 篇是关于柳琴戏等地方戏曲剧种的渊源考证。最后还附录了论述日本学者对《西厢记》版本学的贡献和日本能乐与狂言的两篇文章。

中国戏曲丛谈

赵景深著

统一书号:10206 · 138

1986 年 5 月 1 版 1 次

大 32 开　368 页　2.95 元

本书是作者继《戏曲笔谈》、《曲论初探》之后出版的第三本戏曲论文集,共收他自己写的文章 75 篇,大部分是谈论昆曲与京剧的,也有一部分是为别人的文集写的序言。这些文章,通过丰富的资料,着重考证戏曲作家的生平和戏曲作品的真伪、来源和演变等等,从中可以看到作者渊博的知识和精辟的见解。末附两篇介绍作者为戏曲研究事业奋斗一生的文章,可给人以启迪和教育。

元杂剧概论

许金榜著

统一书号:10206 · 141

1986 年 6 月 1 版 1 次

大 32 开　280 页　1.75 元

本书以现存元杂剧的全部作品为对象,对它的思想内容、艺术形式及其产生和发展的时代背景等进行了比较全面、概括的论述。从中可使读者比较系统地了解到各类题材的元杂剧在人物塑造、戏剧冲突、情节、结构、语言风格等方面的一般规律和特点以及所取得的成就。

论元代杂剧

商韬著

统一书号:10206 · 149

1986 年 10 月 1 版 1 次

大 32 开　264 页　2.25 元

元杂剧是我国丰富的戏曲遗产的重要组成部分,和唐诗、宋词一样,一向被认为是代表一个时代的艺术,在我国文学史和艺术史上,都占有极其重要的地位。本书比较全面、系统地论述了元杂剧中的悲剧、喜剧和正剧的思想意义,探讨、分析了元杂剧的人物塑造、戏剧结构和语言艺术等方面的成就和缺陷。

周贻白小说戏曲论集

周贻白著　沈燮元编

统一书号:10206 · 111

1986 年 11 月 1 版 1 次

大 32 开　684 页　4.85 元

本书包括三部分文章,第一部分探讨《武王伐纣平话》、《列国志传》、《聊斋志异》等小说的源流;第二部分介绍中国戏曲剧目,中国剧场史,对戏剧的演出和戏文的版本与语言也作了具体的探索;第三部分是有关曲艺的论文。

元人散曲论丛

隋树森著

统一书号:10206 · 156

1986 年 11 月 1 版 1 次

大 32 开　168 页　1.40 元

作者是我国研究元曲的著名专家。他编纂的元人散曲总集《全元散曲》,得到了读者的很高评价。本书汇集了作者论述元人散曲的 16 篇文章。有的全面概述了元人散曲的性质、渊源、发展、题材、流派及其艺术性等;有的对元人编的散曲总集《阳春白雪》、《乐府群玉》、《太平乐府》、《乐府群珠》和其他元人散曲集作了论述和考证;有的谈了散曲的作法。这些文章,既有一定的学术价值,又介绍了有关散曲的基本知识。

中国戏曲史索隐

蒋星煜著

ISBN 7 - 5333 - 0084 - X

1988 年 10 月 1 版 1 次

大 32 开　258 页　2.80 元

本书共收有关戏曲史论文29篇，大部分是近两三年内写的。作者对中国戏曲史从广度和深度两个方面进行新的探索：有的对兄弟民族的优秀戏曲遗产进行挖掘，提供以往戏曲史论著中从未记载的史料或线索；有的把戏曲和小说等其他文艺样式联系起来作多方面的探讨；有的重新评价过去的学者及其研究成果；有的引用了罕见的史料，提出了前人所未谈过的论点和问题。

论中国戏剧批评

夏写时著

ISBN 7－5333－0087－4

1988年10月1版1次

大32开 420页 4.30元

本书共分五辑，分别论述中国戏剧评论的美学背景和文化根源，即中国戏剧观、演剧观的形成过程和中国戏剧的审美特征；探索中国戏剧批评的产生和发展，对唐、宋、元、明、清的戏剧批评进行了比较系统的分析，并重点阐述了李卓吾、汤显祖、王骥德、李渔以及吴江派的戏剧理论。末一辑对戏剧观念的变化与理论的更新问题谈了自己颇有见地的看法。

晚明苏州剧坛研究

刘召明著

ISBN 978－7－5333－1902－1

2007年12月1版1次

大32开 412页 28.00元

本书通过大量文本分析和文献征引复原晚明苏州剧坛，进而通过总结苏州剧坛在传奇创作、演剧活动等方面成为全国戏剧活动中心的原因与历史贡献，探究剧坛繁荣的文化机制，提示戏剧发展史的内在规律。

清代弹词研究

盛志梅著

ISBN 978－7－5333－1863－5

2008年3月1版1次

大32开 500页 35.00元

本书以清代530多种、1700多个版本的弹词为研究对象，旨在廓清其历史面貌、发展轨迹，在此基础上对其中一些突出问题进行深入探讨，以期对清代弹词文学的发展规律、基本特征有个大致的了解，是对中国俗文学甚至文学研究的必要补充。

元杂剧批评史论

陈建华著

ISBN 978－7－5333－2120－8

2009年1月1版1次

大32开 412页 30.00元

本书共分上、中、下三编。上编主要从“元杂剧批评史的梳理”角度介绍与展开了元杂剧批评发展的脉络；中编从“批评的主体”这一角度重点分析了元杂剧批评的特色，包括批评主体、批评观点和批评范式等；下编从“批评的观点”出发，依次阐述了“戏剧”观念的批评和“曲”观念的批评。

诗论、文论研究

二十四诗品探微

乔力著

统一书号：10206·65

1983年3月1版1次

大32开 194页 0.86元

晚唐司空图的《二十四诗品》是中国文学批评史上的一部重要的诗歌理论著作，对后世的诗歌创作和研究都有很大的影响。本书对每品都进行了详尽的注释、细密的串讲，以求诠释大意；同时作了解题和评论，指出要点与艺术特色，及其与司空图诗论的关联，使读者易于理解和体会。书末的“总论”，对《二十四诗品》所提示的诗歌创作的风格、作品的内容和形式、形象和典型等理论问题，以及司空图的文学思想和

《诗品》的美学价值进行了探讨和研究。

日本研究《文心雕龙》论文集

王元化选编

(精装)统一书号:10206·67

(平装)统一书号:10206·68

1983年4月1版1次　大32开

308页　精装　1.95元平装　1.30元

本书选编了日本著名汉学家斯波六郎、户田浩晓、吉川幸次郎、兴善宏等研究《文心雕龙》的论文共11篇。这些文章从不同角度对刘勰的《文心雕龙》作了深入的探讨。其中,有的是对各种版本进行研究和校勘,有的是对原文的注解校释;有的是对思想内容的分析,有的是对刘勰的文学观、自然观的探讨。书末还附有冈村繁《日本研究中国古代文论的概况》一文,比较全面而概括地介绍了日本学者研究《文心雕龙》、《诗品》、《文赋》等中国古代文学理论的情况。

兴膳宏《文心雕龙》论文集

彭恩华编译

统一书号:10206·95

1984年6月1版1次

大32开　202页　1.10元

本书选编了日本著名汉学家兴膳宏先生研究《文心雕龙》的论文4篇。本书资料翔实,推理严密。其中《〈文心雕龙〉与〈出三藏记集〉》一文详论了《文心雕龙》与佛经的关联,深入讨论了刘勰的世界观及文学观,为学界瞩目。其余三篇亦条理清晰,简明扼要,颇有见地。

文心雕龙论稿

毕万忱　李淼著

统一书号:10206·127

1985年9月1版1次

大32开　256页　1.75元

本书包括作者自1979年至1983年底发表的《试论刘勰文源于道的思想》等14篇论文,对于《文心雕龙》中许多重要问题,作了深入探讨,提出了相当精辟的论断。

古典文论与审美鉴赏

吴调公著

统一书号:10206·125

1985年12月1版1次

大32开　488页　3.30元

本书是作者近几年来有关古典文论和文学作品审美鉴赏的论文集,共收41篇文章,把古典文论、古典文学作品和审美鉴赏结合在一起,深入探讨中国古典文论和古典文学现象。论述具体详尽,富有艺术个性。

梦苕庵诗话

钱仲联著

统一书号:10206·137

1986年3月1版1次

大32开　296页　1.95元

《梦苕庵诗话》是钱仲联先生的重要论诗专著,系统地论述清代名家与作品,介绍与考订有诗史价值之杰构,间及诗人间交游、唱酬等轶闻,名篇摘句,美不胜收,旁及辛亥革命以后的旧体诗创作,以见清诗的余响。本书是钱先生五十年前旧作,今兹结集,并增益未发表的诗话,持论公允,引证精审。

诗词作法举隅

冯振著

统一书号:10206·140

1986年3月1版1次

大32开　344页　2.10元

本书由《七言绝句作法举隅》、《七言律髓》、《诗词杂话》三部分组成。书中将诗词分别种类,每类之后,阐述其作法,皆就诗词的艺术特征而言，阐述极其精当，既有作诗的规矩，又有作诗的技巧。

中国古代文论研究方法论集

华东师范大学文学研究所编

统一书号:10206·161

1987年3月1版1次

大32开　288页　2.25元

本书总结已往古代文论研究的经验，比较全面地论述了古代文论宏观和微观研究的方法问题。

中国古代文论管窥

王运熙著

统一书号:10206·165

1987年3月1版1次

大32开　256页　2.10元

本书收录作者关于古代文论方面的论文20余篇，从古代文论的学习方法、研究方法到宏观的概貌，再具体到历史上重要文论家的文学思想，均有系统的论述。这些论文反映了作者30年来研究成果的一个方面，内容涉及古代文论中许多重要问题，如"体"、文气说、文质论、风骨论、比兴说、盛唐气象等等，资料翔实，论证精当，颇多新见。

文心雕龙新探

——刘勰文学理论体系及其渊源

张少康著

统一书号:10206·164

1987年4月1版1次

大32开　288页　1.95元

本书为作者多年研究中国古代文论的力作，广征博引，对刘勰的生平与思想，对《文心雕龙》的美学思想及影响，对《文心雕龙》的思想理论体系、方法论及其思想历史渊源，都进行了全面、系统、深刻的论述，在某些方面颇多新见，具有开拓性的贡献。

《文心雕龙》研究论文选（1949－1982）（全二册）

甫之　涂光社主编

ISBN 7－5333－0005－X

1988年1月1版1次

大32开　1109页　7.95元

刘勰的《文心雕龙》是我国古代极为珍贵的一部文学理论遗产。本书从新中国成立以来出版的几十种专著和发表六七百篇论文中精选约十分之一，内容包括研究涉及的诸方面重要问题及各家之言，足以反映这一时期《文心雕龙》研究的概貌和主要收获。

中国诗学六论

李壮鹰著

ISBN 7－5333－0116－1

1989年6月1版1次

大32开　278页　3.00元

该书以中国古典优秀诗歌创作史实为依据，从诗的本体论、生成论、主体论、作品论和欣赏论等几个方面深入浅出地探讨和解析，令人信服地概括出我国诗歌独具特色的艺术规律。作者谙熟东西方艺术理论，立足峰巅对照比较，融东西方诗论精华于一炉，创造性地提出许多深刻、新颖的诗论观点。

中国古代文论精粹谈

牟世金等著

ISBN 7－5333－0259－1

1992年6月1版1次

大32开　460页　7.40元

本书对古文论名著《文心雕龙》、《诗品》、《沧浪诗话》等分四部分进行深入浅出的阐释和分析。作者着重从作家作品评述入手，注重历史背景和文论不同发展阶段面貌的勾画，文笔简雅流畅，脉络清晰，立论公允，论据翔实，集学术性与知识性为一体。

《文心雕龙》阐释

冯春田著

ISBN 7－5333－0866－2

2000 年 4 月 1 版 1 次

大 32 开　280 页　19.00 元

本书共分五个部分。前三个部分从考源或梳理原文含义入手，对《文心雕龙》的文章美学性质、文美思想及相关问题进行了讨论；第四部分对《文心雕龙》的“文之枢纽”论作整体的分析；第五部分对《文心雕龙》的“论文叙笔”，即文体论作了分析。

刘勰与《文心雕龙》

王守信　孔德志编著

ISBN 7－5333－0994－4

2001 年 9 月 1 版 1 次

大 32 开　312 页　16.80 元

本书论述古代文学理论家刘勰的家庭身世生平活动及其文学理论巨著《文心雕龙》的内容、艺术和学习方法，并附录了作者生平的存疑资料及其理论研究状况。

中国古代诗法纲要

易闻晓著

ISBN 7－5333－1545－6

2005 年 7 月 1 版 1 次

大 32 开　408 页　25.00 元

本书利用丰富的资料，以文言的方式从题意、篇法、字法、句法、属对、用事、脱化、声律、用韵、手法十个方面论述了中国古代诗法的理论。

中国诗句法论

易闻晓著

ISBN 7－5333－1572－3

2006 年 1 月 1 版 1 次

大 32 开　304 页　18.00 元

本书对中国古诗的句法进行了研究，主要分文化的预设、语言与体制、句式与节奏、用字之讲求、造语之特点几个方面。

中国诗学的德本精神研究

王志清著

ISBN 978－7－5333－1822－2

2007 年 7 月 1 版 1 次

大 32 开　336 页　22.00 元

以德为本的人文思想一直就是中国文学批评的内核。本书以辐射的开放框架，涉及自先秦以来各时期的诗学形态，主要从具体的文本个案来概括和突出德本精神在中国文学批评和文学接受中的主导作用及实际意义。

综合研究

文学艺术民族特色试探

牟世金著

统一书号：10206 · 15

1980 年 9 月 1 版 1 次

32 开　147 页　0.41 元

本书是对古代诗论、文论、画论、乐论以及书法、戏曲理论进行综合研究，探讨我国文学艺术的民族特色和某些规律性问题的专著。全书以艺术构思为中心，就情景交融、赋比兴、形神统一三个方面，分别论述了它们在历史上形成为一种艺术传统的发展概况，在创作上和形象思维的关系，以及艺术构思的民族特色等。

先秦文学史

徐北文著

统一书号：10206 · 36

1981 年 7 月 1 版 1 次

大 32 开　228 页　0.71 元

本书共分五章，论述先秦文学发展历程。重点叙写古代神话、诗经、散文、楚辞与屈原等先秦文学的成就。对于文学现象的分析，注重从史的角度揭示其前后的发展联系，并就中外文学的异同作对比说明。作者既借鉴、汲取已有的研究成果，而更多的是自己新的体会和见解。

梦苕庵清代文学论集

钱仲联著

统一书号:10206·75

1983年9月1版1次

大32开 252页 1.05元

本书收文17篇，主要论述清代文学家及其主要作品。论及的作家有顾炎武、黄遵宪、钱谦益、王士禛等一百数十人。此外对佛教与中国古代文学的关系、古代山水诗等也有深入的探讨。

唐宋文学论集

王水照著

统一书号:10206·94

1984年7月1版1次

大32开 390页 2.25元

本书收集了王水照自1960年以来研究唐宋文学的论文23篇。主要有关于杜甫、韦庄、曾巩、苏轼、柳永、姜夔等作家的思想、创作的评论，关于唐诗发展原因、宋代散文和词的风格流派的探究和作家年谱、作品系年的考证。

先秦寓言概论

公木著

统一书号:10206·96

1984年12月1版1次 大32开

203页 平装1.15元 精装1.80元

本书是著者多年研究先秦寓言的心血结晶。全书共十二章，论述先秦寓言的产生、发展、艺术特征与思想成就，以及对后世文学的影响，特别对诸子寓言专章作了深入探讨。

建国以来古代文学问题讨论举要

卢兴基主编

统一书号:10206·163

1987年4月1版1次

大32开 496页 3.10元

本书由《文学遗产》杂志编辑部组织撰写，包括25篇专题评述文章，对新中国成立以来关于古代文学作家作品、文学流派、文学现象以及文学史分期研究方面一些问题的讨论情况，举要作了专题性的介绍和评述，概要地展示了三十多年来古代文学问题讨论的基本情况。

文学理想论

李衍柱著

ISBN 7-5333-0305-9

1992年12月1版1次

大32开 476页 精装 9.90元

本书为作者文学理论、评论文章的结集。作者近年连续发表了许多文论论文，自成系列，时见新意，在文论界有着较大影响。本书内容包括文艺学方法论与文学理想研究的途径、人的本质与文学理想的本质、文学理想说在西方的形成与发展、文学理想与创作规律等8章。

严薇青文稿

严薇青著

ISBN 7-5333-0303-2

1993年5月1版1次

大32开 408页 7.00元

本书共分4辑，收有《刘鹗评传》、《柳宗元世系补正》、《序言》等30余篇文学研究论文。

中国古代文学散点透视

崔海正著

ISBN 7－5333－0418－7
1994年5月1版1次
大32开　262页　6.30元

本书收录40余篇文章，主要有《中国古代文学研究的困境与出路》、《古典现实主义的张扬两汉乐府民歌"感于哀乐、缘事而发"浅释》、《在学术园地奋力开拓》等。

钱谦益与明末清初文学

孙之梅著

ISBN 7－5333－0530－2
1996年2月1版1次
大32开　470页　19.50元

钱谦益是明末清初著名诗文作家，主盟文坛50年之久，但由于他降清仕清，从乾隆中期就成了一块研究的禁区。本书以钱氏文学观念的演变为线索，考察他与明末清初各个文学流派、各种文学观念的关系和理论上的承变。

作家作品散论

张忠纲著

ISBN 7－5333－0537－X
1996年9月1版1次
大32开　340页　16.00元

本书是关于中国古代作家作品的研究论文专集。共分为三编：上编是评价和论述古代作家作品的文章，从汉至清，共涉及近二十位作家，从作家生平、思想内容、创作等各个不同的方面进行探讨和阐述。下编收录作者近年来有关古典诗词评析和鉴赏的文章。附编是作者回忆纪念自己师长的文章。

中国第十届苏轼学术研讨会论文集

中国苏轼研究会编

ISBN 7－5333－0792－5
1999年3月1版1次
大32开　596页　35.00元

本书是第十次苏轼国际学术研讨会的论文结集，共收论文48篇。这些文章从不同的层面研究探讨了苏轼的文学艺术和创作思想，代表了"苏学"研究的新水平。

稷下散思

——齐鲁古代文学简论

王志民著

ISBN 7－5333－1140－X
2002年9月1版1次
大32开　278页　20.00元

本书系作者一部关于山东古代文学作品及其他有关问题研究的论文集，书中收入作者的重要论文数十篇，观点新颖，论述深刻，代表了作者这一方面研究的水平。

反思与追寻

——中国当代文学杂谈

庞守英著

ISBN 7－5333－1334－8
2003年3月1版1次
大32开　394页　25.00元

本书共分三辑：第一辑，宏观扫描，第二辑，文本透析，第三辑，争鸣档案。其中既有对当代文学的历史反思，也有对新时期文学的跟踪追寻，触及了许多重大的理论和现实问题，分析系统全面，结论清晰确切。

山东文学史论

李伯齐著

ISBN 7－5333－1156－6
2003年4月1版1次
大32开　424页　精装　30.00元

本书从史的角度对山东文学史加以论述，着重探讨山东文学与地域性的关系，分上、下两编：上编综论，介绍地域概念与齐鲁文化、文学精神；下编纵论，概述齐鲁历史上的名作与文学现象与地域之关系。

公安派的文化阐释

易闻晓著

ISBN 7-5333-1200-7

2003年5月1版1次

大32开　404页　25.00元

“公安派”是中国明代的一个文学流派，它的核心口号是“独抒性灵”。本书从多层面，以多方式对公安派文化现象作出了深入细致的思辨性阐释。

山东分体文学史（全四册）

李伯齐等主编

ISBN 7-5333-1436-0

2005年1月1版1次

大32开　1969页　152.00元

本书以文体分为四卷，分别从戏曲、诗歌、小说、散文四个方面撰述今山东政区内古代文学史的发展概况，起自先秦，迄于近代，以时间为序，人物为纲，条分缕析地介绍山东古代文学的基本形态，资料丰赡翔实，论述精辟，是迄今为止对山东古代文学的整理与研究最为全面的一部论著。

文艺学元问题的多维审视

夏之放等主编

ISBN 7-5333-1491-3

2005年5月1版1次

大32开　452页　29.00元

本书选取文学理论的元问题作为学科研究的突破口，力图通过对多种文学理论元问题的追溯推理与比较分析，借整合过程而探讨建构有中国特色社会主义文学理论体系的可行性。

沂蒙文化与现代沂蒙文学

王万森著

ISBN 7-5333-1608-8

2006年1月1版1次

大32开　340页　22.00元

本书采用文化视图的考察框架与地域文学的本体研究相结合，研究了沂蒙文化与现代沂蒙文学的内在关系。

西汉文章论稿

王琳著

ISBN 7-5333-1687-8

2006年10月1版1次

大32开　462页　31.00元

本书是作者两汉文研究成果的结集，既有综述，又有分论，并有机结合在一起，为我们全面展示了汉代辞赋、散文的创作概况及其影响，学术性强，对全面认识汉的散文辞赋成就有较大帮助。

差异性研究与比较文学中国学派

刘圣鹏著

ISBN 7-5333-1764-5

2006年12月1版1次

大32开　240页　20.00元

本书对比较文学中国学派的“差异性”这一标志性特征首次采用系统分析的方式进行研究，尤其对我国比较文学学科的三大组团的学术主旨、理论追求及现实实践的差异性研究纬度作了深入的论证，凸显了差异性研究的学科合理性及建构比较文学差异性研究的学科框架的可能性。

现代中国文学沉思录

吕周聚著

ISBN 7-5333-1759-9

2007年1月1版1次

大32开　300页　22.00元

本书为作者历年发表的学术论文结集而

成，涉及文学思潮的解析、对作家及文学作品的评论等诸多方面的内容。

中国文学的变革：由古典走向现代

郭延礼著

ISBN 978－7－5333－1826－0

2007 年 7 月 1 版 1 次

大 32 开　438 页　31.00 元

本书是关于中国近代社会的文学现象和主流作家的研究文集。或从近代文学的整体，或从某一流派，或从某一作家，多侧面、多角度地探讨了文学的转型。

论中国文学发展规律

——文人文学、通俗文学、民间文学三位一体论

罗永麟著

ISBN 978－7－5333－1866－6

2007 年 9 月 1 版 1 次

大 32 开　432 页　29.00 元

本书采用论文形式，以文人文学、通俗文学、民间文学相互结合、相互渗透的综合研究方法论述中国文学发展规律。上篇从纵的方面论述三种文学相结合，多有独到精辟的见解；中篇则从歌谣、笑话、机智人物故事、武侠小说、新故事分别探讨其性质、演变、艺术、思想意义及其发展规律，从而延伸到民间文学的改变和再创作问题；下篇以三种文学相结合较完美的中国民间四大故事作具体的考证、分析和研究的实例，充分发掘其思想意义和艺术价值。

被建构的女性：中国现代文学社会性别研究

刘传霞著

ISBN 978－7－5333－1850－5

2007 年 10 月 1 版 1 次

大 32 开　728 页　22.00 元

本书以社会性别为切入点，纠正了女性文学研究中存在的将女性文学孤立化的倾向，对中国长期流行的现代文学史建构与叙述做出补充，一方面站在女性主义立场上对男女作家的经典文本进行重新的解读，另一方面挖掘女作家被遗忘和冷落的文本，确定它们的文学史意义和价值。

明代传奇编年史稿

程华平著

ISBN 978－7－5333－1749－2

2008 年 1 月 1 版 1 次

大 32 开　648 页　55.00 元

本书以编年体例详细记录明清时期传奇作家的生平事迹、交游及著述情况，传奇作品的写作时间、内容、刊刻、评价及演出情况，同时酌情记述作家戏曲活动以外的行实。史实部分主要记载明清两代与传奇发展相关的政治、文化、军事诸方面的简要情况。

被缚与反抗

——中国当代女性文学思潮论

马春花著

ISBN 978－7－5333－1977－9

2008 年 1 月 1 版 1 次

大 32 开　346 页　25.00 元

本书根据文学理论观念和创作文本，有理有据地验证并论述了中国当代女性文学思潮，并试图将“女性”从统一的主流话语中分离出来，寻求其特有的文学表达传统和特定的女性美学表达方式。

当东方与西方相遇

——比较文学专题研究

姜智芹著

ISBN 978－7－5333－1980－9

2008 年 3 月 1 版 1 次

16开 380页 38.00元

本书运用形象学、影响研究、平行研究、跨文化理论、东方主义等当代文学理论，探讨了中外文学的双向交流与影响。

中国早期文学研究

刘凤泉著

ISBN 978-7-5333-1993-9

2008年5月1版1次

大32开 408页 30.00元

所谓早期文学，是指文学观念自觉之前的文学，它包括源文学和杂文学两种文学形态。本书重点研究了杂文学形态下的议论文学、叙事文学和抒情文学，此外也研究了早期文学思想和文化观念。通过对中国早期文学的具体个案的研究，力图揭示中国早期文学的特殊性质和演进轨迹，这对于深化对中国早期文学的认识和建构科学的中国文学史，具有一定的学术价值和理论意义。

唐代制度与文学研究述论稿

吴夏平著

ISBN 978-7-5333-2055-3

2008年7月1版1次

大32开 280页 22.00元

唐代文学是中国文学史发展的一大高峰，在这一时期涌现出了一大批文人并创作了大量的优秀作品。这些成果的取得包含多种因素，而唐代的制度对文学的影响是非常重大的。本书将文学与制度相联系，从相关制度的考辩梳理、文学现象的清理、制度与文学的相互关系三个方面，研究了唐代制度对唐代文学的影响。

解放区文艺转折的历史见证

——延安《解放日报·文艺》研究

李军著

ISBN 978-7-5333-2109-3

2008年11月1版1次

大32开 304页 25.00元

《解放日报·文艺》创刊于1941年，终刊于1942年，共出111期，虽然存在时间不长，但这一时期是解放区文艺发展的一个重要转折关头，研究文艺副刊是把握文艺路线的有效途径之一。本书填补了此项研究的空白，具有一定的文学史价值。

诸子时代与诸子文学

张群著

ISBN 978-7-5333-2131-4

2008年12月1版1次

大32开 296页 24.00元

本书主要从春秋末到战国晚期诗歌时代向散文时代转变的文化大背景下展开，探讨了诸子文学的表现方式——文言和象征、诸子散文的论辩艺术、诸子寓言、诸子的文学思想、诸子对后世散文的深远影响等几个方面。

苏州文化世家与清代文学

凌郁之著

ISBN 978-7-5333-2091-1

2008年12月1版1次

大32开 416页 35.00元

本书以苏州府为中心，从文学发展与家族文化关系角度审视清代江南地区文学发展的时代特色，描述该地区世家文学文化的独特现象，阐释文学发展的社会文化机制，揭示文学发展与文化世家的内在联系。

鲁迅翻译文学研究

吴钧著

ISBN 978-7-5333-2138-3

2009年1月1版1次

16开 356页 46.00元

本书在归纳总结以往学者研究成果的基础

上进一步探究,力求从鲁迅翻译理论和实践两个方面入手,深入研究鲁迅翻译文学的价值和意义,以及对新世纪跨文化传播与翻译的启示和教益。

张恨水新论

温奉桥著

ISBN 978－7－5333－2139－0

2009年1月1版1次

大32开 256页 26.00元

本书把张恨水的研究纳入现代视野中,提出了自己新观点,对以往的旧论进行了超越,内容主要包括:张恨水与中国文化现代化、宗教文化、市民文化、北京文化等的关系,以及张恨水小说的文化策略与文本形态及其章回小说的现代性等。

杂著、诗词

逸梅杂札

郑逸梅著

统一书号:10206·109

1985年7月1版1次

大32开 192页 1.30元

本书系辑郑逸梅先生旧作《味灯漫笔》与《近代野乘》二种,收晚清民初人物掌故轶事凡一百五十余则。其所记多是当时政界、文化界的耆宿名流的逸闻轶事,特别是南社诸子反清活动及一些书画界前辈的生平事迹,多为他书所未载,有重要的史料价值。本书虽为人物掌故笔记小品,但多娓娓而谈,生动亲切,融知识性与趣味性于一炉。

逸梅闲话二种

郑逸梅著

统一书号:10206·173

(ISBN 7－5333－0016－5)

1987年8月1版1次

大32开 186页 1.50元

本书是郑逸梅先生早年著作《淞云闲话》和《三国闲话》,经过作者整理,合为一书重新出版。《淞云闲话》所记多是清末民初文坛掌故、文人逸闻轶事,以及江南风俗人情和民间传说,读来令人耳目一新。而《三国闲话》则以《三国演义》与《三国志》细加比较,并间及野史笔记,对有关三国的人物、故事等广征博引,或评说,或辨说,既有史料价值,又有趣味性。

周南诗词选

周南著

ISBN 7－5333－0579－5

1997年5月1版1次

158页 大32开 20.00元

本书是作者1947年至1997年所作诗词的选集。

海岱诗钞:山东省文史馆馆员诗词选

山东省文史研究馆编

ISBN 7－5333－0786－0

1999年3月1版1次

大32开 248页 15.00元

本集收选山东省文史馆28位馆员400余首诗词佳作,作者大都是饱经风霜又长于吟咏的艺术家,作品概括了自20世纪民初到改革开放近百年的历史风云,反映了老一辈热爱党和人民、热爱社会主义的高尚情怀和丰富的生活情趣。

习惯颠倒

刘焕鲁著

ISBN 7－5333－1042－X

2002年5月1版1次

大32开 390页 28.00元

本书为作者的杂文随笔集,收入文章一百篇,内容涵盖政治、经济、文化各个方面,具有较强的哲理性、知识性和趣味性,反映出作者深厚的历史文化底蕴以及对社会现实的深切关怀和强烈责任感。

李子超诗词选

李子超著

ISBN 7-5333-1327-5

2004年3月1版1次

大32开 412页 精装 30.00元

本书分无邪集诗词选、集外诗文选和附录三部分,收录有《沂蒙山之春》、《秋到山村》、《七夕》等诗词作品300余首。

得一斋诗钞

鲍思陶著

ISBN 7-5333-1827-7

2007年8月1版1次

16开 306页 39.00元

本书为作者之遗作,共收录其古近体诗词600余首,主要为交友酬唱、示子劝学、咏志抒怀、情感憧憬、写景状物等内容,是作者灵魂的独白与心志的写照。作品诗词肌理细密、情深韵远,兼有骨力、风华之胜,遥嗣清代王渔洋之韵调。

普及读物

白话聊斋

齐力子译

统一书号:10206·118

(ISBN 7-5333-0050-5)

1986年5月1版1次

大32开 420页 2.95元

本书选译蒲松龄的文言短篇小说名著《聊斋志异》80篇,译文忠实于原著,力求简洁准确,文字通俗流畅,颇有文采,能够体现原著的精神风貌。

插图本唐诗一百首

鲍思陶编注

ISBN 7-5333-1062-4

2002年8月1版1次

36开 174页 9.00元

本书选取唐诗中的精品一百余首加以简注解读,每首诗均注有拼音,配有插图。

插图本宋词一百首

倪志云编注

ISBN 7-5333-1046-2

2002年8月1版1次

36开 176页 9.00元

本书选取宋词中的精品一百余首加以简注解读,每首诗均注有拼音,配有插图。

插图本诗词一百首

紫霞山人编注

ISBN 7-5333-1049-7

2002年8月1版1次

36开 174页 9.00元

本书选取唐诗宋词以外的精品一百余首加以简注解读,每首诗均注有拼音,配有插图。

宋词故事

贺伟编著

ISBN 7-5333-1061-6

2002年8月1版1次

大32开 194页 11.00元

本书选取历史上一百多个宋词故事,包括最是仓皇辞庙日、问君能有几多愁、塞下秋来风景异、无可奈何花落去、绿杨芳草长亭路、云破月来花弄影、柳外轻雷池上雨等,书中配有精美的插图,与生动的故事相辅相成。

唐诗故事

郭锐编著

ISBN 7-5333-1066-7

2002 年 8 月 1 版 1 次

大 32 开 184 页 10.00 元

本书选取历史上一百多个唐诗故事,包括诗咏乌鸦得大树、太宗智得《兰亭序》、花发莫待晓风吹、天地悠悠独涕下、文惊女皇空错过、灵隐寺内遇高人等,书中配有精美的插图,与生动的故事相辅相成。

绘图白话聊斋

〔清〕蒲松龄著

鲁南仁 杜聪 朱强编译

ISBN 7-5333-1321-6

2004 年 3 月 1 版 1 次

大 32 开 308 页 28.80 元

本书从蒲松龄的《聊斋志异》440 多篇故事中,分类编选了有代表性的作品 97 篇,分为"仙狐鬼怪"、"真情挚爱"、"侠客义士"、"科举仕宦"、"冤狱奸贪"、"善恶报应"、"机巧智谋"、"奇技异能"、"灵禽义兽"九类。按汉语通用文字语法译成白话文,并配以清光绪间刊行的名家插图 49 幅。书中文字与清代原版插图珠联璧合,从而形成了本书区别于其他林林总总白话聊斋的独家特色。

插图本中国古代名剧故事

黄秉泽等主编

ISBN 7-5333-0628-7

2005 年 1 月 1 版 1 次

16 开 224 页 20.00 元

本书将《窦娥冤》、《赵氏孤儿》等十九篇中国古代名剧改编成故事,既有著者介绍,也有剧情简介。

唐诗画谱说解

〔明〕黄凤池等编绘

吴启明 闫昭典评解

ISBN 7-5333-1470-0

2005 年 6 月 1 版 1 次

16 开 168 页 25.00 元

明万历间黄凤池编选五言、七言唐诗绝句和今人少见的六言唐诗 160 余言,经董其昌等名家妙手写画,有诗书画"三绝"之称,是明清以来雅俗共赏、颇为流行的唐诗图文读本。本书保持明刊本诗画原貌,由唐诗研究专家学者加以注解评说,对这一唐诗精品画本所包蕴的诗情画意及传统的图说审美,作了简单的诠释和妙笔说解,供广大读者玩味鉴赏。

红楼梦女人新解

谢鹏雄著

ISBN 7-5333-1579-0

2006 年 1 月 1 版 1 次

16 开 138 页 19.00 元

本书作者从当代西方心理分析入手,循着曹雪芹的足迹解析《红楼梦》里的女性角色,真实地再现了《红楼梦》中的女性人物性格,将一大批性格各异而又命运凄苦的女性形象展现在了读者面前。

私语红楼梦

水晶著

ISBN 7-5333-1580-4

2006 年 1 月 1 版 1 次

16 开 152 页 19.80 元

本书作者追随着探佚红学家的路线,在草蛇灰线的线索下寻觅搜索,抽丝剥茧,从书中人物个性的浅描深画,对话、情景的展示分析,到众多红学家解读的版本讨论,力图还原出《红楼梦》的真实面目。

诗情画意总关禅

南北编著

ISBN 7-5333-1587-1

2006年1月1版1次

16开 188页 29.80元

本书精选89首历代禅诗,由作者自己对禅的感悟和体认,对其一一予以妙笔阐释,并且每一首禅诗据其内涵配以意境优美的名家禅画。诗画呼应,禅意相缀,为读者营造出一方灵动活泼的禅意空间。

丛套书

古典文学论丛

古典文学论丛(第一辑)

《社会科学战线》编辑部编

统一书号:10206·11

1980年8月1版1次

大32开 448页 1.70元

此书系文学研究丛刊,撰稿者多为全国各大专院校、研究机构的专家、教授。本辑内容有:《诗经》某些字句的考证,李商隐、李贺、韩愈作品和木兰诗、元诗的分析,《文心雕龙》、《醉翁谈录》的探讨,关汉卿剧作的研究,以及《水浒》的评价、《红楼梦》环境描写的赏析等等。

古典文学论丛(第二辑)

《社会科学战线》编辑部编

统一书号:10206·32

1981年9月1版1次

大32开 510页 1.90元

本书主要内容有《诗经》、《九辩》、《文心雕龙·情采》篇的考释疏证;杜甫、王维、李商隐及元代诗人作品的研究分析,对严羽《沧浪诗话》和叶燮《原诗》关于诗歌理论的探讨,关汉卿、徐渭、洪升、李渔等人的剧曲作品研究,以及对《水浒》、《西游记》、《红楼梦》的主题思想及艺术形象的分析、探讨等。

古典文学论丛(第三辑)

《社会科学战线》编辑部编

统一书号:10206·56

1982年11月1版1次

大32开 453页 1.70元

本辑共辑录了26篇文章。主要内容有关于《诗经》中"氓"的身份和《诗经》赋法的探讨,对孔子、庄子、裴子野和《文心雕龙》美学与文学思想的研究,对凌濛初的小说理论和钱谦益的文学批评的评论,关于乐府诗《西洲曲》的考辨,对陈子昂、李白、杜甫、刘禹锡、苏舜钦、李清照和张维屏等人的诗的思想性和艺术性的分析,还有对张炎的词的研究等。

古典文学论丛(第四辑)

《社会科学战线》编辑部编

统一书号:10206·107

1986年2月1版1次

大32开 464页 2.75元

本书收入论文20余篇。其中主要有《诗经》和蔡琰《悲愤诗》的考释疏证,对《史记》文学价值的探讨,班固、曹植、陆机、颜延之、鲍照、冯梦龙等人思想和创作的研究分析,关于《文心雕龙》艺术规律等问题的归纳探究,汉魏六朝某些文学现象和审美理论的阐述,以及日本学者所作日中诗歌的比较研究等。

古典文学论丛(第五辑)

《社会科学战线》编辑部编

统一书号:10206·128

1986年6月1版1次

大32开 394页 2.40元

本书收入论文19篇。其中主要有对敦煌

歌辞、元代散曲、南戏的渊源流变和思想艺术的探讨,对《三国演义》人物形象的论述,对“三言”、《儒林外史》和《孽海花》等书的思想内容和创作得失的分析,以及有关《红楼梦》和红学史的研究等。

蒲松龄研究集刊

蒲松龄研究集刊(第一辑)

山东大学蒲松龄研究室编

统一书号:10206·16

1980年8月1版1次

大32开　374页　1.45元

本辑包括24篇文章,其中有:《继续开展蒲松龄研究极有意义》、《认真地研究〈聊斋志异〉》、《试论〈聊斋志异〉的无神论思想》、《论〈聊斋志异〉的艺术结构》、《〈聊斋志异〉写作年代考》、《林四娘故事的演变及其历史真象》等。

蒲松龄研究集刊(第二辑)

蒲松龄学术讨论会

山东大学蒲松龄研究室编

统一书号:10206·35

1981年7月1版1次

大32开　456页　1.75元

本辑是蒲松龄学术讨论会专刊,共收入23篇文章,对蒲松龄的生平、思想、著作及其影响等方面,都作了新的探索和论述。

蒲松龄研究集刊(第三辑)

山东大学蒲松龄研究室编

统一书号:10206·54

1982年7月1版1次

大32开　343页　1.35元

本辑收入22篇文章。这些文章,有的研究鲁迅论蒲松龄,有的从比较文学角度讨论蒲松龄与契诃夫,有的探讨聊斋中的知识分子、家庭生活等问题,有的则分析聊斋的创作方法、艺术特征,有的论证聊斋原稿编次或介绍聊斋各种版本,还有“蒲文拾遗”,介绍新发现的蒲氏作品等。

蒲松龄研究集刊(第四辑)

山东大学蒲松龄研究室编

统一书号:10206·89

1984年11月1版1次

大32开　396页　2.05元

本辑收有《〈聊斋志异〉中鬼狐形象构成的特点》、《蒲松龄创作思想初探》、《对张友鹤〈聊斋志异选〉注释的几点意见》、《试论〈聊斋志异〉在史学上的价值》、《蒲松龄的〈鹤轩笔札〉手稿及其佚篇》等研究论文,对《聊斋志异》的艺术特色和蒲松龄的创作思想、交游经历及其佚文进行了深入的研究,提出了一些新看法,具有较高的学术价值。另外辑有1980—1982年蒲松龄研究论文资料目录索引。

文心雕龙学刊

文心雕龙学刊(第一辑)

齐鲁书社编

统一书号:10206·76

1983年7月1版1次

大32开　477页　2.00元

本书选编了第一次《文心雕龙》学术讨论会的29篇论文。这些文章,有的从某一角度对全书进行总的研究,有的是对个别篇章的论述。其中对诸如“自然之道”、“辨骚”、“体性”、“声律”等问题,都提出了值得注意的新见解。不少论题是全新的,如鉴赏论和鉴赏观,对作家作品的风格评论,灵感论等。

文心雕龙学刊(第二辑)

《文心雕龙》学会编

统一书号:10206·91

1984年6月1版1次

大32开　364页　1.85元

本书是中国《文心雕龙》学会成立大会的论文专辑。除刊出学会章程等重要文件外，还收录了部分论文。牟世金的《〈文心雕龙〉研究的回顾与展望》、刘凌的《向着整体上升》，都从不同角度总结了三十年来研究工作的巨大成就、经验教训、研究方法等，也对今后的研究工作提出一些具体意见；刘文忠、马宏山、陈汉等的争鸣文章，对刘勰的风格论和儒佛思想问题提出新的意见；王丽娜、杜维沫的《国外对〈文心雕龙〉的翻译和研究》和施友忠的《〈文心雕龙〉英译本序言》，有助于了解国外有关的基本情况。

文心雕龙学刊（第三辑）

《文心雕龙》学会编

统一书号：10206·139

1986年1月1版1次

大32开　432页　2.60元

本书选编了《文心雕龙》学会成立一年多来的重要论文，其中有对《文心雕龙》本身的研究，如《刘勰论文学的美感教育作用》、《〈文心雕龙〉的文源说》等，其中对《文心雕龙》与其他学科的比较研究，如《〈文心雕龙〉与魏晋玄学》、《〈文心雕龙〉和黑格尔〈美学〉》等；也有对上辑中文章发表不同意见的论文，如《略论〈文心雕龙〉理论体系的唯物主义性质——与王元化同志商榷》等。另外，本辑还附录了汤炳能同志编的1907年到1983年《〈文心雕龙〉研究译文索引》。

文心雕龙学刊（第四辑）

《文心雕龙》学会编

统一书号：10206·158

1986年12月1版1次

大32开　420页　2.60元

本辑主要收录1984年中日学者《文心雕龙》学术讨论会中方学者的论文，计20余篇。它们或者从系统论方法入手，或者在“理论体系”上着眼，或者着力于考察《周易》对刘勰的影响，比较刘勰、与钟嵘的异同，也有的就《文心》中提出的“奇正”、“文质”诸观念作了深入剖析，从各个角度探讨了刘勰的文学思想，提出了不少新的、独到的见解。王运熙教授等《建国以来国内〈文心雕龙〉情况概述》则是对新中国成立三十多年来《文心雕龙》研究情况的总结。

文心雕龙学刊（第五辑）

《文心雕龙》学会编

ISBN 7－5333－0045－9

1988年6月1版1次

大32开　378页　3.30元

该书精选全国《文心雕龙》学会第二届年会论文，又经作者修改整理而成。此次年会集中探讨了《文心雕龙》研究的发展方向问题，比较突出地探讨了这样三点：1.《文心雕龙》研究如何为当代文艺创作服务；2.刘勰的通变观点；3.《文心雕龙》与《刘子》二书是不是一个作者。论文中提出不少富有启发的观点。对《文心雕龙》的理论体系和许多具体创作理论问题，论文中也有探讨。

文心雕龙学刊（第六辑）

《文心雕龙》学会编

ISBN 7－5333－0229－X

1992年1月1版1次

大32开　426页　6.40元

本期为学会秘书长牟世金生前向国内《文心雕龙》专家约论稿结集，共收文24篇，其中吴调公《关于〈文心雕龙〉弘扬人文精神的思考》，阮国华《刘勰为意境论的出现所作理论准备》、王荣祖《刘勰论诗歌的结构特征与美感特征》、牟世金《风骨考论》等篇的理论探索达到了新的高度，代表了近年龙学研究的新成果。

明清文学理论丛书

白雨斋词话足本校注（全二册）

〔清〕陈廷焯著　屈兴国校注

（平装）统一书号：10206·73

（精装）统一书号：10206·82

1983年11月1版1次　大32开

920页　平装3.95元　精装5.10元

晚清陈廷焯的《白雨斋词话》为近代的一部重要论词专著。其论词，上自唐、五代，下迄清末，“历论词家，成见虽深，持论尚允，可当一部词史”。此书原为十卷，陈氏生前未刊，近百年间刊行的《白雨斋词话》，皆为经删并的八卷本。现据《白雨斋词话》手稿足本，进行整理、校注，不仅使读者得窥十卷本全貌，而且校勘精审，笺、注翔实，有助于对陈氏词学思想的探讨和研究。

诗问四种

南京大学古典文献研究所编

〔清〕王士禛等著　周维德笺注

统一书号：10206·102

1985年2月1版1次

大32开　448页　2.75元

本书系汇编清代四部诗论专著，辑录王士禛、张笃庆、张实居、吴乔、徐熊飞和陈仅的论诗答问。这四种诗论都是问答体，别开生面；其论述的内容也有相通之处。如他们都针对明末清初诗歌创作和理论方面的流弊，提倡恢复风雅传统，主张“神韵”、“有为而作”、“诗中须有人在”、“诗中当有我在”等，在清诗创作和理论上都产生过较大影响。本书汇编时经认真校勘，并作了翔实的笺注，提供了丰富的参考资料。

诗家直说笺注

〔明〕谢榛著

李庆立　孙慎之笺注

统一书号：10206·129

1987年5月1版1次

大32开　600页　4.20元

《诗家直说》又称《四溟诗话》，是明代“后七子”主要成员之一谢榛的重要诗论著述。对它的研究是把握明七子诗论乃至明诗坛风气不可或缺的一环。本书以现存最早、最完整的万历年间冰玉堂刻本为底本，搜集各种版本校勘而成，为迄今最完备的本子。本书笺注者积数年之功，对书中涉及的人物名称、僻奥词语、诗文篇目详加注释，又引述各家相近言论以作参照，搜览广博，征引详实，并附录谢氏生平材料。

谈龙录注释

〔清〕赵执信著　赵蔚芝　刘聿鑫注释

统一书号：10206·162

1987年5月1版1次

大32开　196页　1.40元

《谈龙录》是清代诗话著述里著名的一种，它反映了清初诗坛上令人瞩目的一场理论争端。作者赵执信虽为王渔洋的甥婿，在书中却对这位当时的诗坛盟主、“一代正宗”径加评骘。本书注释者征引翔实的材料，以大量的评解、注释，论析了这场争端的起因，伸发了赵氏的诗论及思想。论证时见新意，成一家之说。

蒲褐山房诗话新编

〔清〕王昶著　周维德校辑

ISBN 7-5333-0041-6

1988年1月1版1次

大32开　330页　2.25元

本书是据清代著名学者王昶的《湖海诗传》和《青浦诗传》选编，辑诗家400余人，并多是清初诗坛佼佼者。因作者与所选评诗人多有交往，故《诗话》中多能真实地反映他们的生活和创作情况，评述时不杂门户私见，大都“考核精审”，同时，也记录了不少当时社会的重大事件，还涉及文学、语言、书法、绘画、历史、地理、天文、科举等方面,“间以遗闻轶事”。每家前附有小传。

清人选评词集三种

〔清〕黄苏　周济　谭献选评

尹志腾校点

ISBN 7－5333－0006－8

1988年9月1版1次

大32开　378页　4.40元

本书辑清代黄苏选评的《蓼园词选》、周济选、谭献评的《词辨》和周济选评的《宋四家词选》为一书,不仅因为它们是清人评点词集中理论色彩较强的三种,而且它们在选词、评词上各具特色,反映了清代词学研究的继承和发展。同时,它们选词精审,兼及各种风格、流派;评词也多强调知人论世,推重作品的积极思想内容,赞扬忧国忧时,而贬斥无病呻吟的作品。是书既可作为优秀的唐宋词选本,也为词学研究提供了丰富的参考资料。

说诗乐趣校注

〔清〕伍涵芬编　杨军校注

ISBN 7－5333－0260－5

1992年7月1版1次

大32开　788页　12.20元

本书是清代伍涵芬编集的一部古今诗话类编,凡二十卷,分为四十一门,共计1278条。其所选录的诗话,既有对历史诗人、作品的评论,又有对文人轶事逸闻的记述,“辨句法,备古今,记盛德,录异事,正讹误”(许觊语),本书由于门类齐全而容量宏富,确能起到重要的参考作用,可与《诗话总龟》媲美。同时,本书校注者又认真地做了校勘整理工作,订正讹误,注解引诗出处,并附引书目等。

艺苑卮言校注

罗仲鼎编著

ISBN 7－5333－0261－3

1992年7月1版1次

大32开　452页　7.00元

王世贞是我国明代著名的文学家,与李攀龙同为“后七子”首领,主盟文坛达二十年之久。《艺苑卮言》汇集了他的文学观点和主张,是古代一部重要诗文理论著作,它不仅为当时文人所推崇,而且对后世的文艺理论和创作也产生了比较深刻的影响。本书校注者广搜博采,对引语出处、典故史实以及论旨有关的昔贤评论,都加以注释和择引。“前言”对作者所处的时代背景及其历史功绩和《艺苑卮言》的内容、特点与历史局限,都作了比较详细的分析。

清代笔记小说丛刊

女聊斋志异

古吴靓芬女史贾茗辑

统一书号:10206·104

1985年1月1版1次

32开　216页　1.15元

《女聊斋志异》是清末编辑的一部古代笔记小说选本,共89篇,多采辑史书和历代笔记小说中所记载的才女、侠女、情女、烈女故事,大多篇章情节曲折,描写入微。其中如唐伯虎计娶桂华、谷慧儿洞房擒盗、申纯与王娇殉情等篇,多为不经见者。本书自问世以来,流传不广,能看到原书的人颇少。现重新校订出版,可供阅读、研究,并可从中看到《聊斋志异》的深远影响。

萤窗异草

〔清〕长白浩歌子著　刘连庚校点

统一书号:10206·120

1985年9月1版1次

32开　480页　2.50元

《萤窗异草》,三编十二卷,共收短篇文言小说138篇。它是在《聊斋志异》影响下产生的一部笔记小说集,其作品无论是题材、情节、构思,还是人物、语言、风格，都刻意模仿聊斋，有些篇章模仿逼肖，几乎可以乱真。它所叙述的许多故事，描写的众多人物，多能反映清初动乱的时代和人民艰辛的生活，并对封建社会的黑暗政治，进行了一定程度的揭露和批判。还有较多篇幅，通过人与狐鬼花魅相恋，反映了青年人对美满婚姻的向往和追求。大多数作品情节生动，描写细腻，有较强的艺术感染力。

右台仙馆笔记

〔清〕俞樾著　梁修点校

统一书号：10206·143

1986年3月1版1次

32开　400页　2.05元

《右台仙馆笔记》为清末著名学者俞樾撰著的一部志怪体笔记小说集，共十六卷，收轶闻异事600余则，大都文笔简练，叙事生动曲折，或谈鬼说怪，或描写民俗，虽仿《搜神记》、《述异记》笔法，但却反映了广泛的社会内容，不乏引人入胜的佳作，有助于认识清末各阶层士民的生活和思想，并有助于对处于尾声的中国古代笔记小说的鉴赏。

新齐谐

——子不语

〔清〕袁枚撰　崔国光校点

统一书号：10206·115

1986年5月1版1次

32开　568页　2.85元

《新齐谐》原名《子不语》，是清代著名文学家袁枚撰著的文言短篇小说故事集，分为二十四卷，收文600余篇。书中多为神鬼狐妖故事，与《聊斋志异》相仿。作者以志怪为主兼采民间奇闻异事，文笔质朴流畅，故事生动有趣，有一定的文学价值。

夜雨秋灯录

〔清〕宣鼎著　香一点校点

统一书号：10206·145

1986年5月1版1次

32开　320页　1.70元

《夜雨秋灯录》是清光绪时小说兼书画家宣鼎撰写的一部笔记小说集，收文113篇。作品仿《聊斋》笔法述写奇闻异事，大旨在于“劝善惩淫”，同时也揭露了形形色色的娼妓、诈骗、偷盗，以及科场舞弊、恶吏贪暴等种种黑暗丑恶现象，反映了清末的社会现实。作品叙事委婉，语言生动，是晚清仿《聊斋志异》而创作的文言笔记中较好的一种。其中有些故事性较强的作品，如《麻疯女》、《雅赚》等，过去被改编成戏曲演唱，在民间流传颇广。

淞滨琐话

〔清〕王韬撰　刘文忠校点

统一书号：10206·114

1986年6月1版1次

32开　376页　1.95元

《淞滨琐话》成书于光绪十三年，是王韬晚年写的一部文言短篇小说集。鲁迅称“其笔致又纯为《聊斋》者流，一时传布颇广远”。此书共59篇，故事多带有传奇色彩，情节曲折，波澜起伏，引人入胜。人物塑造虽逊于《聊斋》，但优于一般的文言短篇小说，有许多跃然纸上的人物。此书以浅近的文言写成，骈丽而富有文采，景物描写逼真传神，如入画境。本书校点所用的底本是目前最好的版本，点校精当。

里乘

〔清〕许奉恩著　文益人等点校

ISBN 7-5333-0029-7

1988年6月1版1次

32开　384页　2.90元

《里乘》是一部晚清时期较有影响的短篇小说集，共十卷，收文言笔记小说190篇，笔法摹仿《聊斋志异》，但语言更接近今人的阅读要求。新婚之夜，丈夫摔死，新妇锒铛入狱，疑案陡起；

群盗将至，众人束手，小人物机警设计，深夜灭敌。老僧湖里探幽，人蚌大战；义妓破絮怀宝，助夫成功。……一百余篇故事，展示了一个光怪陆离的世界。描摹鬼狐神怪，社会奇闻，寓劝善惩恶主旨。千姿百态的形象，曲折生动的情节，构成了本书的基本风格。

醉茶志怪

〔清〕李庆辰著　全东校点

ISBN 7－5333－0073－4

1988年6月1版1次

32开　288页　2.20元

《醉茶志怪》是清人李庆辰晚年之作。作者"落拓一衿，寒窗坐老"，同蒲松龄有着相似的经历，目睹晚清黑暗的社会现实，抚时感事，仿《聊斋志异》而成此书。全书四卷，凡百余篇故事，虽多记民间异闻、里巷中怪事，却富有传奇色彩，情节曲折，摹狐鬼花魅亦描尽人情，其所刻画的许多人物异类，使人经久难忘。

小豆棚

〔清〕曾衍东著　盛伟校点

ISBN 7－5333－0165－X

1991年7月1版1次

32开　346页　4.70元

《小豆棚》成书于清乾隆六十年，是曾衍东唯一的一部短篇小说集，分为十六卷，200余篇。多记花妖鬼狐，忠孝节义，艺文珍宝以及奇闻轶事。蒲松龄的《聊斋志异》问世后，仿效者层出不穷，《小豆棚》就是其中较为突出的一部。其中许多篇什与《聊斋》相比毫不逊色，故事情节曲折跌宕，出人意表，人物形象呼之欲出，跃然纸上，尤其是爱情生活的描写，更是细腻优美，妙笔生花。《聊斋》故事人们多已熟知，花前月下读一读《小豆棚》更是别饶情趣。

耳食录

〔清〕乐钧著　辛照校点

ISBN 7－5333－0173－0

1991年7月1版1次

32开　298页　4.10元

《耳食录》是清代东钧仿《聊斋志异》而创作的一部文言短篇小说集，收故事近200篇，或讲说"仙鬼幽渺"之事，或传写"儿女缠绵"之情，也不乏令人捧腹的"里巷谐笑"之谈，同时对清代社会的各种诈骗行为和官吏的贪贿之风也有所鞭挞和揭露。作品的用语雅洁，故事生动，具有较强的趣味性和警世劝诫的社会功用。

全清散曲

全清散曲（全三册）

凌景埏　谢伯阳编

统一书号：10206·69

1985年9月1版1次

大32开　3084页　精装　26.50元

本书收录了清代散曲家332人的作品。本书具有以下特色：一、内容丰富，辑佚范围极广，尤其重要的是，其中三分之一左右的散曲家都写过戏曲作品；二、编排条理清楚，一目了然；三、收集了相当一部分戏剧家和许多名不见经传的作家材料，这些人的事迹，有的虽只言片语，但沧海遗珠，弥足珍贵；四、本书所辑资料均注明出处，末附索引，便于读者查检。

全清散曲（修订版）（全三册）

谢伯阳　凌景埏编

ISBN 7－5333－1593－6

2006年1月1版1次

大32开　3348页　精装　278.00元

本书在1985年第1版基础上作了较大的修订和增补。新增作家近百人，小令、套数400篇。全书共收散曲作家400余家，作品近5000篇。可谓洋洋大观。书后附有作者、篇目索引，备便检索。

词学研究丛书

张炎词研究

杨海明著

ISBN 7－5333－0122－6

1989年10月1版1次

大32开　276页　3.90元

由“玉田公子”到“落魄王孙”，南宋后期优秀词人张炎的这种陡变的身世，形成了他留给后人那卷《山中白云词》既清雅又凄婉的独特风格。他总结自己创作经验撰述的词论著作《词源》，于同时代人亦不可多得。本书结合词人的生平，对其词从内容到艺术风格及词论作了比较全面的研究与探讨。

词学综论

马兴荣著

ISBN 7－5333－0124－2

1989年11月1版1次

大32开　240页　3.60元

本书系统地介绍了中国古代文学重要组成部分之一“词”的基本知识。分上、下两编，上编概述了词的起源、词调、词的平仄对仗、词韵等词学常识；下编评介由唐宋至明清的词史及词人。资料丰富翔实，论述深入浅出，使本书确实“对广大词学爱好者来说大有用处”（唐圭璋教授《序》）。

辛弃疾词心探微

刘扬忠著

ISBN 7－5333－0151－X

1990年2月1版1次

大32开　338页　5.30元

辛弃疾是一位伟大的爱国词人，他的词作，不仅蕴涵了深沉的爱国爱民意识，展示着作者英雄、悲慨的高尚品格，而且艺术造诣精湛，艺术表现包含许多匠心独运的精巧创造。该书作者对辛词作了深入研究，特别对辛词中的审美理想和比兴寄托作了精细论述，并结合现代心理学与精神分析的理论探讨了辛语词心的特色。

周密及其词研究

金启华　萧鹏著

ISBN 7－5333－0288－5

1993年1月1版1次

大32开　262页　4.90元

本书着重探讨了周密创作的环境及条件，介绍了当时的词坛概况、历史背景，特别注意讨论了词坛上的著名词人与周密之间的交往关系，在对周词探讨上注意了艺术特色和作者个性气质方面的分析，更多地探讨了词创作的独特的内部规律，这对今天的韵文创作仍有一定的启发。

阳羡词派研究

严迪昌著

ISBN 7－5333－0294－X

1993年2月1版1次

大32开　252页　4.60元

本书内容包括：阳羡词派的时代背景及其词风的历史渊源，阳羡词派的形成及其兴衰过程，阳羡词宗陈维崧论等7章，从中既可得到丰富的词学知识，又可品赏独具风格的阳羡词人的诸多名篇佳作。

张元幹词研究

曹济平著

ISBN 7－5333－0368－7

1993年12月1版1次

大32开　228页　5.50元

张元幹为南宋抗金英豪、爱国词家，其《芦川词》伤时忧国、慷慨悲壮，产生重大影响，为辛、陆爱国词之先导，是两宋词风转变的重要人物。此书作者多年来专攻词学，尤其对《芦川词》研究有素，有不少独到见解，本书是作者多年研究成果的总结。

唐宋词美学

邓乔彬著

ISBN 7-5333-0376-8

1993年12月1版1次

大32开　262页　6.90元

本书以探索唐宋词的美学价值为研究课题，讨论唐宋词的审美对象、题旨原型、艺术境界，词人的审美意识，作品的艺术传达等。

中国神怪小说大系·神仙卷

三戏白牡丹

佚名撰　杨爱群校点

ISBN 7-5333-0154-4

1990年4月1版1次

32开　304页　4.30元

《三戏白牲丹》是一部生动感人的神怪小说，书中以上八仙吕洞宾（纯阳子）和白牡丹（嫦娥转世）的爱情故事为中心线索，写了他们大胆追求个人幸福、不怕打击和挫折的精神，还写了八仙重友情，多次帮助吕洞宾和白牡丹战胜困难，有许多扣人心弦、妙趣横生的神怪故事。

吕纯阳得道　吕祖全传

〔明〕邓志谟撰　肖蓝校点

〔清〕汪象旭撰　李建业校点

ISBN 7-5333-0171-4

1990年4月1版1次

32开　164页　2.50元

本书为《吕纯阳得道》与《吕祖全传》合刊本。《吕纯阳得道》全称《锲唐代自纯阳得道》，又名《吕仙飞剑记》，明邓志谟撰，详述了道教八仙中吕洞宾得道成仙的全过程，是专述吕洞宾仙迹最早的小说。《吕祖全传》又名《吕纯阳祖师全传》，清汪象旭撰，以吕洞宾自述的口吻传其得道过程，但所记吕洞宾事迹与他书有异，偏于悟道。全传后附轶事45则，颇有趣味。这两种书基本上概括了关于吕洞宾的传说。

明代四大奇书

金瓶梅（张竹坡批评第一奇书）（全二册）

〔明〕兰陵笑笑生著　王汝梅等校点

ISBN 7-5333-0081-5

1991年2月2版3次

大32开　1664页　精装　40.00元

本书以张竹坡批评《第一奇书》清康熙间刊本为底本，参校世存近十种《金瓶梅》版本校点完成，全书一百回。书中保留了张竹坡的回批和旁批，并尽可能保持了张评康熙本文字原貌，但对书中的性描写进行了适当的删节。

三国演义（毛宗岗批评）（全二册）

〔明〕罗贯中著　齐煙校点

ISBN 7-5333-0181-1

1991年1月1版1次

大32开　1548页　精装　37.00元

毛宗岗批评本是《三国演义》诸版本中最有影响的一种。本书以大魁堂本为底本，校以醉耕堂、善成堂诸本予以整理。

西游记（李卓吾批评）（全二册）

〔明〕吴承恩著　古众校点

ISBN 7-5333-0182-X

1991年1月1版1次

大32开　1392页　精装　35.00元

李卓吾批评《西游记》是《西游记》版本系统中较早较完整一部，它既是诸多《西游记》批评本中最早的一部，又是迄今发现的唯一一种明代人批评本子。

水浒传(金圣叹批评)(全二册)

〔明〕施耐庵著　刘一舟校点

ISBN 7-5333-0183-8

1991年1月1版1次

大32开　1952页　精装　43.00元

金圣叹批评《水浒传》七十回,创立了自己独特的小说理论体系,在《水浒传》的流传版本中独树一帜。

中国古典小说普及丛书

三国演义

〔明〕罗贯中著

ISBN 7-5333-0281-8

1992年7月1版1次

32开　608页　精装　7.80元

《三国演义》是以东汉末年和整个三国时代封建统治集团之间的矛盾和斗争为题材,进行加工而写成的长篇历史小说。全书起自刘、关、张桃园结义,止于王浚平吴,提供了封建社会政治斗争和军事斗争可资借鉴的思想资料。

水浒传

〔明〕施耐庵著

ISBN 7-5333-0280-X

1992年7月1版1次

32开　884页　精装　9.90元

《水浒传》是明代著名的长篇章回小说,描写了北宋末年的农民战争,塑造了宋江、林冲、鲁智深、李逵、武松等一系列英雄好汉形象,揭示了当时的社会矛盾,暴露了封建统治阶级的腐朽和残暴。

西游记

〔明〕吴承恩著

ISBN 7-5333-0282-6

1992年7月1版1次

32开　752页　精装　8.80元

《西游记》是我国神怪小说中成就最高、流传最广的一部,是我国古典小说代表作之一。其故事神奇百怪,语言诙谐幽默,人物形象个性鲜明。

红楼梦

〔清〕曹雪芹著

ISBN 7-5333-0285-0

1992年8月1版1次

32开　872页　精装　9.90元

《红楼梦》为我国古典小说的最高峰,本书又名《石头记》,前80回作者为曹雪芹,高鹗续写40回。该书以描写贾宝玉、林黛玉、薛宝钗之间的爱情悲剧为主要线索,真实细致地揭发了悲剧发生的深刻社会根源。

醒世姻缘传(足本)

〔清〕西周生著

ISBN 7-5333-0331-8

1993年5月1版1次

32开　792页　精装　12.00元

《醒世姻缘传》是清初长篇白话小说,全书一百回。小说以明代英宗正统年间至宪宗成化以后的一段时期为历史背景,写一个冤冤相报两世姻缘的故事,是继《金瓶梅》之后的又一部以一个家庭为描写中心的长篇白话小说,在一定程度上暴露了封建社会后期政治的黑暗和封建道德的虚伪。小说用山东方言写成,具有浓厚的地方色彩。

儒林外史

〔清〕吴敬梓著

ISBN 7-5333-0330-X

1993年5月1版1次

32开　348页　精装　6.00元

《儒林外史》是清代一部杰出的现实主义的长篇讽刺小说，主要描写封建社会后期知识分子及官绅的活动和精神面貌。人物形态各具特色，语言诙谐洗练。

三侠五义

〔清〕石玉昆编

ISBN 7－5333－0333－4

1993年5月1版1次

32开　520页　精装　8.30元

《三侠五义》是长篇侠义公案小说的代表作。原名《忠烈侠义传》，又名《七侠五义》。是书最早的雏形为晚清咸丰年间说书艺人石玉昆的唱本《龙图公案》，由北宋的包拯及其周围侠客的故事，经历代传诵至清代演绎而成。

七剑十三侠

〔清〕唐芸洲著

ISBN 7－5333－0334－2

1993年5月1版1次

32开　496页　精装　8.00元

《七剑十三侠》是晚清侠义小说的代表性作品，所叙故事是明正德年间的一段野史，以扬州义士徐鸣皋为代表的一班侠客与以阴谋篡逆的宁王为代表的各种邪恶势力展开殊死斗争，最终正义战胜邪恶。

狄公案

〔清〕不题撰人

ISBN 7－5333－0335－0

1993年5月1版1次

32开　208页　精装　4.50元

《狄公案》，原名《武则天四大奇案》，又名《狄梁公全传》、《狄梁公四大奇案》，是写于清末的一部公案传奇小说。该书以唐武则天时代为背景，写狄公断冤案及任宰相时整肃朝纲的故事，歌颂了狄公刚正不阿的人格、屡断奇案的机智，是清代公案小说中的一部力作。

青楼梦

〔清〕慕真山人著

ISBN 7－5333－0339－3

1993年5月1版1次

32开　252页　精装　5.00元

《青楼梦》以多情公子与青楼妓女的感情纠葛为主线，着力描写了风流才子金挹香的狎邪生活，以及众多妓女的悲惨遭遇，揭露了当时黑暗的社会现象。

海上花列传

〔清〕韩邦庆著

ISBN 7－5333－0338－5

1993年5月1版1次

32开　328页　精装　6.00元

《海上花列传》是我国清末一部以妓院为主要描写对象的长篇小说。主要内容是写清末中国上海十里洋场中的妓院生活，涉及当时的官场、商界及与之相链接的社会层面，人们可以从中看到清末都市社会腐败的景象。

三言（足本）

〔明〕冯梦龙编撰

ISBN 7－5333－0337－7

1993年7月1版1次

32开　1368页　精装　20.00元

“三言”，包括《喻世明言》、《警世通言》和《醒世恒言》三部短篇话本小说集，为我国古代著名的白话小说代表作，内容多取自现实生活，多为脍炙人口的优秀之作。

二拍（足本）

〔明〕凌濛初编撰

ISBN 7－5333－0352－0

1993年7月1版1次

32 开　868 页　精装　14.00 元

“二拍”包括《拍案惊奇》和《二刻拍案惊奇》，是明代继“三言”之后影响最大的两部短篇小说集。

封神演义

〔明〕许仲林编著

ISBN 7－5333－0332－6

1993 年 7 月 1 版 1 次

32 开　644 页　精装　10.50 元

《封神演义》是一部颇具代表性的神魔小说。作品以奇特的构思和丰富的想象演述了商末政治纷乱和武王伐纣的历史故事。整部作品情节虚实相交，扑朔迷离，充满了浓厚的传奇色彩。

施公案

〔清〕不题撰人

ISBN 7－5333－0336－9

1993 年 7 月 1 版 1 次

32 开　1136 页　精装　16.50 元

《施公案》是一部典型的侠义公案小说，记述和描写了清代康熙年间施世纶精明破案及剪除豪强恶霸的故事。

品花宝鉴

〔清〕陈森著

ISBN 7－5333－0341－5

1993 年 7 月 1 版 1 次

32 开　520 页　精装　9.80 元

《品花宝鉴》我国古代一部反映古代梨园辛酸的小说，以清代乾隆时期京师朝贵名公的狎优生活为背景，以青年公子梅子玉和男伶杜琴言的同性恋为中心线索，描写了贵族子弟玩弄优伶的变态心理和腐败生活。

九尾龟

〔清〕张春帆著

ISBN 7－5333－0340－7

1993 年 7 月 1 版 1 次

32 开　760 页　精装　12.00 元

《九尾龟》是晚清著名的狎邪小说，其内容主要是描写妓院情况与嫖客的狎妓生活。

东周列国志

〔明〕冯梦龙编　〔清〕蔡元放校订

ISBN 7－5333－0371－7

1993 年 10 月 1 版 1 次

32 开　708 页　精装　10.00 元

《东周列国志》是一部章回体的长篇历史小说，比较全面地反映了东周五百多年间列国争霸称雄的事迹，是继《三国演义》之后流传最广、影响很大的历史演义小说。

隋唐演义

〔清〕褚人获著

ISBN 7－5333－0451－9

1995 年 3 月 1 版 1 次

32 开　656 页　精装　16.00 元

《隋唐演义》是一部长篇通俗历史演义小说。它从杨坚代周、隋朝建立，一直写到唐玄宗去世、唐朝平定安史之乱，生动再现了隋初至唐中期的历史，既描写了宫廷生活的荒淫糜烂，也记述了广大人民的反抗斗争。

说岳全传

〔清〕钱彩编次　金丰增订

ISBN 7－5333－0452－7

1995 年 3 月 1 版 1 次

32 开　432 页　精装　11.00 元

《说岳全传》以南宋初年的宋金战争为背景，以抗金英雄岳飞的悲壮一生为主线，塑造了岳飞、牛皋、秦桧等众多栩栩如生的正反面文学现象。

飞龙全传

〔清〕吴璿著

ISBN 7-5333-0446-2

1995年3月1版1次

32开　356页　精装　9.80元

《飞龙全传》是一部讲史类通俗长篇小说。全书围绕赵匡胤的活动展开,融入诸多历史人物、重要史实及民间传奇故事,情节起伏跌宕,引人入胜。

女仙外史

〔清〕吕熊著

ISBN 7-5333-0453-5

1995年3月1版1次

32开　568页　精装　14.00元

《女仙外史》是清代的一部白话长篇小说。它以明初削藩导致的燕王靖难、建文帝逊位的历史事变为背景,主要描写了山东女英雄唐赛儿领导农民起义、扶助建文、讨伐永乐(燕王)的故事。

梼杌闲评

不题撰人

ISBN 7-5333-0449-7

1995年3月1版1次

32开　368页　精装　10.00元

《梼杌闲评》是一部写明代权阉魏忠贤的小说,把魏忠贤及其党徒结党营私、卖官鬻爵、专断国政、残害忠良的丑恶面目描写得淋漓尽致。

绿野仙踪

〔清〕李百川著

ISBN 7-5333-0441-1

1995年3月1版1次

32开　640页　精装　15.80元

《绿野仙踪》以明代嘉靖朝严嵩父子擅权为背景,以主人公冷于冰为线索,联缀现实中的许多故事,既反映了明代上层政治斗争,也反映民间的市民生活,展现了一幅幅世俗生活画图。

镜花缘

〔清〕李汝珍著

ISBN 7-5333-0450-0

1995年3月1版1次

32开　440页　精装　11.50元

《镜花缘》是一部带有浓厚神话色彩、浪漫、幻想、迷离的中国古典长篇小说,主要叙述唐敖等游历海外的见闻和唐闺臣等一百个才女的故事。书中着重赞扬女子才学,对男尊女卑观念有所不满,对封建社会某些丑恶现象作了揭露。

儿女英雄传

〔清〕文康著

ISBN 7-5333-0448-9

1995年3月1版1次

32开　568页　精装　14.00元

《儿女英雄传》以传奇色彩塑造了除暴安良、嫉恶如仇的侠女十三妹的形象,其间展现了广阔的社会生活。

彭公案

〔清〕贪梦道人著

ISBN 7-5333-0447-0

1995年3月1版1次

32开　352页　精装　9.60元

《彭公案》是晚清较有影响的公案侠义小说,写彭公及黄三太等人除暴安良、与贪官污吏、土豪劣绅斗争的故事。

海上繁华梦

〔清〕孙家振著

ISBN 7-5333-0444-6

1995年3月1版1次

32 开　768 页　精装　18.00 元

《海上繁华梦》为晚清狎邪小说的重要作品之一，它以描写妓女生活为中心反映都市人物及故事，较真实地记录了晚清社会的腐败生活。

型世言

〔明〕陆人龙编著

ISBN 7－5333－0445－4

1995 年 3 月 1 版 1 次

32 开　360 页　精装　9.80 元

《型世言》是明末继“三言”、“二拍”之后又一部重要的白话短篇小说集，内容也以反映晚明的社会生活及市民的精神风貌为主，其中许多篇章有深刻的批判、揭露封建社会黑暗现实的意义。

聊斋志异

〔清〕蒲松龄著

ISBN 7－5333－0423－3

1995 年 3 月 1 版 1 次

32 开　568 页　精装　13.50 元

《聊斋志异》不仅是我国文学史上的一朵奇葩，也是世界艺术宝库中的一部杰作。它借谈狐说鬼，辛辣地讽刺了封建社会的黑暗和腐朽，批判了不合理的科举制度和婚姻制度，寄托了作者的满腔“孤愤”。作品以最接近蒲松龄手稿本的二十四卷抄本为底本排印出版。

禅真逸史

〔明〕方汝浩编纂

ISBN 7－5333－0659－7

1998 年 10 月 1 版 1 次

32 开　416 页　精装　10.40 元

《禅真逸史》集历史演义、释道禅理与英雄传奇于一体，以林澹然出家避世为主线，叙述他出家修炼、铲除邪恶的精彩故事。

歧路灯

〔清〕李绿园著

ISBN 7－5333－0657－0

1998 年 10 月 1 版 1 次

32 开　652 页　精装　16.50 元

《歧路灯》叙述了明朝嘉靖年间祥符青年谭绍闻丧父之后，身受溺爱，吃喝嫖赌，倾家荡产，后来改恶从善，重新做人的故事。

济公全传

〔清〕郭小亭著

ISBN 7－5333－0662－7

1998 年 10 月 1 版 1 次

32 开　796 页　精装　20.00 元

《济公全传》主要描写济公济困扶危、嘲弄官府的故事。书中讲述的故事大多脍炙人口、情节生动、妙趣横生。

花月痕

〔清〕魏秀仁著

ISBN 7－5333－0661－9

1998 年 10 月 1 版 1 次

32 开　272 页　精装　7.00 元

《花月痕》是一部长篇言情小说，描写的是清代咸丰、同治年间文人和妓女诗酒酬唱、两情缱绻，终至或谐秦晋、或遭离散的悲欢离合故事，同时也深深表达了作者怀才不遇、报国无门的哀怨。

官场现形记

〔清〕李宝嘉著

ISBN 7－5333－0656－2

1998 年 10 月 1 版 1 次

32 开　656 页　精装　17.00 元

《官场现形记》通过清末官场黑暗和吏治腐败的描写，对封建官吏取媚洋人的丑态、欺压百姓的罪行及相互倾轧、投机钻营等卑鄙行为作了淋漓尽致的揭露、嘲笑和讽刺，漫画出一幅封建末世的官场百丑图，比较生动地反映了光绪庚子国变之后进入半封建半殖民地时代的中国社会现状。

二十年目睹之怪现状

〔清〕吴趼人著

ISBN 7-5333-0660-0

1998年10月1版1次

32开 552页 精装 14.00元

《二十年目睹之怪现状》是一部自传体小说，通过主人公“九死一生”即作者本人在二十年中的经历和见闻，描绘出一幅行将崩溃的晚清社会图卷。其主题是揭露官场的黑暗和封建末世的人情世态。

老残游记

〔清〕刘鹗著

ISBN 7-5333-0658-9

1998年10月1版1次

32开 184页 精装 5.00元

《老残游记》是脍炙人口的名著，被列为“晚清四大谴责小说”之一。此次整理，在二十回后又附录了续集遗稿九回和外编卷一残稿，并将作者自己写的第一回至第十七回的原评分别补入各回。

孽海花

〔清〕曾朴著

ISBN 7-5333-0655-4

1998年10月1版1次

32开 272页 精装 7.50元

《孽海花》以金雯青与傅彩云的故事为线索，以较多的篇幅暴露与讽刺了清末政治的腐败、宫廷的混乱，官场的黑暗、统治者的昏庸无能等，描绘了一幅封建末世官场的百丑图。

全明散曲

全明散曲（全五册）

谢伯阳编

ISBN 7-5333-0156-0

1993年12月1版1次

大32开 6180页 精装 136.00元

本书是明代散曲总集，共收录散曲作者四百余家，辑录作品、小令万余首，套数二千余篇，并对收录的作品进行了缜密的校勘。

清代四大小说

红楼梦（脂砚斋批评）（全二册）

〔清〕曹雪芹著 〔清〕高鹗续

黄霖校点

ISBN 7-5333-0322-9

1994年7月1版1次

大32开 1804页 精装 54.00元

《红楼梦》脂砚斋评历来为学界所重，它不仅为研究《红楼梦》和曹雪芹提供了重要资料，而且本身也具有极高的文学批评和审美价值。可惜目前所见十余种脂评本文字出入很大，而排印的各种《红楼梦》均删脂评，“辑评”本又均无正文。本书将各脂评本互不重复的各条独立评语汇集配齐，使其完整化；又将各本文字相同或基本相同而类型、位置不同的评语加以校定，以一种类型系于一处，使其统一化。

醒世姻缘传（葛受之批评）（全二册）

〔清〕西周生著 翟冰校点

ISBN 7-5333-0342-3

1994年7月1版1次

大32开 1408页 精装 45.00元

小说以冤冤相报的两世姻缘为主线，贯穿晁、狄两家的生活史，进而展现当时的社会全景。作者以因果报应的模式表达了底层人民抑恶扬善的朴素情感,并以辛辣的笔触痛揭没落封建制度病体上的疮疤。

儒林外史(闲斋老人序评)

〔清〕吴敬梓著　王申等校点

ISBN 7-5333-0298-2

1994年7月1版1次

大32开　632页　精装　24.00元

《儒林外史》描绘了各种类型的封建文人的精神面貌,暴露了封建社会的腐朽和黑暗,并把讽刺的矛头直接指向了科举制度和封建礼教。本书以现存最早清嘉庆八年刊有闲斋老人序评的卧闲草堂五十六回刊本为底本,并抄补了原刊本批语的缺漏成分。

聊斋志异(但明伦批评)(全二册)

〔清〕蒲松龄著　袁健等校点

ISBN 7-5333-0349-0

1994年7月1版1次

大32开　1400页　精装　45.00元

《聊斋志异》是我国清代著名文言短篇小说集,借鬼狐异闻深刻反映了当时的社会现实。此书问世不久,社会上就出现了多种评论注释的版本,其中以但明伦的批评最有价值。本书即以但评本为底本,精心校勘。

全本三言二拍

警世通言

〔明〕冯梦龙编著

ISBN 7-5333-0398-9

1995年2月1版1次

大32开　728页　精装　26.00元

本书是明代著名话本小说集,与《喻世明言》、《醒世恒言》合称"三言",收宋、元、明白话短篇小说40篇,对中国古代社会各阶层特别是市民生活有广泛的描写。本整理本概未删节,并附有原刊本眉、旁批,以保持原貌。

喻世明言

〔明〕冯梦龙编著

ISBN 7-5333-0397-0

1995年2月1版1次

大32开　712页　精装　26.00元

本书初名《古今小说》,是明代著名话本小说集,与《警世通言》、《醒世恒言》合称"三言",收宋、元、明白话短篇小说40篇,对中国古代社会各阶层特别是市民生活有广泛的描写。本整理本概未删节,并附有原刊本眉、旁批,以保持原貌。

醒世恒言

〔明〕冯梦龙编著

ISBN 7-5333-0399-7

1995年2月1版1次

大32开　976页　精装　32.50元

本书是明代著名话本小说集,与《警世通言》、《喻世明言》合称"三言",收宋、元、明白话短篇小说40篇,对中国古代社会各阶层特别是市民生活有广泛的描写。本整理本概未删节,并附有原刊本眉、旁批,以保持原貌。

拍案惊奇

〔明〕凌濛初编著

ISBN 7-5333-0394-6

1995年2月1版1次

大32开　816页　精装　28.50元

本书是明代白话短篇小说集,与《二刻拍案惊奇》合称"二拍",书中所收40篇作品,备写社会人情世态之事,故事情节曲折生动、情趣盎然。本整理本概未删节,并附有原刊本眉、旁批,以保持原貌。

二刻拍案惊奇

〔明〕凌濛初编著

ISBN 7－5333－0395－4
1995年2月1版1次
大32开 836页 精装 30.00元

本书是明代白话短篇小说集，与《拍案惊奇》合称“二拍”，书中所收40篇作品，备写社会人情世态之事，故事情节曲折生动、情趣盎然。本整理本概未删节，并附有原刊本眉、旁批，以保持原貌。

历朝通俗演义

前汉通俗演义
蔡东藩编著
ISBN 7－5333－0511－6
1996年3月1版1次
32开 900页 精装 31.50元

后汉通俗演义
蔡东藩编著
ISBN 7－5333－0512－4
1996年3月1版1次
32开 912页 精装 32.80元

两晋通俗演义
蔡东藩编著
ISBN 7－5333－0513－2
1996年3月1版1次
32开 904页 精装 32.50元

南北史通俗演义
蔡东藩编著
ISBN 7－5333－0514－0
1996年3月1版1次
32开 960页 精装 34.10元

唐史通俗演义
蔡东藩编著
ISBN 7－5333－0515－9
1996年3月1版1次
32开 916页 精装 32.60元

五代史通俗演义
蔡东藩编著
ISBN 7－5333－0516－7
1996年3月1版1次
32开 512页 精装 30.10元

宋史通俗演义
蔡东藩编著
ISBN 7－5333－0517－5
1996年3月1版1次
32开 872页 精装 31.50元

元史通俗演义
蔡东藩编著
ISBN 7－5333－0518－3
1996年3月1版1次
32开 468页 精装 19.00元

明史通俗演义
蔡东藩编著
ISBN 7－5333－0519－1
1996年3月1版1次
32开 816页 精装 29.80元

清史通俗演义
蔡东藩编著
ISBN 7－5333－0520－5
1996年3月1版1次
32开 928页 精装 33.10元

民国通俗演义（全二册）
蔡东藩 许廑父编著
ISBN 7－5333－0521－3

1996 年 3 月 1 版 1 次
32 开　1384 页　精装　53.00 元

《历朝通俗演义》是清末民初历史文学作家蔡东藩依据正史、《通鉴》、《纪事本末》等史籍，汇集百史精华，笔耕十余载完成的传世之作，是迄今规模最大的中国历史通俗演义系列巨著。全书按朝代分为前汉、后汉、两晋、南北史、唐史、五代史、宋史、元史、明史、清史、民国等 11 部，概括了秦汉至民初中国封建社会和半殖民地时代两千多年的历史。本书依据正史叙写，并对史载之误多所辨正，不同于一般演义小说的虚构编造，从而提高了这部通俗史著的可信程度和史料价值。

鲁迅古小说研究著作四种

唐宋传奇集

鲁迅校录

ISBN 7－5333－0538－8
1997 年 11 月 1 版 1 次
大 32 开　268 页　13.80 元

鲁迅先生编定的这部唐宋传奇集共选优秀作品近 50 篇，内容丰富，可读性强，富有浓厚的传奇色彩。本集的价值还在于，它是鲁迅针对明清时代妄改篇名和撰者的不良风气，依据宋代汇编的传奇总集重新校勘选辑的，并对各篇的作者、版本、来源出处作了考证，具有很高的学术价值。此次出版又补收了原集所未收、国内久佚而流传日本的唐传奇《游仙窟》和鲁迅所写的题记，也是从他集不易找到的传奇佳作，可资研读鉴赏。

中国小说史略

鲁迅著

ISBN 7－5333－0539－0
1997 年 11 月 1 版 1 次
大 32 开　374 页　17.30 元

鲁迅《中国小说史略》是中国第一部小说史专著，被誉为“开山的创作”（胡适语），是 20 世纪具有里程碑意义的学术著作。本社重新出版的《中国小说史略》，即是作者 1930 年修订本的简体字横排本，并附录《史略》早期油印本讲义《小说史大略》和 1924 年夏鲁迅在西安讲学时的讲稿《中国小说的历史的变迁》。

古小说钩沉

鲁迅校录

ISBN 7－5333－0608－2
1997 年 11 月 1 版 1 次
大 32 开　350 页　16.20 元

《古小说钩沉》是鲁迅于 1909 年秋至 1911 年底辑录的古小说佚文集，共收自周至隋的散佚小说 36 种。该书取材审慎、来源广泛、考证精密，是为中国小说铺路的基石。

小说旧闻钞

鲁迅校录

ISBN 7－5333－0609－0
1997 年 11 月 1 版 1 次
大 32 开　132 页　8.50 元

《小说旧闻钞》是鲁迅辑录的小说史料集。

才子佳人传奇丛书

何缘交接为鸳鸯

——司马相如与卓文君

孔菁慧著

ISBN 7－5333－0824－7
2000 年 1 月 1 版 1 次
32 开　108 页　6.00 元

本书讲述了西汉时期著名文学家司马相如与一代才女卓文君的爱情故事。

彩云易散琉璃脆

——洪钧与赛金花

紫霞著

ISBN 7－5333－0827－1
2000年1月1版1次
32开 156页 8.00元

本书以清末内阁学士，出使俄、德、荷、奥四国公使洪钧与红透苏州城的花船女子傅彩云（赛金花）的爱情故事为主线，塑造了一位光彩照人、倾国倾城的传奇女子的形象。

桃花几度吹红雨

——周邦彦与李师师

白露著

ISBN 7－5333－0830－1
2000年1月1版1次
32开 120页 6.00元

本书以北宋名妓李师师与一代词人周邦彦、大宋皇帝宋徽宗、梁山泊好汉燕青的感情纠葛为主线，赞美了李师师的纯真，对她的不幸表示了深切的同情，由此鞭挞了不合理的社会制度，反映了北宋年间尖锐的阶级矛盾和民族矛盾。

江城细雨碧桃村

——冒辟疆与董小宛

郭锐著

ISBN 7－5333－0823－9
2000年2月1版1次
32开 156页 8.00元

本书讲述了明末复社才子冒辟疆和秦淮八艳之一董小宛的爱情故事。赞美了董小宛虽为艺妓，但对爱情却忠贞不渝的美好情操。

花月姻缘半生空

——侯方域与李香君

王谦著

ISBN 7－5333－0826－3
2000年2月1版1次
32开 122页 6.00元

本书描述了秦淮八艳之一李香君与明末四大公子之一侯方域的爱情故事。李香君，这个在风月场中熏染、长大的绝妙佳人，对爱情却表现出令人钦佩的忠贞不渝，在此演绎的是一曲千古才子情、悠悠女儿心。李香君与侯方域的生死无悔的爱情故事，展现了明末清初文人情感与历史风云纠葛的文化景观。

泪痕红浥鲛绡透

——陆游与唐琬

楚爱华著

ISBN 7－5333－0825－5
2000年9月1版1次
32开 122页 6.00元

本书叙述了南宋著名词人陆游与表妹唐琬悲欢离合的爱情悲剧。本书将这段感人肺腑的爱情故事生动、形象地展现在读者面前，赞叹他们的盖世才华和真挚无比的爱情，鞭挞了棒打鸳鸯、拆散这对恩爱夫妻的封建家长制度。

文言小说白话类编

情爱姻缘

言青等选译

ISBN 7－5333－1033－0
2002年4月1版1次
大32开 328页 18.00元

本书选译了从汉魏至明清历代情爱姻缘题材类的文言笔记小说近百余篇，较清晰地反映了这类题材小说的发展演变过程。

游侠剑客

王恒展选译

ISBN 7－5333－1034－9
2002年4月1版1次
大32开 298页 16.60元

本书选译了从汉魏至明清历代游侠剑客题

材类的文言笔记小说近百余篇，较清晰地反映了这类题材小说的发展演变过程。

机巧智谋

李唐选译

ISBN 7－5333－1036－5

2002年4月1版1次

大32开　310页　17.00元

本书选译了从汉魏至明清历代机巧智谋题材类的文言笔记小说近二百篇，较清晰地反映了这类题材小说的发展演变过程。

明清绘图古典小说书系

插图本今古奇观

〔明〕抱瓮老人辑

ISBN 7－5333－1084－5

2002年9月1版1次

大32开　508页　25.00元

本书为我国流传最广、深受读者喜爱的古代短篇小说选本。书中并配有清人精美插图80幅，图文并茂。

插图本老残游记

〔清〕刘鹗著

ISBN 7－5333－1085－3

2002年9月1版1次

大32开　212页　12.00元

本书描写游医老残访察江黄各地的活动见闻。书中注重对晚清风土民情的描绘。各卷并配有民国初年精致插图。

插图本说岳全传

〔清〕钱彩著

ISBN 7－5333－1152－3

2003年3月1版1次

大32开　584页　28.50元

本书演说南宋民族英雄岳飞精忠报国、抗击金兵南犯，并遭投降派设冤狱陷害的故事。

插图本儒林外史

〔清〕吴敬梓著

ISBN 7－5333－1154－X

2003年3月1版1次

大32开　456页　22.50元

本书通过刻画各类儒林人物以揭露社会的腐败，批判封建礼教和科举制度，是我国古典讽刺文学名著。

插图本隋唐演义

〔清〕褚人获著

ISBN 7－5333－1173－6

2003年6月1版1次

大32开　810页　36.00元

本书演义隋炀帝宫廷生活及李渊、李世民父子起兵反隋开国至唐前期盛世风云历史。

插图本官场现形记

〔清〕李宝嘉著

ISBN 7－5333－1201－5

2003年6月1版1次

大32开　788页　29.00元

本书联缀短篇官场故事，揭露清末官场腐败，贪官勒索、媚附洋人的丑恶嘴脸。

插图本吴三桂演义

〔清〕无名氏著

ISBN 7－5333－1413－1

2004年10月1版1次

大32开　314页　16.00元

本书演义明末镇辽骁将吴三桂，在明清交替之际背明降清、反叛自立王国的风云历史，及其不惜亡国丧家，剿灭李自成，“冲冠一怒为红颜”的猎艳悲剧。

插图本今古奇闻

〔清〕王冶梅编

ISBN 7-5333-1414-X

2004年10月1版1次

大32开 246页 13.60元

本书改编《三言》、《西湖佳话》、《娱目醒心编》等拟话本小说而成，总计二十二卷，五六十篇故事。多将原作重新架构，别出新意。

插图本镜花缘

〔清〕李汝珍著

ISBN 7-5333-1502-2

2005年6月1版1次

大32开 612页 26.00元

本书是清中叶继《红楼梦》、《儒林外史》之后的一部才子小说，描写秀才唐敖漫游海外君子国、女儿国等异域风情见闻，使人大开眼界。尤其为人称道的是，书中着力张扬百名巾帼女子的侠情才德，技艺超群，配有芥子园珍本人物与故事插图130余幅。

插图本东周列国志

〔明〕冯梦龙著

ISBN 7-5333-1501-4

2005年7月1版1次

大32开 920页 35.00元

本书记述了春秋、战国至秦统一之前五百多年历史风云，较之《三国演义》、《隋唐演义》等历史演义更具写实性。数百年的诸侯兼并、弱肉强食、宫廷政变、列国风情，交织成壮观的历史画卷。书中收有明刊冯梦龙编订本插图108幅。

插图本封神演义

〔明〕许仲琳编著

ISBN 7-5333-1640-1

2006年4月1版1次

大32开 834页 36.00元

本书是古代神魔历史小说名著，主要演说姜子牙率师抗击商纣王三十六路兵马的征讨，佐周武王伐纣灭商，开国封神的故事。其间穿插各路神怪斗法，神机妙术无奇不有，代表了神魔小说的精华。

历代笔记小说丛书

淞滨琐话

〔清〕王韬著 刘文忠校点

ISBN 7-5333-0048-3

2004年1月1版1次

大32开 322页 16.00元

萤窗异草

〔清〕长白浩歌子著 刘连庚校点

ISBN 7-5333-0049-1

2004年1月1版1次

大32开 408页 20.00元

夜雨秋灯录

〔清〕宣鼎著 香一点校点

ISBN 7-5333-1267-8

2004年1月1版1次

大32开 276页 13.00元

新齐谐

——子不语

〔清〕袁枚著 崔国光校点

ISBN 7-5333-1268-6

2004年1月1版1次

大32开 480页 23.00元

右台仙馆笔记

〔清〕俞樾著 梁脩校点

ISBN 7－5333－1269－4
2004年1月1版1次
大32开　352页　16.00元

女聊斋志异

〔清〕古吴靓芬女史著　廖东校点
ISBN 7－5333－1270－8
2004年1月1版1次
大32开　200页　10.00元

里乘

〔清〕许奉恩著　文益人校点
ISBN 7－5333－0029－7
2004年1月1版1次
大32开　318页　16.00元

醉茶志怪

〔清〕李庆辰著　金东校点
ISBN 7－5333－0073－4
2004年1月1版1次
大32开　232页　12.00元

小豆棚

〔清〕曾衍东著　盛伟校点
ISBN 7－5333－0165－X
2004年1月1版1次
大32开　300页　15.00元

耳食录

〔清〕乐钧著　辛照校点
ISBN 7－5333－0173－0
2004年1月1版1次
大32开　266页　13.00元

《历代笔记小说丛书》精选清代颇有影响的仿《聊斋志异》笔记小说佳集10种。内容主要是追踪蒲松龄，传写仙狐鬼怪，或博采街谈巷议，兼及才子风流等。故事富有传奇色彩，语言生动，妙趣横生，读来或发人深省，或使人警悟，或令人解颐。其中兼有文人轶事、书画鉴赏、读红论评等内容，更平添丰富多彩的知识雅趣。作品虽追慕《聊斋》，并非因袭模拟。作者植根于现实生活土壤，不仅热衷于奇闻异事、风流趣谈，而且关注民瘼，对许多社会丑恶现象进行无情鞭挞，体现了“劝善惩恶”的主旨，具有积极的劝诫教育意义，因而是当今认识封建社会的一面镜子。

绘图四大古典爱情悲喜剧

桃花扇

〔清〕孔尚任著
ISBN 7－5333－1343－7
2004年5月1版1次
16开　180页　18.00元

西厢记

〔元〕王实甫著
ISBN 7－5333－1344－5
2004年5月1版1次
16开　100页　13.80元

牡丹亭

〔明〕汤显祖著
ISBN 7－5333－1345－3
2004年5月1版1次
16开　176页　18.00元

长生殿

〔清〕洪昇著
ISBN 7－5333－1346－1
2004年5月1版1次
16开　180页　18.00元

《桃花扇》、《西厢记》、《牡丹亭》、《长生殿》是我国古代四种经典爱情戏曲，对中华民族的道德情感产生了广泛的影响。《绘图四大古典爱情悲喜剧》以插入明清版画的绘图本形式介绍这四部问世几百年来，被改编为各种剧种呈现在舞台上的古代经典爱情戏曲。

全明诗话

全明诗话（全六册）

周维德集校

ISBN 7－5333－1480－8
2005年6月1版1次
大32开　5240页　精装　495.00元

《全明诗话》是一部明代诗话汇编总集，收入明代诗话103种，这些诗话大部分是善本、孤本，有极高的文献价值。是研究明代诗歌理论的必备资料书。

绘图古典名著续书五种

续三国演义

〔明〕酉阳野史著　余芳等校点

ISBN 7－5333－1408－5
2006年1月1版1次
大32开　1140页　68.00元

本书承袭罗贯中《三国演义》拥汉尊刘的基本立场，演义蜀汉后世忠良重新崛起，与西晋争锋建立刘汉政权的一段历史。

结水浒全传

〔清〕俞万春著　林一夫等校点

ISBN 7－5333－1409－3
2006年1月1版1次
大32开　884页　57.00元

全书共七十回，又名《荡寇志》，附“结子”一回，是明著名小说《水浒传》的续书，作者以“尊王灭寇”为主旨，以晓谕“天下后世”，“盗贼之终无不败，忠义之不容假借混蒙”。本书接金圣叹批本自第七十一回起，写梁山英雄被一一诛灭的过程。

红楼复梦

〔清〕小和山樵著　煙照等校点

ISBN 7－5333－1410－7
2006年1月1版1次
大32开　1028页　63.00元

作者有感于《红楼梦》“梦之可人，又复而成其一梦”，续写大观园人物后世际遇，克隆贾宝玉转世形象宦门公子祝梦玉重聚金陵十二钗的婚姻爱情故事。小说浓墨重彩地渲染了薛宝钗、袭人等群芳文武兼能、平南立功的事迹，形成本书的主要看点和独特构思。

续西游记

〔明〕不题撰人著　杜聪等校点

ISBN 7－5333－1411－5
2006年1月1版1次
大32开　648页　40.00元

本书是古典名著《西游记》的续书，描写唐僧师徒从西天取到真经后，在返回大唐的路上又平妖灭怪的神魔故事。

续金瓶梅

〔清〕丁耀亢著　禹门三校点

ISBN 7－5333－1412－3
2006年1月1版1次
大32开　520页　32.00元

本书依托宋、金战乱的时代背景，借颂扬清顺治帝颁行的《太上感应篇》续写《金瓶梅》人物后世的淫荡生活、轮回报应，寄寓作者对明、清易代的良多感慨。因此书中叙写历史战乱，多有清军南侵的痕迹和国朝兴亡的悲慨。

中国历代词研究史稿

金元词研究史稿

崔海正主编

刘静　刘磊著

ISBN 7-5333-1690-8

2006年8月1版1次

大32开　242页　18.00元

本书分为金代与南宋的金(元)词研究、元代的金元词研究、明代的金元词研究、清代的金元词研究、民国时期的金元词研究等七章的内容。

唐五代词研究史稿

崔海正主编

高峰著

ISBN 7-5333-1691-6

2006年8月1版1次

大32开　326页　23.00元

本书分为唐五代时期词的研究概况、宋代的唐五代词研究、金元时代的唐五代词研究、明代的唐五代词研究、民国时期的唐五代词研究等六章的内容。

北宋词研究史稿

崔海正主编

刘靖渊　崔海正著

ISBN 7-5333-1692-4

2006年8月1版1次

大32开　630页　45.00元

本书分为宋代的北宋词研究、清代中期的北宋词研究、清代晚期的北宋词研究、民国时期的北宋词研究、20世纪80年代的北宋词研究等十二章的内容。

南宋词研究史稿

崔海正主编

邓红梅　侯方元著

ISBN 7-5333-1693-2

2006年8月1版1次

大32开　432页　31.00元

本书分为南宋词研究萌芽期——南宋时期的南宋词研究、南宋词研究的弱苗期——元明时期的南宋词研究、南宋词研究的开花期——清代的南宋词研究、21世纪初南宋词研究概说、中国港澳台地区及海外各国南宋词研究略述等七章的内容。

明清词研究史稿

崔海正主编

朱惠国　刘明玉著

ISBN 7-5333-1694-0

2006年8月1版1次

大32开　424页　31.00元

本书分为明代的明词研究、清代后期的明清词研究、民国时期的明清词研究、20世纪80年代的明清词研究、21世纪的明清词研究等九章的内容。

济南大学古典文学研究丛书

孔子诗学研究

蔡先金等著

ISBN 7-5333-1744-0

2006年10月1版1次

大32开　350页　23.00元

本书全面地论述并展现了孔子的诗学体系,在讨论孔子诗学体系的每一方面时,大都不是从单一的角度来观察,而是力图从诗学、文学、史学、哲学乃至于民俗学、宗教学等多角度进行描述。书中征引广博,能联系所见古今中外与此论题有关的文献资料特别是出土文献以成己说。

吴趼人小说研究

王国伟著

ISBN 7-5333-1743-2

2007年1月1版1次

大32开　274页　20.00元

本书详尽地介绍了吴趼人的生平及报刊编辑生涯，着重对他的“道德救国”理论进行了客观公正的剖析，并对其以《二十年目睹之怪现状》为代表的中长篇小说的思想内容和艺术特色进行了全方位解析，是研究吴趼人及其小说的一部力作。

《洪范》诠释研究

张兵著

ISBN 7-5333-1745-9

2007年1月1版1次

大32开　270页　19.00元

本文从文献学的角度，首次对由汉至清代每一时期的《洪范》诠释文献，从时代背景、文献综述、诠释特点、代表作剖析四个方面进行了全方位、多角度的系统研究，从一个侧面反映了整个中国经学史的发展轨迹与脉络，有益于加深与《洪范》相关的中国传统文化的形成与发展过程的认识。

《红楼梦》本真人文思想

孙爱玲著

ISBN 978-7-5333-1849-9

2007年9月1版1次

大32开　382页　27.00元

全书分上、下两篇。上篇深入辨析了《红楼梦》前五回“通灵”哲思的整体构思，下篇从真、善、美三个层面对《红楼梦》“本真情”的丰富内涵作了立体动态的解析。

中国词学研究体系建构稿

崔海正著

ISBN 978-7-5333-1855-0

2007年10月1版1次

大32开　370页　22.00元

本书构建了中国词学研究体系的框架，努力还词学以独立自主的本体地位。将中国词学研究体系划分为四个层次，十六个门类等，并附有相关文稿。

历代笔记名著丛书

世说新语

〔南朝·宋〕刘义庆著　杜聪校点

ISBN 978-7-5333-1795-9

2007年7月1版1次

大32开　256页　16.00元

本书为表现魏晋名人轶事及崇尚清谈与名士风度的古代笔记名著，内容包括德行、言语、政事、文学等三十六门类，主要记述文人士大夫的交往言行和任情放诞的社会风习，文字简洁而富有文采，人物语言鲜活生动，千载如见。在古代笔记中自成一体，影响至清近民国。书中刘孝标注，引书资料丰富，为后世所重。

酉阳杂俎

〔唐〕段成式著　杜聪校点

ISBN 978-7-5333-1796-6

2007年7月1版1次

大32开　228页　15.00元

本书前集、续集共三十卷，分玉格、动植、寺塔等三十六篇，所记佛道鬼怪、灾祥灵异、杂闻琐事，汇辑了各类文史与世俗掌故，近似于张华的《博物志》，为唐代杂记类笔记名著。段氏出身于中唐高官书香门第，博览秘阁图籍，深通佛典，书中所记佛事，多得妙悟。

梦溪笔谈

〔北宋〕沈括著　金良年校点

ISBN 978-7-5333-1797-3

2007年7月1版1次

大32开　224页　15.00元

全书分故事、象数、人事、官政、权智能、艺文、书画、技艺、器用、药议等十七大类目，凡600

余条，并收补、续、辑佚。内容涉及天文、数学、物理、化学、地质、气象、医药、文史、音乐、美术等各种学科。不仅对古代政治文化、典章礼制多所考订，而且载录了有关数学物理、天文气象、地质矿产、医药生物等自然科技方面的诸多创见和发明。

容斋随笔（全二册）

〔宋〕洪迈著　禹门三等校点

ISBN 978－7－5333－1798－0

2007 年 7 月 1 版 1 次

大 32 开　776 页　39.00 元

全书上、下两册，分随笔、续笔至五笔，共七十多卷，阅四十春秋而成书。内容涉及经史百家、文化艺术、官制科举、典章仪节、民俗风物、舆地星命、易卜历算等各方面的知识见闻和心得札记。包容文史百科，广辑佚闻资料，对旧史多所补正。

齐东野语

〔南宋〕周密著　高心露等校点

ISBN 978－7－5333－1799－7

2007 年 7 月 1 版 1 次

大 32 开　278 页　16.00 元

书名“齐东野语”取自孟子“齐东野人之语”，寄寓了作者“志不忘中原”的怀国思乡之情。书中以著录南宋宫廷内政与抗金失策等重大佚史事件为史家所称道。其中的普通题材，如所记大诗人陆游《钟情前室》的钗头凤爱情故事和严蕊反对理学家朱熹的故事也颇有影响。

南村辍耕录

〔元〕陶宗仪著　武克忠等校点

ISBN 978－7－5333－1800－0

2007 年 7 月 1 版 1 次

大 32 开　428 页　24.00 元

全书三十卷，杂述元代皇室族谱、文史掌故、典章制度和文物古迹，旁及稀见法书碑帖、书画裱轴、天文历法、金石古器、玺印碑铭、扶乩符谶等文化秘笈的解读识鉴，发掘出丰富的文化内涵，折射出元代的社会风貌，多具有史料价值。

徐霞客游记（全二册）

〔明〕徐弘祖著　烟照等校点

ISBN 978－7－5333－1801－7

2007 年 7 月 1 版 1 次

大 32 开　872 页　45.00 元

全书十卷，分上、下两册，日记体旅游考察笔记。记述作者对我国江河湖海、名山大川的岩洞、地理、水文、环境、植物及各种自然现象的探险考察，为地理学研究提供了稀有资料，驳正了包括《禹贡》在内的古代山经图志的许多谬误。同时记录了各地山川风物、民俗生活、市贸物产等人文资料。

池北偶谈

〔清〕王士禛著　文益人校点

ISBN 978－7－5333－1802－4

2007 年 7 月 1 版 1 次

大 32 开　556 页　33.00 元

全书二十六卷。所记多为明清典章制度及士大夫言行，兼有神奇怪异之事。其中“谈艺”类九卷，王士禛作为清初诗坛领袖人物，以他所主张的“神韵”说为尺度，评论古今诗画，对当时产生了广泛的影响。

阅微草堂笔记

〔清〕纪昀著　袁彦平等校点

ISBN 978－7－5333－1803－1

2007 年 7 月 1 版 1 次

大 32 开　584 页　31.00 元

“阅微草堂”是《四库全书》总纂官纪晓岚在北京虎坊桥寓所的书斋名。本书以作者的宦游见闻为素材，多写鬼神怪异故事，兼有文史考评，也涉及官场与世俗人情。所记每事，多有所据，给人以为人处世良多警悟。叙事简明，追求魏晋志怪简古文风，较之同是写鬼写狐的蒲松龄《聊斋志异》亦真亦幻的笔法各有妙趣，为不少同调所追捧。

二十世纪中国文学回顾与反思书系

“五四”时期胡适的文体理论

刘东方著

ISBN 978－7－5333－1950－2

2007年11月1版1次

大32开　230页　16.00元

本书立足中国现代文学文体理论的建构发展，从文体理论视角，考察胡适文体理论形成的主客观条件，阐释理论内容，揭示其文学史意义。

鲁迅小说意象主题论

隋清娥著

ISBN 978－7－5333－1951－9

2007年11月1版1次

大32开　280页　21.00元

本书以鲁迅小说文本的意象主题为切入点和关注的视角，对鲁迅小说中的六大主题意象进行了阐释，揭示了鲁迅小说审美层面的主题学价值。

20世纪中国文学理论史

杨春忠著

ISBN 978－7－5333－1953－3

2007年11月1版1次

大32开　384页　29.00元

本书是作者多年研究的成果，对20世纪中国文学的主要文学理论进行了分析和界定，其“五维度总体性理论”作为独特的创建对全书的理论体系的完成具有统领作用。

中国当代中国文学：悲壮辉煌的历史脚步

石兴泽著

ISBN 978－7－5333－1954－0

2007年11月1版1次

大32开　256页　20.00元

本书全面系统地论述中国现代文学的当代转换，并对诗歌、散文、戏剧、小说四个方面的文学发展作了概要分析。

救赎与超越

——中国现当代作家直面苦难精神解读

卢军著

ISBN 978－7－5333－1955－7

2007年12月1版1次

大32开　244页　20.00元

本书通过梳理现当代勇于追寻生命价值和生活意义的作家及作品，唤醒人们干预生活的主动姿态及充满热烈爱憎的主体精神。

20世纪中国青春文学史研究

——百年文学青春主题的文化阐释

刘广涛著

ISBN 978－7－5333－1952－6

2007年12月1版1次

大32开　332页　25.00元

本书主要从“主题学”的角度，对20世纪中国青春文学史进行研究。内容包括20世纪中国青春文化内涵研究、现当代作家与青春主题研究、现当代经典文本的青春学阐释研究等几个方面。

历代诗经版本丛刊

历代诗经版本丛刊（全四十六册）

田国福编

ISBN 978－7－5333－1848－2

2008 年 2 月 1 版 1 次

16 开　27600 页　精装　36800.00 元

本书收录秦汉以降至民国时期的重要诗经著作，包括宋版、元版、明清版及民国石印本，以诗经斋藏本为基础，补充全国各大图书馆诗经藏品，是迄今最好的诗经版本集成之作。

齐鲁文化与中国古代文学研究丛书

齐鲁文化与明清小说

杜贵晨著

ISBN 978－7－5333－2145－1
2008 年 12 月 1 版 1 次

大 32 开　544 页　48.00 元

明清小说中与齐鲁文化关系最为密切的作品多为我国乃至世界文学名著，本书以有代表性的明清小说为实例，深入探讨了齐鲁文化对明清小说的影响。

齐鲁文人与六朝文风

王琳著

ISBN 978－7－5333－2146－8
2008 年 12 月 1 版 1 次

大 32 开　448 页　39.00 元

本书旨在通过对齐鲁文人各种文体创作和理论批评的论述，以更加切实细致地展示六朝文风的发展趋向及独特风貌。作者视野宏通，注重对各体作品间相互影响、相互渗透的探索，对前人较少关注的杂传、地记、子书、注体文等方面的探索创获尤多。

齐鲁典籍与小说滥觞

王恒展著

ISBN 978－7－5333－2147－5
2008 年 12 月 1 版 1 次

大 32 开　308 页　29.00 元

从小说文体学的角度重新审视先秦典籍，进一步深入探究中国小说的源流变化有着重要的学术意义。齐鲁典籍是先秦典籍的主体部分，本书重点研究了齐鲁典籍与中国小说的关系，对先秦典籍与小说关系研究具有重要的意义。

清诗与传统

——以山左与江南个案为例

石玲著

ISBN 978－7－5333－2148－2
2008 年 12 月 1 版 1 次

大 32 开　608 页　52.00 元

本书以山左、江南王士禛、沈德潜、袁枚、高密诗派等个案研究为中心，深入探讨了清代诗歌与中国传统诗学的关系。

《诗经 · 齐风》研究

李兆禄著

ISBN 978－7－5333－2149－9
2008 年 12 月 1 版 1 次

大 32 开　432 页　36.00 元

本书运用宏观与微观相结合、纵向与横向相交叉的研究方法，对《诗经 · 齐风》的研究进一步深入与扩展，从多角度、全方位展现《齐风》的魅力与风采，开拓了《诗经》研究的新领域。

聊斋风俗文化论

徐文军著

ISBN 978－7－5333－2150－5
2008 年 12 月 1 版 1 次

大 32 开　356 页　30.00 元

本书对《聊斋志异》中出现的一些风俗文化事象进行了考释；阐释了作品中风俗文化描写的文学价值，对进一步理解作品的思想和艺术具有重要的意义。

三 历史 地理

古籍整理

全集、选集、辑录

宋书乐志校注

苏晋仁　萧炼子校注

统一书号:10206·24
1982年11月1版1次
大32开　473页　1.80元

南朝梁沈约写的《宋书·乐志》,记载了自汉末至刘宋庙堂乐舞的沿革、礼制和歌辞以及民间歌舞的起源、发展和演变;对歌唱的乐章、曲调、乐器等也作了比较详细的记叙。它为我国音乐、舞蹈史保留了丰富的资料,也给古代文学史提供了瑰丽的篇章。本书依据各种版本,对校互勘,择善而从。注释侧重于史料的考源,故实的疏通;分歧之点,酌为考证;缺漏之处,量加补充;错简或讹误,概予纠正;末附索引,以便检寻。

李秉衡集

〔清〕李秉衡著　戚其章辑校

ISBN 7-5333-0388-1
1993年12月1版1次
大32开　748页　18.50元

本书收有奏稿390件,公牍30件,电报849份。

读史漫录

〔明〕于慎行著　〔清〕黄恩彤修订
李念孔等点校

ISBN 7-5333-0416-0
1996年8月1版1次
大32开　542页　30.50元

《读史漫录》是作者由礼部尚书罢官家居时所作。全书共十四卷,内容主要以《史记》及《资治通鉴》等为依据,评价自远古至元朝历代的事件与人物,亦间作辨误与考证。该书主于立论,继承了唐宋以来"经世致用"的史学传统,爱憎分明,发扬正气,为明末一些野史所不及。初刊于明万历三十七年,此刊本已不可见,现依据的底本为明万历四十一年"本衙藏版"及清代黄恩彤参订的清道光二十六年刊行之存素斋本。

绎史(全四册)

〔清〕马骕纂集

ISBN 7-5333-0954-5
2001年6月1版1次
大32开　3456页　精装　198.00元

《绎史》记事上自开辟,下迄秦朝灭亡。举凡神话传说,朝代兴替,列国纷争,邦交盟会,周官仪礼,圣贤言行,庸主能臣,王霸之业,尽收其中,按事排列,一事一目,是先秦史料的分类汇编。

战国策

〔西汉〕刘向编集

ISBN 7－5333－1484－0

2005年4月1版1次

大32开　380页　26.00元

本书编订为33篇,其记事起春秋战国之际,迄于楚汉之起,多载二百四五十年间史实和战国纵横家游说之辞,主要记述战国时期谋臣、策士纵横捭阖的政治主张和斗争策略。

东华录

〔清〕蒋良骐撰

ISBN 7－5333－1482－4

2005年4月1版1次

大32开　510页　35.00元

本书是一部较有影响的清代编年体史书,时间跨度从清朝发祥于长白,到雍正十三年。所收内容较为详尽、真实,因为非官修正史,所以避免了很多禁忌,从而留下了一批珍贵的原始资料。

元朝秘史

佚名

ISBN 7－5333－1481－6

2005年5月1版1次

大32开　228页　15.00元

本书记载13世纪蒙古国兴起时的真实史料,从成吉思汗的族系身世、称汗经过,直到其逝世,窝阔台继位继续西征、南征的历程,是唯一一部真实记录蒙古国立国之初历史的巨著。

国语

(旧题)左丘明著

ISBN 7－5333－1483－2

2005年5月1版1次

大32开　338页　21.00元

本书为记言体史书,最早载周穆王时事,迄于晋三家灭智氏。备载五百年之间卿大夫之言论,以及当时政治、经济、军事、文化等方面史实。

鲒埼亭文集选注

〔清〕全祖望原著　黄云眉选注

统一书号:11206·52

1982年11月1版1次

大32开　457页　1.85元

《鲒埼亭集》是清初大史学家和文学家全祖望的文集。他以碑版墓志和书序等特殊形式,记述了明末抗清的众多历史人物和历史事迹,慷慨悲壮,文笔动人,不但有较高的史学价值,也有相当的文学价值,一向为我国学术界所重视。本书是已故山东大学历史系教授、明史专家黄云眉先生的一部遗稿。全书分上、下两编,收碑铭传志等文共184篇。书前有黄云眉教授撰写的前言,分析了明清之际的历史形势和特点,并扼要阐明全祖望在史学和文学上的高度成就及其特征。

太平军北伐资料选编(近代史资料专刊)

中国社会科学院近代史研究所近代史资料编辑室主编　张守常编

统一书号:11206·87

1984年8月1版1次

大32开　728页　4.40元

本书是一部有关太平军北伐的资料。整理者从清人的奏稿、函牍、日记、年谱、诗文集碑记、地方志等文献中摘出有关太平军的记载,其中不少是未刊的稿本。凡新中国成立以来已发表的或易找到的资料,本书均未收入。本书资料按北伐军及北伐援军所经之地区编排。书末附有引用书目题解及《太平军坚守连镇被围图》,图为清政府的原始文件,国内未曾发表过。

清实录山东史料选(全三册)

山东师范大学历史系中国近代史研究室选编

统一书号:11206·82

1984年10月1版1次

大32开 2029页 12.20元

本书是从清实录中摘编出来的一部关于山东地方史的资料选辑。清实录是根据清王朝的档案编修的官书,以谕旨为主要内容,卷帙浩繁,史料丰富。编者在编选时对原文适当的作了分段,并加了标点符号。本书仍编年体编排,保留了原有的纪年,另又加注了公历。书后附有大事索引。

义和团运动时期报刊资料选编

徐绪典主编

ISBN 7-5333-0199-4

1990年8月1版1次

大32开 320页 4.50元

本书收集了1900年义和团运动时期有关报刊记载义和团运动的重要数据。对义和团在各地的活动,义和团运动时期帝国主义侵华活动和清政府的对外态度和政策等的研究有很大的参考价值。

通鉴严补辑要

冯惠民辑点

统一书号:11206·56

1983年8月1版1次

大32开 345页 1.50元

明末人严衍的《资治通鉴补》,是继胡三省之后研究《通鉴》的另一重要著作。其书不仅纠正了《通鉴》的七病(漏、复、紊、杂、误、执、诬),而且补正了胡注的许多失当之处。清钱大昕谓:"其有功于《通鉴》者,胡身之(三省)而后,仅见此书耳。"因其卷帙浩繁,故传本甚少。本书作者选择其中精要部分加以辑录,既保留了严补的精华,又便利了读者,对研究和阅读《通鉴》,极有参考价值。

《春秋后语》辑考

王恒杰编著

ISBN 7-5333-0365-2

1993年12月1版1次

大32开 366页 8.00元

《春秋后语》是记载战国历史的一部重要史书。南宋以后该书佚亡。本书从敦煌卷子及历代类书、史书中钩沉、辑录,使《春秋后语》复现原貌。

诸葛亮研究集成(全二册)

王瑞功主编

ISBN 7-5333-0547-7

1997年9月1版1次 大32开

1818页 精装 108.00元

本书辑录了自晋代到清代有关诸葛亮研究的各种文献资料,共分八卷:传记、年谱、文集、评论、诗词曲赋、小说杂剧、记序、遗事遗迹。有关民国迄今诸葛亮的研究资料,以目录形式附于最后。

太平广记社会史料集萃

李季平 王洪军主编

ISBN 7-5333-0673-2

1999年3月1版1次

大32开 518页 28.00元

《太平广记》是我国宋代以前文言小说总集,是一部很有价值的古代文化典籍。其中含有大量不见于史籍记载的资料,是研究魏晋南北朝隋唐社会历史的资料宝库。本书依据中华书局重印的《太平广记》点校本为底本,对其中有用的社会史料进行辑录、标点,集其精粹。全部史料分为四大类,类下设有40余个子目。

二十五史外人物总传要籍集成（全三册）

董治安主编

ISBN 7-5333-0868-9

2000年6月1版1次

16开　3654页　精装　680.00元

本书对二十五史以外的具有“私史”性质的人物列传进行了分类汇编，特别是人们引用频率较高的历史典籍，以及在载记史实或表述思想方面有特定学术价值的人物列传进行了集成，力图兼顾多学科门类的人物，同时为方便读者查询编制了人名索引。

徐公谳词

——清代名吏徐士林判案手记

陈全纶等主编

ISBN 7-5333-0995-2

2001年11月1版1次

大32开　704页　精装　46.00元

本书是《徐公谳词》手稿的整理本。《徐公谳词》系海内外孤本，包括《守皖谳词》和《巡漳谳词》，是徐士林担任安庆府知府和汀漳道道员期间手记的102个案例的断案判词。它不仅反映了清朝地方司法活动的实际，也展现了一个忠于职守、执法原情的清官形象。本书对谳词原文进行了校点，每篇谳词后均加有注释和译文。

中国历代人物像传（全四册）

郭磬　廖东编

ISBN 7-5333-1044-6

2002年5月1版1次

16开　3330页　精装　720.00元

本书共辑明清有代表性的历史人物像传十二种，收历代帝王后妃、文武功臣、儒门先哲、文坛耆宿等1200余人，大多惟妙惟肖，栩栩如生，是现代摄影术发明以前的历史人物肖像留影，并在每幅画像后附有人物小传或赞语，为文史研究者提供了宝贵的历史人物的形象和版画资料。

地方志

兖州府志（全六册）

〔明〕于慎行编

统一书号:11206·107

1985年4月1版1次

16开　78.00元

此《兖州府志》为明代于慎行编纂，万历二十四年刻本，国内久已失传，20世纪60年代初在山东巨野发现，归山东省图书馆收藏，系海内孤本。明代兖州府包括现今山东省聊城、济宁、菏泽、泰安、临沂五个地区中和枣庄市的三十余县（市）。于慎行（1545—1607）山东东阿人，明代著名文学家。他编纂的这部《兖州府志》，体例严谨，资料翔实，社会经济方面的资料尤为丰富，具有很高的史料价值，是明代方志中的佳作，现用原书影印。

曹州府志

〔清〕刘藻编撰

ISBN 7-5333-0034-3

1988年8月1版1次

大32开　786页　精装　15.00元

曹州历史上曾几修府志，其中以乾隆二十一年内阁学士兼礼部侍郎刘藻主持修撰的刊本最好。此刻本分舆地志、河防志、食货志、人物志等22卷，详细地展示了修志前几千年曹州府所辖十几个县的建置沿革、山川城池、名胜古迹、户口田赋、书院庙宇、各类人物、风俗民情及与此有关的名家诗赋等方面的史料，体例严谨、考证精确、内容丰富，有较高的史料价值，现排印出版。

台湾外志

〔清〕江日昇撰　刘文泰点校

ISBN 7-5333-1342-9
2004年5月1版1次
大32开 436页 27.00元

《台湾外志》又名《台湾外记》,主要记述的是自明天启元年辛酉(1621年)郑芝龙离家出游,至清康熙二十二年癸亥(1683年)郑克爽归清,其间63年的历史。该书大部分篇幅记述的是郑成功、郑经父子收复和开发台湾以及清、郑之间的军事斗争与和谈史实(卷六至卷二十四),说明台湾是中国领土神圣不可分割的一部分。书中引用了大量的书信和奏疏,而且作者在书中往往以按语的形式考辨史料,批驳世俗所见,故使其书具有很高的史料价值。

考古　文物

曲阜鲁国故城

山东省文物考古研究所
山东省博物馆等编
(平装)统一书号:11206·41
(精装)统一书号:11206·65
1982年9月1版1次 16开
466页 平装6.00元 精装7.00元

本书总结了1977年春—1978年冬山东文物考古工作者对曲阜鲁国故城进行系统勘察的成果,是一部田野报告专集。全书共分四章,一、鲁城遗址钻探,二、鲁城选址试掘,三、鲁城墓葬试掘,四、汉城与汉墓等。本书较详细地报道了钻探试掘所获资料,为研究鲁国和两周时期的历史提供了重要的佐证。

曲石精庐藏唐墓志

李希泌编
统一书号:11206·98
1986年5月1版1次
12开 106页 3.90元

本书收唐代墓志九十三方,为李根源先生所藏。20世纪30年代初,河南一带出土唐墓志甚多,李氏购得九十三石,运至苏州,建"曲石精庐"加以收藏,并穷两月之力,遍考新旧唐书及有关史籍,编成《曲石唐志目》。章太炎先生为其中《王之涣志》、《黑齿常之志》等写过四篇跋文,对它的史料价值作了高度评价。这些墓志的书法,且大都娟秀精美,很能反映唐人楷法的成就,有很高的艺术价值。

山东史前陶器图录

杨子范编 冀刚 冀介良摄影
统一书号:11206·108
1986年6月1版1次
16开 144页 5.65元

在山东境内发现的大汶口文化和山东龙山文化,是古代东夷部族物质文化先后相承的两个不同发展阶段,在考古发掘中获得的原始社会中、晚期大量陶器,基本上反映了这两支不同的文化体系的风貌,它是研究我国古代东方部族中先民的生活习俗、宗教信仰,并据以揭示原始社会不同时期生产力和生产关系发展变化的重要物质资料。这些古陶包括鼎、豆、罐、壶、杯等,造型奇特,纹饰质朴,显示了当时已具有相当水平的烧制技艺。本书特选录其中的珍品152件,照相制版精印(其中彩板16幅),供读者研究参考。

临沂凤凰岭东周墓

山东省兖石铁路文物考古工作队编
ISBN 7-5333-0111-9
1988年9月1版1次
16开 84页 2.60元

本书是临沂凤凰岭东周墓的专题发掘报告。它以翔实的材料揭示了春秋晚期山东地区东夷族属高度发展的物质、文化原貌。该墓由墓室、器物坑和车马坑三部分组成。墓室分两后二室,室内及隔梁殉人竟多达14具,墓中随葬遗物虽经盗劫，仍丰富非常：铜鼎 10 件，远超“天子大牢”之数；两套编铸，更是世属罕见；另有一套编钟多达 9 件，其优美精致的凤头斤，无疑是“王权”象征。阅其全书，可见春秋末世“礼崩乐壤”之真实物证。

临淄商王墓地

淄博市博物馆　齐故城博物馆编

ISBN 7-5333-0583-3

1997 年 5 月 1 版 1 次

16 开　198 页　87.00 元

本书汇集了 1992 年秋至 1993 年夏，淄博市文物考古工作者对齐故城南郊的商王墓地战国晚期至两汉墓葬进行考古发掘的资料和研究成果，是一部田野考古报告专集。全书共分八章，内容丰富，资料翔实，对研究齐国腹心地区战国至两汉的历史具有重要的科学价值。

济青高级公路章丘工段考古发掘报告集

山东省考古文物研究所编

ISBN 7-5333-0382-2

1993 年 11 月 1 版 1 次

16 开　216 页　60.00 元

本书收入 4 篇考古发掘报告，包括龙山文化、晚商西周、东周、两汉和宋、元、明时期遗址与墓葬的发掘材料。

齐币图释

山东省钱币学会编

ISBN 7-5333-0489-6

1996 年 8 月 1 版 1 次

大 16 开　138 页　精装　200.00 元

本书是一部东周时期齐国货币总集，分考释和图录两部分。考释部分第一章为总论，概述齐国的经济发展、货币文化以及齐币的研究状况。第二章至第七章分别对贝币、齐大刀、齐明刀、賹化、币范，以及齐币文献资料作专题介绍和研究。图录部分收图 400 余幅，包括了齐国的各种货币形式。

北海银行暨鲁西银行货币图录

山东省钱币学会编

ISBN 7-5333-0688-0

1998 年 6 月 1 版 1 次

大 16 开　328 页　208.00 元

北海银行与鲁西银行是抗日战争和解放战争时期山东革命根据地的金融机构，两行发行的货币在根据地的经济建设中曾发挥过重大的历史作用。本书即是两行货币的一部资料总集，共收两行各个时期发行的票、券及地方政府发行的临时流通券二百余种。文字部分介绍了两行的建立与发展、北海币与鲁西币的发行与流通的状况，并收有部分原始文献资料。本书对研究山东革命根据地的货币史甚而整个山东革命根据地的历史都具有重要的参考价值，同时也为钱币收藏爱好者提供了一部工具书。

海阳嘴子前

烟台市博物馆　海阳市博物馆编

ISBN 7-5333-1086-1

2002 年 9 月 1 版 1 次

16 开　300 页　120.00 元

本书是一本考古发掘报告。共分为三个部分：第一部分为报告主体部分，全面介绍发现于海阳嘴子前东周墓地的考古发掘情况；第二部分为研究部分，就嘴子前墓地的发掘资料进行初步研究；第三部分则是介绍遗址发现和发掘的一些相关情况。

山东大学文物精品选

于海广主编　山东大学考古学系

山东大学博物馆编

ISBN 7-5333-1107-8

2002 年 9 月 1 版 1 次

大16开 148页 精装 260.00元

本书共收录了山东大学收藏的来自于春秋、商、西汉、隋代、唐、宋、明、清等各个朝代的文物精品113件,并介绍了每件文物的尺寸、形状特征等基本情况。

历代古钱图说

〔民国〕丁福保编纂

ISBN 7-5333-1649-5

2006年6月1版1次

16开 484页 59.00元

本书收录了两周、秦汉、三国、六朝、唐、宋等中国各个时期古钱币的图例若干,并引述典籍文献逐一考证,对各种钱币的制造、颁行、使用年代及其品种、质地和遭遇的变故等诸多珍闻事项加以说明。卷末附有古代朝鲜、安南、日本等周边国家钱币供参考。

研究著作

古代史研究

两汉与西域关系史

安作璋著

统一书号:11206·4

1979年7月新1版1次

32开 179页 0.90元

本书分上、下两篇,共十章。上篇七章,着重讲述了两汉和西域各国的政治外交关系;下篇三章,着重讲述了两汉与西域的交通及经济文化的交流。本书原于1959年由山东人民出版社出版,此次再版,作者作了修订和补充。

山东古代科技人物论集

卢南乔著

统一书号:11206·8

1979年7月1版1次

32开 121页 0.42元

本书收集的论文介绍了我国先秦时代齐国、鲁国的扁鹊、仓公、鲁班、墨翟、夙沙氏五个杰出科学技术人物的事迹,并对他们的科学技术成就作了评价。

汉史论集

张维华著

统一书号:11206·31

1980年3月1版1次

大32开 355页 1.40元

本书是作者四十年来所写有关汉代史论文的结集。全书共收七篇文章。其中有《司马迁的史学》、《论汉武帝》、《西汉一代之诸侯王国》、《西汉都护通考》、《汉河西四郡建置年代考疑》、《汉张掖郡骊靬县得名之由来及犁靬眩人来华之经过》、《汉武帝伐大宛与方士思想》等。

古史论集

金景芳著

统一书号:11206·35

1981年7月1版1次

大32开 431页 1.60元

全书共收文章24篇,卷首《〈中国奴隶社会史〉序》一文,是作者关于中国古代史研究的方法论,也可看作本书代序。全书文章主要包括四组:第一组五篇着重研究中国古史分期问题;第二组是有关中国奴隶社会的三篇专题文章;第三组三篇是着眼于奴隶制向封建制转变来研究宗法、儒法、礼制问题的;第四组八篇关于先秦典籍及诸子思想的研究。

东夷杂考

李白凤著

统一书号:11206·25

1981年9月1版1次

18 开　206 页　1.40 元

本书是李白风同志的遗著,包括东夷杂考和古铜韵语及附录两部分。其内容各自独立而又互为参证。东夷杂考,是作者根据地下发掘所提供的历史资料,对我国古代东方氏族的形成及其盛衰演化等进行的探索和研究。古铜韵语,是作者以旧体诗的表达形式,对若干古铜器的图像和文字的涵义做的概括和诠释;其附录的考释文字,是对"韵语"的诠释和补充。

中国手工业商业发展史

童书业著

统一书号:11206 · 38

1981 年 11 月 1 版 1 次

32 开　372 页　1.40 元

本书上自西周春秋,下及明清(1840 年以前),按历史断代分为 8 篇,另有附录 2 篇。本书对我国封建社会的手工业、商业发展史,作了较为全面、系统的分析和阐述,既吸收了当时史学界的研究成果,又有所创获和前进。

桑弘羊研究

吴慧著

统一书号:11206 · 40

1981 年 11 月 1 版 1 次

大 32 开　492 页　1.85 元

本书是研究桑弘羊经济政策与经济思想的专著。全书共分八章,全面介绍了桑弘羊的身世和评价了他的历史地位和作用。重点论述了他在汉武帝、昭帝时期推行盐铁专卖政策,试办和推广均输制度,改革币制,经营公田,实行军民屯垦,抗御匈奴以及统一全国财政等一系列政策,为维护汉武帝时期所执行的巩固国家统一、加强中央集权作出的卓越贡献。

论井田制度

金景芳著

统一书号:11206 · 53

1982 年 10 月 1 版 1 次

大 32 开　81 页　0.34 元

本书作者对井田制度的名称、基本内容、井田制度的产生发展和灭亡以及井田制度的所有制问题作了精辟的论述,肯定中国古代确曾存在过井田制度,并对近代怀疑在中国曾存在过井田制度的观点进行了辩驳。

宋史论集

华山著

统一书号:11206 · 48

1982 年 11 月 1 版 1 次

大 32 开　363 页　1.40 元

本书系作者关于宋史研究的论文结集。内容包括:《关于宋代农业生产的若干问题》、《关于宋代的客户问题》、《从茶叶经济看宋代社会》、《宋代的矿冶工业》、《〈水浒传〉和〈宋史〉》、《南宋初年的宋金陕西之战》、《南宋初的范汝为起义》等 18 篇文章。书前有王仲荦教授的《序言》。书后附有《华山同志生平年录》及作者生前友好孙思白同志回忆华山同志的文章。

中国古代史论

杨向奎著

统一书号:11206 · 69

1983 年 7 月 1 版 1 次

大 32 开　114 页　0.49 元

本书内容包括:《中国历史分期问题》、《读〈马克思、恩格斯论中国〉》、《古代史研究中的几个问题》、《关于中国古史问题二三事》、《〈家庭、私有制和国家的起源〉学习笔记》、《解决中国古史分期问题,要先研究具体问题》、《关于中国封建社会土地制度问题》、《论"古史辩派"》等 8 篇文章。

中国土地制度史

赵俪生著

(平装)统一书号:11206·78
(精装)统一书号:11206·91
1984年1月1版1次 大32开
413页 平装2.60元 精装3.25元

本书分上、下两部,论述了我国从奴隶社会迄至明代的土地所有制问题。上部《中国土地制度史论要》,重点在于阐发作者所持新见解,探讨比较深入;下部《中国土地制度史讲稿》,系作者授课讲稿修订本,论述较为系统全面。书后附有作者治学自传。

秦汉官制史稿(全二册)

安作璋 熊铁基著
(上册)统一书号:11206·79
(下册)统一书号:11206·106
(ISBN 7-5333-0745-3)
(上册)1984年1月1版1次
大32开 491页 3.20元
(下册)1985年6月1版1次
大32开 504页 3.20元

本书是一部研究秦汉官制演变的专著。秦汉官制的立废影响着中国封建社会的各个朝代。作者根据马克思主义原理,在翔实史料的基础上,广征博引,对秦汉官制及其来龙去脉,作了系统的分析研究,不仅为秦汉史的研究提供了一些比较可靠的资料,而且对于研究中国政治史是一部有价值参考书。本书分上、下两册出版,上册是第一编中央官制,分:三公和丞相、诸卿、中朝官、宫官四章。下册第二编为地方官制,分:州、郡、县、王国、侯国五章;第三编为官吏的选用、考课及其他各项制度,分:选官、任用、考课、赐爵、秩俸和朝位,印线、符、节与舆服,休假和致仕等八章。

明史管见

黄冕堂著
统一书号11206·101
1985年3月1版1次
大32开 488页 3.05元

本书是关于明史研究的一部学术专著。全书共分四卷,包括:《论朱元璋的起兵及其渡江初的南京政权》、《论元末农民起义与朱元璋成功地建立明王朝》、《论明初的制度和政策》、《论明代贵族庄田的土地问题》、《论明代贵族庄田的主佃关系和封建剥削》、《论明代地主田庄的封建经济结构》、《论资本主义萌芽的历史条件和明代资本主义萌芽》、《论明代商业资本的二重性》、《明代物价考略》、《论明代的一条鞭法》、《论明代后期的社会危机和明末农民大起义的历史背景》等12篇论文。书中大部篇幅是研究明代经济的,其余是关于人物评价、农民起义等方面的内容。

清代山东经营地主经济研究

罗仑 景甦著
统一书号:11206·96
1985年7月1版1次
大32开 352页 2.75元

本书是在1959年山东人民出版社出版的《清代山东经营地主底社会性质》一书基础上,经作者修改、调整和补充而成。内容包括:清代山东农业资本主义萌芽产生的历史前提问题,经营地主雇工经营的社会性质问题,经营地主采用雇工经营方式的面积常数问题,经营地主兼营商业、手工业的问题,清代山东农业雇佣劳动的社会性质问题,各地农业长短工的雇佣习惯与工资水平问题以及清代山东经营地主的起家原因和发展前途等问题。作者在书中引用大量的社会调查资料与文献资料,相互补充,相互印证,对以上诸问题进行了深入的探讨和研究。

夏史论丛

中国先秦史学会编
统一书号:11206·103
1985年7月1版1次

大32开　336页　2.30元

本书是中国先秦史学会第一次年会论文集的一种，共收论文20篇，是一部内容丰富的夏史研究专辑。

三省制略论

王素著

统一书号:11206·125

1986年5月1版1次

大32开　288页　1.80元

由尚书省、中书省、门下省构成的三省制，是我国古代君主专制制度下的一种施政机构宰相制。从秦置尚书到明初废中书，它经历了一个漫长的过程。对三省制的研究，是我国古代政治制度研究中的一个重大课题。作者在前人研究的基础上，对三省制的发生、发展及消亡过程，作了综合系统的考察。全书材料丰富、立论坚实，并附有多种图表。

先秦两汉史论丛

韩连琪著

统一书号:11206·115

1986年8月1版1次

大32开　552页　3.20元

本书作者的一部史学论著结集，共收论文18篇。作者数十年来致力于先秦两汉史的教学与研究，造诣很深。这些论文，运用马列主义观点，深入研讨了三代至两汉社会制度的变革，土地制度和政治法律制度的演变，孔、墨诸子的政治经济思想。特别是对两汉的耕地、户口、赋税、徭役等问题，作者凭借丰富的文献和出土资料，进行了周密的论证，颇多独到见解。

嚈哒史研究

余太山著

统一书号:11206·114

1986年9月1版1次

大32开　256页　1.75元

嚈哒，又名曰匈奴，是起源于蒙古高原的一个游牧部族。4世纪70年代后，势力迅速壮大，建立一强大帝国，在古代亚洲史和中西交通史上占有重要地位。本书在前人研究的基础上，对嚈哒兴亡的全过程作了详尽的考述，在一系列有争议的问题上辨析异说提出创见，弥补了我国学术界的一项空白。

明清之际中西关系简史

张维华著

统一书号:11206·135

1987年2月1版1次

大32开　320页　1.95元

本书是作者20世纪30年代的著作，原名《明清之际欧人东渡及西学东渐史》，现经作者修订后排印出版。本书论述了明代中期至鸦片战争前中国与西欧诸国交往的历史。全书共分三编。前编：中国与西方诸国早期之交通；中编：基督教在中国之再起；下编是本书的重点，较详尽地阐述了西方天文、算术、历法、地理、农具火器，以及哲学、艺术、语言、音乐等文化在中国之翻译、介绍、传布。

古史探微

李季平著

ISBN 7-5333-0178-1

1990年6月1版1次

大32开　332页　5.50元

本书系作者多年从事史学研究的论文结集，共收入论文21篇。按其所论内容的时代先后，可分为三组，第一组4篇，属魏晋史；第二组12篇，属隋唐史；第三组5篇，属明清史。本书对史学研究的诸多领域进行了较深入的探讨，提出了一些独到的见解。

清史治要

黄冕堂著

ISBN 7-5333-0212-5
1990年12月1版1次
大32开 522页 8.00元

本书对整个清史的研究现状、动态、治学途径和方法等多方面进行了深刻的论述。该书融汇丰富的档案和文籍史料于一炉，自成体系。书中或对某个问题进行深层的发掘，或填补了某些方面的研究空白。

魏晋南北朝论文集

中国魏晋南北朝史学会编

ISBN 7-5333-0169-2
1991年5月1版1次
大32开 338页 4.90元

魏晋南北朝在中国历史上颇具特色，是中国史研究中一个值得重视的时期，本书收入论文22篇，对这一时期社会经济的新特征、民族关系的演化、典章制度的更新及文化结构变异进行了较深入的专题探讨，持论允当，间出新见。

中国古代社会发展史论

田昌五著

ISBN 7-5333-0243-5
1992年3月1版1次
大32开 560页 8.50元

本书是作者集多年研究成果撰写的一部史学力作。作者运用马克思主义的基本原理，以渊博的文献与考古功底，精辟独到的思辨，攻克了中国古史研究中的一些关键性问题：诸如亚细亚生产方式问题、文明起源问题、中国古代社会的土地问题等。从而初步形成了一个有中国特色的马克思主义历史体系。

文天祥的生平和思想

杨正典著

ISBN 7-5333-0258-3
1992年7月1版1次
大32开 338页 5.20元

本书对民族英雄、爱国诗人、进步思想家文天祥作了全面的考察，尤其对文天祥唯物主义观点作了充分阐述，全书共分文天祥的生平、哲学思想、人生哲学、美学思想和诗歌艺术成就等共七章。

丝绸之路探源

齐涛著

ISBN 7-5333-0292-3
1992年8月1版1次
大32开 272页 4.90元

本书对闻名中外的丝绸之路的源头进行探讨。作者首先着墨于作为丝绸之路基石的蚕桑丝织业的起源与发达；其次对丝绸之路的各条路线进行探寻；最后通过对丝绸之路的总体把握，提出山东是东方丝织业的最早发达地，是丝绸之路外销丝绸的基本供货地，也是丝绸之路的主要源头。

秦汉官吏法研究

安作璋 陈乃华著

ISBN 7-5333-0361-X
1993年12月1版1次
大32开 354页 8.80元

本书为秦汉的政治、法律制度的研究提供了新的重要成果，正文可分为秦汉官吏法的产生与形成、官吏的职责及其演变、秦汉官吏法与秦汉政治等9章。

王伦起义史料

阳谷县政协 临清市政协编

ISBN 7-5333-0502-7
1995年3月1版1次
大32开 708页 28.00元

清代乾隆年间，阳谷一带发生了王伦领导

的农民起义，势力达鲁豫冀边区数州县，震动京师。本书广泛收辑了清廷档案、官方史料、私人笔记、地方史志中有关王伦起义的史料，对研究封建社会历史和地方历史有重要价值。

宋辽夏金经济史研究

乔幼梅著

ISBN 7 - 5333 - 0475 - 6

1995 年 5 月 1 版 1 次

大 32 开　344 页　15.00 元

本书从各个方面深入探讨了辽、夏、金三代经济发展在中国经济史上的地位，并对其货币制度、土地制度的发展演变及其特点进行了细致的分析。

古代山东与海外关系史

朱亚非著

ISBN 7 - 5333 - 0491 - 8

1995 年 9 月 1 版 1 次

大 32 开　330 页　11.00 元

本书将自先秦至清代两千多年间发生在山东地区对外交往活动中的重大历史事件与重要历史人物进行了全方位的研究和探讨，是一部地方史和中外关系史交叉研究的综合性专著。

中国封建社会经济史（全四册）

田昌五　漆侠主编

ISBN 7 - 5333 - 0599 - X

1996 年 11 月 1 版 1 次

大 32 开　3118 页　精装　200.00 元

全书共分四卷八编，上起战国，下及鸦片战争，是目前最系统、最完备的一部中国封建社会经济史。本书每编为一个历史时期，编前有导言介绍当时的政治概况，然后分章依次叙述；有特殊情况者则另加章节或减少个别章节；编后有小结，归纳每个时期的基本经济特点。

琅玡阳都诸葛亮

韩忠勤　李化江著

ISBN 7 - 5333 - 0561 - 2

1997 年 1 月 1 版 1 次

大 32 开　236 页　16.00 元

本书是一部研究诸葛亮的专著。

宋代安抚使考

李昌宪著

ISBN 7 - 5333 - 0536 - 1

1997 年 3 月 1 版 1 次

大 32 开　632 页　40.00 元

本书以宋代安抚使制度为课题进行研究，探明了宋代安抚使制度形成的历史渊源、发展过程等各个方面的问题，并在此基础上，对清人吴廷燮所著之《北宋经抚年表》、《南宋制抚年表》进行了订正。

两汉乡村社会史

马新著

ISBN 7 - 5333 - 0634 - 1

1997 年 6 月 1 版 1 次

大 32 开　428 页　26.00 元

本书是一部以农民为研究主体的乡村社会的专著，透过其变迁展现了两汉社会的盛衰。

姜太公与齐国军事文化

徐树梓主编

ISBN 7 - 5333 - 0626 - 0

1997 年 8 月 1 版 1 次

大 32 开　328 页　18.00 元

本书是 1996 年 9 月为纪念姜太公诞辰 3135 周年召开的姜太公学术讨论会论文的结集，共收论文 32 篇，分别从姜太公的军事思想、政治思想、经济思想和智谋韬略进行了探讨研究。

清朝开国史略

李鸿彬著

ISBN 7-5333-0640-6

1997年9月1版1次

大32开 300页 13.80元

本书是作者自20世纪70年代末以来,在校内外授课的讲稿的基础上修改补充而成,此书仍保持原来讲义简明扼要的特色。

清代藏族历史研究

曾国庆著

ISBN 7-5333-0754-2

1999年8月1版1次

大32开 322页 18.00元

本书是一部研究清代藏史的学术专著,内容涉及藏族历史、文化、人物、经济和交通等方面。它为清代藏族历史研究,特别是驻藏大臣制度史、清中央政府施政藏区的研究提供了一定的资料及理论依据。

明清治藏史要

顾祖成编著

ISBN 7-5333-0748-8

1999年8月1版1次

大32开 332页 18.00元

本书着重研究了明清时期西藏与中央政权的关系及中央政权对西藏的治理历史,用历史事实证明了西藏自古就是中国统一多民族国家不可分割的一部分。

先秦史论集

李衡眉著

ISBN 7-5333-0822-0

1999年10月1版1次

大32开 708页 42.00元

本书是作者多年研究先秦史论著的结集,对于史学工作者和研究者具有一定的参考价值。

曾子故里研究

宫衍兴 王莉著

ISBN 7-5333-0702-X

2000年6月1版1次

大32开 180页 16.80元

曾子,春秋时人,孔子晚期弟子,孔子儒学的正宗传人。关于曾子的故里说法不一,本书以翔实的资料、严密的推理,论证了曾子故里之所在,对从事曾子的研究者具有重要的参考价值。

魏晋南北朝籍帐研究

傅克辉著

ISBN 7-5333-0744-5

2001年6月1版1次

大32开 192页 15.00元

本书以户口籍、田籍和税册三者之间的关系及其相对位置的转移为基本线索,讨论了魏晋南北朝籍帐制度的内容和演变并努力揭示籍帐制度与当时的政治制度、经济制度以及法律制度之间的联系。

孔府内宅生活

孔繁银 孔祥龄著

ISBN 7-5333-1006-3

2002年1月1版1次

大32开 332页 19.00元

本书主要记述孔府的内宅生活,内容包括衍圣公府的公务活动、内宅礼仪、日常起居等方面的轶闻秘事,资料详实,持论公允。

汉灵帝与汉末社会

徐难于著

ISBN 7-5333-1040-3

2002 年 5 月 1 版 1 次

大 32 开　290 页　14.60 元

本书系统研究了东汉灵帝在位期间社会政治的一般情况及特点，并对东汉王朝走向衰亡、天下最终陷入分裂局面的原因作了分析。

唐代工商业形态论稿

刘玉峰著

ISBN 7 - 5333 - 1070 - 5

2002 年 10 月 1 版 1 次

大 32 开　320 页　20.00 元

本书是有关唐代工商业形态研究的学术专著，重点研究了唐代工商业的经济结构及运营方式，揭示了政治权力与工商业关系等方面的内容。

明清大案疑案录（全四册）

王育济主编

ISBN 7 - 5333 - 1104 - 3

2002 年 10 月 1 版 1 次

大 16 开　1372 页　精装　600.00 元

本书列举了明清时期几百个大案疑案，对其产生的原因、发展过程等作了详细的介绍。

晚清财政经济研究

周志初著

ISBN 7 - 5333 - 1143 - 4

2002 年 11 月 1 版 1 次

大 32 开　296 页　20.00 元

本书简要地阐述和分析了清代前期财政管理体制的特点、财政收支规模及税负比重，以及晚清财政管理体制的演变过程；同时对晚清赋税负担的情况及财政规模增长幅度的原因作了具体深入的探析。

先秦史论集（续）

李衡眉著

ISBN 7 - 5333 - 1098 - 5

2003 年 1 月 1 版 1 次

大 32 开　524 页　35.00 元

本书为作者《先秦史论集》的续编，收录作者围绕先秦史的论作数十篇。

战国秦汉时期商人和商业资本研究

张弘著

ISBN 7 - 5333 - 1193 - 0

2003 年 6 月 1 版 1 次

464 页　大 32 开　28.00 元

本书论述了战国秦汉时期商人与商业资本自身发展、演变的情况，商人、商业资本与当时政治、经济、文化等方面的相互关系，商人、商业资本在当时中外经济、文化交流中的作用等内容。

古文献与古史考论

黄怀信著

ISBN 7 - 5333 - 1185 - X

2003 年 6 月 1 版 1 次

大 32 开　472 页　28.00 元

本书共收入对古文献和古史研究的文章 36 篇，包括有关《孔丛子》和《小尔雅》的 4 篇文章，有关《逸周书》的 5 篇，关于《尚书》的 5 篇等。

唐代中书门下体制研究

——公文形式·政务运行与制度变迁

刘后滨著

ISBN 978 - 7 - 5333 - 1352 - 4

2004 年 5 月 1 版 1 次

大 32 开　392 页　26.00 元

本书是一部关于唐代政治制度发展和体制变革研究的学术专著。作者由公文运行入手，从唐代政治体制的演进、官僚系统的运作、国家政务的运行三个层面对唐代政治体制的变革和发展过程，进行了全面、系统的分析和探讨，提出了一系列新颖而深刻的观点。

汉唐文化与高昌历史

孟宪实著

ISBN 978-7-5333-1353-1

2004年5月1版1次

大32开 402页 25.00元

本书根据新疆吐鲁番发现的考古文物资料，对西域高昌国的政治制度、军事制度、文化传统、宗教信仰、与内地的联系、两汉政府对西域的基本政策和经营过程、唐对西域的统一、高昌国的灭亡、汉唐文化对高昌国的影响，以及唐统一后西州人故乡观念的转变、唐太宗时西州移民的情况等重要学术问题，进行了深入探讨。

古史新论

王大建著

ISBN 7-5333-1416-6

2004年8月1版1次

大32开 352页 22.00元

本书对魏晋南北朝商品经济的发展、民间秩序结构、宫廷文化以及隋代的经济改革、文化政策的调整与改革等问题进行了较为深入的研究。

德法之治与齐国政权研究

宫源海主编

ISBN 7-5333-1434-4

2004年10月1版1次

大32开 394页 25.00元

本书从历史发展的角度对齐国政权的历史发展与状况进行了研究，既是对齐文化研究领域的一个开拓，同时对于充分挖掘齐文化中的优秀资源，服务于现代建设，都具有很重要的现实意义。

举贤尚功
——齐国官制与用人思想研究

齐秀生著

ISBN 7-5333-1443-3

2005年3月1版1次

大32开 420页 28.00元

本书从齐国官制和用人思想角度入手，对齐国盛衰原因追本溯源，既拓展了齐文化研究的领域，又于现实多有启迪。

魏晋隋唐婚姻形态研究

李金河著

ISBN 7-5333-1504-9

2005年5月1版1次

大32开 310页 19.00元

婚姻形态是文化史、社会史研究的重要课题。该书以门阀士族婚姻为重点，对魏晋南北朝隋唐时期的婚姻形态进行了深入细致的考察，廓清了不少一直难求正解的问题。

宋元山东区域经济研究

张照东著

ISBN 7-5333-1698-3

2007年1月1版1次

大32开 248页 20.00元

本书通过对山东地区农业、手工业、交通运输、商业贸易、城镇兴衰、科学技术等主要经济领域的考察，向人们展示出宋元时期山东区域经济发展的历史概貌、行业优势、制约因素和地域特征。

秦汉官制史稿

安作璋 熊铁基著

ISBN 7-5333-1766-1

2007年1月1版1次

大32开 1028页 79.00元

本书论述了秦汉时期中央和地方行政制度的变迁，特别是中央和地方官制的发展变化，叙述了专制主义中央集权官僚制度建立健全的过程，是研究中国古代政治史的重要著作。

古越国兴衰变迁研究

马雪芹著

ISBN 978-7-5333-1956-4

2008年1月1版1次

大32开　408页　29.00元

本书以新观点、新资料系统论述了从史前文明到古越国灭亡的整个兴衰变迁的历史进程，并总结了其兴盛和衰落的主要原因，对区域史地研究具有重要的参考意义。

明清史讲稿

羽离子著

ISBN 978-7-5333-1981-6

2008年4月1版1次

大32开　384页　29.00元

本书以专题的形式讲述了明清时期有关方面的历史问题，见解独到，观点新颖。

两宋开封临安皇城宫苑研究

张劲著

ISBN 978-7-5333-1979-3

2008年6月1版1次

大32开　240页　24.00元

本书以北宋开封和南宋临安的皇城宫苑为研究对象，对上述皇城宫苑的结构布局和相关的记载进行了生动、周密的探讨和分析考察。附有精美的彩图和线描示意图。

秦汉以来基层行政研究

万昌华　赵兴彬著

ISBN 978-7-5333-2049-2

2008年9月1版1次

大32开　368页　28.00元

本书以秦汉到晚清为主要时间顺序，分别从中央行政、地方行政与基层行政以及当时的乡村社会生活与人民所遭受的封建经济的剥削和压迫等各个方面，对秦代以来中国的乡村实际情况进行了比较系统的研究，重点考察、研究了该时期内中国基层社会行政的性状与变迁以及它们对经济、文化、社会生活等所发挥的独特作用，并对一些不切实际之论进行了驳斥。

魏晋十六国青徐兖地域政局研究

王蕊著

ISBN 978-7-5333-2089-8

2008年9月1版1次

大32开　336页　25.00元

本书首先对青徐兖地域的地理形势、水陆交通进行论述，并在古今学界相关研究的基础上，对魏晋十六国及之前青徐兖地域行政区划的变迁作一纵向考察。然后以时间为序，分别对汉魏之际、曹魏、西晋、东晋十六国四个时期青徐兖地域的政局进行全面系统的研究。

从“礼崩乐坏”到“克己复礼”

——周室衰乱与孔子救世的人性思索

张德苏著

ISBN 978-7-5333-2090-4

2008年11月1版1次

大32开　280页　20.00元

本书在吸收了西方社会生物学、现代心理学及马克斯·韦伯的社会学理论的基础上，提出了自己的一个理论视角，试图从存在于人类个体内部的“生存发展本能”入手，对周代社会的兴衰的内在原因提出一些新的看法，进而对孔子的救世思路进行新的评价。

近现代史研究

义和团在山东

陆景琪著

统一书号:11206·21

1980年6月1版1次

32开 103页 0.35元

本书共六章,包括:义和团在山东兴起的社会背景;19世纪末,山东人民反洋教、反租地的斗争;山东义和团的源流和组织;山东义和团在战斗中壮大;义和团从山东向直隶发展;义和团在山东坚持斗争。书末有附录。

义和团运动史讨论文集

齐鲁书社编

统一书号:11206·42

1982年4月1版1次

大32开 608页 2.25元

本书收集1980年11月由山东大学、山东省社会科学院、山东师范大学、吉林省社会科学院、天津社会科学院等五个单位共同发起召开的义和团运动史讨论会论文33篇。本书注意选收了不同观点的文章,较充分地反映出这次讨论会的成果。

中国近代史述丛

来新夏著

统一书号:11206·71

1983年9月1版1次

大32开 440页 1.85元

本书是作者30年来陆续发表的关于中国近代史研究的论文集。书中包括论文24篇,重点是关于鸦片战争史、太平天国史、辛亥革命史及北洋军阀史等方面的论文,并附有作者读史札记11则。

建国以来中国近代史若干问题讨论举要

苏双碧主编

统一书号:11206·123

1985年12月1版1次

大32开 448页 2.80元

为了向史学工作者重点地、系统地提供新中国成立30多年来中国近代史的讨论概况,本书编者编辑了此书。内容包括:两次鸦片战争、太平天国、洋务运动、中法战争、甲午战争、戊戌变法、义和团运动、辛亥革命和北洋军阀的统治等几个历史阶段。这些概述基本上可以反映这段历史复杂的本相,再现了30多年来中国近代史的研究及探讨情况。

捻军史研究与调查

江地著

统一书号:11206·122

1986年4月1版1次

大32开 352页 2.45元

本书是作者关于捻军史的研究著作。作者曾经出版过《捻军史初探》、《初期捻军史论丛》和《捻军史论丛》等著作,对捻军史的研究有较深的造诣。本书探讨了捻军史上一些重大的问题,也搜集了许多捻军史资料,既有专门的研究,又有深入的调查。

甲午战争九十周年纪念论文集

山东省历史学会编 戚其章主编

统一书号:11206·119

1986年10月1版1次

大32开 512页 3.85元

本书系甲午战争90周年纪念会论文结集。内容包括:甲午战争历史意义的再认识;日本发动甲午战争的背景、过程及其影响;试论日本发动甲午战争的手段;甲午战争与洋务运动;甲午战争冲击在思想文学领域引起的变化;甲午战争与洋务运动发展的新阶段等31篇论文。书后附有甲午中日战争史论著索引。

义和团运动史研究

路遥 程歗著

ISBN 7-5333-0035-1

1988年3月1版1次

大 32 开　436 页　3.10 元

本书是关于义和团运动史研究的一部学术专著。书中主要对义和团运动首先从山东和直鲁交界一带爆发的原因、义和团的组织源流问题、清政府与义和团运动以及义和团运动中的民众意识等诸问题进行了全面而系统的研究和论述。书后附有《威县义和拳调查资料选编》和《河北景州、枣强、衡水地区义和团调查资料选编》两篇调查记。

义和团运动与近代中国社会国际学术讨论会论文集

中国义和团研究会编

ISBN 7-5333-0257-5

1992 年 7 月 1 版 1 次

大 32 开　976 页　16.00 元

义和团运动是近代中国人民反对外来侵略的一场群众性爱国运动。为了加强国际学术交流和推动义和团运动的研究，义和团研究会等单位于 1990 年 10 月在山东济南举行了义和团运动与近代中国社会国际学术讨论会。参加这次会的人员，有来自美国、日本、法国、匈牙利、澳大利亚等国家和中国各地专家一百多人。该书共收集这次会议论文 70 多篇。

中国史学近代化进程

蒋俊著

ISBN 7-5333-0405-5

1995 年 9 月 1 版 1 次

大 32 开　384 页　14.00 元

本书叙述了 20 世纪初至 1949 年中国资产阶级史学思想的发展概况，对其代表人物梁启超、王国维、傅斯年、陈寅恪、陈垣等的史学思想作了重点介绍。全书采取思潮、人物、问题相结合的叙述方法，让事实说话，多述少评，繁简得当，脉络清晰，把半个世纪的中国资产阶级史学思想史准确地勾画出来。

太平军北伐丛稿

张守常著

ISBN 7-5333-0738-0

1999 年 10 月 1 版 1 次

大 32 开　358 页　16.00 元

本书是一部太平天国研究的论文集。太平天国史中国近代史研究的热点之一，但有关太平军北伐的研究相对而言比较薄弱。作者长期以来有意识地收集有关太平军北伐的史料，并就可以解决的问题，陆续写成文稿，对诸如北伐的史实、人物、史料的考证等提出许多颇有价值的见解。

中日特命全权代表舌战日内瓦

张敬录　宋振荣著

ISBN 7-5333-0804-2

2000 年 8 月 1 版 1 次

大 32 开　532 页　28.00 元

本书记录日本帝国主义发动了蓄谋已久的“九一八”事变，侵占了中国的东三省后，中日特命全权代表在日内瓦会议上唇枪舌剑的始末，深刻揭露了日本帝国主义的狼子野心。

义和团研究一百年

中国义和团研究会编

ISBN 7-5333-0903-0

2000 年 9 月 1 版 1 次

大 32 开　844 页　60.00 元

本书是中国义和团研究会为义和团运动 100 周年国际学术讨论会而准备的学术成果之一。书中力图对百年来义和团研究的发展进行了比较全面的回顾与反思。第一部分是 16 篇专题，对义和团学术研究进行了系统全面的评述；第二部分为义和团研究论著目录索引，收集国内外研究义和团运动的著作、论文及资料汇集。

义和团平原起义100周年学术讨论会论文集

中国义和团研究会等编

ISBN 7-5333-0711-9

2000年9月1版1次

大32开　408页　30.00元

平原起义是义和团运动史上具有重大意义的事件,1999年中国历史学会等单位联合举办纪念平原起义100周年学术讨论会,本书是这次会议论文的结集。书中共收入论文25篇,从历史意义和历史事实的两个方面对平原起义进行了全面论述。

地权分配·农家经济·村落社区
——1900—1945年的山东农村

张佩国著

ISBN 7-5333-0919-7

2000年12月1版1次

大32开　276页　20.00元

本书为山东省社会科学"九五"重点课题《山东近代社会史研究丛书》之一种。本书从分析区域社会的历史演变入手,从经济史、社会史、政治史、文化史相契合的学术视野把握近代山东社会历史的变迁。

近现代中国社会

许庆朴　张福记主编

ISBN 7-5333-1079-9

2002年8月1版1次

大32开　914页　35.00元

全书分为6部分,共13章,全面地阐述晚清以来160多年中国社会诸领域的曲折演变过程。

屈万里书信集·纪念文集

山东省图书馆　鱼台县政协编

ISBN 7-5333-1108-6

2002年9月1版1次

大32开　496页　精装　68.00元

本书收录信函129通、文章29篇,对了解重要屈万里各个时期的历史活动有着重要的参考价值。

山东近代灾荒史

王林主编

ISBN 7-5333-1391-7

2004年8月1版1次

大32开　406页　26.00元

本书从始于19世纪40年代止于20世纪40年代山东的旱灾、洪涝灾及其他自然灾害中选取重大灾荒进行个案研究,论述其对近代山东社会的影响等。

济南百年城市发展史
——开埠以来的济南

党明德著

ISBN 7-5333-1393-3

2004年9月1版1次

16开　564页　68.00元

本书出版于济南开埠百年纪念之际,以探究的目光重新审视开埠迄今的这段历史,勾勒出济南百年城市化进程的历史轨迹。

日本与山东问题(1914—1923)

黄尊严著

ISBN 7-5333-1442-5

2004年12月1版1次

大32开　374页　26.00元

本书作者在广泛占有资料的基础上,将"山东问题"置于当时东亚国际关系的大背景下进行了全方位的探讨,从而对巴黎和中国外交何以失败等问题给予了科学的解释。

抗日战争研究述评

刘德军主编

ISBN 7－5333－1503－0

2005 年 5 月 1 版 1 次

16 开　536 页　36.00 元

本书根据学术界研究成果的状况，分为 28 个专题进行评述，同时还附有 60 部此类题材的图书简介，是一部综合归纳性强、信息含量丰富、研究使用价值较高的书。

二战掳日中国劳工口述史（全五册）

何天义主编

ISBN 7－5333－1514－6

2005 年 7 月 1 版 1 次

大 32 开　3088 页　216.00 元

本书是新闻出版总署纪念中国人民抗日战争胜利暨世界反法西斯战争胜利 60 周年 100 种重点图书之一，由纪念南京大屠杀受难同胞联合会（纽约）、中国近代史口述史学会（纽约）和日本侵华战争遗留问题民间研究网何天义研究室通力合作，联合采编，组织数十人，历时近廿载，在走访幸存劳工一千多人基础之上完成。本书分《雪没北海道》、《血洒九州岛》、《矿山血泪史》、《冤魂遍东瀛》、《港湾当牛马》5 卷，以“口述史”的形式，抢救性地收录了五百余名幸存者的口述资料以及大量图片，真实、客观地记录了他们从被强掳到侥幸生还的苦难经历，铁证如山、字字血泪，以大量真实的历史资料向世人披露了掳日中国劳工的血泪史，形式独特，资料真实，具有极高的史料价值。本书的出版为人们了解二战时期掳日中国劳工状况提供了一部信史；为解决中国劳工对日本的民间索赔等一系列历史遗留问题提供了真实可靠的证据和证言；同时，本书具有的重要的史料价值和研究价值，也必将进一步推动抗战史的深入研究。

中国近代翻译史

李伟著

ISBN 7－5333－1538－3

2005 年 8 月 1 版 1 次

大 32 开　350 页　25.00 元

本书以 1810－1923 年的中国历史为时间跨度，详细而又系统地介绍了鸦片战争时期、洋务运动时期、戊戌变法时期、辛亥革命时期以及新文化运动时期中国翻译外来书籍、传播西方先进思想的情况。

简明中国近代史

曹立前编著

ISBN 7－5333－1710－6

2006 年 8 月 1 版 1 次

大 32 开　328 页　18.00 元

本书内容简明扼要，重点突出，结构严谨合理，语言通俗流畅。

近代中国社会保障立法研究（1912—1999）

岳宗福著

ISBN 7－5333－1756－4

2006 年 12 月 1 版 1 次

大 32 开　432 页　28.00 元

本书从社会救济、社会保障、社会福利、社会优抚四个方面初步建构了近代中国社会保障立法的阶级本质及其历史局限性的同时，客观地肯定了其在确立具有现代意义的社会保障立法理念、开启中国近代社会保障法制化之路等方面的积极意义。

对外开放与城市社会变迁

——以济南为例的研究（1904—1937）

聂家华著

ISBN 978－7－5333－1899－4

2007 年 11 月 1 版 1 次

大 32 开　454 页　30.00 元

本书以 1904—1937 年间的济南为个案进

行研究,力图探索以“自开商埠”为起点的济南对外开放与城市社会变迁之间的因果互动关系,历史地、全面地考察了济南从一座传统封建区域性中心城市向现代化城市嬗变的全过程。

蒋希曾档案

羽离子编译

ISBN 978-7-5333-2029-4

2008年6月1版1次

大32开 380页 28.00元

本书收集了美籍华人、文学家、艺术家蒋希曾与朋友来往的书信及其遗作情况。这批百余件的资料系从华盛顿的美国艺术档案馆一一查读择出复印,皆为从未发表过的资料,现译成中文编辑出版,对国内蒋希曾研究具有重要的参考价值。

考古文物研究

山东汉画像石研究

李发林著

统一书号:11206·39

1982年10月1版1次

16开 115页 1.30元

汉画像是我国珍贵的文化遗产。山东是发现、出土汉画像石最多的地区之一。本书对山东汉画像石的发现、著录史,汉画像石产生的社会背景,题材内容,绘画雕刻的艺术技巧,以及汉画像石的分布等方面,进行了详尽的探讨和研究。

云峰诸山北朝刻石讨论会论文选集

山东石刻艺术博物馆

中国书法家协会山东分会编著

统一书号:8206·61

1985年10月1版1次

32开 304页 1.50元

云峰诸山刻石,是我国现存规模最大、保存最完整的北朝石刻群。本书共收有全国各地书法家和书法理论研究者的论文24篇。作者从不同的角度,就云峰诸山北朝刻石的书法艺术、书丹人、刻石辨伪、刻石保护、传世拓本以及郑道昭生平思想、在书法史上的地位等问题进行较为深入的研究,并提出了一些新的观点。这是对云峰诸山北朝刻石多学科综合研究的一次有益尝试。

汉碑研究

中国书法家协会山东分会编

ISBN 7-5333-0175-7

1990年5月1版1次

大32开 408页 7.20元

本书为1989年中国汉碑学术讨论会论文选集,收录的论文,从书学、文字学、史学、考古学以及民俗学等领域,进行多方面、多角度的探讨。不仅研究了汉代的书法艺术,还涉及了汉代的政治、经济、文化、教育、哲学、宗教乃至建筑等各个方面。本书介绍的汉代刻石,不仅见之于历代的著录,亦有新中国成立后新发现的碑刻,还有首次公开的《张山子熹平三年残碑》、《禳盗刻石》、《陶洛东汉残碑》等珍贵资料。

北朝摩崖刻经研究

中国书法协会山东分会

山东石刻艺术博物馆编

ISBN 7-5333-0246-X

1991年12月1版1次

大32开 456页 9.00元

本书为中国北朝摩崖刻经书学讨论会论文结集。这些论文或从北朝摩崖刻经的时代背景、书法艺术特点、美学思想、文字特征,或从书法史、佛教史、文物、考古乃至镌刻艺术等方面进行了研究和论述。附有图版34篇,供研究参考。

云峰刻石研究

山东石刻艺术博物馆

中国书法家协会山东分会编著

ISBN 7－5333－0233－8

1992 年 3 月 1 版 1 次

大 32 开　320 页　6.30 元

本书根据《云峰诸山北朝刻石讨论会论文选集》修订后改为现名。本书原收专家、学者的论文 24 篇，这次出版增加了 2 篇及图版 34 幅。

云峰刻石调查与研究

王思礼等编著

ISBN 7－5333－0218－4

1992 年 6 月 1 版 1 次

16 开　198 页　9.00 元

本书运用现代考古手段，对云峰刻石进行了全面综合的调查研究，第一次系统地介绍了云峰刻石的数量与现状，为刻石的多学科综合研究提供了最新的科学资料。在此基础上，作者将刻石中的错讹、异体字作了辨识与考证，并对刻石产生的时代背景、书法艺术源流、郑道昭生平思想等问题提出了自己的一家之言。

纪念城子崖遗址发掘六十周年国际学术讨论会文集

张学海主编

ISBN 7－5333－0380－6

1993 年 11 月 1 版 1 次

16 开　314 页　22.00 元

本书分上、下两篇。上篇收开幕词、贺信、致词 8 篇，下篇收《城子崖与中国文明》、《龙山文化与中国文明》、《石家河文化浅析》等论文 28 篇。

山东重大考古发掘纪实

山东省政协文史资料委员会编

ISBN 7－5333－0689－9

1998 年 3 月 1 版 1 次

大 32 开　304 页　18.00 元

山东历史悠久，古迹众多，新中国成立后陆续有重大考古发现，在国内甚至在国际上都占有重要地位。本书收集了 30 余篇山东重大考古发掘纪实的文稿，并配有 10 多幅插图。

莱芜文物

莱芜市政协文史资料委员会编

ISBN 7－5333－0753－4

1998 年 12 月 1 版 1 次

大 32 开　192 页　29.00 元

本书是一本介绍莱芜地区文物古迹的通俗读物，重点介绍古文化遗址、出土文物、现存地面古建筑、石刻以及革命历史文物，并收录图片 180 幅，基本反映了莱芜文物的全貌，为了解甚而研究莱芜地区的历史和风土人情提供了丰富、直观的第一手资料。

中日交流的考古研究

蔡凤书著

ISBN 7－5333－0788－7

1999 年 3 月 1 版 1 次

大 32 开　296 页　25.00 元

本书是我国第一部从考古学角度探讨中日文化交流的专著。作者从稻作农业、支石墓、青铜器、铁器以及货币等视角，以运用考古资料为主并辅以文献资料，探索自旧石器时代至元末明初的中日文化交流，为学术界对中日考古交流更为深入广泛的研究铺平了道路。

山东长清孝堂山汉石祠画像

王家云　王传昌主编

ISBN 7－5333－0912－X

2001 年 2 月 1 版 1 次

1 函　散页装　380.00 元

本书收编了长清县从西汉中期到东汉时期三百余年的代表作品300余幅。这些作品从各个不同的角度反映了汉代社会生活、风土人情、典章制度、宗教信仰等,对于研究中国古代的政治、历史、建筑、服饰,有十分重要的价值。本书原拓原大影印,具有很高的收藏价值。

山东寺庙塔窟

赵浦根　朱赤主编

ISBN 7-5333-1038-1

2002年4月1版1次

大32开　526页　35.00元

本书对山东省境内一千余处寺庙塔窟进行了系统的介绍,分为寺编、塔编、庙编、窟编,介绍了大贤山织女洞、孔庙崇圣祠、兖州兴隆塔、石门山摩崖造像等,并附有图片。

齐鲁文博

——山东省首届文物科学报告月文集

谢治秀主编

ISBN 7-5333-1077-2

2002年8月1版1次

大32开　626页　40.50元

山东省文博系统于2001年10月举办首届文物科学报告月活动,此书是这次报告活动的文章结集。

齐鲁碑刻墓志研究

赖非著

ISBN 7-5333-1259-7

2004年1月1版1次

大32开　384页　25.00元

本书立足于山东丰富的碑刻与墓志资源,向读者全面介绍了被誉为"北朝书法三大宝库之一"的云峰刻石和泰峄山区的北朝佛教摩崖刻经,对它们的分布情况、镌刻内容、题刻体裁、艺术价值和历史价值等都作了详尽的解说;对于齐鲁出土的古代墓志,本书也作了系统介绍,从山东墓志的起源、出现与发展、分布状况、望族墓地及墓志考释、其他墓志考释等几个方面进行了论述。

齐文化的考古发现与研究

张光明著

ISBN 7-5333-1366-6

2004年7月1版1次

16开　210页　68.00元

本书是一部以考古资料为基础进行齐文化研究的学术专著。作者在汇总齐地史前至汉代的考古资料基础上,对齐文化的形成、演变以及各个具体领域都作了较为细致的综合研究,可谓集近年来齐地考古研究之大成。

胶东考古研究文集

烟台市文物管理委员会

烟台市博物馆编

ISBN 7-5333-1399-2

2004年11月1版1次

16开　460页　88.00元

本书收有《胶东史前文化初探》、《胶东半岛与辽东半岛早期的文化交流》、《试析岳石文化的年代》、《对山东黄县庄头西周幕出土铜器铭文的初步研究》等研究胶东考古的文章。

中日考古学的历程

蔡凤书著

ISBN 7-5333-1444-1

2005年1月1版1次

大32开　292页　21.00元

本书是作者近20年来有关中日考古学史比较研究成果的总结,共分九个章节,全面回顾了从萌芽期到20世纪末的中日考古学发展史,剖析了中日两国考古学各自的发展轨迹及其相互关系,是中国考古学比较研究领域的一部力作。

汉代考古与汉文化国际学术研讨会论文集

本书编委会编

ISBN 7－5333－1605－3

2006年2月1版1次

16开　590页　精装　98.00元

本书收录活跃于考古学第一线研究人员论文共53篇，内容涉及秦汉城址、墓葬、文化遗物以及汉文化等方面的有关研究，从一个侧面反映了汉代考古和汉文化研究的现状。

考古烟台

烟台市博物馆编

ISBN 7－5333－1650－9

2006年6月1版1次

16开　254页　128.00元

本书是烟台地区考古工作的一项总结，图文并茂，基本反映了新中国成立以来烟台地区考古收获的全貌。

考古发现与齐史类征

孙敬明著

ISBN 7－5333－1631－2

2006年8月1版1次

16开　628页　精装　218.00元

本书系作者的学术论文自选集，共收入文章70余篇，内容涉及古文字、古兵器、古钱币和古国史。

淄川考古：北沈马遗址发掘报告暨淄川考古研究

任相宏等主编

ISBN 7－5333－1645－2

2006年9月1版1次

16开　260页　精装　98.00元

本书以专题的形式，从北沈马遗址、周代墓葬、古瓷窑等几个方面，对淄川地区近几十年以来的考古发掘研究成果，予以仔细梳理、详尽阐释。

美术考古与美术史研究文集

倪志云著

ISBN 7－5333－1651－7

2006年9月1版1次

大32开　300页　25.00元

本书涉及史前彩陶艺术、古代绘画理论、玉与中国文化、绘画与诗歌等内容，知识丰富，文字简约，深入浅出，雅俗共赏。

综合研究

史学杂稿订存

黄云眉著

统一书号:11206·17

1980年4月新1版1次

大32开　288页　1.30元

本书是作者史学论著的合编。第一部分是《邵二云先生年谱》，第二部分是《明史编纂考略》，第三部分是8篇杂论。本书所包括的论著，均发表于1931—1936年，1961年经作者补充厘正，结集出版过。这次出版是根据山东人民出版社1961年版重排的。

史学杂稿续存

黄云眉著

统一书号:11206·10

1980年4月1版1次

大32开　447页　1.65元

本书是一部史学论著结集，内容包括:《齐楚吴三大地区方言考》、《南北朝以前人名字通诂》、《读史记秦始皇本纪札记》、《杂考》等10篇论文及附录。

摹庐丛著七种

陈直著

统一书号:11206·19

1981年1月1版1次

大32开　622页　2.30元

本书是作者史学著述的结集。全书包括:《读子日札》、《盐铁论解要》、《敦煌汉简释文平议》、《秦汉瓦当概述》、《关中秦汉陶录提要》、《颜氏家训注补正》、《南北朝王谢元氏世系表》等7种。

寄陇居论文集

赵俪生著

统一书号:11206·33

1981年7月1版1次

大32开　451页　1.70元

本集共收文章22篇,分为五类。第一类是有关土地所有制方面的文章;第二类是关于学者顾炎武的文章;第三类是有关西域史的文章;第四类是与思惟和哲学有关的杂文;第五类是有关农民战争史的文章。

历史地理与考古论丛

黄盛璋著

统一书号:11206·32

1982年6月1版1次

大32开　423页　1.60元

本书是作者多年来的研究成果,他利用历史地理解决考古与铜器的研究问题,有独特的见解。全书共收文章20余篇,插图60多幅。

建国以来史学理论问题讨论举要

《历史研究》编辑部编辑

统一书号:11206·76

1983年10月1版1次

大32开　417页　1.75元

本书内容是新中国成立30年我国史学界对若干史学理论问题讨论的综合概述。此书编写者广泛收集了有关史学专著和报刊论文,进行了全面系统的整理分析,客观准确地表述了许多重要史学理论问题的讨论概况,并注意充分反映近年来的研究成果。全书包括:亚细亚生产方式、奴隶社会与封建社会分期、封建社会内部分期、农民战争、汉民族形成、古代民族关系、爱国主义与民族英雄、历史人物评价、历史发展动力等12个专题。

晚学斋论文集

张维华著

统一书号:11206·130

1986年11月1版1次

大32开　528页　3.35元

本书是作者历年散著的结集,共收论著20篇,主要包括:经济史类有《试论曹魏屯田与西晋占田上的某些问题》、《清入关前的社会性质》;中西关系史类有《明清间中西思想之冲突与影响》、《康熙初年用兵黑龙江之序幕》;地理类有《明辽东边墙建置沿革考》;山东掌故有《顾炎武在山东的学术活动及其与李焕章辩论山东地理问题的一桩公案》;其专著《明代海外贸易简论》,曾作单行本出版,现因流传甚少,故重印于此。

中国社会史论(全二册)

周谷城著

ISBN 7-5333-0043-2

1988年5月1版1次

大32开　1048页　精装　11.90元

本书为作者据旧著修订而成的。全书共分三编:一、中国社会之结构;二、中国社会之变化;三、中国社会之现状。早在20世纪30年代,作者便力图用马列主义观点分析中国社会的历史与现状,探讨中国社会的发展前途,是较早的社会史研究专著。

中国历代官制

孔令纪等主编

ISBN 7-5333-0357-1

1993年5月1版1次

大32开　508页　9.80元

本书系统地介绍了中国自先秦至民国时期官吏制度的相关情况。

中韩关系史论

陈尚胜著

ISBN 7-5333-0623-6

1997年8月1版1次

大32开　248页　15.80元

本书考察和研究了中韩两国间的政治关系和文化交流的历史。书中尤其分析了韩国封建王朝对中国封建王朝进行外交往来的基本特征和倾向，探讨了韩国封建王朝对中国文化的选择和吸收问题，从而有助于人们撩开汉字文化圈的模糊外衣来发现韩国民族文化的内在精神风貌，便于读者从更加广阔的历史时空来了解中韩关系。

中国用人思想史

苗枫林著

ISBN 7-5333-0607-4

1997年12月1版1次

大32开　378页　17.00元

本书是一部关于用人思想发展和演化的专著，本书研究的范围，上起春秋战国，下至清朝灭亡。作者在掌握了丰富材料的基础上，对中国封建社会各个朝代的用人思想进行了全面的深入研究，对人才的产生、发展、培养和标准以及人才与社会进步、人才与国家兴衰的关系等问题都作了认真的考察和详细的论述，为中国用人思想的发展理出了一条清晰的脉络。

移民史论集

李衡眉主编

ISBN 7-5333-0747-X

1998年10月1版1次

大32开　508页　25.80元

本书包括中国移民史、山东移民史、华侨华人史和世界移民史四部分，重点探讨了国内外历史上的移民浪潮及相应的移民文化，介绍了中外移民史研究概况，并就移民研究中的一些重大疑难问题发表了自己的见解。

修志随笔

张守富著

ISBN 7-5333-0749-6

1998年10月1版1次

大32开　556页　精装　39.00元

本书为作者多年从事修志工作的研究文章和随笔札记，从不同的层面研究和探讨了地方史志的特点和纂修方法，也间有对中国古代传统文化的考察和研究。

中外图书馆事业比较研究

王立贵著

ISBN 7-5333-0835-2

1999年11月1版1次

大32开　482页　26.90元

本书由中外古代图书馆事业比较研究、中外近代图书馆事业比较研究、中外现代图书馆事业比较研究三部分组成，除从宏观上探讨了古代官方藏书、近现代图书馆活动与当时的政治、经济和文化的相辅相成关系外，还与外国图书馆的发展和功能进行了横向和纵深的比较和研究。

历史文化论集

山东大学历史文化学院编

ISBN 7-5333-0704-6
2000年6月1版1次
大32 1032页 精装 78.00元

本书为山东大学历史文化学院教师的论文集，集中反映了该院教师的学术水平和研究成果。本书共收集论文50余篇，皆为历史和考古专业的力作。

礼乐教化
——先秦美育思想研究

祁海文著

ISBN 7-5333-0969-3
2001年6月1版1次
大32开 328页 30.00元

本书以礼乐教化观念为核心，对先秦时代中国古代美育思想的起源产生与发展进行了全面的探讨。全书共分十二章三个部分。

面向新世纪的中国历史地理学
——2000年国际中国历史地理学术讨论会论文集

复旦大学史地理研究中心主编

ISBN 7-5333-0984-7
2001年10月1版1次
680页 大32开 42.00元

本书是2000年召开的国际中国历史地理学术讨论上所提交的论文的精选，包括自然、经济、文化、城市、人口等历史地理的分支，反映了目前中国历史地理的最新成果，具有重要的学术价值。

西学与变法
——《万国公报》研究

王林著

ISBN 7-5333-1341-0
2004年4月1版1次
大32开 362页 23.00元

《万国公报》作为一份教会报纸，见证了清末民初几十年的历史沧桑，在很多领域都产生了重要影响。本书是作者对其性质、影响、历史地位等诸方面进行全面研究的学术专著。

港口——腹地和中国现代化进程

复旦大学历史地理研究中心主编

ISBN 7-5333-1516-2
2005年6月1版1次
16开 404页 28.00元

本书从历史地理的角度论述了港口城市与其腹地之间的双向经济关系，以及这种关系对中国现代化进程的影响。全书共分七章，内容包括；港口——腹地和中国现代进程研究的基本构想、近代港口贸易和区域经济变迁、华南地区的港口及其腹地等。

社会环境与人才

齐秀生著

ISBN 7-5333-1561-8
2005年8月1版1次
大32开 638页 精装 49.80元

本书从社会制度深刻变革的根本推动、列国相争的特殊时代条件、民族交融和不同地域特色文化的撞击、百家争鸣局面提供的氛围等方面进行探析，对人才成长的意义、人才流通的原因及其不同方式、民族大融合及多元文化的促进作用等，探索了人才成长的规律性问题。

中国经济政治文明探析

齐秀生 齐超编

ISBN 7-5333-1604-5
2005年11月1版1次
16开 338页 21.00元

本书是作者对中国经济与政治文明发展演进历程的部分探索成果，主要探讨了中国人本思想与经济发展的轨迹，中国早期的政治文明建设之路，中国古代社会的政体流变以及中国独具特色的古代官制等问题。

历代教坊与演剧

张影著

ISBN 978 - 7 - 5333 - 1867 - 3

2007 年 11 月 1 版 1 次

大 32 开　272 页　20.00 元

本书以史为序，考察教坊变迁、教坊内部组织及教坊职司等问题与演剧发展之关系。

中国历代物价问题考述

黄冕堂著

ISBN 978 - 7 - 5333 - 1913 - 7

2008 年 1 月 1 版 1 次

大 32 开　412 页　29.00 元

本书对自秦汉至民国末年两千多年间各种商品价格的演变采用通史专题体裁，并按时间顺序进行了纵向考察。书中各篇章多用表解方式叙录，条理分明，简而不陋，是一部不可多得的关于史界物价问题研究的力作。

中外科技交流史考论

羽离子著

ISBN 978 - 7 - 5333 - 2137 - 6

2008 年 12 月 1 版 1 次

大 32 开　259 页　28.00 元

本书以专题的形式，考证了中外制图、历法、医学、天文及相关技术的交流与发展，作者所掌握的丰富资料和其独特的视觉，使本书成为一本观点新颖的学术专著。

关东鲁商

余同元　王来刚著

ISBN 978 - 7 - 5333 - 2129 - 1

2009 年 1 月 1 版 1 次

16 开　308 页　32.00 元

本书以清代民国时期东北地区的山东商人为关注对象，对叱咤风云的山东商帮在白山黑水间创造的商业奇迹和商业智慧进行了全面、多角度的关注，既有生动的故事式的描述，又有理性精到的分析思考，图文并茂，耐人寻味。

《史记》与民族精神

池万兴著

ISBN 978 - 7 - 5333 - 2140 - 6

2009 年 1 月 1 版 1 次

大 32 开　464 页　39.00 元

本书采用文献考证与阐释学相结合的研究方法，对《史记》所弘扬的民族精神进行了全面、深入的探讨，拓宽了《史记》的研究领域，填补了《史记》研究方面的空白。

地方史

济南简史

济南市社会科学研究所编著

统一书号：11206 · 137

1986 年 12 月 1 版 1 次

大 32 开　636 页　4.50 元

济南是山东省会。它位于泰山北麓，濒临黄河，泉水众多，湖心优美。它是著名的龙山文化命名地，在先秦地接齐鲁，秦汉以来即为郡州路府的驻所，自明代起即为省会城市。近代以来成为津浦、胶济铁路的交接点，又自行开辟商埠，是我国首批自主开放的城市。本书即记述了自原始公社迄于中华人民共和国成立的济南地区的发展过程，对其社会经济、政治、文化风习等史实作了论证探索。

地方志论文集

张守德主编

ISBN 7 - 5333 - 0439 - X

1994年10月1版1次

大32开　194页　6.50元

本书收《〈枣庄市志〉编纂实践》、《方志语言浅议》、《地方志人物考》等30多篇文章。

抗日烽火忆当年

傅宝君等编

ISBN 7-5333-0582-5

1997年11月1版1次

大32开　456页　23.50元

本书是为纪念伟大的抗日战争胜利50周年暨世界反法西斯战争胜利50周年而编著的，共包括三个部分：第一部分是抗战时期在山东战斗过的老同志的文章和访谈录；第二部分为山东电视台为纪念抗日战争胜利50周年而摄制的大型电视系列片《抗日烽火忆当年》的解说词；第三部分是山东抗战大事记。书中还附有多幅山东抗战期间珍贵的历史图片。

山东五十年发展史

吕景琳　申春生编著

ISBN 7-5333-0818-2

1999年9月1版1次

552页　大32开　32.00元

本书是庆祝新中国成立50周年的总结性著作，通过记述山东省一系列重大事件和社会变革，全面系统地展现了全省各方面的发展状况，探讨理顺了其发展的基本脉络，总结了经验教训，指明了发展方向，为进一步改革开放，开创现代化建设新局面，提供了重要参考和借鉴，是一部既有学术价值，又有实用价值的山东当代史。

鲁西文博论丛

陈昆麟主编

ISBN 7-5333-0701-1

2000年5月1版1次

大32开　588页　30.00元

本书是聊城市文博工作多年之结晶，内容包括有关考古发掘报告、史迹考察，历史人物研究，有一定的学术价值和研究水平，可填补丰富地方区域史学研究之果。

齐鲁世纪之最

尹洪伟主编

ISBN 7-5333-0887-5

2000年6月1版1次

32开　184页　10.80元

本书选收了齐鲁电视台创办的《齐鲁世纪之最》栏目中主要以电视方式记载下来、传递下来的新中国成立后50年来有关山东大地上的最早、最大、最佳的近百件事物。

难忘的记忆

韩国强　曾昭明主编

ISBN 7-5333-0895-6

2000年8月1版1次

大32开　646页　36.00元

本书收录241篇文章以丰富多样的题目、极其广泛的内容、生动逼真的描述，忠实地记录了发生在山东电视台四十年(1960—2000年)历史中的方方面面。

百年山东

陈光林主编

山东省宣传部　山东电视台编

ISBN 7-5333-0708-9

2000年8月1版1次

大16开　180页　680.00元

本书是一部图文并茂的大型图书，以山东电视台专题片《百年山东》为依托，全景式地展现百年来山东人民走过的艰难曲折的道路、取得的史诗般的辉煌业绩，资料翔实，论述精彩，配合以大量珍贵图片，融学术严肃性、史料真实性、生动可读性于一书，是一部颇具收藏价值的图书精品。

山东民革五十年

中国国民党革命委员会山东省委员会编

ISBN 7-5333-0860-3

2000年9月1版1次

大32开　660页　精装　66.00元

本书真实记录了山东民革组织走过的历史进程，展示了山东民革在自身建设、参政议政、促进祖国和平统一和为社会发展服务中取得的成就，展示了民革党员中先进模范人物的风采。

古邑沧桑

——惠民县历史图片集

惠民县地方史志编纂委员会办公室等编

ISBN 7-5333-0934-0

2001年10月1版1次

16开　184页　184.00元

本书是惠民县从古至今的图片集子，每个图片均有文字说明，反映了惠民县历史上各个时期的经济、文化等方面的变迁情况，是研究惠民历史和社会发展的重要资料。

孙武故里史料集成

赵金炎编注

ISBN 7-5333-1014-4

2001年11月1版1次

大32开　256页　16.00元

本书收集了历代有关齐国乐安暨青州乐安孙氏的史籍、谱牒、碑记、墓志等史料，以及有关今广饶县历史沿革的资料，为研究孙武故里提供了可靠的依据。

孔子故里——曲阜

孔红晏编著

ISBN 7-5333-1018-7

2002年1月1版1次

大16开　160页　160.00元

曲阜是我国古代伟大的思想家孔子的故里，是全国首批命名的历史文化名城。本书是一本全面展示曲阜风貌的画册，共分八部分：一、东方圣地，二、文化之旅，三、经济视点，四、投资沃土，五、科教新篇，六、亲切关怀，七、远方嘉宾，八、多彩生活。

济南师范学校百年史

张春常　李秋毅主编

ISBN 7-5333-1120-5

2002年10月1版1次

大32开　458页　38.00元

全书分为建制沿革、简史、人物志、大事记四部分，展现了济南师范学校百年的辉煌历史，讴歌了老前辈先贤兴办师范教育的业绩和开拓精神，颂扬了由她培养造就的为中华民族的独立和解放、为新中国的建设和教育事业作出卓越贡献的大批优秀人才。

山东沿海开发史

王赛时著

ISBN 7-5333-1497-2

2005年5月1版1次

大32开　496页　28.00元

本书以大量可靠的历史资料来阐述山东沿海开发的整体过程，通过对山东沿海开发历史的研究，为当代社会提供历史借鉴并带来应用价值。

章丘历史与文化

陈先运主编

ISBN 7-5333-1575-8

2006年1月1版1次

16开　550页　108.00元

本书上起远古，下迄当代，按照历史发展阶

段,分“古代”、“近代”、“当代”三卷,采用“编年体”和“纪事本末体”相结合的形式,展示章丘历史文化发展过程的全貌。

东莱史话

唐禄庭著

ISBN 7-5333-1747-5

2006年12月1版1次

大32开 340页 68.00元

本书是第一部关于龙口市(黄县)历史的著作,内容包括龙口的文物古迹、风土人情以及历史人物,配有相关图片。

图说烟台(1935-1936)

(英)阿美德著 陈海涛译注

ISBN 978-7-5333-1877-2

2007年11月1版1次

16开 208页 26.00元

本书以大量的图片及相辅的说明文字表现了1935—1936年烟台的社会形貌、工商业发展及市容情况。

齐鲁青未了

山东电视台编

ISBN 978-7-5333-2024-9

2008年6月1版1次

16开 144页 25.00元

十集大型电视纪录片《齐鲁青未了》是山东省委宣传部的精品工程,该片采用电视手段记录、剖析了齐鲁大地上下五千年的文明史,从十个不同层面全景展示了齐鲁文化在中国文化中的核心作用和鲜明特色。本书由纪录片文字稿和光盘两部分组成,具有很高的观赏和收藏价值。

济南通史(全六册)

安作璋主编

ISBN 978-7-5333-2034-8

2008年8月1版1次

大32开 3840页 精装 480.00元

本书记叙自远古到1949年凡两千多年的济南历史。全书共分六卷:先秦秦汉卷、魏晋南北朝隋唐五代卷、宋元金卷、明清卷、近代卷、现代卷。每卷按综述、典志、列传、大事年表的体例编写,全面而又系统地介绍了每一历史时期济南的历史发展进程,总结出其中蕴含的历史规律,并深入探讨历史带来的启示和社会价值;内容博大精深,详略得当,系统完备,是济南市第一部全面叙述济南历史发展脉络的综合性地方史著作。

烟台市博物馆建馆五十周年纪念文集

烟台市博物馆编

ISBN 978-7-5333-2115-4

2008年11月1版1次

16开 234页 精装 200.00元

本书收录了烟台市博物馆纪事、历年出版的著作和发表的文章、科研成果和荣誉、回忆和研究类文章以及领导和学者的提问等内容。

山东广播电视发展史(卷一)(1948—1978)

刘长允主编

ISBN 978-7-5333-2125-3

2008年11月1版1次

16开 560页 精装 97.00元

本书全景式地回顾了山东广播电视60年的光辉历程,深入总结了60年的宝贵历史经验,再现了60年丰富生动的历史。

普及读物

中国历史问题全解(全二册)

韩连琪主编

统一书号:11206 · 111
1985 年 12 月 1 版 1 次
32 开　804 页　4.10 元

世界历史问题全解

王阁森主编
统一书号:11206 · 124
1985 年 12 月 1 版 1 次
32 开　664 页　3.30 元

中国地理问题全解

陈龙飞主编
统一书号:12206 · 5
1985 年 10 月 1 版 1 次
32 开　536 页　2.70 元

世界地理问题全解

李树德主编
统一书号:12206 · 6
1985 年 12 月 1 版 1 次
32 开　528 页　2.65 元

中外历史、地理问题全解全书共四种，收题目约 2000 道，以问题解答的形式把课程内容全部贯串下来，其中不仅注意了基础知识的训练和掌握，而且对重点、难点也适当展开了分析论述。既考虑到了问题的广度，又照顾到了问题的深度。该套书题目收罗完备，资料丰富；解答问题准确翔实，重点突出。

中外历史知识 400 题（全三册）

买群主编
统一书号:11206 · 136
1987 年 1 月 1 版 1 次
32 开　1368 页　7.80 元

为适应广大干部和青年学习历史的需要，《中学生学习报》编辑部就中外历史知识中具有一定难度的问题，约请国内外知名学者、专家和史学工作者命题撰写，编成此书。全书分中国古代史、中国近现代史和世界史三大部分，共 400 余题。本书注重科学性、知识性和资料性；选题新颖，每事一题，独立成篇，便于阅读；内容精粹，讲究实用；每题篇幅短小，不枝不蔓，叙事清楚，文字流畅。

历史悬案百题

丁凤麟　金维新主编
统一书号:11206 · 141
(ISBN 7 – 5333 – 0003 – 3)
1987 年 6 月 1 版 1 次
大 32 开　360 页　2.30 元

本书编者抓住近几年来史学界有所突破的研究成果，且为众多读者所关心的一百个课题，用深入浅出的文字，客观地介绍了它的内容及争议问题的不同意见，编辑成册，使读者从中可以获得多种信息和对问题较全面的了解。

曲阜史迹百题

骆承烈著
统一书号:11206 · 143
(ISBN 7 – 5333 – 0021 – 1)
1987 年 8 月 1 版 1 次
大 32 开　158 页　1.10 元

曲阜是我国著名的文化古城，又是我国古代思想家、教育家孔子的故乡。几千年前，曲阜就是一个政治、文化中心。这里地上地下蕴藏着丰富的文物古迹。本书作者集中写出了曲阜的部分史迹故事。

南北朝故事新编（全二册）

马舒编著
统一书号:11206 · 148
ISBN 7 – 5333 – 0044 – 0
1988 年 6 月 1 版 1 次
32 开　824 页　6.40 元

本书以生动活泼的故事形式，严谨系统地叙述南北朝历史。作者从正史的基本史实出发，参考了大量古今有关资料，将南北朝160多年的历史，撷取其主要人物、主要事件，编写成178个有头有尾、有血有肉的故事。这些故事，既能独立成篇，作为单篇故事阅读，又内容相连，系统地反映了这段历史的本来面貌。

古代用人故事选

卢秀华译注

ISBN 7-5333-0197-8

1990年8月1版1次

32开　182页　2.50元

本书精选春秋战国时期的人才轶事、人才掌故和人才佳话，按内容分为荐贤、求贤、敬贤、用贤、让贤五部分。为方便阅读，该书除摘录原文，还加以注释和今译。

石破天惊

——百年重大考古发现秘闻录

于秋伟　张勃著

ISBN 7-5333-0718-6

1994年4月1版1次

大32开　338页　15.00元

20世纪，我国的考古工作取得了重大进展，一批考古发现轰动全球。本书以纪实文学的形式，披露了这些考古发现中鲜为人知的故事。

中国历代礼贤通观（全二册）

中共山东省委组织部编

ISBN 7-5333-0637-6

1997年7月1版1次

大32开　2568页　精装　98.00元

本书以中华书局标点的二十四史和清史稿为底本，紧紧围绕"礼贤下士"这个中心议题，精选原文，力求做到全面、系统、典型、精当。然后，科学分类，设置总论、爱贤、育贤、尚贤、荐贤、用贤、让贤、嫉贤八个篇目，每个篇目之中，又划分为六大历史时代。对所录原文中的疑难字、词和不易懂的句子，作了简明扼要的白话注释。这是一部具有史料价值的中华民族上下五千年礼贤下士优良传统的总汇。

祖国宝岛——台湾（青年读本）

中共山东省委台湾工作办公室

共青团山东省委编写

ISBN 7-5333-0888-3

2000年7月1版1次

大32开　260页　12.00元

本书作为"祖国宝岛台湾在我心中"宣传教育活动的学习材料，供广大青年职工、解放军战士和大学生阅读。该书较为系统详尽地介绍了台湾的地理、历史、社会和经济、文化，阐述了台湾问题的由来，对台工作的基本方针、基本原则等。

智慧的碰撞

——《史记》对话

廖曰文等著

ISBN 7-5333-0993-6

2001年8月1版1次

大32开　312页　19.00元

本书从我国古典史学名著《史记》中选取58则史例，分成治政、财经、军事、言辩、人际五个专题，采取师生对话的形式，发掘出历史的智慧资源，从智慧的碰撞中引导学生学习和研究历史的兴趣。

曲阜的历史名人与文物

孔繁银著

ISBN 7-5333-0981-2

2002年1月1版1次

大32开　542页　28.00元

本书即是介绍曲阜历史名人和文物古迹的一部普及性读物，共分八章，内容包括：曲阜历史沿革、曲阜历史名人、新石器时代古文化遗址、古建筑、古石刻、古墓葬、古城址以及传世文物等。

历史歌谣

周振波主编

ISBN 7-5333-1223-6

2003 年 8 月 1 版 1 次

32 开　176 页　5.50 元

本书以朗朗上口的歌谣形式，阐述了自远古人类、氏族公社、夏商王朝、春秋五霸直到新中国成立以后的中国历史，以及世界历史的介绍。

百年重大考古发现秘闻录（插图本）

于秋伟　张勃著

ISBN 7-5333-1354-2

2004 年 5 月 1 版 1 次

16 开　222 页　19.80 元

本书对近百年来考古历程中鲜为人知且又意义重大的事件予以全景回放，写作侧重于纪实，试图再现考古学者当年的发掘历程，图文并茂，文笔生动，富有情趣。

国宝发掘记（彩图本）

蔡凤书主编

ISBN 7-5333-1430-1

2004 年 10 月 1 版 1 次

16 开　282 页　48.00 元

本书生动地再现了部分国宝级文物的发现和发掘过程，并详细介绍了国宝本身的相关情况。

图说考古

——追溯文明的星河

于海广著

ISBN 7-5333-1432-8

2004 年 11 月 1 版 1 次

16 开　316 页　38.00 元

本书从考古专业的视角图文并茂地介绍了中国古代文明的源流及其发展变化。

国宝背后的故事

杨澜主编

ISBN 7-5333-1613-4

2006 年 1 月 1 版 1 次

16 开　430 页　29.50 元

本书全面记录了我国历史文物的产生、作用、流失及易手等历史演变，详细讲述了从敦煌的“藏经洞”到压着白娘子的“雷峰塔”、从清代王朝编写的《四库全书》到文人墨客的“藏书印”等历朝历代遗留文物的沧桑历程。

插图本中国地名史话

华林甫著

ISBN 7-5333-1546-4

2006 年 1 月 1 版 1 次

16 开　216 页　22.00 元

本书是一本关于中国地名的科普读物，以图文并茂的形式及流畅、通俗的笔调，生动、有趣地讲述了中国地名产生、发展的规律。

齐国轶闻

王修德编著

ISBN 7-5333-1660-6

2006 年 8 月 1 版 1 次

大 32 开　436 页　39.60 元

本书是由作者考究古籍，将千年古齐旧闻轶事编撰而成。该书根据经传稗史，把古文译成今文，并进行删节修改，内容涉及政治、经济、军事等方面重大事件，又有记载圣贤人物的日常言行，也吸纳了一些奇闻轶事。

城事记忆

于向阳等著

ISBN 978-7-5333-1794-2

2007年5月1版1次

16开 308页 21.00元

本书选择近几十年来从城市生活中逐渐消失的100件代表性事物，采用文字与漫画相结合的形式，将有关它们的印象、记忆向读者一一娓娓道来。通过过去与现实的比较，在感性与理性的交错中，使人们享受回忆，进而感受时代前进的铿锵之音。

揭秘雷台汉墓

尹国兴著

ISBN 978-7-5333-2105-5

2009年1月1版1次

16开 528页 35.00元

本书以甘肃武威雷台汉墓的出土文物为研究客体，结合正史记载文献以及民间口头传说，考证墓主身世和当地民俗源流，进一步分析中国道教的早期发展史，揭示出雷台汉墓与中国土生土长的宗教——道教的密切关系。全书考证细致，资料翔实，图文并茂。

年谱 传记 演义

刘鹗年谱

蒋逸雪著

统一书号:10206·10

1980年6月1版1次

大32开 58页 0.30元

刘鹗，字铁云，系著名小说《老残游记》作者，他对数学、医术、音律、水利等学，亦颇有研究，且喜藏金石甲骨，编有《铁云藏龟》。本谱按年记事，述其时代背景、生活、思想、著述、交游及其他社会活动。

元稹年谱

卞孝萱著

统一书号:10206·17

1980年6月1版1次

大32开 560页 2.05元

元稹是我国唐代著名诗人和小说作家。本书通过大量历史资料的研究、考证，系统地介绍了元稹一生的家庭生活、政治态度、官场斗争、文学创作、社会交游等活动。书中还搜集了元稹的佚文、佚诗，纠正了过去文献中记载的错误，是一部比较完整的有关元稹生平事迹的研究资料。

蒲松龄年谱

路大荒著

统一书号:10206·12

1980年8月1版1次

大32开 189页 0.80元

作者是蒲松龄研究专家，倾毕生之精力，从事蒲氏著作的搜集、考证、整理加工工作，所编《蒲松龄集》，著称于世。本书收《蒲松龄年谱》及有关文章十余篇，是路先生几十年研究成果的结集，是研究蒲氏的重要参考资料。书末附有《蒲松龄集与路大荒》一文，对路先生生平作了介绍。

张溥年谱

蒋逸雪著

统一书号:10206·50

1982年2月1版1次

大32开 131页 0.50元

张溥，字天如，太仓(今属江苏)人，明末著名文学家，与同邑张采齐名，时称“娄东二张”。崇祯初，两人合江南若干文人，组成复社，进行文学和政治活动。有《七录斋集》十二卷、诗三卷，辑有《汉魏六朝百三名家集》等，并传于世。本谱作者，广搜博引，详述谱主生平、思想、著述、交游。研核资料，力求辨诬征实，不褒不贬，符合史实真相。末附《复社姓氏考订》。

李白年谱

安旗　薛天纬著

统一书号：10206 · 52

1982 年 8 月 1 版 1 次

大 32 开　123 页　0.48 元

李白系我国唐代伟大诗人，其年谱古今已有多种。本书继承诸谱，考核得失，兼采众长。除旁证史实外，着重在作品分析。既从微观以求其奥义，复从宏观以瞰其规律。意欲窥诗人难言之隐，而试抉前人未发之秘。擘肌分理，论述详明，烛隐洞幽，创见孔多，较之以前诸谱，则有其显著之特点。末附《古今地名对照表》及前人有关记述文章多篇，以资参考。

铁云先生年谱长编

刘蕙孙编著

统一书号：10206 · 48

1982 年 8 月 1 版 1 次

大 32 开　178 页　0.76 元

本书作者系谱主刘铁云之孙，从其祖父手迹、日记、杂记及家人讲述中，收集了大量有关刘铁云的家世、思想、生活、交游、著述及其他社会活动等珍贵资料，几经整理、修订，成此《年谱长编》。因系原始资料性质，不同于定谱，故所收不厌其详，主在存实。甚至一些诸如污蔑农民起义的言论以及宣扬占卜易卦等迷信思想，亦皆如实入录，以便全面了解其精神面貌。末附刘铁云著《风潮论》及“丹徒刘氏世系”，以资参考。

郑康成年谱

王利器著

统一书号：11206 · 47

1983 年 3 月 1 版 1 次

大 32 开　355 页　1.45 元

本书按内容分类系事，分序言、世系、年谱、祠墓、著述、弟子、轶闻、评论、典祀等九个部分，对郑康成的世系、生平和学术成就以及后代的评论等，作了较为全面的介绍和阐述。

三曹年谱

张可礼编著

统一书号：10206 · 66

1983 年 5 月 1 版 1 次

大 32 开　237 页　1.00 元

汉魏之际的曹氏父子—曹操、曹丕和曹植，是我国历史上著名的政治家和文学家。本谱以三曹在世 80 年间的活动为纲，记述了谱主的家庭、经历、思想、性格、文学活动和交游等方面的情况，并略记当时的政治、经济和文化等方面的重大事件。

王充年谱

钟肇鹏著

统一书号：11206 · 70

1983 年 9 月 1 版 1 次

大 32 开　107 页　0.62 元

王充是东汉时期的唯物主义哲学家，所著《论衡》一书，对后世颇有影响。王充和他的哲学思想，在漫长的封建社会里，一直受到歧视和种种歪曲。本书作者以历史唯物主义观点，结合东汉的时代背景，对王充的生活时代及其生平，作了较为详细的记述。通过它，不仅可以了解王充的生平事迹，同时也可了解他的学术思想。本书附录部分，对《论衡》一书的篇目及其内容、写作时间，作了简要的介绍，并论述了王充的哲学思想与桓谭哲学思想的渊源关系。

秋瑾年谱

郭延礼著

统一书号:10206·77
1983年9月1版1次
大32开 216页 1.00元

秋瑾是中国资产阶级民主主义革命时期的女革命家和女英雄,又是一位才华出众的女诗人。本谱用大量史料(征引资料达四百种)反映了秋瑾30年生涯中的个性、思想发展、革命活动和经历。同时,本谱还对秋瑾研究中尚多歧义的生年、嫁年、首次东渡时间、就义日期以及“秋雨秋风愁煞人”之真伪等作了深入的探讨,颇多新见。另外,本谱还对秋瑾的诗文作品进行了编年。

许瀚年谱

袁行云著
统一书号:11206·46
1983年11月1版1次
大32开 386页 1.55元

许瀚,山东日照人,是清代道咸间的朴学家,被时人誉为“北方学者第一”。许瀚通晓古文字、古声韵、金石、校勘之学,著述很多而流传不广,生平事迹也少为人知。《年谱》作者查考了许瀚著述刊本、抄本、手稿七十余种,引用有关资料近三百种,对许瀚生卒年代、主要经历、师友关系及门生弟子、个人与助人撰述几个方面,都作了详细的考证。《年谱》还收录了许瀚的许多佚文。本书除《年谱》外,作者还编写了《许瀚著述知见录》和《攀古小庐文篇目辑存》。书前附有许瀚著述书影图版8页。

李德裕年谱

傅璇琮著
统一书号:11206·90
1984年10月1版1次
大32开 712页 4.40元

李德裕(787－849)是唐代重要政治家之一,“牛李党争”李派首领,且长于文学,曾对中晚唐政治文化发展有重大影响。对于他的历史作用,至今没有定评。本书是作者在广泛占有材料,并经审慎考辨的基础上写成的。它对正确认识李德裕,了解“牛李党争”实质以及理解中晚唐时期的许多社会历史现象大有裨益。

范成大年谱

孔凡礼著
统一书号:11206·102
1985年2月1版1次
大32开 560页 3.25元

范成大是南宋的杰出诗人,他爱国忧民,创作独具特色。作者辑20年来所搜集的大量资料,编成此书。本书比较详细、全面地考证、介绍了范成大的一生行实,并对他各个时期的友人,特别是其中不太出名、事迹记载较少的人结合进行了表述。

钱玄同年谱

曹述敬著
统一书号:11206·116
1986年8月1版1次
大32开 296页 2.15元

本年谱根据大量资料,对钱氏生平、思想和业绩作了具体而实事求是的记述,特别对有关钱氏评论中某些问题,引证充分,并提出了自己的看法。书中附录黎锦熙、徐炳昶、周作人、魏建功、任访秋和钱三强等的传记回忆文章,均为第一手珍贵资料。对研究评价钱玄同及“五四”新文化运动若干史实问题,均有很好的参考价值。

顾亭林与王山史

赵俪生著
统一书号:11206·118
1986年12月1版1次
大32开 248页 2.20元

本书包括《顾亭林新传》和《王山史(弘撰)

年谱》,是作者积四十余年研究的专著。顾亭林是明末清初开一代学风的学者和思想家,与王山史过往甚密,故两稿合为一书。《新传》用翔实的史料全面评述传主的生平事迹,并对《音学五书》、《日知录》、《天下郡国利病书》等主要著作的撰著情况作了扼要评介。《王山史年谱》记述了谱主与当时学者志士交游往来、联络声气、建立联络活动的踪迹,把当时一幕学术与政治活动混而为一的民族运动,生动地传写了出来。两稿引用书札、诗文丰富,对研究明末清初的文化、政治,有重要的参考价值。

瞿式耜年谱

瞿果行编著

统一书号:11206·139

1987 年 2 月 1 版 1 次

大 32 开　264 页　1.90 元

谱主瞿式耜是明末清初一位抗清将领。南明永历朝年间,任吏、兵两部尚书、文渊阁大学士,在内部纷争、外敌压境的逆境中,力排众议,团结御敌,进行了艰苦卓绝的斗争,终因势孤力薄,誓将"城存与存、城亡与亡",不幸为清军所俘,遇难于桂林独秀山下。作者探迹钩稽,披寻搜讨,对谱主立身行事,作了全面系统汇录,为表彰义烈、宣扬爱国主义精神,填补了历史研究的一页空白。本书内容翔实,观点稳妥,书中摘录谱主的奏疏、函札、诗文,涉及南明政治、经济、军事、文化诸多方面,对研究南明历史有重要价值。

孔尚任年谱

袁世硕著

统一书号:11206·138

1987 年 4 月 1 版 1 次

大 32 开　344 页　2.35 元

孔尚任是清代著名文学家。本书按年记载了他的生平经历和著述等情况,内容丰富,材料翔实;书中附孔尚任交游考,对与孔尚任关系较深,与《桃花扇》创作关系较大的人物作了深入的考证。

辛弃疾年谱

蔡义江　蔡国黄编著

统一书号:17206·6

ISBN 7-5333-0014-9

1987 年 8 月 1 版 1 次

大 32 开　340 页　2.35 元

谱主辛弃疾是我国南宋杰出的爱国词人,其亦文亦武颇带传奇色彩的生平和词作"肝肠如火、色笑如花"的独特风貌,历来为后人所乐道与传诵。本书按年记载了他的生平政迹、交游、创作情况。与旧谱比较,提出了一些新的考证和见解。书中附有辛氏世系、年表等表格,查索简便。本书对了解辛氏生平以及对南宋词的研究具有重要参考价值。

龚自珍年谱

郭延礼著

统一书号:10206·172

ISBN 7-5333-0012-2

1987 年 10 月 1 版 1 次

大 32 开　310 页　2.30 元

龚自珍是中国近代一位著名的思想家、杰出的文学家和诗人,在近代思想史、哲学史和文学史上,都占有重要的地位。本书对于研究龚自珍的生平、思想及其成就,是一部很好的参考书。该年谱材料翔实、信而有征,既有对谱主生平、思想、重要论善的叙述,也有画龙点睛的评论。其生平史实辨伪、著作年代考证等方面,也多有与前人不同的新观点。书中除正文外,还附录了龚自珍著作刊刻情况、龚自珍传记数据及龚自珍研究论著等资料。

赵执信年谱

李森文著

ISBN 7－5333－0069－6
1988年8月1版1次
大32开 106页 1.50元

赵执信是清初著名诗人。本谱以赵执信的仕宦、交游、游历和文学创作活动为纲，以各个时期谱主事迹为目，并辅以丰富的资料，记述了赵执信的生平，如仕宦经历、浪游江湖和晚年的隐居生活；特别是对清初官场和文坛的重大事件，如“《长生殿》案件”、王士禛与赵执信失和及“神韵说”与“格调说”之争等，都提供了翔实的背景资料。

严修年谱

严修自订 高凌雯补 严仁曾增编
王承礼辑注 张平宇参校

ISBN 7－5333－0155－2
1990年1月1版1次
大32开 536页 7.90元

谱主严修，字范孙，清末民初人。对废科举，革新教育，兴办学校，多有建树，为北方重要文人之一。严氏对我国近代政治、经济、外交、军事多有影响，曾几次被光绪帝召见，与袁世凯、黎元洪、徐世昌等来往密切；对洋务运动、戊戌变法、五四运动亦有所为。严氏一生致力教育，出资创办贫民义塾，改敬业中学为南开中学，建南开女子中学，集资创办南开大学，设“严范孙奖学金”资助南开优秀学生出国深造，不吝私产，启迪民智，造就人才，为世人敬慕。本书包括：范孙自订年谱、“年谱补”、“年谱辑注”，并附录谱主“行状”、“墓志”、“别传”等八篇文章。书中资料均采自谱主日记、手稿、诗文。

李开先年谱

曾远闻著

ISBN 7－5333－0166－8
1991年7月1版1次
大32开 158页 2.50元

李开先是明代著名的文学家，他的戏曲作品《宝剑记》迄今蜚声文坛。本书是李开先的年谱，对李开先的家世、思想、性格、宦游、文学创作等均有翔实的记载，尤重于其文学活动，如他与“后七子”的友谊和文学交往，他的戏曲创作等，也涉及他的政治活动，以反映他的思想和明中晚期社会政治生活及知识分子的思想状况和政治活动。本谱征引史料繁富，并认真考辨，为研究李开先及明代文学提供了珍贵的资料。

王国维年谱

陈鸿祥著

ISBN 7－5333－0225－7
1991年12月1版1次
大32开 364页 5.90元

本书系著者广搜博采已刊和未刊史料，寻访王氏后代亲友，并参酌海内外最新研究成果，历时十年写成。书中对王氏身世，特重辨疑析难，对王氏学业，非徒列举注译篇目，探本求源，严加考订，分析内容，使王氏思想的演变、学术研究的历程和成果，历历毕现，并使王氏数以百万计的散佚译著得以纳入谱中。谱后所附《著译目录》，囊括海内外各种版本，最为详备。《佚著佚译》诸篇，是著者从所发掘的大量佚文中精选并首次公之于世的。本书取材宏富，论述精深，文笔简雅。在材料、论述和体例上都有新的突破。

冯玉祥年谱

蒋铁生编著

ISBN 7－5333－1219－8
2003年9月1版1次
大32开 232页 28.00元

本书按时间顺序，对冯玉祥将军自1882年出生至1948年逝世，一生中的重要生活事件、社会交往等详细编列记载。有关的历史背景材料，也随谱编入。

王羲之

王汝涛著

ISBN 7－5333－0123－4

1989 年 6 月 1 版 1 次

32 开　392 页　3.80 元

这部长篇小说写的是我国著名书法艺术家王羲之的一生。作者长期生活和工作在书圣的故乡山东临沂。他广征博取,经过几十年的努力,掌握了大量的有关王羲之的资料。以此为基础,通过铺排敷演,塑造出性格鲜明、光彩照人的一代书圣的形象。

老子演义

王德有著

ISBN 7－5333－0157－9

1990 年 3 月 1 版 1 次

大 32 开　258 页　4.80 元

本书包括老子神话、老子史话、老子智慧三篇,并附《道德经》全文。神话篇描写老子开天辟地、教授三皇五帝尧舜夏禹、降生人世指李为姓、驾牛过关渡化众生的故事;史话篇讲述老子家世、生平及教授孔丘、传授玄理的历史传说;智慧篇阐发老子有关宇宙、人生、人性、养生、治国、用兵的睿智洞见。

中国历代人物轶闻趣事大观

萧平主编

ISBN 7－5333－0408－X

1995 年 12 月 1 版 1 次

大 32 开　452 页　16.50 元

本书按先秦、两汉、魏晋南北朝、隋唐、明清的顺序编写,共搜集古代人物轶闻趣事约 1000 条。

刘邦评传

安作璋　孟祥才著

ISBN 7－5333－0095－5

1988 年 12 月 1 版 1 次

大 32 开　388 页　4.50 元

本书以刘邦一生重要活动为主线,系统地总括其身世和经历、思想和性格,对其历史作用、功过、局限和影响给以实事求是的评价。同时,对刘邦麾下布衣将相的群体活动也作了全景式的展示,从而客观地反映了秦末汉初波澜起伏的历史场景。

历代孔子嫡裔衍圣公传

李景明　宫云维编著

ISBN 7－5333－0254－0

1993 年 12 月 1 版 1 次

32 开　162 页　4.95 元

衍圣公是中国历代王朝尊孔崇儒的产物,是历史上非常特殊的一种角色。本书叙述从宋代以来第一位衍圣公孔宗愿至民国初年最后一位衍圣公孔德成,共 43 位衍圣公的主要生平事迹,并附录了 60 位奉祀君的主要生平及孔子后裔的爵位承袭表。展示了历代封建王朝为了利用孔子之道、儒家学说巩固其统治,对孔子的嫡裔"代增隆重","恩渥备加",由奉祀君、褒成侯,直至册封衍圣公的过程。

潍坊历史文化名人

潍坊市文化局编

ISBN 7－5333－0527－2

1996 年 3 月 1 版 1 次

大 32 开　416 页　26.00 元

本书分别介绍了 25 位潍坊历史文化名人,上自春秋齐国之卿相晏婴,下迄清季状元王寿彭,绵延 2500 余载。

齐桓公

陈农村　顾峰著

ISBN 7－5333－0616－3

1997年7月1版1次
大32开 388页 16.80元

这部长篇小说写春秋时期齐桓公任用管仲、鲍叔牙的忠臣良将,实行改革,富国强兵,称霸诸侯的故事。作者以翔实的史料、简洁的文笔,满怀激情地歌颂了齐桓公的春秋霸业,着重刻画了一代霸主的形象,也充分展示出齐文化深厚的历史底蕴。同时,作品展示的用人之道、为政之道,以及齐国事业的兴衰成败,都给人许多启示。

山东党史人物传

——解放战争时期

山东省中共党史人物研究会编

ISBN 7-5333-0945-6
2000年12月1版1次
大32开 306页 35.00元

本书为山东省解放战争时期的历史英雄人物传,系统、典型地反映了当时英雄成长的精神风貌,再现英雄人物为解放战争所作出的辉煌业绩,具有强烈的时代感召力。

曹州书画家集传

蒋宝府主编

ISBN 7-5333-0941-3
2001年3月1版1次
16开 439页 118.00元

曹州为历代人文荟萃之地,出现过许多书画名家。此书汇集该地历代书画名家100余人,按传略、书画特点、传世影响等内容加以评介,并附其代表作品几百篇。

管仲评传

战化军著

ISBN 7-5333-0947-2
2001年5月1版1次
大32开 290页 20.00元

本书系统研究了先秦时期著名政治家管仲的生平、思想与成就,并作了客观的分析和评价。

曹州巾帼集传

蒋宝府主编

ISBN 7-5333-1068-3
2002年7月1版1次
16开 606页 198.00元

本书选取曹州一地古今杰出妇女人物五百人,对每人评传介绍,集知识性、故事性于一体,是一部研究鲁西南妇女发展的拓荒之作。

唐德宗评传

刘玉峰著

ISBN 7-5333-1092-6
2002年8月1版1次
大32开 252页 15.00元

本书全面而细致地评述了唐德守的一生,对研究唐史者乃至中国古代史者,均具有重要的参考价值。

临朐进士传略

曹立会著 政协临朐县委员会编

ISBN 7-5333-1087-X
2002年9月1版1次
大32开 274页 15.00元

本书是临朐历史上有史料记载的历代进士的事略汇辑,共收录元、明、清时期临朐进士39名,翔实地记录了他们为官从政与文化艺术生活的经历,以及他们的精彩诗文、词赋、疏奏、书信和趣闻、轶事。

新编陋巷志

新编《陋巷志》编纂委员会编

ISBN 7-5333-1093-4
2002年9月1版1次

16 开　588 页　160.00 元

本志坚持实事求是、秉笔直书的原则，存真求实，述而不论，力求客观、科学地记述颜回及其颜氏家族的历史，上限起颜回出生，即公元前 521 年，下限止于 2002 年 7 月 31 日。

走近孔子

侯新建主编

ISBN 7 - 5333 - 1097 - 7

2002 年 9 月 1 版 1 次

12 开　146 页　180.00 元

本书为全面反映曲阜历史文化的大型摄影画册，重点反映了与孔子有关的历史遗迹以及儒家文化的历史遗存。

中共诸城党史人物传（第一卷）

中共诸城市委党史研究室著

ISBN 7 - 5333 - 1129 - 9

2002 年 11 月 1 版 1 次

大 32 开　376 页　28.00 元

本书记述了王尽美、王乐平、路友于、李宁超、曹芸卿等新民主主义革命时期各个阶段诸城籍及在诸城工作过、为国家解放和民族独立作出突出贡献、现已辞世的优秀党员、革命干部和先模人物以及影响较大的爱国民主人士。

济南名士评传

济南社会科学院编

ISBN 7 - 5333 - 1136 - 1

2002 年 12 月 1 版 1 次

大 32 开　588 页　精装　50.00 元

济南自古有“济南名士多”之美誉。本书为历史上济南本地或在此做官寓居的 50 余位历史文化名人立传评说。

诸城名人

《诸城日报》社编

ISBN 7 - 5333 - 1222 - 8

2003 年 8 月 1 版 1 次

大 32 开　456 页　30.00 元

本书收录了与诸城有关的在全省、全国有较大影响的人物，分别介绍了这些名人的生卒年月、籍贯、家庭情况、人物经历及其历史背景、主要事迹和影响、主要作品等情况。

陶弘景丛考

王家葵著

ISBN 7 - 5333 - 1139 - 6

2003 年 3 月 1 版 1 次

大 32 开　452 页　28.00 元

本书主要论述六朝时期道教最重要的思想家陶弘景的生平、著作、交游、与梁武帝的关系及宗教思想。

高唐名人传略

李伯平编著

ISBN 7 - 5333 - 1138 - 8

2003 年 12 月 1 版 1 次

大 32 开　238 页　21.00 元

本书为高唐古代和近现代名人传略，共分上、中、下三编，收录自春秋到现代各个时期的名人共 236 位，其中客籍名人 44 位，其编排以时代先后为序，同一时代的人物，以生年先后为序。

齐国人物志

战化军　姜颖著

ISBN 7 - 5333 - 1319 - 4

2004 年 9 月 1 版 1 次

大 32 开　486 页　36.00 元

本书共收录 463 个历史人物，上起姜太公封齐，下至秦始皇统一六国。对于这些人物，广搜博求，不遗细微，客观记述了他们的生平事迹，以供读者研究、参考。为了方便读者查阅，书后附有人名索引。

杰斐逊全传

刘祚昌著

ISBN 7－5333－1445－X

2005年7月1版1次

大32开 1736页 精装 139.00元

本书作者以饱含情感的笔触，叙述了美国第三任总统—托马斯·杰斐逊传奇而又辉煌的一生。作者通过大量权威、翔实的历史资料，客观而又公正地阐述了杰斐逊的生平、思想、生活、亲情、交游等方面的情况，为读者真实地再现了一位伟大的政治家、思想家和道德家的形象。书中附有部分珍贵插图。

齐鲁历史文化名人传略（古代卷）

刘德龙主编

ISBN 7－5333－1630－4

2006年4月1版1次

大32开 638页 40.00元

本书系一部古代文化名人传记汇编。全书共收入姜太公、管仲、晏婴、孔子、孟子、墨子、诸葛亮、王羲之、颜真卿、李清照等山东古代文化名人的传记60余篇，较为全面地介绍了这些传主的事迹，并对他们的功业与贡献作了客观的评价。

周南口述

——遥想当年羽扇纶巾

宗道一编著

ISBN 978－7－5333－1808－6

2007年5月1版1次

16开 436页 28.00元

该书是一部具有较高出版价值的人物传记类图书，记述了周南丰富多彩的外交生涯。从大学读书时加入地下党到投身抗美援朝的枪林弹雨，从进入外交部到出任外交使节，从派驻联合国为国家利益折冲樽俎到就任新华社香港分社社长，肩负起参与收回香港的历史重任。本书重点围绕香港回归记述了周南的亲身经历，为世人留下了不可多得的重大历史事件的真实记录。作为香港回归的历史见证者，周南深情地缅怀了邓小平同志在香港回归的过程中所作的一系列重大决策和建立的丰功伟绩。

孔子（英文版）

侯新建主编

ISBN 978－7－5333－1816－1

2007年5月1版1次

8开 224页 精装

本书为大型摄影画册，分彩绘孔子像、明版彩绘孔子圣迹图、木刻孔子圣迹图、彩绘孔子圣迹图、明清彩绘衍圣公及夫人像、世界文化遗产—孔庙、世界文化遗产—孔府、世界文化遗产—孔林、孔子诞生地—尼山、孔府文物选、孔子研究院、祭孔十二部分，包括原大复制的原图和拍摄的实景照片。附有英文介绍。

管子大传

陈书仪著

ISBN 978－7－5333－1910－6

2008年1月1版1次

大32开 424页 27.00元

本书全面介绍了先秦著名思想家政治家管仲的生平事迹、功业成就、学术思想和历史贡献，同时对先秦著名典籍《管子》进行了深入研究，提出了许多新颖而深刻的见解。

中国古代文化名人大观

郎庆田主编

ISBN 978－7－5333－1973－1

2008年6月1版1次

大32开 788页 76.00元

本书以古代文人对创新文学的贡献为标

准,择录了90位具有较高影响的古代文化文人来介绍。本书体例新颖,每篇分为人物的正史介绍与稗史故事、逸闻趣事两部分,书中附有人物画像,形式活泼,雅俗共赏。

韩信评传

徐业龙著

ISBN 978-7-5333-2081-2

2008年9月1版1次

32开 352页 25.00元

本书全面分析并评述了汉代著名军事家韩信的一生,作者经过多年钻研,耐心收集资料,总结前人研究成果,对韩信在历史学、军事学等多个领域的研究进行了系统而客观的评介。

牟宗三评传

林瑞生著

ISBN 978-7-5333-2124-6

2009年1月1版1次

大32开 420页 28.00元

本书系统介绍了当代著名学者、新儒家代表人物牟宗三先生的生平和事迹,全面分析和评价了他在继承和发展儒家文化、沟通中西方哲学方面的学术成就和重要贡献,是一部具有较高学术价值的新儒家人物传记。

新编方志、专志、年鉴

乐陵县志

山东省乐陵县史志编纂委员会编

ISBN 7-5333-0217-6

1991年11月1版1次

16开 760页 精装 49.00元

桓台县志

山东省桓台县史志编纂委员会编

ISBN 7-5333-0235-4

1992年3月1版1次

16开 800页 精装 49.00元

肥城县志

山东省肥城县史志编纂委员会编

ISBN 7-5333-0240-0

1992年4月1版1次

16开 930页 精装 55.00元

宁津县志

山东省宁津史志编纂委员会编

ISBN 7-5333-0293-1

1992年6月1版1次

16开 840页 精装 58.50元

郓城县志

山东省郓城县史志编纂委员会编

ISBN 7-5333-0287-7

1992年11月1版1次

16开 720页 精装 49.00元

成武县志

山东省成武县史志编纂委员会编

ISBN 7-5333-0297-4

1992年11月1版1次

16开 800页 精装 53.00元

蒙阴县志

蒙阴县志编纂委员会办公室编

ISBN 7-5333-0324-5

1992年11月1版1次

16开 640页 精装 42.00元

临沭县志

山东省临沭县史志编纂委员会编

ISBN 7-5333-0321-0

1993年4月1版1次

16开 714页 精装 75.00元

临邑县志

山东省临邑县史志编纂委员会编

ISBN 7-5333-0326-1

1993年7月1版1次

16开 716页 精装 57.00元

平原县志

山东省平原县史志编纂委员会编

ISBN 7-5333-0358-X

1993年9月1版1次

16开 840页 精装 56.00元

博兴县志

山东省博兴县史志编纂委员会编

ISBN 7-5333-0362-8

1993年10月1版1次

16开 764页 精装 58.00元

武城县志

山东省武城县史志编纂委员会编

ISBN 7-5333-0317-2

1994年4月1版1次

16开 616页 精装 165.00元

无棣县志

山东省无棣县史志编纂委员会编

ISBN 7-5333-0437-3

1994年11月1版1次

16开 690页 精装 60.00元

蓬莱县志

山东省蓬莱市史志编纂委员会编

ISBN 7-5333-0466-7

1995年7月1版1次

16开 784页 精装 185.00元

沾化县志

山东省沾化县地方史志编纂委员会编

ISBN 7-5333-0482-9

1995年10月1版1次

16开 622页 精装 60.00元

禹城县志

山东省禹城县史志编纂委员会编

ISBN 7-5333-0486-1

1995年10月1版1次

16开 658页 精装 150.00元

阳信县志

山东省阳信县史志编纂委员会编

ISBN 7-5333-0497-7

1995年12月1版1次

16开 560页 精装 90.00元

沂源县志

山东省沂源县史志编纂委员会编

ISBN 7-5333-0525-6

1996年2月1版1次

16开 700页 精装 150.00元

巨野县志

山东省巨野县史志编纂委员会编

ISBN 7-5333-0485-3

1996年6月1版1次

16开 696页 精装 150.00元

高唐县志

山东省高唐县史志编纂委员会编

ISBN 7-5333-0524-8

1996年8月1版1次

16开 712页 精装 110.00

鄄城县志

山东省鄄城县史志编纂委员会编

ISBN 7-5333-0549-3

1996年9月1版1次

16开　784页　精装　168.00元

平邑县志

山东省平邑县志编纂委员会编

ISBN 7-5333-0574-4

1997年1月1版1次

16开　790页　精装　105.00元

茌平县志

山东省茌平县地方史志编纂委员会编

ISBN 7-5333-0602-3

1997年4月1版1次

16开　712页　精装　98.00元

沂南县志

山东省沂南县地方史志编纂委员会编

ISBN 7-5333-0577-9

1997年8月1版1次

16开　784页　精装　110.00元

莘县志

山东省莘县地方史志编纂委员会编

ISBN 7-5333-0618-X

1997年8月1版1次

16开　660页　精装　108.00元

惠民县志

山东省惠民县地方史志编纂委员会编

ISBN 7-5333-0621-X

1997年8月1版1次

16开　720页　精装　97.00元

沂水县志

山东省沂水县地方史志编纂委员会编

ISBN 7-5333-0638-4

1997年11月1版1次

16开　898页　精装　108.00元

莒南县志

山东省莒南县地方史志编纂委员会编

ISBN 7-5333-0679-1

1998年3月1版1次

16开　992页　精装　168.00元

东阿县志

山东省东阿县地方史志编纂委员会编

ISBN 7-5333-0680-5

1998年3月1版1次

16开　776页　精装　108.00元

定陶县志

山东省定陶县县志编纂委员会编

ISBN 7-5333-0850-6

1999年12月1版1次

16开　792页　精装　178.00元

利津县志

中共利津县委党史研究室编

ISBN 7-5333-0706-2

2000年9月1版1次

大32开　218页　精装　16.80元

栖霞县志

山东省栖霞市地方史志编纂办公室编

ISBN 7-5333-0999-5

2001年10月1版1次

16开　624页　精装　139.00元

冠县志

山东省冠县地方史志编纂委员会编

ISBN 7－5333－0996－0

2001年12月1版1次

16开 776页 精装 156.00元

临朐县志

山东省临朐县地方志编纂委员会编

ISBN 7－5333－1457－3

2004年10月1版1次

16开 688页 精装 188.00元

德州地区志

山东省德州地区史志编纂委员会编

ISBN 7－5333－0304－0

1992年12月1版1次

16开 852页 精装 69.00元

泰安地区志

山东省泰安市地方史志编纂委员会编

ISBN 7－5333－0477－2

1997年6月1版1次

16开 770页 精装 120.00元

聊城地区志

山东省聊城地区地方史志编纂委员会编

ISBN 7－5333－0603－1

1997年6月1版1次

16开 996页 精装 168.00元

菏泽地区志

山东省菏泽地区地方史志编纂委员会编

ISBN 7－5333－0678－3

1998年3月1版1次

16开 984页 精装 179.00元

新泰市志

山东省新泰市史志编纂委员会编

ISBN 7－5333－0307－5

1993年4月1版1次

16开 960页 精装 55.00元

菏泽市志

山东省菏泽市史志编纂委员会编

ISBN 7－5333－0345－8

1993年5月1版1次

16开 764页 精装 55.00元

曲阜市志

山东省曲阜市史志编纂委员会编

ISBN 7－5333－0355－5

1993年7月1版1次

16开 792页 精装 56.00元

滨州市志

山东省滨州市地方史志编纂委员会编

ISBN 7－5333－0359－8

1993年10月1版1次

16开 816页 精装 60.00元

日照市志

山东省日照市史志编委会编

ISBN 7－5333－0409－8

1994年11月1版1次

16开 830页 精装 55.00元

龙口市志

山东省龙口市史志编纂委员会编

ISBN 7－5333－0479－9

1995年10月1版1次

16开 904页 精装 185.00元

莱阳市志
山东省莱阳市志编纂委员会编
ISBN 7-5333-0462-4
1995年11月1版1次
16开　782页　精装　120.00元

泰安市志
泰安市泰山区郊区地方史志编纂委员会编
ISBN 7-5333-0576-0
1996年12月1版1次
16开　784页　精装　98.00元

德州市志
山东省德州市德城区地方史志编纂委员会编
ISBN 7-5333-0619-8
1997年8月1版1次
16开　746页　精装　98.00元

临清市志
山东省临清市地方史志编纂委员会编
ISBN 7-5333-0533-7
1997年8月1版1次
16开　820页　精装　120.00元

乳山市志
山东省乳山市地方史志编纂委员会编
ISBN 7-5333-0732-1
1997年11月1版1次
16开　1048页　精装　156.00元

聊城市志
山东省聊城市地方史志编纂委员会编
ISBN 7-5333-0681-3
1999年3月1版1次
16开　802页　精装　160.00元

莱州市志
山东省莱州市史志编纂委员会编
ISBN 7-5333-0495-0
1999年8月1版1次
16开　814页　精装　150.00元

荣成市志
山东省荣成市地方史志编纂委员会编
ISBN 7-5333-0831-X
1999年11月1版1次
16开　1200页　精装　238.00元

临沂市志
临沂市兰山区地方史志编纂委员会编
ISBN 7-5333-0832-8
1999年11月1版1次
16开　972页　精装　156.00元

东营市志(全二册)
山东省东营市地方史志编纂委员会编
ISBN 7-5333-0700-3
2000年5月1版1次
16开　1592页　精装　280.00元

淄川区志
山东省淄博市淄川区志编委会编
ISBN 7-5333-0142-0
1990年1月1版1次
16开　932页　精装　47.50元

福山区志
山东省烟台市福山区史志编纂委员会编
ISBN 7-5333-0196-X
1990年12月1版1次
16开　658页　精装　48.00元

寒亭区志

山东省潍坊市寒亭区史志编纂委员会编
ISBN 7-5333-0300-8
1992年11月1版1次
16开 840页 精装 55.00元

潍城区志

山东省潍坊市潍城区史志编纂委员会编
ISBN 7-5333-0318-0
1993年3月1版1次
16开 870页 精装 52.00元

黄岛区志

青岛市黄岛区地方史志编纂委员会办公室编
ISBN 7-5333-0471-3
1995年6月1版1次
16开 592页 精装 78.00元

峄城区志

山东省枣庄市峄城区史志编纂委员会编
ISBN 7-5333-0487-X
1995年9月1版1次
16开 576页 精装 145.00元

济南市中区志

济南市市中区区志编纂委员会编
ISBN 7-5333-0575-2
1997年6月1版1次
16开 612页 精装 98.00元

山亭区志

枣庄市山亭区地方史志编纂委员会编
ISBN 7-5333-0632-5
1997年10月1版1次
16开 690页 精装 110.00元

任城区志

山东省济宁市任城区地方史志编纂委员会编
ISBN 7-5333-0807-7
1999年7月1版1次
16开 724页 精装 126.00元

济宁市中区志

济宁市市中区地方史志编纂委员会编
ISBN 7-5333-0725-9
1999年8月1版1次
16开 826页 精装 135.00元

山东省志·建材工业志

山东省地方史志编纂委员会编
ISBN 7-5333-0410-1
1994年1月1版1次
大32开 320页 精装 30.00元

山东省志·人口志

山东省地方史志编纂委员会编
ISBN 7-5333-0442-X
1994年7月1版1次
大32开 370页 精装 30.00元

山东省志·武警志

山东省地方史志编纂委员会编
ISBN 7-5333-1198-1
2003年6月1版1次
16开 554页 精装 150.00元

山东省志·王士禛志

张明主编
ISBN 7-5333-1695-9
2006年8月1版1次
16开 430页 精装 198.00元

山东民航志
中国民用航空山东省管理局编
ISBN 7－5333－0417－9
1994 年 12 月 1 版 1 次
大 32 开　146 页　精装　25.00 元

山东省盐业志
山东省盐务局编
ISBN 7－5333－0268－0
1992 年 6 月 1 版 1 次
16 开　598 页　精装　52.00 元

山东律师志
《山东律师志》编纂委员会编
ISBN 7－5333－0750－X
1998 年 10 月 1 版 1 次
16 开　664 页　精装　40.00 元

聊城地区黄河志
聊城地区黄河河务局编
ISBN 7－5333－0386－5
1993 年 12 月 1 版 1 次
16 开　248 页　精装　28.00 元

东营市黄河口志
黄河水利委员会黄河河口管理局编
ISBN 7－5333－0458－6
1995 年 4 月 1 版 1 次
16 开　448 页　精装　40.00 元

莒县文物志
苏兆庆等编著
ISBN 7－5333－0391－1
1993 年 1 月 1 版 1 次
大 32 开　320 页　12.00 元

崂山志
周至元编
ISBN 7－5333－0325－3
1993 年 12 月 1 版 1 次
32 开　348 页　6.40 元

潍坊市文化志
山东省潍坊市文化局史志办公室编
ISBN 7－5333－0653－8
1997 年 12 月 1 版 1 次
16 开　432 页　70.00 元

琅玡台志
山东省胶南市《琅琊台志》编纂委员会编
ISBN 7－5333－0631－7
1997 年 8 月 1 版 1 次
大 32 开　476 页　精装　58.00 元

蒙山志
临沂市地方史志办公室编
ISBN 7－5333－0817－4
1999 年 9 月 1 版 1 次
大 32 开　418 页　58.00 元

临朐名胜志
张铭璇著
ISBN 7－5333－1435－2
2004 年 11 月 1 版 1 次
大 32 开　348 页　30.00 元

山东年鉴(1992)
山东省地方史志编纂委员会办公室编
ISBN 7－5333－0306－7
1992 年 10 月 1 版 1 次
16 开　830 页　精装　45.00 元

山东省对外经济贸易年鉴(2002)
山东省对外贸易经济合作厅编
ISBN 7-5333-1103-5
2002年9月1版1次
16开 428页 精装 138.00元

山东教育年鉴(2002年)
山东省教育厅编
ISBN 7-5333-1150-7
2002年12月1版1次
16开 564页 精装 165.00元

山东公安年鉴(2001)
山东省公安厅编
ISBN 7-5333-1224-4
2003年8月1版1次
16开 448页 精装 180.00元

山东对外经济贸易年鉴(2003)
山东省对外贸易经济合作厅编
ISBN 7-5333-1218-X
2003年7月1版1次
16开 464页 精装 168.00元

东营年鉴(1993)
东营市地方史志编纂委员会办公室编
ISBN 7-5333-0366-0
1993年8月1版1次
16开 526页 精装 45.00元

东营年鉴(1994)
东营市地方史志编纂委员会办公室编
ISBN 7-5333-0456-X
1994年11月1版1次
16开 434页 精装 50.00元

东营年鉴(1995)
东营市地方史志编纂委员会办公室编
ISBN 7-5333-0498-5
1995年10月1版1次
16开 384页 精装 60.00元

东营年鉴(1996)
东营市地方史志编纂委员会办公室编
ISBN 7-5333-0551-5
1996年10月1版1次
16开 354页 精装 75.00元

东营年鉴(1996—1998)
东营市史志办公室编
ISBN 7-5333-0816-6
1999年8月1版1次
16开 670页 精装 100.00元

枣庄年鉴(1993)
枣庄市地方史志编纂委员会办公室编
ISBN 7-5333-0379-2
1993年10月1版1次
16开 476页 精装 49.80元

枣庄年鉴(1994)
枣庄市地方史志编纂委员会办公室编
ISBN 7-5333-0436-5
1994年9月1版1次
16开 376页 精装 50.00元

枣庄年鉴(1995)
枣庄市地方史志编纂委员会办公室编
ISBN 7-5333-0503-5
1995年11月1版1次
16开 236页 精装 65.00元

枣庄年鉴(1996)
枣庄市地方史志编纂委员会办公室编
ISBN 7－5333－0633－3
1997 年 10 月 1 版 1 次
16 开　368 页　精装　80.00 元

枣庄年鉴(1997)
枣庄市地方史志编纂委员会办公室编
ISBN 7－5333－0650－3
1997 年 11 月 1 版 1 次
16 开　368 页　精装　80.00 元

枣庄年鉴(1998)
枣庄市地方史志编纂委员会编
ISBN 7－5333－0726－7
1998 年 9 月 1 版 1 次
16 开　374 页　精装　80.00 元

桓台年鉴(1988—1991)
山东省桓台县史志编纂委员会编
ISBN 7－5333－0431－4
1994 年 9 月 1 版 1 次
16 开　504 页　精装　50.00 元

淄博年鉴(1994)
淄博年鉴编辑委员会编
ISBN 7－5333－0433－0
1994 年 9 月 1 版 1 次
16 开　366 页　精装　38.00 元

淄博年鉴(1995)
淄博年鉴编辑委员会编
ISBN 7－5333－0488－8
1995 年 8 月 1 版 1 次
16 开　450 页　精装　45.00 元

淄博年鉴(1996)
淄博市地方史志办公室编
ISBN 7－5333－0544－2
1996 年 8 月 1 版 1 次
16 开　276 页　精装　60.00 元

淄博年鉴(1997)
淄博市地方史志办公室编
ISBN 7－5333－0613－9
1997 年 12 月 1 版 1 次
16 开　298 页　精装　80.00 元

淄博年鉴(1998)
淄博市地方史志办公室编
ISBN 7－5333－0683－X
1998 年 6 月 1 版 1 次
16 开　318 页　精装　80.00 元

淄博年鉴(1999)
淄博市地方史志办公室编
ISBN 7－5333－0793－3
1999 年 4 月 1 版 1 次
16 开　328 页　精装　80.00 元

淄博年鉴(2000)
淄博市地方史志办公室编
ISBN 7－5333－0877－8
2000 年 7 月 1 版 1 次
16 开　272 页　精装　98.00 元

淄博年鉴(2001)
淄博市地方史志办公室编
ISBN 7－5333－0953－7
2001 年 8 月 1 版 1 次
16 开　292 页　精装　98.00 元

淄博年鉴(2002)
淄博市地方史志办公室编
ISBN 7-5333-1047-0
2001年8月1版1次
16开 336页 精装 98.00元

淄博年鉴(2007)
淄博市地方史志办公室编
ISBN 978-7-5333-1860-4
2007年8月1版1次
16开 314页 精装 120.00元

淄博年鉴(2008)
淄博市地方史志办公室编
ISBN 978-7-5333-2099-7
2008年9月1版1次
16开 356页 精装 150.00元

莱芜年鉴(1994)
山东省莱芜市年鉴编委会编
ISBN 7-5333-0438-1
1994年9月1版1次
16开 268页 精装 46.00元

莱芜年鉴(1995)
山东省莱芜年鉴编纂委员会编
ISBN 7-5333-0505-1
1995年12月1版1次
16开 366页 精装 98.00元

莱芜年鉴(1996)
莱芜市地方史志编委会编
ISBN 7-5333-0560-4
1996年10月1版1次
16开 398页 精装 68.00元

莱芜年鉴(1997)
莱芜市地方史志编委会编
ISBN 7-5333-0670-8
1997年12月1版1次
16开 414页 精装 78.00元

周村年鉴(1986—1992)
山东省淄博市周村区年鉴编纂委员会编
ISBN 7-5333-0474-8
1995年9月1版1次
16开 512页 精装 52.00元

周村年鉴(1993—1995)
山东省淄博市周村区年鉴编纂委员会编
ISBN 7-5333-0620-1
1997年10月1版1次
16开 506页 精装 96.00元

潍坊年鉴(1995)
潍坊年鉴编辑委员会编
ISBN 7-5333-0499-3
1995年12月1版1次
16开 452页 精装 80.00元

潍坊年鉴(1996)
潍坊年鉴编辑委员会编
ISBN 7-5333-0562-0
1996年8月1版1次
16开 464页 精装 80.00元

潍坊年鉴(1998)
潍坊年鉴编辑委员会编
ISBN 7-5333-0751-8
1998年9月1版1次
16开 438页 精装 92.00元

潍坊年鉴(2000)
潍坊市地方史志办公室编
ISBN 7-5333-0908-1
2000年9月1版1次
16开　422页　精装　112.00元

阳谷年鉴(1988—1994)
阳谷县地方史志编纂委员会办公室编
ISBN 7-5333-0541-8
1996年7月1版1次
16开　414页　精装　80.00元

德州年鉴(1996)
山东省德州市史志办公室编
ISBN 7-5333-0545-0
1996年8月1版1次
16开　380页　精装　78.00元

青岛年鉴(1996)
《青岛年鉴》编辑部编
ISBN 7-5333-0543-4
1996年8月1版1次
16开　424页　精装　132.00元

青岛年鉴(1997)
《青岛年鉴》编辑部编
ISBN 7-5333-0617-1
1997年7月1版1次
16开　342页　精装　136.00元

日照年鉴(1995)
日照年鉴编纂委员会编
ISBN 7-5333-0546-9
1996年10月1版1次
16开　474页　精装　85.00元

日照年鉴(1996)
日照年鉴编纂委员会编
ISBN 7-5333-0636-8
1997年9月1版1次
16开　456页　精装　85.00元

日照年鉴(1997)
日照年鉴编纂委员会编
ISBN 7-5333-0731-3
1998年11月1版1次
16开　334页　精装　85.00元

烟台年鉴(1995—1996)
烟台市人民政府办公室《烟台年鉴》编辑部编
ISBN 7-5333-0553-1
1996年11月1版1次
16开　404页　精装　96.00元

泰安年鉴(1996)
泰安市人民政府《泰安年鉴》编辑部编
ISBN 7-5333-0555-8
1996年11月1版1次
16开　224页　精装　68.00元

泰安年鉴(1997)
《泰安年鉴》编辑部编
ISBN 7-5333-0629-5
1997年9月1版1次
16开　270页　精装　118.00元

泰安年鉴(1998)
《泰安年鉴》编辑部编
ISBN 7-5333-0733-X
1998年10月1版1次
16开　316页　精装　128.00元

泰安年鉴(1999)
泰安地方史志办公室编
ISBN 7-5333-0774-7
1999年8月1版1次
16开 352页 精装 118.00元

成武年鉴(1996)
成武县《成武年鉴》编辑部编
ISBN 7-5333-0558-2
1996年10月1版1次
16开 254页 精装 70.00元

临沂年鉴(1995)
临沂市地方史志办公室编
ISBN 7-5333-0572-8
1997年1月1版1次
16开 466页 精装 98.00元

临沂年鉴(1996)
临沂市地方史志办公室编
ISBN 7-5333-0675-9
1997年12月1版1次
16开 488页 精装 80.00元

临沂年鉴(1997)
临沂市地方史志办公室编
ISBN 7-5333-0789-5
1999年3月1版1次
16开 398页 精装 90.00元

临沂年鉴(1998)
临沂市地方史志办公室编
ISBN 7-5333-0883-2
2000年5月1版1次
16开 376页 精装 108.00元

临沂年鉴(1999)
临沂市地方史志办公室编
ISBN 7-5333-0914-6
2001年6月1版1次
16开 318页 精装 138.00元

阳信年鉴(1986—1995)
阳信县史志编纂委员会办公室编
ISBN 7-5333-0573-6
1997年2月1版1次
16开 296页 精装 80.00元

曲阜年鉴(1994—1995)
曲阜年鉴编纂委员会编
ISBN 7-5333-0600-7
1997年5月1版1次
16开 374页 精装 90.00元

曲阜年鉴(1996—1998)
曲阜年鉴编纂委员会编
ISBN 7-5333-0770-4
1999年3月1版1次
16开 464页 精装 118.00元

滕州年鉴(1991—1995)
滕州市地方史志编纂委员会办公室编
ISBN 7-5333-0604-X
1997年5月1版1次
16开 494页 精装 90.00元

文登年鉴(1991—1995)
文登市地方史志编纂委员会编
ISBN 7-5333-0612-0
1997年8月1版1次
16开 484页 精装 105.00元

邹平年鉴（1986—1995）
山东省邹平县地方史志编纂委员会办公室编
ISBN 7-5333-0641-4
1997年11月1版1次
16开　504页　精装　96.00元

肥城年鉴（1993—1997）
肥城市史志编纂委员会办公室编
ISBN 7-5333-0727-5
1997年12月1版1次
16开　328页　精装　138.00元

茌平年鉴（1986—1996）
山东省茌平县史志编纂委员会编
ISBN 7-5333-0729-1
1998年7月1版1次
16开　676页　精装　108.00元

高密年鉴（1986—1996）
高密市年鉴编辑委员会编
ISBN 7-5333-0730-5
1998年7月1版1次
16开　472页　精装　98.00元

威海年鉴（1998）
威海市地方史志办公室编
ISBN 7-5333-0728-3
1998年8月1版1次
16开　366页　精装　128.00元

聊城年鉴（1995—1997）
聊城市地方史志编纂委员会办公室编
ISBN 7-5333-0756-9
1998年11月1版1次
16开　506页　精装　98.00元

郓城年鉴（1991—1997）
郓城县地方史志办公室编
ISBN 7-5333-0771-2
1999年3月1版1次
16开　484页　精装　118.00元

莒南年鉴（1994—1998）
莒南县地方史志办公室编
ISBN 7-5333-0848-4
2000年1月1版1次
16开　556页　精装　118.00元

临清年鉴（1991—1998）
山东省临清市地方史志办公室编
ISBN 7-5333-0880-8
2000年6月1版1次
16开　682页　精装　116.00元

沂水年鉴（1991—1999）
沂水县地方史志编纂委员会办公室编
ISBN 7-5333-0893-X
2000年7月1版1次
16开　436页　精装　118.00元

高唐年鉴（1988—1998）
高唐县地方史志编纂委员会办公室编
ISBN 7-5333-0894-8
2000年7月1版1次
16开　534页　精装　118.00元

微山年鉴（2001—2002）
微山县地方史志编委会编纂
ISBN 7-5333-1489-1
2005年8月1版1次
16开　632页　精装　328.00元

微山年鉴(2003—2005)
微山县地方史志编委会编纂
ISBN 7-5333-1786-6
2007年1月1版1次
16开 510页 精装 318.00元

德州地区年鉴(1993)
山东省德州地区史志办公室编
ISBN 7-5333-0390-3
1993年12月1版1次
16开 488页 精装 50.00元

德州地区年鉴(1994)
山东省德州地区史志编纂委员会办公室编
ISBN 7-5333-0460-8
1995年3月1版1次
16开 360页 精装 55.00元

德州地区年鉴(1995)
山东省德州市史志编纂委员会办公室编
ISBN 7-5333-0484-5
1995年12月1版1次
16开 338页 精装 62.00元

聊城地区年鉴(1991—1994)
山东省聊城地区史志编纂委员会办公室编
ISBN 7-5333-0483-7
1995年6月1版1次
16开 482页 精装 68.00元

菏泽地区年鉴(1999)
菏泽地区地方志办公室编
ISBN 7-5333-0815-8
1999年3月1版1次
16开 450页 精装 120.00元

丛套书

曲阜孔府档案史料选编

曲阜孔府档案史料选编(第一编·全宗类目索引)(上、下册)
曲阜县文管会编辑
统一书号:11206·2
1980年3月1版1次
16开 872页 5.70元

曲阜孔府档案史料选编(第二编·明代档案史料)(全一册)
中国社会科学院历史研究所编辑
统一书号:11206·3
1980年8月1版1次
16开 360页 2.40元

曲阜孔府档案史料选编(第三编·清代档案史料)(第一册孔氏宗族)
曲阜师范学院历史系编辑
统一书号:11206·9
1980年2月1版1次
16开 584页 3.80元

曲阜孔府档案史料选编(第三编·清代档案史料)(第二册圣贤后裔)
曲阜师范学院历史系编辑
统一书号:11206·11
1980年6月1版1次
16开 340页 2.25元

曲阜孔府档案史料选编(第三编·清代档案史料)(第三册公府组织与职掌上)
山东大学历史系编辑

统一书号:11206·13
1981年9月1版1次
16开　520页　3.40元

曲阜孔府档案史料选编(第三编·清代档案史料)(第四册公府组织与职掌下)
山东大学历史系编辑
统一书号:11206·14
1981年9月1版1次
16开　536页　3.50元

曲阜孔府档案史料选编(第三编·清代档案史料)(第五册庙户佃户及仆役)
曲阜师范学院历史系编辑
统一书号:11206·15
1980年8月1版1次
16开　312页　2.10元

曲阜孔府档案史料选编(第三编·清代档案史料)(第六册公府田产上)
中国社会科学院历史研究所编辑
统一书号:11206·16
1980年11月1版1次
16开　624页　4.05元

曲阜孔府档案史料选编(第三编·清代档案史料)(第七册公府田产上)(补)
中国社会科学院历史研究所编辑
统一书号:101206·61
1983年1月1版1次
16开　208页　1.45元

曲阜孔府档案史料选编(第三编·清代档案史料)(第八册公府田产下)
中国社会科学院历史研究所编辑
统一书号:11206·62
1983年5月1版1次
16开　380页　3.00元

曲阜孔府档案史料选编(第三编·清代档案史料)(第九册租税一)
中国社会科学院历史研究所编辑
统一书号:11206·63
1983年7月1版1次
16开　392页　3.10元

曲阜孔府档案史料选编(第三编·清代档案史料)(第十册租税二)
中国社会科学院历史研究所编辑
统一书号:11206·72
1983年10月1版1次
16开　368页　3.00元

曲阜孔府档案史料选编(第三编·清代档案史料)(第十一册租税三)
中国社会科学院历史研究所编辑
统一书号:11206·84
1985年3月1版1次
16开　765页　5.95元

曲阜孔府档案史料选编(第三编·清代档案史料)(第十二册租税四)
中国社会科学院历史研究所编辑
统一书号:11206·85
1985年2月1版1次
16开　440页　3.70元

曲阜孔府档案史料选编(第三编·清代档案史料)(第十三册租税五)
中国社会科学院历史研究所编辑
统一书号:11206·75
1984年6月1版1次
16开　344页　2.85元

曲阜孔府档案史料选编(第三编·清代档案史料)(第十四册集市)
曲阜师范学院历史系编辑
统一书号:11206·54
1982年11月1版1次
16开 596页 3.85元

曲阜孔府档案史料选编(第三编·清代档案史料)(第十五册商业高利贷工食物价)
曲阜师范学院历史系编辑
统一书号:11206·34
198年9月1版1次
16开 328页 2.20元

曲阜孔府档案史料选编(第三编·清代档案史料)(第十六册国家差徭上)
曲阜师范学院历史系编辑
统一书号:11206·37
198年3月1版1次
16开 328页 2.20元

曲阜孔府档案史料选编(第三编·清代档案史料)(第十七册国家差徭下)
曲阜师范学院历史系编辑
统一书号:11206·55
1983年3月1版1次
16开 332页 2.20元

曲阜孔府档案史料选编(第三编·清代档案史料)(第十八册刑讼)
山东社会科学院历史研究所、山东大学历史系编辑
统一书号:11206·73
1985年6月1版1次
16开 596页 4.95元

曲阜孔府档案史料选编(第三编·清代档案史料)(第十九册抗差与抗租斗争上)
中国社会科学院历史研究所编辑
统一书号:11206·93
1985年5月1版1次
16开 384页 3.30元

曲阜孔府档案史料选编(第三编·清代档案史料)(第二十册抗租与抗差斗争下)
中国社会科学院历史研究所编辑
统一书号:11206·94
1985年7月1版1次
16开 352页 3.10元

曲阜孔府档案史料选编(第三编·清代档案史料)(第二十一册农民起义与反抗活动)
中国社会科学院历史研究所编辑
统一书号:11206·95
1985年4月1版1次
16开 236页 2.15元

孔府,是中国封建社会世袭贵族地主的一个典型。解剖这个典型,对研究中国封建社会,特别是封建社会后期的政治、经济、思想、宗法关系等各个方面,均具有重要意义。孔府保存了大量的档案史料。像这样的第一手私家档案,在中国为仅有,在全世界也不多见。为了便于广大史学工作者利用这批档案资料,由中国社会科学院历史研究所、曲阜县文管会、山东大学、曲阜师范学院等单位,选编了《曲阜孔府档案史料选编》,全书共三编24册。

义和团资料丛编

1900—1901年俄国在华军事行动资料(中译本第一册)

吉林省社会科学院历史研究所编
董果良译
统一书号:11206·12
1980年5月1版1次
大32开　229页　0.96元

本书是沙俄总参谋部军事档案馆作为内部资料于1902年出版和编号发行的。全书共分三编,每编又分五册。第一编系陆军部上沙皇的奏折,第二编系陆军大臣和总参谋长饬令其部下如何进犯我国领土的详细部署,第三编系侵华部队的请示报告。

1900—1901年俄国在华军事行动资料(中译本第二册)

吉林省社会科学院历史研究所编
董果良译
统一书号:11206·36
1981年11月1版1次
大32开　259页　2.15元

《1900—1901年俄国在华军事行动资料》中译本第二册,是原书第二编第一册和第二册的全译,内收俄国陆军大臣和总参谋部1900年5月18日至8月15日发出的电报。

1900—1901年俄国在华军事行动资料(中译本第三册)

吉林省社会科学院历史研究所编
董果良译
统一书号:11206·45
1982年9月1版1次
大32开　476页　2.00元

本书是当代沙俄总参谋部军事档案馆编印的内部资料。全书共分三编,中译本第三册是原书第三编第一册和第二册。内容系俄国侵华部队的请示报告,是俄国官兵在华烧杀抢掠的可耻记录,也从侧面反映了我国人民的反帝爱国斗争。

山东义和团案卷(全二册)(近代史资料专刊)

中国社会科学院近代史研究所近代史资料编辑室编
统一书号:11206·18
1980年6月1版1次
大32开　937页　3.55元

本书所辑案卷原题为"府属剿办拳匪案卷",包括济南、东昌等七府二州案卷和"各防营剿办拳匪卷"、"先锋后路左营张勋剿匪卷"、"拳匪朱红灯滋事案卷"共十卷十六册(缺少登、莱、青三府一州案卷)。这批案卷各本行款字迹相同,每件禀文均有巡抚批语,可知为当时山东巡抚衙门所汇抄。全部案卷起自光绪二十五年八月(1899年9月),止于光绪二十七年二月(1901年3月),记载了山东省各府州县义和团运动的具体情况。大都是袁世凯任山东巡抚时期的文件,其中批文当亦多出于袁世凯之手。本书补充了30年来出版史料的不足,为进一步研究义和团运动提供了原始资料。

山东义和团调查资料选编

山东大学历史系中国近代史教研室编
统一书号:11206·23
1980年6月1版1次
大32开　338页　1.30元

本书为山东大学历史系教师学生于20世纪60年代前期所作三次实地调查资料选辑。调查遍及鲁西南、鲁西北及冀鲁交界数十个县,搜集均为亲自见闻及当时拳民的口述材料。编选整理按问题性质和事件发生时序分类,共分三个部分:一、鲁西南地区的大刀会;二、长清、茌平、平原地区的神拳;三、冠县、威县地区的义和拳。每部分编者撰有"内容概述",并加了若干按语,对研究义和团运动史具有相当价值。

山东教案史料

廉立之　王守中编

统一书号:11206·20

1980年7月1版1次

大32开　432页　1.70元

本书是1861年(清咸丰十一年)至1900年(光绪二十六年)义和团运动在山东所发生的主要教案史料,包括谕旨、奏折、函札、照会、咨文、条规、揭帖、告示等档案文书资料。

八国联军在天津

天津社会科学院历史研究所编

许逸凡等译

统一书号:11206·24

1980年8月1版1次

大32开　453页　1.70元

本书辑入《华北作战记》、《美军在华解围远征记》、《中国与联军》、《在华一年记》、《京津随军记》、《天津—插图本史纲》和《天津海关一八九二—一九〇一年十年调查报告书》等七种书的节录译文资料。内容主要是反映义和团运动期间八国联军在天津地区的侵略活动,同时也从侧面反映了义和团英勇抗击侵略者的情况。

一个俄国军官的满洲札记

(俄)谢·阿·多勃隆拉沃夫著

吉林社会科学院编

刘秀云　吕景昌译

统一书号:11206·50

1982年11月1版1次

大32开　248页　0.88元

本书分上、下两部,共八章。作者以随笔、日记和回忆录等形式,详细地记述了上万名沙俄侵略军官兵疯狂围剿我东北通化、海龙一带义军以及他本人同王和达、刘永和部队作战之经过。本书附录有关义和团的资料,系摘自《中东铁路沿革史》,对于研究义和团运动的历史有一定的参考价值。

1901年美国对华外交档案

——有关义和团运动暨辛丑条约谈判的文件

天津社会科学院历史研究所编

刘心显　刘海岩译　乔明顺校

统一书号:11206·81

1984年1月1版1次

大32开　494页　2.50元

本书是一部有关义和团运动及辛丑条约的资料。全书分三部分:第一部分为美国赴华专使柔克义的报告;第二、三部分为报告所附的函电,包括美国与各国之间往来的外交文件,以及美国国务卿等与驻华公使和特派专使之间的往来函电三百余件。其中许多文件系首译发表。

反洋教书文揭帖选

王明伦选编

统一书号:11206·83

1984年6月1版1次

大32开　430页　1.90元

本书是1861—1899年中国人民反洋教运动的文献资料选编。本书所搜集的资料包括四个方面:一、清朝官吏关于禁止或限制洋教士和外国教会活动的奏章、函札、批示以及教民的呈文、供词等;二、各地士绅的公呈、檄文、揭帖以及关于教士和教民的不法活动的论述;三、下层民众和起义军发布的揭帖、告白、檄文等,以及背教民众揭露洋教士为非作歹的证词;四、当时人撰写的反洋教论述。

北京的隐士

——巴克斯爵士的隐蔽生活

(英)休·特雷弗－罗珀著

胡滨　吴乃华译

统一书号:11206·117

1986年10月1版1次

大32开 376页 2.90元

本书对一个英国汉学家埃德蒙·巴克斯提供的所谓景善日记——百关义和团的资料,进行了澄清。作者特雷弗-罗珀是英国牛津大学近代史教授。他经过多年的调查访问,以大量确凿的事实揭露了巴克斯神秘荒唐的一生,提出了巴克斯伪造景善日记的充分证据,有助于我们进一步判定所谓景善日记是一件赝品。本书作者对中国近现代史史实的记述中不少地方有所歪曲,但对我们研究中国近现代史,特别是研究义和团运动史来说,仍有相当参考价值。

荣禄存札

杜春和等编

统一书号:11206·133

1986年12月1版1次

大32开 448页 2.65元

本书是从中国社会科学院近代史研究所所藏档案资料中编选的。《存札》所收函件时间,始于光绪二十六年(1900年)夏,止于光绪二十九年(1903年),其中以二十七、二十八年为多。《存札》涉及的内容较广,内有清政府与八国联军"议和大纲"的谈判,沙俄妄图侵占东三省及其与李鸿章的秘密交涉,八国联军在直隶境内的残暴行为,辛丑条约订立后各地的赔款负担、清政府加重税收剥削以及人民群众的反抗斗争等等。《存札》反映了辛丑条约签订前后国内政治、经济、军事方面的某些实况。

历史论丛

历史论丛(第一辑)

王仲荦主编

统一书号:11206·26

1980年8月1版1次

大32开 362页 1.35元

本书包括:《孔子与〈春秋〉》(徐中舒),《论孔子的仁学》(吴乃恭),《〈论语〉"子罕言利与命与仁"解》(于省吾),《中国佛教的特点》(任继愈),《名理学概述》(庞朴),《论章太炎的哲学思想》(杨向奎),《试论蔡元培的历史贡献》(罗超)等共16篇文章,多是史学界名家关于思想方面的学术论文,具有较高学术水平。

历史论丛(第二辑)

王仲荦主编

统一书号:11206·28

1981年3月1版1次

大32开 462页 1.70元

本辑共收入文章20篇,主要篇目有:翦伯赞遗作《巩固地确立马列主义、毛泽东思想在教学与科学研究中的指导地位》、《秦王朝的建立及其历史形势》,沈延国辑录《章太炎先生贾子义抄》,尚钺《有关我国原始社会研究的几个问题》,葛懋春《商鞅变法是怎样强化地主对农民统治的?》,郑欣《三国时期封建社会的变革》等。

历史论丛(第三辑)

王仲荦主编

统一书号:11206·59

1983年4月1版1次

大32开 372页 1.40元

本辑共收文章21篇,主要篇目有:汤志钧《章太炎和馆森鸿》,胡绳武、金冲及《从南京临时政府结束到二次革命》(上),翦伯赞遗作《秦王朝与亚洲诸国的关系》,赵俪生《〈周礼·地官司徒〉篇中所见"亚细亚"形式的痕迹》,安作璋《从睡虎地秦墓竹筒看秦统一的原因》,周一良《刘彧与方镇及大臣诏书诠释—宋书札记》,赵守俨《略论唐代科举制度的历史作用》,周远廉、谢肇华《万历后期的矿税之祸—明代辽东档案研究之三》,殷孟伦《〈补记袁滋〉之续》等。

历史论丛(第四辑)

王仲荦主编

统一书号:11206·66
1983年4月1版1次
大32开 357页 1.55元

本集共收史学论文15篇。《章太炎先生清末旅台论文一束》,包括短论37篇,是研究章氏早期思想的重要资料。还有:赵纪彬《〈论语〉"权"字义疏》,杨俊光《〈坚白论〉结构试探》,牟钟鉴《〈吕氏春秋〉的独特风格和创新精神》,余敦康《〈大学〉、〈中庸〉和宋明理学》,祝瑞开《王充的唯物主义哲学》,许绍光《〈史记〉体例论述》,李廷先《读〈史记会注考证〉识异》,孔繁《明清之际三子之异同》,李申《王夫之与老庄哲学》,韦典华《王夫子历史观研究》,侯宜杰《君主立宪派反动论商榷》,胡绳武、金冲及《从南京临时政府结束到二次革命》(下)等。

历史论丛(第五辑)

王仲荦主编

统一书号:11206·92
1985年1月1版1次
大32开 382页 1.95元

本辑共收论文15篇,主要篇目是对古代封建社会经济的研究。要目有:钱宗范《论西周春秋时代天子、诸侯、卿大夫、士之间的宗法关系》、孙祚民《再论淝水之战的性质及其有关的几个问题》、唐耕耦《关于唐代租佃制的若干问题》、虞明英《丝绸之路的门户楼兰鄯善的国都》、漆侠《南宋从差募并用到义役的演变》、何炳棣《美洲作物的引进、传播及其对中国粮食生产的影响》、李华《清代杭州城市经济的发展》、张研《试论清代江苏的族田》、戚其章《〈冕海述闻〉研究》等。

郑和下西洋资料汇编

郑和下西洋资料汇编(上册)

郑鹤卢 郑一钧编

统一书号:11206·22
1980年10月1版1次
大32开 327页 1.20元

郑和下西洋资料汇编(中册)

郑鹤声 郑一钧编

统一书号:11206·57
1983年10月1版1次
大32开 1973页 7.90元

郑和下西洋资料汇编(下册)

郑鹤声 郑一钧编

ISBN 7-5333-0129-3
1989年11月1版1次
大32开 446页 5.50元

本书是一部较全面系统的关于郑和下西洋的历史资料汇编。全书按史实性质分类编排,将各种有关的文献文物资料编为系统的章节,眉目清楚,方便查阅。全书分上、中、下三册,上册内容为郑和的家世、生平和时代,郑和使团的人力物力和航海技术;中册分为上、下,介绍了郑和出使时期亚非诸国基本情况,郑和出使诸国经过及其在发展与诸国友好关系上所起作用;下册介绍了郑和在国外的遗迹、在国外的影响,介绍了郑和下西洋的研究专著及论文索引等。

中国历史实录丛书

中国叛乱实录

刘志义主编

ISBN 7-5333-0810-7
1999年9月1版1次
大32开 488页 23.00元

中国宦祸实录

安作璋主编

ISBN 7-5333-0811-5

1999 年 9 月 1 版 1 次

大 32 开　472 页　21.00 元

中国党争实录

齐涛主编

ISBN 7 - 5333 - 0812 - 3

1999 年 9 月 1 版 1 次

大 32 开　496 页　24.00 元

中国冤案实录

晁中辰　纪明主编

ISBN 7 - 5333 - 0813 - 1

1999 年 9 月 1 版 1 次

大 32 开　560 页　24.00 元

这是一套独具特色的历史普及读物。它选取中国历史长河中有影响的典型事例，借鉴传统史学的纪事本末体裁，各自独立成篇，依年代顺序编次，真实概括地勾勒出中国封建历史的画卷。

大结局丛书

中国皇族的命运

齐涛主编

ISBN 7 - 5333 - 0757 - 7

1999 年 11 月 1 版 1 次

大 32 开　400 页　19.00 元

中国清官的归宿

齐涛主编

ISBN 7 - 5333 - 0758 - 5

1999 年 11 月 1 版 1 次

大 32 开　408 页　19.00 元

中国功臣的结局

齐涛主编

ISBN 7 - 5333 - 0762 - 3

1999 年 11 月 1 版 1 次

大 32 开　396 页　18.00 元

中国权臣的下场

齐涛主编

ISBN 7 - 5333 - 0759 - 3

2000 年 10 月 1 版 1 次

大 32 开　444 页　19.00 元

中国奸臣的末路

齐涛主编

ISBN 7 - 5333 - 0761 - 5

2000 年 11 月 1 版 1 次

大 32 开　444 页　19.00 元

"大结局"系列以纪实的笔法描述中国封建社会不同类型的政坛人物的经历与命运。本丛书的创意有别于其他人物传记类图书，重点是叙述人物的结局与归宿并给予画龙点睛的简要评说，发人深省，耐人寻味。

二十五别史

二十五别史（附光盘）（全二十二册）

本社编

ISBN 7 - 5333 - 0697 - X

2000 年 5 月 1 版 1 次

大 32 开　精装　1380.00 元

《二十五别史》选取从上古到清代的二十五部最著名的别史。按朝代排列，大致与"二十五史"相呼应，成为"二十五史"的姊妹篇。与"二十五史"相比，别史均为私人所写，未经政府审查，往往秉笔直书，无所顾忌，所以，"二十五史"不敢记载的历史事实大都保存于别史之中。本书共 22 册，还附有光盘索引，为读者检索提供了方便。

走近考古丛书

沉睡的文明

——探寻古文化与古文化遗址

蔡凤书著

ISBN 7-5333-1172-8

2003年7月1版1次

16开 140页 18.00元

本书以最简明的手法梳理考古学文化脉络,重点介绍著名古文化遗址的文化内涵。

追寻远古的呼唤

——百年考古学历程

蔡凤书著

ISBN 7-5333-1167-1

2003年8月1版1次

16开 140页 18.00元

本书以重大考古事件为主线,回顾中国近代考古学从萌芽到走向成熟的百年历程。

定格历史

——隐藏于古墓中的奥秘

于海广主编

ISBN 7-5333-1177-9

2003年8月1版1次

16开 140页 18.00元

本书选取史前时代以来重要墓葬40处左右,发掘中国墓葬文化,探索隐藏于古墓中的奥秘。

见证沧桑

——现存古建筑风采

于海广主编

ISBN 7-5333-1181-7

2003年8月1版1次

16开 134页 18.00元

本书选取具有代表性的古建筑遗存,分类介绍古建筑的现状、历史变迁和蕴藏的文化内涵。

岁月遗珠

——考古文物拾翠

冯普仁 左烨主编

ISBN 7-5333-1189-2

2003年8月1版1次

16开 134页 18.00元

本书从考古学角度,将纷繁复杂的考古文物归为六大类,以重点文物为脉络,条理阐发各类文物的演变轨迹及其考古学价值。

历史人物纵横谈

两汉人物

(台湾)龚弘著

ISBN 7-5333-1452-2

2005年1月1版1次

16开 288页 19.80元

本书对刘邦、项羽、萧何、张良、韩信等历史人物进行了评说。包括"平民皇帝汉高祖"、"吕后的另外面目"、"和亲与王昭君"、"幸运儿司马相如"等。

三国人物

(台湾)龚弘著

ISBN 7-5333-1450-6

2005年1月1版1次

16开 256页 19.20元

本书对曹操、袁绍、吕布、孔融、田畴等三国人物进行了评说。内容包括"曹操的'能'与'奸'"、"狼子野心吕布"、"诸葛亮鞠躬尽瘁"、"刘备的能耐"等。

隋唐人物

(台湾)龚弘著

ISBN 7－5333－1449－2
2005 年 1 月 1 版 1 次
16 开　302 页　21.80 元

本书对隋文帝杨坚、杨素、高颖、隋炀帝杨广、李世民等历史人物进行了评说。包括"隋文帝与独孤后"、"隋炀帝欲壑难填"、"李卫公一代名将"、"大骗徒安禄山"等。

两宋人物

(台湾)龚弘著

ISBN 7－5333－1451－4
2005 年 1 月 1 版 1 次
16 开　264 页　19.20 元

本书对宋太祖赵匡胤、宋太宗赵光义、曹彬、吕蒙正等两宋人物进行了评说。包括"赵匡胤黄袍加身谜团"、"宋仁宗真假母亲"、"三苏文章天下读"、"岳飞死于政治谋杀"等。

明代人物

金之平著

ISBN 978－7－5333－1865－9
2008 年 1 月 1 版 1 次
16 开　332 页　26.00 元

本书对朱元璋、李善长、朱棣、周忱、王振、于谦等明代人物进行评说。包括"朱元璋严刑酷法治吏惩贪"、"大贤大德马皇后"、"大将军徐达"等。

清代人物

王恒展　刘志刚著

ISBN 978－7－5333－1946－5
2008 年 1 月 1 版 1 次
16 开　284 页　24.00 元

本书对努尔哈赤、吴三桂、孝庄文皇后、李森光、多尔衮、康熙大帝等清代历史人物进行了评说。内容包括:"雄才大略清太祖"、"孝庄文皇后扶立幼主"、"林则徐虎门销烟"、"洪秀全和太平天国"等。

先秦人物

潘定武著

ISBN 978－7－5333－2121－5
2009 年 1 月 1 版 1 次
16 开　332 页　38.00 元

本书对姜尚、齐桓公、孔子、孟子、孙子、屈原、赵高等先秦重要的历史人物进行了评说。内容包括:"文韬武略话姜尚"、"春秋首霸齐桓公"、"万世师表孔子"、"千古兵圣孙武"、"千古一帝秦始皇"等。

四 语言 文字

古籍整理

俚语证古

丁惟汾著

统一书号:9206·7

1983年10月1版1次

大32开 341页 2.15元

《俚语证古》是日照丁惟汾《诂雅堂丛著》之一种。丁惟汾,字鼎丞,别号雅堂主,为近代著名文字音韵学家。一生治《毛诗》、《尔雅》、《方言》,每以今日之方言俚语,求古代之经传文字。作者汇其所得,成此《俚语证古》一书,为训释古籍者,开辟了一条新的途径。本书系根据台湾1975年的一个印本详加校订,手写影印。王献唐撰《诂雅堂主治学纪》,对丁氏学术成就及本书内容有详细介绍,加印书前,供读者参考。

毛诗韵聿

丁惟汾著

统一书号:9206·12

1984年6月1版1次

32开 120页 0.60元

《毛诗韵聿》系日照丁惟汾先生《诂雅堂丛著》六种之一。丁惟汾为近代著名文字音韵学家。此为丁氏以古音韵学研究《诗经》韵读的专著,共得六例,即介错韵、递转韵、连读递转韵、交错韵、交错转韵、双声通读韵。依此六例,通稽《诗》三百篇之用韵,类皆可谐,而得其正读。书前有王献唐先生撰《诂雅堂主治学记》,对丁氏学术造诣及本书内容有精详分析。

方言音释

丁惟汾著

统一书号:9206·8

1985年1月1版1次

大32开 278页 2.10元

本书是已故文字音韵学家丁惟汾先生的重要著作。《方言》一书为西汉扬雄所作,它分类汇集了古代各地的同义词语,并注明通行范围,为后世研究我国古代语言文字的重要资料,历来为学者所重视,有多种注本传世,但大多限于文字训释。《方言音释》则运用古音韵学,从古代语音源流演变和古语今言相通的关系上,对《方言》原书及晋代郭璞旧注逐条进行阐释,"以音释音,以音释义",实为别开生面的《方言》新注本。

战国楚竹简汇编

商承祚编著

ISBN 7-5333-0467-5

1995年12月1版1次

8开 380页 特精装 280.00元

20世纪五六十年代,湖南长沙、河南信阳、湖北江陵三地出土了七批战国楚竹简，共800余枚，4000余字，为研究楚国的政治，经济、文化提供了丰富的可贵资料，引起国内外学术界的重视。这批资料，经商承祚先生几十年的拼复整理，纂辑成书，影印出版。

陶文图录（全六册）

王恩田编著

ISBN 7-5333-1439-5

2006年6月1版1次

16开　2744页　精装　996.00元

本书是目前规模最大、收录拓片数量最多的一部陶文研究著作。作者广搜博采、鉴别筛选、分类编排，穷十数年之心血而成此书。全书采用公元与断代相结合的体例，分为十卷，共收陶文拓片12000余件，不仅大多表明了出土地点，而且尽可能进行了释读。

释名汇校

任继昉纂

ISBN 7-5333-1462-X

2006年11月1版1次

大32开　668页　精装　56.00元

《释名》是我国东汉末年出现的一部专门探求事物名源的训诂学专著，对研究训诂学、语言学、社会学均有重大的参考价值。《释名汇校》是作者把各家对《释名》的注释、校证、整理成果加以汇录纂集，资料翔实，校编严谨，为一部有重要学术价值的古籍整理专著。书后附有音序、笔画索引，以便检索。

山东金文集成（全二册）

山东省博物馆编

ISBN 978-7-5333-1601-3

2007年7月1版1次

16开　972页　精装　308.00元

本书是山东省博物馆为抢救、保护山东金文资料，穷十余年之功编纂而成，主体由拓本目录、拓本、参考文献三部分构成，共收录山东地区商至汉代铜器铭文拓片1021幅（包括部分前人铭文摹本），在拓片下详列出每件铭文的时代、字数、出土时间和地点、流传经过、现藏地、拓片来源、释文、参考文献、备注等信息。

研究著作

音韵、训诂研究

反切释要

殷焕先著

统一书号：9206·001

1979年6月新1版1次

32开　111页　0.28元

反切是前人识字注音的工具。由于古今字音有了差异，今人要正确把握它已相当困难，乃至被称为“绝学”。本书对反切上比较重要的事例作了解释，说明在今天应用反切时应注意的要点。书中附入“反切上字”、“反切下字”的《字表》，可便查考。

中上古汉语音韵纲要

（瑞典）高本汉著　聂鸿音译

统一书号：9206·13

1987年5月1版1次

32开　288页　1.55元

高本汉先生（Berhard Karlgren）是瑞典著名语言学家。高氏一生积极从事汉学研究，在20世纪二三十年代他的学术思想和研究成果就在我国获得了巨大声誉，至今还影响着我国语言学界。本书系作者晚年著作，书中总结了几十年治学成果，展示出他的主要理论和证据，详细列出精心构拟的中上古汉语音系统和实际音值。本书论说透辟，材料丰富，不失为一个时代学术著作之代表，同时亦是一本上古音小辞典。

译者忠于原著,文笔严谨流畅,并增制索引,便于检索。

实用音韵学

殷焕先　董绍克著

ISBN 7－5333－0033－5
1990年7月1版1次
大32开　540页　9.80元

该书分上、下两编,上编主要论述音韵学的基本知识,包括现代北京音、《广韵》、《中原音韵》、上古语音系统等等;下编则具体讲音韵知识的运用,如语音的演变、反切、声训及诗词曲的押韵等等。

训诂学纲要

孙永选等著

ISBN 7－5333－0500－0
1996年2月1版1次
大32开　270页　12.50元

本书系统介绍了训诂学的功用、与其他学科的关系,及训诂方法、训诂术语、训诂内容、训诂名称和体式、训诂简史、重要训诂著作简介等。

音韵训诂研究

吴庆峰著

ISBN 7－5333－1105－1
2002年10月1版1次
大32开　334页　23.00元

本书是作者长期从事古代汉语研究的成果。主要分音韵学和训诂学两大部分。音韵部分讨论了七字韵语、异平同入、段玉裁古音十七部等问题,提出了自己独特的见解。训诂学方面涉及问题更广泛,如对训诂方法的新看法,对联绵词源的研究,对小说语词的训释,对方言古语的探究等。

音韵论丛

中国音韵学研究会等编

ISBN 7－5333－1323－2
2004年1月1版1次
大32开　708页　精装　56.00元

本书系中国音韵学研究会第12届学术讨论会暨汉语音韵学第7届国际学术研讨会所提交的学术论文集。作者多为国内外音韵学界的知名专家,该书反映了音韵学界的最新研究成果。

唐代科举考试诗赋用韵研究

王兆鹏著

ISBN 7－5333－1477－8
2004年12月1版1次
大32开　254页　18.00元

本书将流传至今且年代明确的唐代科举优秀答卷139篇甲赋和189首试律诗的用韵作逐一分析归纳,从而探讨了唐代官韵中各韵的远近亲疏关系和各韵"同用"、"独用"的变化轨迹,解决了长期困扰音韵学界的重要问题。

汉语史论集

杨端志著

ISBN 978－7－5333－2019－5
2008年6月1版1次
大32开　452页　38.00元

本书是作者语言学研究的论文集,内容包括音韵学、训诂学、词汇史、语义诠释学等。其中,音韵学主要是对《周易》音的研究,训诂学主要是对训诂基础理论的研究,语义诠释学主要是对经典诠释的理论方法的研究。

新编训诂学纲要

孙永选　阚景忠主编

ISBN 978－7－5333－1940－3
2007年12月1版1次
大32开　368页　23.00元

本书在《训诂学纲要》(齐鲁书社1996年版)基础上,吸收该学科的最新研究成果,结合本学科特点，对训诂方法、文献训诂、训诂专书、训诂发展史等方面的问题作了全新的阐释。

文字研究

古文字学导论（增订本）

唐兰著

（平装）统一书号:9206 · 2

（精装）统一书号:9206 · 6

1981 年 1 月新 1 版 1 次　大 32 开

449 页　平装 2.20 元　精装 2.70 元

《古文字学导论》是作者关于古文字学的理论性著作。全书包括：作者 1934 年手写石印本和 1936 年改订本（未完稿），并补齐 1934 年本所缺 9 幅插图，收入 1963 年重印本所加之 3 幅附图和跋文。这是唐兰先生这部重要著作最完整的本子。经过张政烺先生编辑并撰写出版附记。

文字形义学概论

高亨著

统一书号:9206 · 3

1981 年 2 月新 1 版 1 次

大 32 开　330 页　1.60 元

本书内容为概述古文字学的基本知识及其条例。共分七章：一、绪论，二、文字起源之传说，三、文字之变迁，四、六书总论，五、字形之构造，六、字义之条例，七、余论。主要是论说文字的形义、阐述字形构造和字义滋生转变的条例。此次出版系根据山东人民出版社 1963 年版重新排印。

汉字三论

殷焕先著

统一书号:9206 · 4

1981 年 9 月 1 版 1 次

大 32 开　110 页　0.43 元

本书是讨论汉字性质、功能与汉字改革的著作。作者着眼于今天汉字教学使用的速度效能，引证汉字发展历史资料和当前汉字教学使用的实践经验，讲述了三个问题，第一，论汉字的“六书”性质和汉字教学；第二，论汉字的笔画形体；第二，论汉字的简化与教学。

摹庐藏陶捃存

陈直编著

统一书号:8206 · 51

1983 年 3 月 1 版 1 次

8 开　52 页　1.50 元

作者是国内知名的史学家和古文字学家，居关中凡四十年，收集大量秦汉瓦陶文字，随时择其精者，手拓题跋，赠其从兄——古文字学家陈邦怀先生。陈邦怀先生以之编成此书，采用拓片 50 种，俱为此前所未发表。

子云乡人类稿

殷孟伦

统一书号:9206 · 10

1985 年 2 月 1 版 1 次

大 32 开　483 页　3.00 元

本书是著名学者殷孟伦先生的论文结集。所收 25 篇文章是从新中国成立后作者论文中精选出来的，共分三辑。第一辑是关于语言文字方面的，包括训诂学总论、训诂专著研究、古汉语汇研讨、重要语言学家及学术著作评述，共 15 篇；第二辑收《史记》、《红楼梦》文学语言技巧研究文章 5 篇；第三辑 5 篇文章既有关于校雠学的专题论说，也有对唐代碎叶地理位置的精辟见解。

经今古文字考

金德建著

统一书号:2206 · 30

1986 年 10 月 1 版 1 次

大32开 480页 3.15元

本书着重探讨汉代今古问题中的今古文字部分,即今文字与古文字的相异。著者根据《说文》古文,《仪礼》郑注所称今文和古文,《论语》的鲁读和古读,《周礼》、《礼记》郑注所称古文,汉熹平《石经》今文,魏三体《石经》隶书今文和古文,高诱、郭璞等注书中所称古文,《玉篇》《汗简》及《一切经音义》中所称古文,等等,作为依据,用以剖析两汉时代各种经传所见异文,确定这些异文属于今文字或古文字的性质。著者经过如此剖析确定后,对于汉代各经和传记的今文本和古文本的沿革变迁以及学术演进,产生了新的看法,提出了很多创见。

旧学辑存(全三册)

张舜徽著

ISBN 7-5333-0018-1

1988年9月1版1次

大32开 1850页 精装 25.00元

此书为著名文献学家张舜徽先生的旧文结集,分上、中、下三册出版。其内容包括两大部分。前半部分为小学,作者以《说文解字》、《尔雅》、《广韵》为基础,继承清代乾嘉诸大师之遗业,推阐近世章太炎等人的成果,疏证补释,多所创见。后半部分是经、史、子学的注释和治学札记,于指导治学有很高的参考价值。后附《忆往编》,回顾自己的治学经历,也极有裨益于世人。

一得集

陈邦怀著

ISBN 7-5333-0099-8

1989年10月1版1次

大32开 428页 5.90元

本书为我国著名古文字学家陈邦怀所著,分上、下两卷,上卷是作者关于古文字、古器物研究方面的成果,收文62篇,考辨翔实,论证精审,有很多创见;下卷为古籍文献序跋,收文44篇,作者突破了一般序跋文的通例,融入自己的研究所得,因而有较高的学术价值。

甲骨研究

(加拿大)明义士著

ISBN 7-5333-0507-8

1996年1月1版1次

大32开 144页 10.00元

加拿大汉学家明义士自1914年开始,在河南安阳小屯搜集甲骨,至20世纪30年代撰成此书。本书共分七个章次,前六章主要为与甲骨学史有关的内容,其中对甲骨文发现的经过和流传的记述,尤其受到学界的重视。本书的重点则是最后一章对商代帝系的研究,作者在本章节中提出一些颇有创见的观点,订正了以往商代帝系研究中的错误。本次出版系按原作影印。

金文编识读

张宗方 郭人杰编著

ISBN 7-5333-0508-6

1996年1月1版1次

16开 1200页 精装 128.00元

本书博采众家之说,集历代金文研究成果,对我国前辈古文字学家荣庚先生的鸿篇巨著《金文编》一书中正编所录2420个金文字,逐字进行注音、诠释,编号与《金文编》字的编号一致,可依号查对,十分方便。书后备有检字表,依隶定的楷书笔画,可迅速查到该字的金文字。该书的绪论部分,较详细介绍了《金文编》、金文字,以及学习研究金文字的问题。青铜器简介部分介绍了青铜器知识及著名铜器铭文。青铜器图版可增强读者感性认识。所选铜器铭文均有释文可参考。

王懿荣集

〔清〕王懿荣著 吕伟达主编

ISBN 7-5333-0768-2

1999 年 3 月 1 版 1 次
672 页　大 32 开　精装　48.00 元

王懿荣是甲骨文的发现者，本书是其一生主要著述的结集，具有较高的学术价值和史料价值。

纪念王懿荣发现甲骨文一百周年论文集

吕伟达主编

ISBN 7－5333－0710－0
2000 年 12 月 1 版 1 次
大 32 开　492 页　精装　50.00 元

1999 年是王懿荣发现甲骨文一百周年，烟台市举办了纪念大会及学术讨论会，本书是大会论文的结集，收论文 46 篇。

汉字现代化研究

王开扬著

ISBN 7－5333－1419－0
2004 年 9 月 1 版 1 次
大 32 开　350 页　28.00 元

本书从语言看文字，从汉语看汉字，从语文教学和技术应用看汉字，认为汉字性质是有表音表意倾向的记号文字，基本适合于汉语的现状。但是，语文教学难、技术处理难的现象仍然存在，有必要设计一种新的文本，以供信息处理和对外汉语教学使用。

图示汉字书体演变史

朱葆华编

ISBN 7－5333－1577－4
2005 年 11 月 1 版 1 次
16 开　388 页　精装　59.00 元

本书收录了商代至清代 300 余幅有关汉字书体发展的图片，以图的形式展示了汉字书体演变的规律。

图释古汉字

熊国英著

ISBN 7－5333－1517－0
2006 年 1 月 1 版 1 次
16 开　314 页　48.00 元

本书是一部用图画形式系统解释汉字起源、字形字义、繁衍变化的兼有工具书性质的文字学专著。内容深入浅出，图文互佐，既适合书法美术、装潢设计、影视舞美界人士参阅，也可作为大中小学语文讲师的释字例本，还可供中小学以上文化者识读。

石鼓文解读

王美盛著

ISBN 7－5333－1697－5
2006 年 8 月 1 版 1 次
16 开　172 页　38.00 元

本书为了彻底揭开石鼓文的谜底，作者在前人研究的基础上，对石鼓文进行了全面深入的解读，并进行了分析和研究。

春秋战国金文字体演变研究

张晓明著

ISBN 7－5333－1742－4
2006 年 11 月 1 版 1 次
16 开　270 页　35.00 元

春秋战国时期是汉字字体演变的关键时期，金文字体演变是其重要内容之一。本书收集了春秋战国时期 3025 篇青铜器铭文，从中选择与整理出 1293 篇作为研究对象，全面考察了春秋战国时期金文字体的演变情况，理清了春秋战国时期金文字体演变的脉络，对春秋战国金文字体演变的规律与原因、春秋战国金文字体演变在汉字发展史上的地位与作用等问题进行了探讨与总结。

隋唐出土墓志文字研究

曾良著

ISBN 978－7－5333－1900－7

2007年11月1版1次
大32开 302页 20.00元

本书以隋唐出土墓志的语言文字为研究对象，针对隋唐墓志文字的研究现状，指出了当前墓志文字校勘整理容易出现的问题，纠正了隋唐出土墓志整理中文字上的许多错误。结合汉语俗字学理论和知识，介绍了墓志的文字书写特点，总结了墓志文字相混的情况和辨析方法，对墓志的一些俗字和词语进行了考释，从墓志角度探讨了隋唐文字的使用情况。

广义文字研究

黄亚平等主编

ISBN 978-7-5333-2151-2
2009年1月1版1次
大32开 568页 46.00元

本书集国内外著名文字学家有关文字研究的论文24篇，从理论研究、文字起源、语言与文字的关系、文字图像与仪式、书写材料和技术以及文字的功能地位等六个方面讨论相关的文字问题。

词语、语法研究

诗书成词考释

姜昆武著

ISBN 7-5333-0149-8
1989年11月1版1次
大32开 372页 5.50元

上古汉语中有一种结构相对固定的词语，多由两字组成，并有特定的含义和使用环境，一般辞书都语焉不详。本书作者称之为“成词”，以别于成语和普通词语。本书选择《诗经》、《尚书》中的成词150余条，钩掘疏理，详加考释。

汉语羡馀现象研究

韩陈其著

ISBN 7-5333-0991-X
2001年10月1版1次
大32开 312页 26.00元

羡馀现象是20世纪世界语言界关于自然语言本质特征的三大发现之一。本书是中国第一本全面探讨汉语羡馀现象的专著，既可为科学汉语史的建立提供可借鉴的理论框架，又可为汉语规范化的实现提供赖以鉴别的动态标准，有助于正确认识汉字史、汉语词汇史、汉语语法史等。

《古代汉语》引文诠释

孙永选 阚景忠主编

ISBN 7-5333-1247-3
2003年10月1版1次
大32开 384页 22.50元

本书对郭锡良、唐作藩等先生编著的《古代汉语》的“古代汉语常识”部分所征引的全部资料逐条加以注释，注释的内容一般包括解释难懂的字词、串讲句意或作出翻译，必要还提出了引文的语境。

词语搭配变化研究

——以隋前若干动词与名词的搭配变化为例

张诒三著

ISBN 7-5333-1500-6
2005年5月1版1次
大32开 346页 23.00元

本书以汉语词语之间的搭配随时代不同表现出不同特征的语言事实为立足点，考察了动词与名词的搭配在先秦两汉南北朝的历时变化，从词语搭配的角度，勾勒了词义演变的轨迹，丰富了汉语史的研究。

《史记》虚词通释

吴庆峰主编

ISBN 7 - 5333 - 1607 - X
2006 年 1 月 1 版 1 次

大 32 开　488 页　30.00 元

本书按音序收录了《史记》中的虚词 494 条，包括助动词、数词、代词、副词、介词、连词、助词、语气词、叹词、拟声词等，并进行了释解。

汉语典故词语散论

唐子恒著

ISBN 978 - 7 - 5333 - 2126 - 0
2008 年 12 月 1 版 1 次

大 32 开　344 页　30.00 元

本书从词汇学角度对汉语的典故词语进行了考察，把每一个典故词语都作为汉语词汇系统中的一个成员，对它们与典源的关系，它们的语音形式、语法构成、表义方式，词义的形成和发展演变，以及它们和汉语中某些熟语的关系等问题进行了探讨，总结了典故词语的部分特点和规律。

方言研究

烟台方言报告

钱曾怡等著

统一书号：9206 · 5
1982 年 11 月 1 版 1 次

大 32 开　287 页　1.05 元

本书包括：语音、词汇、语法、烟台方言记音四个部分及题为《从一九七九年的复查情况看烟台方言的发展》的后记。语音部分，经详细调查，认真核实，编成较全面的"同音字表"，反映了烟台方言的语音情况、声调特点及其变调规律；词汇部分，收集方言词语 2400 多条，标明其音、义方言特点；语法部分，列举实例，阐明烟台方言构词、句式等方面的语法特点；烟台方言记音部分，采取最能体现烟台方言特点的资料，通过成篇记音方式记音。后记记述了通过复查看烟台方言 16 年来的发展变化。

金乡方言志

马凤如著

ISBN 7 - 5333 - 0916 - 2
2000 年 11 月 1 版 1 次

大 32 开　232 页　25.00 元

本书对金乡地区的方言音系、语音变化等现象进行了全面的描述，对于语言研究、历史研究都具有重要的参考价值。

山东方言研究

钱曾怡主编

ISBN 7 - 5333 - 0992 - 8
2001 年 9 月 1 版 1 次

16 开　448 页　精装　75.00 元

本书分综论、历史、现状三部分，以四十多年来的方言研究为基础，由局部到全省，由共时到历时，对山东方言进行了综合性研究，对研究方言和推广普通话都具有指导性作用。

临沂方言志

钱曾怡主编

ISBN 7 - 5333 - 1133 - 7
2003 年 3 月 1 版 1 次

大 32 开　272 页　30.00 元

本志介绍了山东临沂市概况，其方言的区属及特点，临沂十二区县的音系，临沂方言与普通话的比较，并从词汇和语法方面进行详细阐述。

莱州方言志

钱曾怡主编

ISBN 7 - 5333 - 1460 - 3
2005 年 1 月 1 版 1 次

大 32 开　378 页　35.00 元

本书分为五章，介绍了莱州市地理人口状况、历史沿革、方言概况、标音符号、单字单音、天文、地理、农事、植物、动物、迷信等内容。

阳谷方言研究

董绍克著

ISBN 7-5333-1530-8
2005年2月1版1次
大32开 408页 25.00元

阳谷方言属于中原官话而位于中原官话与冀鲁官话的交界之处,其特点十分显著。本书从语音、词汇、语法三方面研究了阳谷方言。

汶上方言志

宋恩泉著

ISBN 7-5333-1567-7
2005年8月1版1次
大32开 324页 35.00元

本书对汶上方言进行了语言调查,在阐述汶上地理人口状况、历史沿革、方言概况、记音符号和发音合作人的基础上,介绍了其语音、词汇、语法、语料记音等内容。

郯城方言志

邵燕梅著

ISBN 7-5333-1591-X
2005年11月1版1次
大32开 282页 30.00元

本书分为五章,介绍了郯城地理人口状况、历史沿革、方言概况、记音符号、单字音系、天文、地理、农业、植物、动物等内容。

标准苏州音手册(附读音光盘)

汪平著

ISBN 978-7-5333-1847-5
2007年8月1版1次
48开 354页 14.50元

本书采用在汉语拼音方案基础上设计的苏州拼音方案,标注了近6000字的苏州话读音,并配有光盘,通俗易懂,对于想了解和学习苏州话的人会有很大帮助,对于保护丰富的苏州历史文化遗产(包括昆曲、苏州评弹等)也将会有很大的作用。

东北方言的话语模式研究

秦海燕 曹凤霞著

ISBN 978-7-5333-2015-7
2008年5月1版1次
大32开 344页 28.00元

本书运用现代语用学的基本理论和研究方法对东北方言进行了较为全面的审视和研究。在具体研究过程中,作者运用言语行为理论对东北方言进行了比较细致的梳理和分析。

明清山东方言助词研究

翟燕著

ISBN 978-7-5333-2097-3
2008年8月1版1次
大32开 432页 35.00元

本书以明清时期同属山东方言的三部语料——《金瓶梅词话》、《醒世姻缘传》、《聊斋俚曲》为基本研究素材,以七大类别助词为研究对象,对明清山东方言助词的发展演变及相关问题作了较系统的研究。

江西吴城方言语音研究

肖萍著

ISBN 978-7-5333-2107-9
2008年12月1版1次
16开 272页 32.00元

本书详细介绍了吴城方言的语言系统、同音字汇、文白异读、例外字、语流音变等,探讨了今音与古音的对应关系,揭示了古音演变的规律,在历史层次问题上,讨论了吴城话文白异读的四种现象,确定了吴城方言的归属,考察了吴城方言的社会语言学背景。

五　文化　教育

名胜古迹　文化遗址

泉城纪游

济南市出版办公室编

统一书号:10206 · 7

1980 年 3 月 1 版 1 次

大 32 开　200 页　0.74 元

泉城是济南的别称。本书编入游记 23 篇,对泉城的名山胜水、佛刹古迹,作了艺术的描绘和讴歌。

灿烂的古代文化

徐北文等著

统一书号:11206 · 104

1984 年 8 月 1 版 1 次

大 32 开　382 页　2.25 元

本书用通俗易懂的文字介绍了从上古山东龙山文化到明清的山东文化。内容包括:龙山文化与远古的山东,殷周之际的火花,文化古都曲阜,古齐都,稷下学派的辉煌成就,泰山神道的影响,西汉的经学大师,汉魏晋之际的山东文坛,北朝文化遗迹,明清山东戏曲小说,清代的山东学者等。书后附有部分插图。本书是《可爱的山东》丛书之一。

淄博名胜古迹

淄博市政协文史资料研究委员会编

ISBN 7 - 5333 - 0112 - 9

1988 年 10 月 1 版 1 次

大 32 开　240 页　4.00 元

本书分山水秀色、名人胜迹、古代建筑、古代墓葬、文物天地等九个部分,配有 60 幅图片,可谓淄博名胜古迹之大全。

孔子故里胜迹

骆承烈　郭克煜主编

ISBN 7 - 5333 - 0249 - 4

1992 年 4 月 1 版 1 次

32 开　276 页　4.00 元

本书综合介绍了孔子故里的历史古迹专书。分曲阜、孔庙、孔府、孔林、颜庙、少昊陵、周公庙、尼山、梁公林、曲阜城内、曲阜城外十一类,每类中再以其所处位置及类别按照顺序排列。所选内容包括现存文物古迹、历史上有过现已不存的文物古迹,及一些有关文物古迹的重要概念。

衍圣公府见闻

孔繁银著

ISBN 7 - 5333 - 0255 - 9

1992年4月1版1次

32开 396页 5.85元

作者新中国成立前曾在孔府工作，本书即根据作者当时的所见所闻，并结合部分档案资料写成。本书着重介绍了清末至新中国成立前夕孔府方方面面的情况，包括孔氏家族、孔府各级官吏和仆人、祭祀、婚丧寿庆以及建筑沿革等。书中附有部分珍贵照片。

潍坊人文与自然景观

潍坊市人大教科文卫工作委员会

潍坊市文化局编

ISBN 7-5333-0528-0

1996年3月1版1次

大32开 216页 18.00元

本书对山东潍坊的主要的人文与自然景观进行了详细的介绍，文字简明通俗，图文并茂，每一景观配一幅照片，增加了形象性和趣味性。

新泰文化大观

王尹成主编

ISBN 7-5333-0775-5

1999年5月1版1次

16开 228页 78.00元

本书以图为主，图文并茂地展现了新泰的历史与现在。

昌邑文化博览

王蔚成主编

ISBN 7-5333-0891-3

2000年7月1版1次

16开 776页 精装 198.00元

本书分十二个篇章，百余万字，涵盖了昌邑古今文化的各个方面，内容包括：地理风貌、昌邑春秋、古迹名胜、古城文物、人物纪略、古今著述、丝绸史话、文苑英华等，全面而系统地展示了昌邑文化。

枣庄文物博览

枣庄市政协文史资料委员会编著

ISBN 7-5333-0955-3

2001年3月1版1次

大16开 176页 精装 108.00元

本书分两大部分，一是文物图片，分器类排列；二是研究论文和考察评价。旨在宣传枣庄市古代和近代政治、经济、文化、民俗、社会等方面的文明发展概况。

老青岛话青岛——街道

陈南林 沈刚权主编

青岛人民广播电台交通频道编

ISBN 7-5333-0964-2

2001年6月1版1次

大32开 204页 16.80元

本书由一组关于青岛街道的广播系列节目集结而成，全书介绍了近200条青岛街道，时间从殖民地时期到改革开放的今天，反映了青岛百多年来的沧桑巨变，很富有史料价值。且文中插入了许多黑白及彩色图片，图文并茂，读来颇有怀旧之乡韵乡情。

泰山通鉴

苗进贤主编

ISBN 7-5333-1447-6

2005年1月1版1次

16开 670页 精装 108.00元

本书收有关泰山历史文化图片220幅，并有大事提要、索引等。

泰山大观

胡志鹏主编

ISBN 7-5333-1769-6

2006年12月1版1次

16开 346页 56.00元

本书将泰山的自然与文化遗产以及与之相关的风土人情，通过主持人和嘉宾的问答形式呈现在读者的面前，使广大读者对泰山这一古老的地域文化有一定的了解。

中国济宁

潘献华主编

ISBN 978－7－5333－2100－0

2008 年 9 月 1 版 1 次

8 开　240 页　精装　490.00 元

本书以图片的形式，全面详尽地反映了孔孟之乡、运河之都的济宁市属十二县区的文化遗址和名胜古迹等。本书图片数量丰富、质量上乘，具有较高的观赏和收藏价值。

版刻　版本　文献学

版刻质疑

瞿冕良著

统一书号:11206·134

1987 年 3 月 1 版 1 次

大 32 开　144 页　1.15 元

作者在从事汇编全国古籍善本书总目工作中，对各家版本著录考订详密，随手札记，汇集成册，名曰“版刻质疑”。内容包括：版本、刻工、年代、行款、差错讹并及著录行文的歧异刊误近三百余条。本书不仅于版本之学多所发明，于各家著录之纠讹批谬，条分缕析，言必有据，足启治学之门径。

清代版刻一隅

黄裳编

ISBN 7－5333－0228－1

1992 年 1 月 1 版 1 次

大 32 开　428 页　9.50 元

本书精选自清初至晚清有代表性的版刻200种，每种附有书影，以反映清代各时期、各地域、各流派的版刻异彩纷呈、繁花似锦的局面，进而总结清代版刻的继承发挥发展和领新标异的艺术成就。本书名为“一隅”，实际上是清代版刻的精华录，也可补充《中国版刻图录》清刻本书收录过少的不足。本书所收诸书，皆出作者所珍藏。

古今伪书考补证

黄云眉著

统一书号:17206·1

1980 年 6 月新 1 版 1 次

大 32 开　333 页　1.70 元

清代学者姚际恒所著的《古今伪书考》，是读古书者不可不读的书。作者所著的《古今伪书考补证》一书，搜罗清人及近人的辨伪文章，附列姚书所考各书之后，而以自己的意见，疏通各说。

古书经眼录

雷梦水著

统一书号:17206·4

1984 年 6 月 1 版 1 次

32 开　174 页　0.86 元

本书为作者在长期积累和研究古籍版本基础上所辑综合性书目；共收经、史、子、集四部罕见抄、刻本 667 种；记述版本特点、源流较其已整理出版的《贩书偶记续编》更为详明。

前尘梦影新录

黄裳著

ISBN 7－5333－0114－5

1989 年 6 月 1 版 1 次

大 32 开　200 页　2.60 元

本书系作者对在“十年浩劫”中遭抄掠之藏书的回忆录。它记录了近六百种所藏古书的书目，从刊刻、款识、装帧等诸方面较为详细地介绍了其版本情况，并且记述了这些藏书的得书经过，以及旧时书坊的轶闻趣事。

孔子故里著述考

周洪才著

ISBN 7-5333-1278-3

2004年5月1版1次

大32开　818页　60.00元

本书是一部全面考证著录历代曲阜人士（包括孔子、颜子后裔移居他邑、外籍人士寓居本邑而见于曲阜《志》者）著述情况的文献学专著。所收以乾隆《曲阜县志》与民国《续修曲阜县志》所载人物著述为基本框架，参以各史《列传》、《艺文志》，历代诗文集、类书杂著、方志家乘、孔府档案、敦煌文献、年谱碑传、公私藏目、个人知见，尤其注意吸收利用前人的研究成果和新发现的有关文献。书内共收录自先秦至新中国成立前490位作者的1700余种著述，该书以传统分类法分为经、史、子、集、丛五部，凡57类，每类按时代先后排列；各书注以书名、卷数（个别不可考者缺）、存佚情况、作者简历、所处朝代、著述形式、考释文字、各种版本等。释文内容包括：历代著录情况、前人有关品题、重要序跋摘录、作者生平、著作缘起、本人考证意见等。该书搜罗广泛，著录了大批过去未见收录与新发现的邑人著述。

宋代版本学研究

——中国版本学的发源及形成

李明杰著

ISBN 7-5333-1713-0

2006年10月1版1次

大32开　428页　33.00元

本书从中国古籍版本学的起源为切入点，着力于新材料的挖掘和理论论证，对版本学意义上的“本”的概念的形成时期，“版本”、“善本”的首次出现时间及最早考订版本源流的时期，均提出了新的看法，并得出了版本学形成于宋代的结论。本书并附有宋代版本学家知见名录及“中国古籍版本学论文索引”，更增加了其学术分量与实用性。

明代通俗类书研究

刘天振著

ISBN 7-5333-1760-2

2006年12月1版1次

大32开　410页　28.00元

本书通过对明代日用类书、道德故事类书、娱乐性通俗类书、通俗类书与古代小说等专题的分析与论述，全面介绍明代通俗类书的基本形态与影响。

中国古典文献学

吴枫著

统一书号:7206·1

（ISBN 7-5333-0079-3）

（ISBN 7-5333-1474-3）

1982年10月1版1次

大32开　258页　0.94元

本书共分八章，包括中国古典文献概述，古典文献源流、类别、体式，四部书的构成及其演变，类书、丛书与辑佚书，古典文献目录与题解，版本、校勘与辨伪，古典文献收藏与阅读等若干专题，全面系统地讲述了有关中国古典文献知识和应用。

秦汉文献研究

吴树平著

ISBN 7-5333-0109-9

1988年10月1版1次

大32开　548页　5.50元

本书对《东观汉纪》、《后汉书》、《氾胜之书》等重要秦汉典籍作了系统的专题研究，材料翔实，功力深厚，是一部有价值的古文献专著。

中国古典文献学概论

王俊杰主编

ISBN 7 -5333 -1721 -1

2006 年 11 月 1 版 1 次

大 32 开　316 页　22.00 元

本书介绍了古典文献的起源、产生、发展，古典文献载体材料的生产技术和工艺流变，古典文献管理制度的演变、发展，古典文献与古代科技、文化、教育的相互作用等内容。

文献学与小学论考

邓声国著

ISBN 978 -7 -5333 -1836 -9

2007 年 7 月 1 版 1 次

大 32 开　440 页　29.80 元

本书为作者多年在各类学术杂志上发表的文章的结集，涵盖了文献学与小学的各个方面，包括理论探讨编、文献整理编、词句训诂编、辞书编辑及其他四个部分，共计 30 余篇。

文献学专题史略

高尚榘主编

ISBN 978 -7 -5333 -1941 -0

2007 年 12 月 1 版 1 次

大 32 开　456 页　28.00 元

本书分十个专题：目录学史略、版本学史略、校勘学史略、辨伪学史略、辑佚学史略、注释学史略、丛书史略、类书史略、典藏史略、典籍遭厄史略，对每个专题的文献发展的历史简况作了简洁准确的说明。

研究著作

大汶口文化讨论文集

山东大学历史系考古教研室编

统一书号：11206·5

1979 年 11 月 1 版 1 次

大 32 开　322 页　1.20 元

本书共收入了近年来有关大汶口文化讨论的文章 23 篇。这些文章主要对大汶口文化所代表的社会性质即大汶口文化是阶级社会文化，还是氏族社会文化等问题展开了讨论。它对进一步探讨黄河下游原始社会晚期物质文化的面貌，我国原始社会晚期私有制的产生和发展，原始社会的解体及国家的起源等问题有重要的参考价值。

古钱新探

朱活著

（平装）统一书号：11206·30

（精装）统一书号：11206·86

1984 年 6 月 1 版 1 次　16 开

317 页　平装 4.00 元　精装 5.50 元

本书是作者研究我国古代货币的论文集。书中搜集了古货币图录 400 余幅，多是新中国成立以来的考古新发现。作者根据史料，参证实物，对上自商殷、下迄两汉的古代货币，作了较为详尽的考据和论述。

山东史前文化论文集

山东省《齐鲁考古丛刊》编辑部编

统一书号：11206·109

1986 年 9 月 1 版 1 次

大 32 开　312 页　2.10 元

本书是山东史前文化讨论会论文结集，共收论文 15 篇，多为当代知名学者的研究文章。作者依据考古资料，阐发了自己的见解。

山东龙山文化研究文集

蔡凤书　栾丰实主编

ISBN 7 -5333 -0239 -7

1992 年 3 月 1 版 1 次

大32开　332页　6.00元

山东龙山文化的发现与研究，是与中国现代考古学同时起步的，至今已有半个多世纪的历史。本书精选论文19篇，代表了山东龙山文化研究老中青三代学者的水平。书后附碳十四测定数据和山东龙山文化研究的文献目录。

齐鲁音乐文化源流

林济庄著

ISBN 7－5333－0480－2

1995年7月1版1次

大32开　190页　9.80元

本书系我国古代音乐史方面的一部方域性质的断代史著作。作者从文化人类学、音乐形态学等方面入手，通过对文献记载与考古成果的相互利用，勾勒出齐鲁音乐文化的发生、发展风貌，揭示了它的独特的文化个性。

国花大典

温新月　李保光主编

ISBN 7－5333－0504－3

1996年2月1版1次

大32开　946页　精装　49.00元

本书集牡丹资料之大成，计有历史、诗文、故事、谱记、杂述、栽培效益等7篇，篇首彩照50余幅，是一部资料性、文学性、知识性并重的大型牡丹专著。

昭穆制度研究

李衡眉著

ISBN 7－5333－0469－1

1996年11月1版1次

大32开　230页　15.20元

昭穆制度是我国古代一种重要的社会观念形态，几千年来，它在传统的亲属、继承、婚姻、丧葬、宗庙等制度中都起着重要作用。本书作者经过长期的资料翻检，借助于当代社会学、民族学和人类学等理论以有周一代为典型，瞻前顾后，推理分析，既讲清了昭穆制度的来龙去脉，又揭示了其产生的时间、原因和实质。

齐鲁讲武史话

张健编著

ISBN 7－5333－0581－7

1997年7月1版1次

大32开　204页　13.80元

本书从讲武溯源、鲁地胜武勇齐人隆技击、太极拳起源说、其他拳种与拳技、近代国术法规及馆所之建立、清末以来山东武术社团组织及有关情况、山东武术综述等七个方面，对山东的武术历史、武林人物、拳种武技和武术馆所社团组织等情况，作了比较详细、全面的记述和介绍。

崇山理念与中国文化

何平立著

ISBN 7－5333－0915－4

2000年1月1版1次

大32开　618页　精装　46.00元

本书是一部研究山岳理念与中国文化关系的专著。全书从文化学高度对古代山岳崇拜理念的产生、发展及演变，揭示出山岳崇拜理念在哲学思想、文学、艺术、建筑民俗等文化事象中的发展轨迹，探索其的精神实质和意蕴。

齐俗研究

张龙海主编

ISBN 7－5333－0982－0

2001年10月1版1次

大32开　238页　16.00元

本书收入有关齐地民俗的研究论文30余篇，从不同角度对齐地民风民俗的形成、特点及意义进行了研究，提出了许多新的观点。

齐文化与现代文明

宋玉顺主编

ISBN 7-5333-1121-3

2002年10月1版1次

大32开 372页 20.00元

本书系一部论文集，所收文章从不同侧面论述了齐文化与现代文明的关系及其在现代文化建设过程中的地位、价值和意义。

巡狩与封禅

——封建政治的文化轨迹

何平立著

ISBN 7-5333-1096-9

2003年1月1版1次

大32开 494页 精装 46.00元

作者梳剔历代帝王巡狩封禅的史实，分析其隐性的文化含义，得出许多令人信服的新见解和研究成果。

泰山封禅与祭祀

汤贵仁著

ISBN 7-5333-1148-5

2003年1月1版1次

大32开 226页 28.80元

本书共分4章，内容包括封禅概况，秦汉封禅，唐代封禅，宋和明清的封禅与祭祀等，图文并茂，详细介绍评说了历代帝王奠祭泰山的历史故事。

董永与孝文化

李建业著

ISBN 7-5333-1190-6

2003年4月1版1次

大32开 856页 50.00元

本书收集了大量与董永有关的民俗文化史料，并对中国古代的孝文化进行了系统的论述。

泰山岱庙考

刘慧著

ISBN 7-5333-1170-1

2003年5月1版1次

大32开 260页 30.00元

本书结合最新发现的文物资料，对岱庙的历史和现状详加考辨，辅以100余幅图片，既富学术性，又具可读性。

唐代饮食

王赛时著

ISBN 7-5333-1174-4

2003年5月1版1次

384页 大32开 18.00元

本书对唐代的饮食文化进行了系统的研究和论述，按照饮食结构的框架进行分类考论，介绍了主食和副食的品类以及食用范围，论述了与饮食生活有关的果品、调味品、酒品和饮料等内容。通过具体的细节考证，阐释了唐代饮食的特点，是一部颇具特色的饮食文化专著。

齐国货币研究

淄博市钱币学会编

ISBN 7-5333-1211-2

2003年8月1版1次

16开 240页 120.00元

本书收录近年来研究齐国及秦汉以后齐地的货币论文28篇。

泉州古代书院

陈笃彬 苏黎明著

ISBN 7-5333-1203-1

2003年8月1版1次

大32开 334页 26.00元

本书是一部古代书院历史研究专著，集中介绍了唐、宋、元、明、清历代泉州书院的发展兴衰、体制规模、管理制度,及其作为一种特别的文化教育形态与秦汉以来的官学、私学、科举制度的关系。

齐文化与先秦地域文化(全二册)

邱文山等著

ISBN 7-5333-1229-5

2003 年 8 月 1 版 1 次

大 32 开　932 页　58.00 元

本书从先秦文化的文化生态及其总体特征,齐文化与鲁、楚、燕、晋、吴越、秦文化的对比,及先秦地域文化的融汇与整合等问题上对先秦文化进行了研究。

山东运河文化文集(续)

于德普　梁自洁主编

ISBN 7-5333-1261-9

2003 年 11 月 1 版 1 次

大 32 开　684 页　42.00 元

本书是山东省第二次运河文化研讨会的论文结集,专家学者从经济、交通、农业、生态保护、文化、旅游等各个方面论述了运河文化保护开发利用中的热点问题,对发展山东西部经济、促进运河流域的崛起有很强的启示意义和决策参考价值。

齐鲁文化研究

山东师范大学齐鲁文化研究中心编

ISBN 7-5333-1364-X

2003 年 12 月 1 版 1 次

16 开　270 页　35.00 元

本书为研究齐鲁文化的论文集。共收入论文 39 篇,内容涉及齐鲁文化的方方面面,诸如齐鲁文化在中华文明中的地位与影响、齐鲁文化在海外的传播与发展、齐鲁文化在当代的价值体现等。

中国科举史话

李树著

ISBN 7-5333-1241-4

2004 年 1 月 1 版 1 次

大 32 开　372 页　24.00 元

本书以年代为顺序历述科举制度的发生、发展直到结束的纵向历史发展过程,选取涉及"进士考试的由词赋到经义、经义僵化为八股,录取人数的增减变化"等 230 个专题进行讲述。

山东省文化资源的旅游开发与应用研究

何佳梅　王德刚主编

ISBN 978-7-5333-1258-9

2004 年 1 月 1 版 1 次

大 32 开　338 页　23.00 元

本书在对文化旅游开发理论发展研究的基础上,以不同类型文化资源实地开发的应用研究为切入点,对山东省如何对旅游资源文化内涵的挖掘性开发进行探讨。

泉州古代科举

陈笃彬　苏黎明著

ISBN 7-5333-1384-4

2004 年 7 月 1 版 1 次

大 32 开　320 页　26.00 元

本书在详细叙述泉州地区由唐至清历代科举发展脉络的基础上,总结其特点,概括其影响,颇有新意。配以 30 余幅插图,更具可读性。

圣城展望

——历史文化名城发展战略研究

张术平著

ISBN 7-5333-1540-5

2004 年 9 月 1 版 1 次

大 32 开　314 页　精装　30.00 元

本书包括曲阜市资源状况及发展基础评

价、曲阜市经济社会发展思路及战略目标、旅游兴市战略、历史文化名城规划建设战略等九章内容。

齐鲁史前文化与三代礼器

王永波 张春玲著

ISBN 7-5333-1426-3

2004年10月1版1次

大32开 716页 50.00元

本书以考古学文化与远古民族、民族分布与九州区划的对应关系为基础,全面论述了三代青铜礼器和礼仪用玉的造型渊源和文化传承,论述了不同时期各考古学文化势力的消长,不同部族的迁徙、交流和融合的过程。

济宁风俗通览

山东省济宁市政协文史资料委员会编

ISBN 7-5333-1461-1

2004年12月1版1次

大32开 684页 56.00元

本书分为:男婚女嫁、生儿育女、宗族家庭、饮食肴馔、服装饰物、建房立宅、出行交通、岁时节日、社交礼仪、信仰祟祀、生产行当、禁忌避讳、民间艺术等十六编,对济宁地区民俗予以全方位详细剖析。

中国文化艺术可持续发展研究

田川流著

ISBN 7-5333-1536-7

2005年9月1版1次

大32开 384页 26.00元

本书从文化艺术可持续发展的角度着眼,阐述与探讨了中国自然与文化遗产的基本状况、中国现阶段的市场机制和文化市场建设以及中国文化艺术的未来趋势与走向。这些对于文化艺术可持续发展的理论框架具有十分重大的意义和价值。

泉州古代教育

陈笃彬 苏黎明著

ISBN 7-5333-1570-7

2005年9月1版1次

大32开 308页 26.00元

本书介绍唐宋元明清福建泉州教育学校、师资及官私办学情况,概括了古代泉州1500多年间的教育发展和成就,并总结了古代办学对现代教育的启示。

中医文化论丛

毛振国主编

ISBN 7-5333-1576-6

2005年11月1版1次

大32开 302页 20.00元

本书分别从中医文化与周易、儒学、道家、民俗、文字五个方面的密切关系入手,阐释了中医文化的博大精深,使广大读者能够重新地正确认识中医药文化的作用与价值。

世界百国流通硬币图录

张馥编著

ISBN 7-5333-1646-0

2006年6月1版1次

大32开 190页 精装 50.00元

本书共收录了世界上一百个国家和地区的流通硬币,按原大尺寸将其一一展示,并且将各地发行、流通硬币的基本情况述录为文,附于其中。

泰山天下安

耿文清主编

ISBN 7-5333-1658-4

2006年10月1版1次

16开 212页 精装 160.00元

本书系统论证了泰山与天、地、人、儒、释、道、社稷、民生的关系，融入了有关的泰山历史、文化、文物、风光、石刻、人物、宗教、风物等方面的精华，对泰山、泰安的国泰民安文化进行了高度概括和系统总结。

齐文化与中华文明

邱文山著

ISBN 7－5333－1732－7

2006年11月1版1次

大32开 360页 24.00元

本书内容包括齐文化概述、稷下之学为中国文化发展史上的里程碑、齐兵学为中国古代兵学理论的核心、阴阳五行学说成为“中国人的思想律”、齐科技成就对中国古代科技的巨大贡献等。

避讳研究

王新华著

ISBN 7－5333－1684－3

2007年1月1版1次

大32开 388页 28.00元

本书从避讳的起源与形成原因、避讳的对象与范围、避讳的发展变化、避讳的方式与规则、避讳的影响等几个方面，对避讳进行了系统的研究。

圣城感悟

——历史文化名城与可持续发展

张术平著

ISBN 7－5333－1785－8

2007年1月1版1次

16开 236页 39.00元

本书通过对历史文化名城可持续发展的研究，力图找出新形势下历史文化名城保护与经济发展之间的规律性，实现历史文化名城保护与利用的有机结合，促进历史文化名城可持续发展。

中国香文化

傅永亮著

ISBN 978－7－5333－1909－0

2007年12月1版1次

16开 332页 36.00元

香文化是一个古老而全新的命题。中国用香的历史已有数千年之久，历代帝王将相、文人墨客、平民百姓无不以香为伴，对香推崇有加。本书对香的起源与发展、香的生产与使用、香的品种与特色、香与养生、香与宗教、香与文学艺术，进行了全面的探究与阐述，从一个独特的角度折射出华夏文明的灿烂光辉。本书是第一部全面系统记叙香文化的专著，填补了香文化研究的空白。

齐文化与当代社会

临淄齐文化研究中心编

ISBN 978－7－5333－2028－7

2008年6月1版1次

大32开 356页 26.00元

本书收录了齐文化与当代社会全国研讨会专家学者的论文38篇，选文围绕“齐文化与当代社会”、“齐文化产业开发”两大主题，涉及了和谐社会、廉政建设、治国理念、产业开发等多个领域。

泉州古代著述

陈笃彬 苏黎明著

ISBN 978－7－5333－1957－1

2008年2月1版1次

大32开 488页 35.00元

本书梳理了自唐五代迄清末一千多年间泉州籍人士的学术专著、编著、校注、诗文集以及大量未结集的诗文，填补了泉州地方史志中的空白。

古韵流彩

——滨州市首批非物质文化遗产名录

滨州市文化局编

ISBN 978-7-5333-2017-1
2008年4月1版1次
16开　278页　38.00元

本书以滨州市人民政府公布的63项滨州市首批市级非物质文化遗产保护项目为主，以图文并茂的方式，收录各个项目的详细介绍，包括每个项目的分布区域、历史渊源、存在形态、继承发展、保护利用情况，集中展现了滨州市丰富的文化遗产。

文登李龙王的神话传说

山东省文登市政协编

ISBN 978-7-5333-2050-8
2008年8月1版1次
大32开　372页　精装　49.00元

非物质文化遗产李龙王神话传说影响广泛，其发源地在山东省文登市。本书对当地的文字和口述史料进行了系统的发掘整理，收入了李龙王传说的史料记载、故事流传、山会庙会、论文选登等。

中国古代足球

刘秉果　赵明奇著

ISBN 978-7-5333-2080-5
2008年9月1版1次
16开　288页　49.00元

本书是有关中国古代足球史方面的著作，主要包括中国古代足球史论、中国古代足球史著、中国古代足球史料三部分，是了解和研究中国古代足球的重要著作。

《学记》解读

李绪坤著

ISBN 978-7-5333-2110-9
2008年11月1版1次
16开　160页　22.00元

《学记》是我国古代关于教育教学的经典文献，论述了我国古代教育的目的意义、教育制度、教师的作用和标准、教育学原则等，对现代教育教学也极有启发意义。本书是对《学记》的详细解读，作者用现代人的视角，集历代研究者之大成，结合现代教育的特点，对教育教学进行了古今对比和反思。

文统与政统之间：康雍乾时期的文化政策和文学精神

李明军著

ISBN 978-7-5333-2123-9
2008年11月1版1次
大32开　448页　32.00元

本书对明清之际和清代的文坛名流以及清代的统治政策进行了深入精到的研究，突出了文化现象和文化行为在政治环境中的挣扎与沉浮、繁荣与变异，资料翔实，可读性强。

中国古代文化史论

王健著

ISBN 978-7-5333-2157-4
2008年12月1版1次
大32开　126页　26.00元

本书对中国古代各个时期的科技、思想、史学、文学、教育、艺术及宗教的传播和影响等相关专题进行了深入的探研与论述，具有自己独到的见解。

山东省历史文化遗址调查与保护研究报告

王志民主编

ISBN 978-7-5333-2153-6
2008年12月1版1次

16开 940页 248.00元

本书在对山东省境内省级以上文物保护单位进行现状调查的基础上对遗址现状进行了客观真实的描述,并对其文化价值进行了深入的研究,在此基础上提出了保护建议。同时按地市进行了地域宏观分析,按种类进行了分类分析,为有关部门制订有效的文化遗址保护措施提供了决策依据。

亲圪蛋——唱“开花调”的人们

刘红庆著

ISBN 978-7-5333-2116-1

2009年1月1版1次

16开 260页 35.00元

本书图文谱词并茂,配有超值音乐光盘,是第一部论述20世纪山西左权地方音乐流变的著作。在“天地方圆”的简洁结构中,作者思路清晰,笔锋轻灵,娓娓讲述了“开花调”、“小花戏”这些民间音乐的百年变迁,阐发了中国民间音乐的真正生命力所在,给所有热爱文艺、热爱民间音乐的人们以全新的启迪和思考。

普及读物

名人教子故事

李威周主编

ISBN 7-5333-0064-5

1988年6月1版1次

大32开 470页 4.10元

本书搜集了古今中外许多名人的有关资料,编写124篇教子故事。着重描写了他们如何在其父母家长的精心教育栽培下,成长为报效祖国、创功立业的有用之才;又怎样以身作则,遗优秀品质于下一代,教育自己的子女。作者以简洁明快的笔触,浓郁的人情味,寓教育学、伦理学、社会学、人才学等的一般道理于生动有趣的故事情节之中,富有深奥的哲理和普遍的社会意义。本书故事以历史史实为依据,重视有意义的主题和健康的思想,强调可读性、趣味性,书中并绘有精美插图10余幅。

三字经 百家姓 千字文

王云珠注释

ISBN 7-5333-0238-9

1991年8月1版1次

32开 90页 1.50元

《三字经》、《百家姓》、《千字文》,俗称“三百千”,是我国几百年来流传最广、影响最大的三种启蒙读物。它对于扫除文盲、提高文化水平,普及历史知识,至今仍有积极作用。本书选取较好版本,重加校点,对差别较大的不同版本选作附录,对《三字经》、《千字文》作了简明注释,《百家姓》加了注音。

养生妙语

杨端志主编

ISBN 7-5333-0403-9

1994年8月1版1次

32开 218页 7.00元

本书辑先秦至清朝两千多年来,中国历史著名医药学家、医药典籍及文人学者有关健身长寿的精言妙语,包括简要的理论知识,衣、食、住、行等各方面科学的生活方法,以及预防疾病、滋养体质的方剂。是指导广大中老年人防病保健、增强体质、延年益寿的必备之书,同时又是研究中国古代健身长寿学发展历史的重要资料。

文言尺牍示范

程显生 王葆华主编

ISBN 7-5333-0435-7

1994年9月1版1次

大32开 416页 11.80元

本书选收各类文言尺牍,每则按原文、注

释、译文、简评的体例编写。附录摘编了有关文言书信的开首语、结束语、祝颂语、落款谦词等语言资料，可供初学者参考。

图鉴少年进德录（全四册）

〔清〕丁福保编纂

宁波等整理　李雪松绘

ISBN 7-5333-0559-0

1997年2月1版1次

大32开　1834页　98.00元

《图鉴少年进德录》一书原为清末学者丁福保编著，共分幼学、孝友、修身、立志、勤俭、读书、治家、交际、处世、理财等27章。各章皆为荟萃前人之至理名言。本书经整理标点，加上白话今译，并配以近千幅精美的插图。

千古美文

——中华经典诵读本（全六册）

王财贵主编

ISBN 7-5333-0814-X

1999年9月1版1次

大32开　768页　39.00元

本套诵读本有三个特点：一、精选名篇，二、注音简明，三、循序渐进。全套诵读本共分为6册，内容包括经典、诸子、诗词和美文600篇，分三个阶段学习。

齐文化知识100题

刘斌著

ISBN 7-5333-0952-9

2001年3月1版1次

大32开　220页　18.00元

本书精选齐文化知识方面的一百个重要问题，作了系统的阐说，既有相当的学术深度，又有可读性，是一部雅俗共赏的普及性历史文化著作。

起名指南

庄重　金韶华著

ISBN 7-5333-1021-7

2002年1月1版1次

32开　202页　10.00元

本书综合古今起名的艺术，结合现代社会特点，提出几种行之有效的起名方法，供今人参考。共分姓名与人生、名字的意义系统、姓氏与名字、名字的时代特征、取名方法、取名应知、给孩子一个美名、给企业一个美名、起名法批判、姓名趣谈等十章。

麻辣典故

陈雄著

ISBN 7-5333-1609-6

2006年1月1版1次

16开　288页　29.80元

本书采用“大话”的手法对历史典故再创作，时尚的眼光消解了典故的晦涩，语言通俗而不失文雅，深沉而不失幽默，嬉笑怒骂而富有活力。

菩提树下

——现代禅意散文选

南北主编

ISBN 7-5333-1657-6

2006年6月1版1次

16开　232页　35.00元

所谓禅意散文者，即是个体以禅意的眼光透视大千世界而得来的感悟。本书作为一部作品集，作者众多：既有散文大家，又有文坛新秀；既有城市白领，又有乡村教师，他们最重要的一个共同点就是都诗意地栖居在禅——这棵菩提树下，通过他们灵活活泼的文字，体会发现：只要心中有禅，禅就无处不在。

中华文化三字经

谢祥皓著

ISBN 7－5333－1828－4

2007年8月1版1次

16开　188页　28.00元

本书别出心裁，用青少年喜闻乐见的“三字经”形式，用约一千行、六千余字的篇幅对中华文化进行高度概括和提炼，力争让读者快速、全面领略中华文化的整体风貌，版式新颖、图文并茂，是适合青少年读者的文化普及读物。

新编二十四孝图

山东省老年学学会孝文化专业委员会

ISBN 978－7－5333－1883－3

2007年10月1版1次

大32开　52页　12.80元

本书选取先秦到清末二十四个孝亲故事，由专业画家将这些孝亲故事绘成二十四幅图画，每图附有简短的文字说明，力图以图文并茂的形式，弘扬孝亲传统美德，在全社会形成尊老、敬老、爱老的社会风尚，为建设和谐家庭、和谐社会作出贡献。

一叶一菩提

陶永生著

ISBN 978－7－5333－1934－2

2007年12月1版1次

16开　268页　25.00元

本书是一本散文集，分为活页的思想、散页的日子、信仰的慰藉三个部分。书中散文清新质朴却不乏哲思，语言洗尽铅华又灵动跳跃，诗性与理性相得益彰。

风雅大宋

朋星著

ISBN 978－7－5333－1832－1

2008年1月1版1次

16开　284页　28.80元

本书分别从宋代文人的舞文弄墨、科举入仕、交游唱和、智问巧答以及爱情韵事等角度入手，深刻解读了宋代文人的精神世界和生活状态，行文中间配有大量生动传神的图片。本书语言干净雅趣，史料详尽丰富，能引领读者充分体味闲适舒逸的宋人生活。

祖宗的生活

李开周著

ISBN 978－7－5333－1983－0

2008年5月1版1次

16开　258页　25.00元

本书从房地产置业、家居装修、官场轶闻、皇宫旧事、教育、饮食等不同侧面，生动地反映了中国古代社会日常生活的各种风貌与特点。全书资料具体扎实，文笔幽默风趣，既有历史感，又有现实感，文图并茂，极具知识性和可读性。

鲁班的传说

山东滕州鲁班研究会编

ISBN 978－7－5333－1994－6

2008年5月1版1次

大32开　320页　28.00元

鲁班的一生有许多发明，被我国土木工匠奉为祖师，是中国科学史上一位有影响的人物。本书从大量文献和民间传说中甄选出25篇鲁班的传说撰文绘画，用连环画的形式讲述鲁班的故事，生动活泼，通俗易懂。

鲁班的传说（线装本）

山东滕州鲁班研究会编

ISBN 978－7－5333－1995－3

2008年5月1版1次

12开　162页　线装　198.00元

本书是《鲁班的传说》线装本。

解读红楼梦之红楼游艺

祝良文编著

ISBN 978-7-5333-2009-6

2008年5月1版1次

16开　354页　31.00元

本书以《红楼梦》中涉及的古代游艺为引，全面介绍中国古代游艺的起源、发展、玩法、技巧及意义，并以猜射类、斗智类、博戏类、角力类、文斗类、游戏类、投射类将各种游艺加以区分，辅之以部分插图作介绍说明，图文并茂，可读性强。

不可不知的百部中国经典

周洪才主编

ISBN 978-7-5333-2016-4

2008年9月1版1次

16开　352页　35.00元

本书选取中国文化史上影响深远的百余部经典名著，包括哲学典籍、史学名著、诗词文论、小说戏曲、医农科技、蒙书字典等。所收各书皆配图版，同时撰有导读性文字，内容包括典籍的内容简介、作者简介、艺术价值、地位影响以及流行版本等。本书语言流畅、图文并茂，使经典亲近大众，让大众了解经典，是一部弘扬传统文化的普及读物。

多彩鸡文化

于海广主编

ISBN 978-7-5333-2144-4

2009年1月1版1次

16开　212页　28.00元

本书从非物质文化遗产角度介绍中国悠久的鸡文化，内容包括传统意识、文学、历史、民俗、手工工艺等各个方面。

高校教材、教参

中国古代文学

马志杰主编

统一书号:7206·3

1985年6月1版1次

大32开　313页　2.25元

本书是《全国理工农医经管类高等院校语言文学教学丛书》之一，是为理工农医经管类学校开设文学课而编写的一部教材，它以文学发展史为经，以历代作家及其作品为纬，划分为先秦文学、秦汉文学、魏晋南北朝文学、隋唐五代文学、宋代文学、元明清文学六个单元；选文百篇，注释较详，照顾理工农医经管类高校专业特点；每单元后附有文学概述。

古代汉语漫谈（电大古代汉语教学参考书）

董琨著

统一书号:9206·15

1986年5月1版1次

32开　360页　1.70元

本书紧扣电大教材，重视基础知识的掌握和基本技能的训练。书中又广泛吸收学术界研究成果，把不同的看法介绍给学员，有助于培养学员的独立思考和研究能力，书中根据课程进度，采取分篇分问题漫谈的形式，深入浅出，生动活泼。

美学教程（高等学校文科教材）

周忠厚编著

ISBN 7-5333-0028-9

1988年1月1版1次

大32开　424页　2.85元

本书以实践学说阐述美学理论问题，力求做到理论和实践统一。作者将生产美学、商品美学、景观美学等都容纳到美学体系之中，是一种崭新的尝试，较目前流行的美学著作，显示了很大的独创性。本书既有系统的论述,又有对实用美学的探讨,适于作一般学习教材。

简明中国文学史教程

朱靖华　李永祜主编

ISBN 7-5333-0031-9

1988年1月1版1次

大32开　666页　4.45元

本书是《全国理工农医经管类高等院校语言文学教学丛书》之一,是为理工农医经管类学校开设文学课而编写的一部教材,共八编,分别为先秦文学、秦汉文学、魏晋南北朝文学、唐代文学、宋代文学、元代文学、明代文学、清代文学。既有对中国古代文学发展概况的叙述,又有对重要的文学现象和作品的分析。

中国古代文学作品选讲

刘天寿编著

ISBN 7-5333-0077-7

1988年6月1版1次

大32开　304页　2.90元

本书是中国人民大学函授学院开设“中国古代文学作品选”课程的教材,也是一部自学中国古代文学的基础读物。全书二十讲,以讲析古代文学名家名篇为主,辅以文学史和文体知识。便于读者了解我国古代文学精品、文体特点,并帮助掌握分析作品的方法。

世界通史简编(全二册)

武瑞田　徐凤传　陶佃友主编

ISBN 7-5333-0201-X

1990年9月1版1次

32开　902页　10.60元

本书系根据国家教委1989年全国高等师范专科政教专业世界简史教学大纲编写的教材,书中广泛吸收了有关专著、论文及有关世界通史教材的研究成果,内容详实,脉络清晰,上册自原始社会至1848年欧洲革命,下册自19世纪的欧洲至第二次世界大战。可兼作高师专科函授、教育学院、电视大学、党校的世界通史教材。

美学概论

李戎主编

ISBN 7-5333-0264-8

1992年2月1版1次

大32开　464页　3.95元

本书介绍了美学的概念美的本质、美感、美育、审美等方面的基础理论和基本知识。被用为山东高校文科必修教材、省“自考办”指定教材,还被省内外许多高校作为硕士研究生考试指定教材。

中国现代文学史实用教程

朱德发主编

ISBN 7-5333-0791-7

1999年11月1版1次

大32开　464页　17.00元

本书是山东省教委“面向21世纪教学内容和课程体系改革”重点项目,适用于普通高校和成人教育本、专科教学,亦可作为报考硕士研究生参考书。全书分为上编、下编、附编三大板块:上编以文化思潮的高度,着重于“史”的描述、线索的勾勒和规律的揭示,并以重要的文学现象或社团流派带出有影响的作家作品;下编从不同的角度选取能体现中国现代文学全面或部分光辉实绩的经典作家,设立专章以突现其对现代文学大厦建构的独特贡献;附编从上、下编所设章节提取50个专题,作简明扼要的剖析和解答,既是文学史本体内容的回应,又是对其补充和深化。

古代汉语(全三册)

赵光智主编

ISBN 7-5333-0896-4

2000 年 8 月 1 版 1 次

大 32 开 1019 页 62.00 元

本书是山东省教委“面向 21 世纪教学内容改革项目”立项课题。全书分上、中、下三册，内容分别为通论、文选、试题库。通论部分参照现行的教学大纲，有较强的系统性、准确性和实用性。文选部分注释较为准确，详略得当。试题库设七种题型，便于教学过程中随时取用。

数字艺术编辑基础

李锦程编著

ISBN 7-5333-1511-1

2005 年 6 月 1 版 1 次

16 开 272 页 35.00 元

本书是高等院校影视编导（文科）教材，共分为四个部分，第一部分是数字艺术编辑基础理论；第二部分讲解图像图片编辑技术；第三部分讲解图片动画的编辑制作；第四部分讲解动画制作技术。

数字视频编辑与合成

李锦程 张常霞编著

ISBN 7-5333-1512-X

2005 年 6 月 1 版 1 次

16 开 290 页 37.00 元

本书是高等院校影视编导（文科）教材，共分四章，内容包括：数字视频基础理论；数字视频图像剪辑（Premiere 6.0 篇）；视频图像剪辑（PremierePro 1.5 篇）；视频特效合成（After Effects 篇）。

中小学教材、教参

沂蒙简史

孙玮 王瑞功 姚昌起等编写

ISBN 7-5333-0110-2

1988 年 12 月 1 版 1 次

32 开 140 页 1.10 元

本书是一部对中小学生进行热爱祖国、热爱家乡教育的乡土教材。书中对山东临沂地区的历史沿革、物产文化、风俗人情等进行了系统、全面的介绍，融科学性、知识性、趣味性于一体，是一部了解临沂地区历史发展的通俗读物。

德州史话

德州地区教研室编著

ISBN 7-5333-0274-5

1992 年 5 月 1 版 1 次

32 开 106 页 1.50 元

该书是德州地区教研室编写的中学历史乡土教材。书中比较详细地介绍了德州地区的地理位置及其历史变迁，生动地描述了德州地区的历代著名人物，以及发生在德州地区具有重大意义的历史事件，简要总结了 1949 年以来德州人民在中国共产党领导下所取得的成就。

中国文化简史

山东省教研室编著

ISBN 7-5333-1001-1

2001 年 10 月 1 版 1 次

大 32 开 286 页 8.00 元

本书是一部从文化人类学的角度重新阐释中国历史的专著，立意新颖，内容丰实，按类别共分四大部分：一、自然科学与技术，二、社会科学，三、社会生活，四、中外文化交流。

世界文化简史

山东省教研室编著

ISBN 7-5333-1002-0

2001 年 10 月 1 版 1 次

大 32 开 300 页 8.00 元

本书是一部从一个全新角度揭示人类社会发展进程的文化史。按时代顺序共分为五个部分：一、原始文化，二、古代文化，三、中世纪文化，四、近代文化，五、现代文化。

德州简史

德州市教学研究室编著

ISBN 7－5333－1008－X

2002年1月1版1次

大32开 86页 2.90元

本书为德州市初级中学乡土历史教材，简要介绍了德州的历史发展沿革，风土人情、人物典故，以及政治、经济、文化等，旨在使孩子们对自己生长的家乡有一定的了解和认识。

齐鲁文化（八年级学生用书）

安作璋主编

ISBN 7－5333－1328－3

2004年3月1版1次

16开 122页 7.20元

本书共分八个单元，一个单元一个专题。其中，第一单元从宏观角度概括介绍了齐鲁文化的形成和基本特点，第二至第七单元分别从学术思想、文学艺术、宗教民俗等微观视角勾勒了齐鲁文化的整体面貌，第八单元着重介绍了齐鲁文化在海外的影响。本书每单元末设置了“活动与探究”，课文中穿插了“成语典故”、“名人名言”、“齐鲁掌故”等若干小栏目，以加强学生的实践训练以及课堂授课时的趣味性和开发性，开阔学生视野。

齐鲁文化（教师教学参考用书）

周原主编

ISBN 7－5333－1340－2

2004年6月1版1次

16开 206页 20.00元

此书单元设置与学生用书一致，以扩大教师授课的视野为原则，在原有单元原有知识的基础上，增加了许多新知识点，将学生用书中的概括论述进一步加深加宽，以期教师在讲课时能够旁征博引，将最大的知识信息量传达给学生。

小学单元测试卷（27种）

小学学制“五改六”过渡教材（4种）

小学学制“五改六”过渡教材·学习指导与训练（4种）

开心自助餐—小学新教材趣味练习（40种）

初中单元测试卷（30种）

初中同步基础训练（22种）

高中同步基础训练（32种）

新课程中考复习丛书（6种）

课外读物

自学考试毕业论文撰写指导

齐兆言主编

ISBN 7－5333－0905－7

2000年9月1版1次

大32开 320页 13.80元

本书是针对自学考试学生撰写毕业论文难的情况，约请有关大专院校多年参加自考生毕业论文撰写指导的富有经验的专家、学者编写的一本指导用书。首列总论，综合指导；下分汉语言文学、英语言文学、经济管理、政治管理、行政管理、会计、统计、财政、税收、金融、法律、公安管理、教育管理十三个专业，深入浅出地论述了各专业毕业论文的撰写方法，具有较强的实用性。

小学语文古诗必读(插图本)

李剑锋 李建东注释

ISBN 7-5333-0906-5

2000年11月1版1次

大32开 164页 7.60元

本书根据国家教育部小学语文教学大纲规定范围,汇集了中国古代不同时期脍炙人口的诗词80首,短小精悍、通俗易懂。

小学生名篇诵读(全四册)

郑碧雯 杨士钊主编

ISBN 7-5333-0922-7

2001年1月1版1次

大32开 788页 28.00元

本书为加强学生读写能力,增加阅读量的要求和精神而编写,内容包括诗歌、散文、故事等,皆为古今中外名篇,具有很强的实用性。

中学生必读名著导读(初中版)

郑训佐 邹宗良主编

ISBN 7-5333-1011-X

2002年1月1版1次

大32开 344页 16.50元

本书为指导学生更好地阅读教育部《中学生语文教学大纲》指定的30部必读中外文学名著而编写。全书包括导读和缩写两大部分。导读部分根据各书的具体情况分为导引、作者简介、历史背景、创作背景、人物评析、思想内容、艺术成就、文学价值等多个栏目,每个栏目下又围绕这个主题展开讨论,提出相关的问题,力图从各个角度,多层面地、由表及里地对作品进行剖析。缩写部分是整部作品的浓缩,既准确地把握了原著的经络,又自成系统,为同学们便捷地了解和阅读原著提供了一部很好的参考书。

中学生必读名著导读(高中版)(全二册)

郑训佐 邹宗良主编

ISBN 7-5333-1017-9

2002年1月1版1次

大32开 770页 36.00元

本书紧扣国家教委指定的中学生阅读名篇必读书目,组织高等院校各阶段的文学史专家精心编写。每部书的导读部分分"导读"和"精缩选读"两大部分。"导读"部分重点介绍该书的作者情况、创作背景、思想意义、艺术特点、典型形象分析、在文学史上的地位和影响等几部分,每部分又分几个小类别,以标题带出内容,层次极其清晰,特别适合中学生理解和记忆。"精缩选读"部分根据具体情况,对一些长篇小说内容进行浓缩改写,保持精粹,删芟枝芜。

现代中国文学读本(全二册)

魏建主编

ISBN 7-5333-1204-X

2003年6月1版1次

16开 744页 59.00元

本书系统地梳理了中国现代文学的历程,突出介绍了经典作家和作品,突出文学史进程的事件、人物和作品等介绍,收录了一大批经典作品,并进行阅读提示,编制了相关思考练习题。

中国当代文学读本(小说卷)

郭丽主编

ISBN 7-5333-1209-0

2003年8月1版1次

大32开 252页 35.00元

本书选取了新时期以来部分著名的长、中、短篇小说的全文或章节,作为中高级汉语水平的外国留学生及在华攻读汉语言文学专业的本科生、硕士生的当代文学阅读教材。

小学生必背古诗词(语文新课标推荐篇目)

张苠艺译注

ISBN 7-5333-1286-4
2004年1月1版1次
64开 144页 5.00元

本书按照新课标教学大纲规定的小学生必须背诵的古诗词篇目，选取古代诗词曲赋共70首，加以注释翻译，并配以插图，极适合学生携带、理解和背诵。

初中生必背古诗文（语文新课标推荐篇目）

杨延生译注

ISBN 7-5333-1285-6
2004年1月1版1次
64开 158页 5.00元

本书按照新课标教学大纲规定的初中生必须背诵的古诗文篇目，选取古代诗词曲赋34首、古文16篇，加以注释翻译，并配以插图，极适合学生携带、理解和背诵。

中学生古文观止（初中篇）

祁海文 许建飞主编

ISBN 7-5333-1225-2
2004年4月1版1次
大32开 180页 9.00元

本书收初中实验教材中新列古文篇目，并逐篇进行注释、解读、点评。

中学生古文观止（高中篇）

祁海文 许建飞主编

ISBN 7-5333-1228-7
2004年4月1版1次
大32开 432页 19.50元

本书收高中实验教材中新列古文篇目，并逐篇进行注释、解读、点评。

漫话语文

张西海著

ISBN 7-5333-1355-0
2004年5月1版1次
大32开 356页 20.00元

本书是作者对中小学语文课进行教学研究的文集，文章有《语文是什么》、《语文的现状》、《背功漫说》、《关于听课》等30篇。

当代中国文学读本

魏建主编

ISBN 7-5333-1386-0
2004年7月1版1次
16开 398页 29.00元

本书分十个单元，主要由三部分内容组成：文学史叙事，经典作品选，阅读提示和思考练习题。

庄子选译（语文新课标推荐篇目）

ISBN 7-5333-1283-X
2004年8月1版1次
64开 208页 6.00元

本书选取《庄子》一书中有名的、寓意深刻，比较通俗易懂的篇章共120余节，加以注释翻译，集中反映了庄子思想的各个方面以及庄子文章的特点和风格。

礼仪基础与形体训练教程

朱瑛主编

ISBN 7-5333-1407-7
2004年9月1版1次
大32开 280页 18.00元

本书重点介绍了日常工作和生活中的礼仪知识以及在文化艺术管理中的重要性，包括：社交基本礼仪、仪态礼仪、公共礼仪等10章内容。

高中生必背古诗文（语文新课标推荐篇目）

张苳艺译注

ISBN 7－5333－1458－1
2004年12月1版1次
64开　154页　5.00元

本书按照新课标教学大纲规定的高中生必须背诵的古诗文篇目，选取古代诗词曲赋共30首、古文10篇，加以注释翻译，并配以插图，极适合学生携带、理解和背诵。

小学生礼仪教育读本（卡通版）

贵阳市文明办　贵阳市教育局编

ISBN 7－5333－1498－0
2005年5月1版1次
16开　70页　6.00元

本书用小学生喜闻乐见的卡通画的形式，把小学生应当遵守和学习的礼仪规范融会其中。本书内容新颖全面，符合青少年身心发展规律，可读性强，使学生在轻松的阅读中深受礼仪教育。

初中生礼仪教育读本（卡通版）

贵阳市文明办　贵阳市教育局编

ISBN 7－5333－1499－9
2005年5月1版1次
16开　64页　6.00元

本书用初中生喜闻乐见的卡通画的形式，把初中生应当遵守和学习的礼仪规范融会其中。本书内容新颖全面，符合青少年身心发展规律，可读性强，使学生在轻松的阅读中深受礼仪教育。

创新作文（小学版）（39种）

创新作文（初中版）（39种）

少年文萃

——德州市小学生优秀作文选（12种）

少年文萃

——德州市初中生优秀作文选（12种）

个性作文

——德州市高中生优秀作文选（12种）

考试辅导书

山东省公务员录用考试辅导教材（全二册）

宗景才主编

ISBN 7－5333－1753－9
2007年1月1版1次
16开　692页　68.00元

本书由山东行政学院公务员制度研究所专家在总结多年教学、科研实践经验的基础之上精心编撰而成，共分为《申论》、《行政职业能力测验》两册。每册均依据2008年国家公务员考试大纲最新精神，并紧扣山东省公务员考试特点，从基础知识、典型例题、技巧点拨等几个方面予以全面深刻讲解，并结合历年真题解析、全真模拟试题演练等几个板块加以巩固强化，是考生备战2008年山东省公务员录用考试的最佳选择。

新高考语文实用类文本阅读满分攻略

刘威主编

ISBN 978－7－5333－1869－7
2007年9月1版1次
16开　128页　15.00元

本书专为新高考的“实用类文本阅读”量身定做，是从不同文体类型特征出发，探究相应考查方式，总结高效实用的应试对策。本书围绕考纲精选典型例题，有较强的针对性和指导性。

丛套书

校雠广义

校雠广义·目录编

程千帆　徐有富著

ISBN 7-5333-0000-9

1988年8月1版1次

大32开　440页　精装　6.00元

1998年4月2版2次

大32开　392页　25.50元

校雠广义·版本编

程千帆　徐有富著

ISBN 7-5333-0184-6

1991年7月1版1次

大32开　536页　14.50元

1998年4月2版2次

大32开　536页　33.80元

校雠广义·校勘编

程千帆　徐有富著

ISBN 7-5333-0402-0

1998年4月1版1次

大32开　536页　29.60元

校雠广义·典藏编

程千帆　徐有富著

ISBN 7-5333-0598-1

1998年4月1版1次

大32开　520页　28.50元

本书作者在总结历代学人的论述之后，把广义的校雠学明确地分为四大部分，即版本学、校勘学、目录学和典藏学，认为由出版而校勘，由校勘而目录，由目录而典藏，条例始终，囊括珠贯，这就是治书之学的全部。因此，本书分为版本编、校勘编、目录编、典藏编四册。“版本编”详尽地论述了古籍的版本源流、装订形式、真伪鉴定等。对于中国古籍的主体——刻印本，它更进行了多角度的分类，眉目分明。“校勘编”总结了前人校勘实践和校勘理论的成果，探讨了古籍中错讹的类型和原因，论述了古籍校勘所必需的知识、资料以及校勘的方法、校勘成果的记录等等。“目录编”对目录的结构、著录事项、分类以及编制方法，结合历代的实践，作了清晰的说明。“典藏编”叙述了我国历代公私藏书的情况，并对历史上图书的收集、亡佚、保管等等，作了细密的考证。

古代幼学启蒙经典

劝学　识字

〔宋〕王应麟等编撰　黄秉泽校注

ISBN 7-5333-0664-3

1998年12月1版1次

32开　120页　4.50元

本书收录了我国几百年来流传最广，影响最大的三种启蒙读物《三字经》、《百家姓》、《千字文》，还附录了《重订三字经》、《续百家姓》、《百家姓考略》、《续千字文》、《再续千字文》及《别本千字文》。

格言　铭训

〔明〕朱用纯等编撰　王晓蓓校注

ISBN 7-5333-0665-1

1998年12月1版1次

32开　82页　3.50元

本书共包括《名贤集》、《弟子规》、《朱子治家格言》、《增广贤文》、附录三篇（《教儿经》、《女小儿语》、《训蒙增广贤文》）七篇。有的收集了民间的格言、谚语，有的是训诫子女的警句，大多合辙押韵，明白晓畅。内容包含不少生活经验的总结，富于哲理。

诗韵 声律

〔清〕李渔等编撰 高彦诏葳校注

ISBN 7-5333-0668-6

1998年12月1版1次

32开 202页 7.00元

本书收《笠翁对韵》、《声律启蒙》都是以平水韵的三十个韵部分列韵目。每目撰列三段或四段韵对文字,每段十联对语,从单字对仗到多字对仗,组成和谐的韵律。内容融汇了各种自然景物、历史掌故、名人逸事及诗词名句,便于初学者掌握丰富的韵对语汇和平仄声律。《神童诗》汇集了历代劝学立志、咏物述怀的神童之作,是勉励少年勤学的优秀诗篇。

历史 名物

〔宋〕方逢辰等编撰 唐子恒校注

ISBN 7-5333-0666-X

1998年12月1版1次

32开 86页 3.50元

本书包括《名物蒙求》、《历代蒙求》、《性理字训》、附录二篇(《蒙求》、《龙文鞭影》)共5篇。其中《名物蒙求》主要是向学童们介绍自然界及社会中的事物及某些行为名称。《历代蒙求》主要叙述自古之初到元代的历史进程。《性理字训》是把宋代理学的许多抽象概念用通俗易懂的语言表达出来。

典故 成语

〔清〕程登吉等编撰 鸿玉校注

ISBN 7-5333-0667-8

1998年12月1版1次

32开 182页 6.50元

本集所收蒙学名篇《幼学琼林》。《幼学琼林》原名《幼学须知》,清代西昌人程登吉原编,清代人邹圣脉增补。其基本表现手法,就是将历代的名人轶事、成语典故、俚语称谓,用对偶式的句子,以一个词、一句话加以比照或进行介绍,内容涉及天文地理、朝政家庭、朋友宾主、婚丧嫁娶、老幼寿诞、释道鬼神、鸟兽花木等三十三个方面。

杂字 俗读

〔清〕蒲松龄等编撰 李国庆校注

ISBN 7-5333-0669-4

1998年12月1版1次

32开 128页 5.00元

本书共包括《四言便读》、《四言杂字》、《庄农杂字》、《六言杂字》、《日用俗字》等8篇,均为杂字中较有代表性的。本书各篇分别从不同的角度反映了日常生活的方方面面,涵盖内容博杂,其中不乏积极的人生哲理。语言通俗易懂,读来朗朗上口,易于诵记。

山东省五年制师范学校统编教材(试用本)

历史(全二册)

李宏生主编

ISBN 7-5333-0703-8

2000年6月1版1次

16开 508页 39.20元

现代汉语

杨秋泽主编

ISBN 7-5333-0884-0

2000年6月1版1次

16开 384页 28.10元

写字训练

牛国泰 韩其源编

ISBN 7-5333-0886-7

2000年6月1版1次

16开 136页 11.10元

古代汉语

张文国主编

ISBN 7-5333-0961-8

2001年6月1版1次

16开 256页 19.60元

教师口语

杨秋泽主编

ISBN 7-5333-0962-6

2001年6月1版1次

16开 264页 20.20元

小学语文教学法

魏薇主编

ISBN 7-5333-1053-5

2002年6月1版1次

16开 244页 18.50元

写作训练

卢国华 石晶编著

ISBN 7-5333-1187-6

2003年6月1版1次

16开 180页 15.00元

欧美文学教程

王化学著

ISBN 7-5333-1199-X

2003年6月1版1次

16开 320页 25.00元

文学概论

周均平等编著

ISBN 7-5333-1362-3

2004年6月1版1次

16开 280页 22.00元

形式逻辑

贾娇燕编著

ISBN 7-5333-1176-0

2004年6月1版1次

16开 212页 16.50元

中国文学(第一册)

魏建 米寿顺主编

ISBN 7-5333-0885-9

2000年6月1版1次

16开 236页 17.50元

中国文学(第二册)

魏建 米寿顺主编

ISBN 7-5333-0960-X

2001年6月1版1次

16开 364页 27.00元

中国文学(第三册)

魏建 王勇主编

ISBN 7-5333-1060-8

2002年6月1版1次

16开 304页 22.50元

中国文学(第四册)

魏建 徐文军主编

ISBN 7-5333-1059-4

2002年6月1版1次

16开 344页 25.50元

中国文学(第五册)

魏建主编

ISBN 7-5333-1183-3

2003年6月1版1次

16开 362页 27.50元

中国文学（第六册）

魏建主编

ISBN 7－5333－1186－8

2003 年 5 月 1 版 1 次

16 开　410 页　30.00 元

中国文学（第七册）

魏建主编

ISBN 7－5333－1363－1

2004 年 6 月 1 版 1 次

16 开　408 页　30.00 元

本套教材是根据 2000 年 2 月颁发的《山东省五年制师范小学教育专业课程方案（试行）》，由山东省教育厅组织省内师范高校的有关专家、教授和骨干教师，在充分吸收相关课程及教学改革成果的基础上编写的。

泰山文化之旅丛书

泰山文化之旅丛书（全八册）

胡立东主编

ISBN 7－5333－0709－7

2000 年 9 月 1 版 1 次

32 开　1024 页　68.00 元

该丛书介绍了泰山的名胜古迹和历史文化，配有部分插图，图文并茂，雅俗共赏，是一套具有较高品位的地域文化通俗读物。本丛书收《岱宗览胜》、《帝王登临》、《文人神游》、《宗教与庙宇》、《碑刻与摩崖》、《艺文华章》、《古今民俗》、《轶闻传说》等 8 册书。

中国民俗文化面面观

姓氏名号面面观

刘宗迪著

ISBN 7－5333－0900－6

2000 年 9 月 1 版 1 次

大 32 开　226 页　12.00 元

本书在人类文化学的大背景下，从姓氏的历史渊源入手，细细缕析人们的大名、小名、字号、别号、谥号、绰号和笔名的各种表现形式，由此探索出姓氏作为一种特定意义的符号，它们在不同历史时期的变迁和不同定义，使人们在加深了解与自己密切相关的姓名字号来由的同时，对其所具有的历史性和社会性也有一定的认识。

十二生肖面面观

赵伯陶著

ISBN 7－5333－0899－9

2000 年 9 月 1 版 1 次

大 32 开　342 页　16.00 元

本书总体叙述生肖的由来、生肖对人们性格的影响、生肖与节令的关系、生肖对宗教的影响等等，分别介绍十二生肖的传说、历史故事等。

婚丧礼俗面面观

王增永　李仲祥著

ISBN 7－5333－0901－4

2001 年 1 月 1 版 1 次

大 32 开　284 页　15.00 元

几千年来，婚丧礼俗一直是人类生活中的重要礼俗，备受人们的关注，本书以专题的形式，向读者展示了结婚、丧葬礼俗中各方面的知识，既有详备的考证，更有妙趣横生的故事，让读者在轻松的阅读中，得到有益的知识。

神秘方术面面观

杨树喆　徐赣丽　海力波著

ISBN 7－5333－0902－2

2001 年 1 月 1 版 1 次

大 32 开　252 页　13.00 元

本书详细阐述了神秘文化产生的文化根源,以及神秘文化在传统文化中的地位和对后世的影响,并对神秘文化进行揭伪和批判。

黄河三角洲文化研究书库

先忧后乐范仲淹

曲延庆　孙才顺著

ISBN 7－5333－1126－4

2002年10月1版1次

大32开　426页　35.00元

本书从多种角度反映了范仲淹“先忧后乐”思想的博大内涵,塑造了范仲淹为君尽忠、为国尽力、为民尽责的形象。

黄河三角洲民间美术研究

刘思智等著

ISBN 7－5333－1227－9

2003年8月1版1次

大32开　236页　25.00元

本书研究了黄河三角洲民间美术的起源、发展与特征,是地方民间美术研究的优秀之作。

黄河三角洲民间音乐研究

门玉彪等著

ISBN 7－5333－1239－2

2003年8月1版1次

大32开　238页　20.00元

本书对黄河三角洲的民歌及民间乐曲进行了整理研究。

黄河三角洲民间文学研究

段剑秋　张献青著

ISBN 7－5333－1245－7

2003年9月1版1次

大32开　312页　20.00元

本书是第一部综合研究黄河三角洲民间文学的著作,是一部资料性与学术性兼具的综合性专著。

滨州杜氏家族研究

侯玉杰等著

ISBN 7－5333－1249－X

2003年9月1版1次

大32开　368页　25.00元

本书研究了杜氏的兴衰史及其家族文化。对地方史研究和社会史研究具有重要的参考价值。

黄河三角洲古风物诗整理研究

成益方　韩军著

ISBN 7－5333－1271－6

2003年10月1版1次

大32开　744页　48.00元

本书对黄河三角洲古代风物诗进行注释、解读,具有较强可读性和现实应用价值。

黄河三角洲方言研究

沈兴华著

ISBN 7－5333－1485－9

2005年4月1版1次

大32开　344页　25.00元

本书对黄河三角洲方言的语音、词汇、语法等进行了探讨与研究。

黄河三角洲企业文化

马全江等著

ISBN 7－5333－1531－6

2005年7月1版1次

大32开　392页　28.00元

本书对黄河三角洲企业文化进行探索、总结、概括和理论升华。全书分为、上下两篇,上篇为黄河三角洲企业文化概论,下篇为黄河三角洲企业文化概览。

黄河三角洲民间饮食文化研究

姚吉成等著

ISBN 7-5333-1700-9

2006年8月1版1次

大32开　296页　19.00元

本书对黄河三角洲民间饮食文化进行了系统的研究,详细阐述了黄河三角洲民间饮食文化的流变、特点及表现形式,提出了开发利用黄河三角洲饮食文化的可行对策。

黄河三角洲文化概要

张金路等著

ISBN 978-7-5333-1939-7

2007年12月1版1次

大32开　388页　26.00元

本书从文化概述、名人文化、民间艺术、人文与生态文化几个方面入手,对黄河三角洲文化进行了全面、系统的研究整合。

黄河三角洲旅游文化

左登华等编著

ISBN 978-7-5333-1982-3

2008年1月1版1次

大32开　328页　28.00元

本书总体论述了黄河三角洲旅游文化的演进历程,并分别从山水、神话传说、建筑、饮食、服饰等方面对黄河三角洲的旅游文化进行了介绍。

黄河三角洲古代文化名人著述目录

李树棣等编著

ISBN 978-7-5333-1933-5

2008年6月1版1次

大32开　348页　30.00元

本书收录了自先秦至民国间,滨州市的滨城区、邹平县、博兴县、惠民县、无棣县、阳信县、沾化县,东营市的广饶县、利津县,淄博市的桓台县、高青县,共十县一区的名人著述目录。对所收录的文化名人的生平阅历、著述情况、版本出处和存目情况等进行了介绍。

十二生肖与中国文化丛书

生肖鼠

李浩　徐建新著

ISBN 7-5333-1373-9

2005年9月1版1次

大32开　122页　9.80元

生肖牛

宋丙玲　崔霞编著

ISBN 7-5333-1368-2

2005年9月1版1次

大32开　152页　10.50元

生肖虎

禚柏红　郭俊峰编著

ISBN 7-5333-1369-0

2005年9月1版1次

大32开　132页　10.00元

生肖兔

张廷兴　段东升著

ISBN 7-5333-1375-5

2005年9月1版1次

大32开　138页　10.50元

生肖龙

张廷兴　段东升著

ISBN 7-5333-1377-1

2005年9月1版1次

大32开　150页　11.00元

生肖蛇

李然　姚传义著

ISBN 7-5333-1372-0

2005年9月1版1次

大32开　134页　10.00元

生肖马

杨波　陶永生编著

ISBN 7-5333-1376-3

2005年9月1版1次

大32开　132页　10.00元

生肖羊

于秋伟　张玲编著

ISBN 7-5333-1371-2

2005年9月1版1次

大32开　108页　9.50元

生肖猴

高建军著

ISBN 7-5333-1379-8

2005年9月1版1次

大32开　148页　10.50元

生肖鸡

王华　高琼编著

ISBN 7-5333-1370-4

2005年9月1版1次

大32开　140页　10.50元

生肖狗

秦永洲　李云泉著

ISBN 7-5333-1374-7

2005年9月1版1次

大32开　146页　10.50元

生肖猪

吴宪著

ISBN 7-5333-1365-8

2005年9月1版1次

大32开　134页　10.00元

本套丛书共12册(一个属相一个分册)。每册以各自属相的生物表征为出发点,并由此挥发开去,包罗了十二属相的自然生理特征和经过历史积淀所传承下来的浓厚人文特征,后者奠定了整套丛书浓郁的文化、民俗以及文学的底蕴。每册分专章叙述了十二生肖的神话传说、历史故事、名人集录、俗话俚语、诗词曲赋、民俗民艺等,令读者在精彩的描述中浏览,从而能对十二生肖自然的和社会的涵义有一个全面准确的把握。书中还穿插了大量生动传神的图片,形式多样,大大增加了文本的阅读性和趣味性,满足了广大读者的审美鉴赏情趣。

高等学校考研文科经典教材配套辅导丛书

《文学理论教程》学习辅导与习题集

刘伟厚　张志如编写

ISBN 978-7-5333-1595-5

2006年1月1版1次

16开　196页　19.90元

本书根据童庆炳主编的《文学理论教程》(修订二版)编写而成。

《中国现当代文学史》学习辅导与习题集

卜繁燕　陈志华编写

ISBN 978-7-5333-1598-6

2006年1月1版1次

16开　292页　29.80元

本书根据朱栋霖等主编的《中国现代文学史》、钱理群等著的《中国现代文学三十年》、唐弢与严家炎主编的《中国现代文学史》、朱德发主编的《中国现代文学史实用教程》、程光炜与吴晓东主编的《中国现代文学史》、洪子诚著的《中国当代文学史》、陈思和主编的《中国当代文学史教程》、郭志刚主编的《中国当代文学史初稿》、王万森等主编的《中国当代文学50年》编写而成。

《现代汉语》学习辅导与习题集

李军编写

ISBN 978-7-5333-1597-9

2006年1月1版1次

16开　168页　18.90元

本书根据黄伯荣、廖序东主编《现代汉语》(增订三版)编写而成。

《古代汉语》学习辅导与习题集

李军　张华清编写

ISBN 978-7-5333-1596-2

2006年2月1版1次

16开　232页　25.00元

本书根据王力主编的《古代汉语》、郭锡良等编的《古代汉语》编写而成。

《中国文学史》学习辅导与习题集

李杰　顾大鹏编写

ISBN 978-7-5333-1599-3

2006年2月1版1次

16开　316页　33.00元

本书主要是根据袁行霈主编的《中国文学史》、游国恩等主编的《中国文学史》、章培恒等主编的《中国文学史》编写而成。

《语言学概论》学习辅导与习题集

王靖编写

ISBN 978-7-5333-1770-X

2007年1月1版1次

16开　128页　16.00元

本书根据叶蜚声、徐通锵主编的《语言学纲要》(修订本)、葛本仪主编的《语言学概论》(修订本)、邢公畹主编的《语言学概论》、岑运强主编的《语言学基础理论》、伍铁平主编的《普通语言学概要》、胡明扬主编的《语言学概论》编写而成。

《外国文学史》学习辅导与习题集

张志如编写

ISBN 978-7-5333-1771-3

2007年7月1版1次

16开　184页　20.00元

本书根据郑克鲁主编的《外国文学史》、朱维之等主编的《外国文学史》(欧美卷)编写而成。

本丛书为中文学科经典教材配套辅导材料,参编者为全国多所高校的研究生导师及汉语言文学专业各研究方向的博士、硕士研究生,均在本专业方向学有专长,熟知教材的知识点及考点。本丛书的基本框架分为知识提要和习题与参考答案两大部分,题量适中,重点突出,考点清晰,不仅适用于研究生入学考试、本科生自测,亦适用于专升本、自学考试、在职考试的广大考生,还可为高校教师编制考题提供参考,是一套实用性、针对性较强的辅导资料。

山东社会科学院齐鲁文化研究丛书

山东海疆文化研究

王赛时著

ISBN 7-5333-1733-5

2006年11月1版1次

大32开　610页　38.00元

本书以久远的历史文化为视点来研究山东海疆文化的源流和综合体系,力求发掘山东海疆丰厚的文化底蕴,弘扬山东海疆的文化成就。本书通过大量史料追索山东七千年之间的海疆文明,是山东第一部有关海洋文化的专著。

山东运河文化研究

李泉　王云著

ISBN 7－5333－1735－1

2006年11月1版1次

大32开　376页　25.00元

大运河开通之后,山东西部地区的经济发展、商业形态以及社会职业结构都发生了巨大变化,运河给沿线居民的生活带来了新气象,也由此生成了独特的山东运河文化。本书全面论述了山东运河文化的背景、生成过程以及所包含的丰富内容。

齐文化研究

郭墨兰　吕世忠著

ISBN 7－5333－1736－X

2006年11月1版1次

大32开　556页　36.00元

本书以全新的视角对齐文化的背景和内涵进行了探讨,并对其人文影响作了深度阐述,有独立的见解。

东夷文化研究

逄振镐著

ISBN 7－5333－1734－3

2007年1月1版1次

大32开　610页　38.00元

东夷文化是山东最早生成的人文文化。本书探讨了东夷文化的起源和发展脉络,内容丰富,资料充足、考证严密。

鲁文化研究

刘宗贤主编

ISBN 7－5333－1737－8

2007年1月1版1次

大32开　504页　32.00元

本书在广泛搜集资料的基础上,通过缜密考证,复原了鲁文化的最初风貌,并对鲁文化的丰富内涵和发展过程进行了详细论述,同时提出了一些前人从未提出的新观点。

齐鲁家族聚落与文化变迁

王蕊著

ISBN 978－7－5333－2052－2

2008年8月1版1次

32开　364页　25.00元

本书在大范围考察和调研的基础上,以简洁易懂的语言尽量生动地还原历史原貌,勾勒出一幅幅齐鲁传统家族日常生活、读书、经商、仕宦的画卷,从中探索齐鲁家族聚落兴衰变迁的内在原因和齐鲁家族文化的内涵。

文科考研辅导丛书

《中国古代史》学习辅导与习题集

刘洁　付连兴　刘云军编

ISBN 978－7－5333－1838－3

2007年8月1版1次

16开　284页　29.00元

《中国近现代史》学习辅导与习题集

李嘎　王春英　阮清华编

ISBN 978－7－5333－1834－5

2007年10月1版1次

16开　198页　22.50元

《世界近现代史》学习辅导与习题集

陈丽珍　牛淑萍　刘丽丽编

ISBN 978－7－5333－1874－1

2007年10月1版1次

16开　288页　29.80元

《世界古代中世纪史》学习辅导与习题集

邹翔　孙峰　牛淑萍编

ISBN 978-7-5333-1872-7
2007年10月1版1次
16开　184页　19.80元

《西方哲学史》学习辅导与习题集
高见　徐珊珊编
ISBN 978-7-5333-1895-7
2007年11月1版1次
16开　226页　25.00元

《中国哲学史》学习辅导与习题集
高海波编
ISBN 978-7-5333-1862-8
2007年11月1版1次
16开　242页　26.00元

《邓小平理论和"三个代表"重要思想概论》学习辅导与习题集
栗献忠　尚秋谨编
ISBN 978-7-5333-1889-5
2007年11月1版1次
16开　214页　22.00元

《马克思主义哲学原理》学习辅导与习题集
刘士文编
ISBN 978-7-5333-1890-1
2007年11月1版1次
16开　248页　27.50元

《教育心理学》学习辅导与习题集
张树东　董妍编
ISBN 978-7-5333-1891-8
2007年11月1版1次
16开　172页　18.00元

《教育学原理》学习辅导与习题集
曾庆伟　赵爽　陈静漪编
ISBN 978-7-5333-1892-5
2007年11月1版1次
16开　266页　29.00元

《教育研究方法》学习辅导与习题集
杨克瑞　宗晓华　周生芳编
ISBN 978-7-5333-1897-0
2007年11月1版1次
16开　152页　16.00元

《新闻传播史》学习辅导与习题集
陈卓主编
ISBN 978-7-5333-1893-2
2007年11月1版1次
16开　276页　29.50元

《新闻传播理论》学习辅导与习题集
陈卓主编
ISBN 978-7-5333-1894-9
2007年11月1版1次
16开　266页　29.00元

《中外教育史》学习辅导与习题集
李涛　易森林　刘继青编
ISBN 978-7-5333-1901-4
2007年12月1版1次
16开　328页　35.00元

《新闻实务》学习辅导与习题集
陈卓主编
ISBN 978-7-5333-1904-5
2007年12月1版1次
16开　324页　35.00元

《经济学》学习辅导与习题集

张睿　谭琦等编

ISBN 978－7－5333－2082－9

2008年9月1版1次

16开　364页　39.00元

《国际关系史》学习辅导与习题集

张淑清　段文艳　胡炎莉编

ISBN 978－7－5333－2101－7

2008年9月1版1次

16开　356页　38.00元

《国际关系理论》学习辅导与习题集

许加梅　唐伟华　罗苹编

ISBN 978－7－5333－2106－2

2008年9月1版1次

16开　288页　32.00元

《文科考研辅导丛书》是本社推出的考研辅导系列丛书。其中历史学部分、教育学部分是以教育部颁布的全国硕士研究生入学统一考试考试大纲所确定的考查点和题型为依据，参考了各分支的其他主要几种教材编写而成。哲学与政治公共课部分、新闻学部分、经济学部分和国际关系学部分均配合相关学科较权威的教材为参考依据，结合当前考研的形势以及往年的真题加以阐述、解析。丛书的编写者为全国多所著名高校相关学科的研究生导师及博士研究生，他们均学有专长，并曾参与研究生入学考试的阅卷工作或亲历过研究生入学考试，有着相关学科研究生入学考试的丰富的指导经验。因此本丛书具备所据教材权威、覆盖面广、试题成熟、重点突出、考点明晰的特点。各分册既详略得当又有所侧重，也为研究生复试提供了良好的借鉴。

"考研直通车"真题解析系列丛书

2009年全国硕士研究生入学考试历年真题解析——历史学

新罗总主编　仝晰纲　刘长林主编

ISBN 978－7－5333－1997－7

2008年5月1版1次

16开　248页　27.00元

2009年全国硕士研究生入学考试历年真题解析——教育学

新罗总主编　魏巍　王耀祖主编

ISBN 978－7－5333－1998－4

2008年5月1版1次

16开　192页　21.00元

2009年全国硕士研究生入学考试历年真题解析——西医综合

新罗总主编　张希全　吴树明主编

ISBN 978－7－5333－1999－1

2008年5月1版1次

16开　344页　36.00元

2009年全国硕士研究生入学考试历年真题解析——英语

新罗总主编　胡奇博　裴光钢主编

ISBN 978－7－5333－2000－3

2008年5月1版1次

16开　260页　29.00元

2009年全国硕士研究生入学考试历年真题解析——政治

新罗总主编　魏立帅　田继凯主编

ISBN 978－7－5333－2001－0

2008年5月1版1次

16开　188页　19.00元

2009年全国硕士研究生入学考试历年真题解析——心理学

新罗总主编　王本法主编

ISBN 978-7-5333-2002-7

2008年5月1版1次

16开　234页　26.00元

2009年全国硕士研究生入学考试历年真题解析——数学一

新罗总主编　张艳燕主编

ISBN 978-7-5333-2004-1

2008年6月1版1次

16开　220页　26.00元

2009年全国硕士研究生入学考试历年真题解析——数学二

新罗总主编　肖新玲主编

ISBN 978-7-5333-2006-5

2008年6月1版1次

16开　204页　23.00元

2009年全国硕士研究生入学考试历年真题解析——数学三

新罗总主编　肖新玲主编

ISBN 978-7-5333-2003-4

2008年6月1版1次

16开　228页　26.00元

2009年全国硕士研究生入学考试历年真题解析——数学四

新罗总主编　张艳燕主编

ISBN 978-7-5333-2005-8

2008年6月1版1次

16开　216页　25.00元

2009年全国硕士研究生入学考试历年真题解析——法律硕士联考

新罗总主编　王芳主编

ISBN 978-7-5333-2007-2

2008年6月1版1次

16开　238页　29.00元

2009年全国硕士研究生入学考试历年真题解析——金融学联考

新罗总主编　李德荃主编

2008年6月1版1次

16开　216页　27.00元

ISBN 978-7-5333-2008-9

全国硕士研究生入学考试历年真题解析——中医综合

何永　臧守虎主编

ISBN 978-7-5333-2046-1

2008年6月1版1次

16开　250页　30.00元

本丛书针对十年来全国硕士研究生入学统一考试英语、政治、教育学、心理学、历史学、金融学联考、法律硕士联考、西医综合、中医综合、数学一、数学二、数学三、数学四试题进行全面解析，并结合考试大纲和相应知识点进行点评，让读者充分了解考题模式与类型及解题方法与思路。

艺术类考研辅导丛书

《中外美术史》学习辅导与习题集

孔笛主编　刘允东等编写

ISBN 978-7-5333-2062-1

2008年9月1版1次

16开　254页　29.00元

《艺术学概论》学习辅导与习题集

孔笛主编 王璟等编写

ISBN 978-7-5333-2063-8

2008年9月1版1次

16开 208页 26.00元

《中外工艺美术史》学习辅导与习题集

孔笛主编 许俊等编写

ISBN 978-7-5333-2064-5

2008年9月1版1次

16开 246页 29.00元

《世界现代设计史》学习辅导与习题集

孔笛主编 许俊等编写

ISBN 978-7-5333-2065-2

2008年9月1版1次

16开 176页 21.00元

本丛书结合国内多所知名艺术类院校的考研真题和考查重点，以当前流行最广的权威教材为基础，并参考了各分支的其他专业图书编写而成。本套书的基本框架分为知识提要和习题与参考答案两部分，知识提要按照权威经典教材的章节顺序讲述知识点和考点，习题按照名词解释、选择、判断分析、作品分析、简答、论述等传统题型，吸纳各高校近年来的考研真题、期末试题等。在针对各高校艺术类考研试题差异性的问题上，充分做到了涵盖面广、灵活性强、以题促学、容量适中、重点突出、特点鲜明，具有较强的实用性和针对性。

六 艺 术

书画　篆刻

孙过庭书谱

统一书号:8206·008
(ISBN 7-5333-0202-8)
1979 年 6 月 1 版 1 次
8 开　线装　7.50 元

《书谱》是唐代著名书法家孙过庭的书法理论名著。孙过庭用生动的文字,形象的比喻,阐述了他的艺术见解,《书谱》又是他自己用清新雅正的草书写出,后世书家备极推重。安氏刻本是传世各种《书谱》刻本中最著名的一种,今影印出版。

执笔五字法

沈尹默著
统一书号:8206·4
(ISBN 7-5333-0143-9)
1979 年 8 月 1 版 1 次
16 开　22 页　0.40 元
1981 年 4 月 2 版 2 次
16 开　36 页　0.55 元

本书为沈尹默先生手写册页影印本。主要篇幅为《执笔五字法》一文,余为自作旧体诗。作者为当代著名书法家,继承发展了二王一派书法艺术,对书法理论亦有很大贡献。通过实践体会,论定前人是非,撰成《执笔五字法》,对笔势笔法作了精辟阐述。其要领是:指司执笔,腕司运笔,照"擪、押、钩、格、抵"五字法握管,自然指实掌虚,掌竖则腕平,腕平则肘起,然后可以运用自如,达到笔笔中锋。书法爱好者可就作者墨迹验证执笔法之道理,亦可用作临习行书的范本。2 版 2 次根据 1979 年齐鲁版重印,除作者所撰《执笔五字法》一文外,又增补了作者的两篇跋文。这两篇跋文对理解《执笔五字法》颇有助益,而且书法亦极精妙。

洛神赋十三行旧拓四种

齐鲁书社编
统一书号:8206·45
1981 年 11 月 1 版 1 次
12 开　33 页　0.64 元

王献之所写《洛神赋》,相传其真迹写于麻笺,流传至唐已首尾烂缺,仅存十三行,世称《洛神赋十三行》。《洛神赋十三行》历来被书法家奉为小楷圭臬。本书据旧拓四种影印出版,并保留前收藏者的题跋文字。

章太炎自写诗稿

齐鲁书社编
统一书号:8206·49
1982 年 4 月 1 版 1 次

8开 26页 0.75元

本书系章太炎1916年以后所作诗稿。1916年袁世凯死后,章太炎获释南行,历游香港、爪哇,回国后经黔、蜀,往来于湘、沪、苏、杭间,前后越十一年,共作诗三十余首,手自写录。今据墨迹手稿,原大影印。

沈尹默墨迹三种

统一书号:8206·52

1983年5月1版1次

8开 30页 1.35元

本书为著名书法家沈尹默先生早期所书的刘孝标《广绝交论》、潘岳《秋兴赋》和《怀旧赋》,三篇作品都是我国古代文学名篇。沈氏书法,此时已臻娴熟,其结体用笔,使转自如;分行布白,自然婉妙。兹特影印出版,既可作为临池之助,又可从容研思,以获得有益的启迪。

沈尹默手书词稿四种

(平装)统一书号:8206·54

(精装)统一书号:8206·55

1984年8月1版1次 8开

194页 平装6.80元 精装8.00元

本书所收词稿四种:汪东《寄庵词》、沈尹默《念远词》、《松壑词》和沈祖芬《涉江词》,为沈尹默先生小楷手书。部分词稿附有陈匪石、乔大壮先生评语。程千帆先生手书跋文,概述词稿写录缘由以及成书经过。沈尹默先生是现代书法大家,旧体诗词功力至深。汪东、沈祖芬亦为现代著名学者,其所为令慢蜚声词坛,久为世人所推崇。全书影印出版。

杨刻急就章

统一书号:8206·64

1986年12月1版1次

12开 114页 2.90元

急就章又称章草,产生于汉代,是历来书法家公认的一种古雅书体。张芝、索靖、王羲之、王献之、赵子昂、宋克等著名书家,都擅长章草。急就章传到宋代,尚有钟繇、皇象、索靖三种写本,宋以后则只剩皇象本一种了。明代杨政在松江摹刻的皇象本,最负盛名,又称松江本急就章。山东大学王仲荦教授有藏本,经启功先生鉴定题跋,称为松江本中的"精旧之拓"。本书为原大影印,可供广大书法爱好者研习之用。

张氏法帖辨伪 余氏书录辨伪

李天马编述

统一书号:8206·60

1987年1月1版1次

大32开 280页 1.60元

铜山张伯英、龙游余绍宋都是近代著名的碑帖收藏家和鉴赏家。张氏晚年著有《法帖提要》,对秦汉以来的书法碑帖作了详细考校。余氏所著的《书画书录解题》,后人评价颇高。本书作者对张、余二书有关考辨法帖的内容进行了整理和考订,订正二书失误之处,获得新的研究成果,撰成《张氏法帖辨伪》和《余氏书录辨伪》。

明文徵明小楷四山五十咏

〔明〕文徵明书

ISBN 7-5333-0244-3

1992年4月1版1次

20开 30页 1.60元

文徵明小楷之精绝,世皆称之。他上承晋唐,下继赵、倪;风格清逸,点画谨严,疏密适宜。四山五十咏为明蔡汝南的作品,文徵明偏爱蔡诗,为之书写。据考,此为文氏晚年所写,笔力不衰,腕底通神,令人惊叹不已。拓本字口清晰,刻工精良,印制精美,实为临帖鉴赏之佳品。

唐怀仁集王羲之书圣教序

〔晋〕王羲之书 〔唐〕怀仁集

ISBN 7-5333-0245-1

1992年4月1版1次

20开 70页 3.40元

《圣教序》唐太宗(李世民)撰序,高宗(李治)撰记,僧怀仁勾摹晋王羲之书。王羲之书法存世甚少,怀仁集《王羲之书圣教序》极尽王羲之书法之妙之真,从而进一步确定了王羲之在中国书法史上的崇高地位。此拓字口清晰,拓印精致,不失为上好的拓本,充分反映出王羲之行书风格。

唐褚遂良临兰亭序

〔唐〕褚遂良书

ISBN 7-5333-0248-6

1992年4月1版1次

20开 45页 2.20元

褚遂良,唐代大书法家,他临摹兰亭序有若干种传世。此本帖后不仅有范仲淹题记,亦有米芾对此帖的跋文,对此帖最为看重。米芾的长子米友仁有审定题记。本帖不仅是褚遂良书法艺术的集中反映,而且米芾的小字题跋更是字字天真洒露、清健跳跃,最能代表米氏"超逸"、"神骏"的风格,精妙之处。褚、米两家的艺术风采在本帖里可谓相得益彰,光彩非凡。

常用书法临赏指南

潘景年 初立主编

ISBN 7-5333-0275-3

1993年5月1版1次

16开 192页 10.50元

本书以尽可能小的篇幅,汇集尽可能多的内容,从临摹和鉴赏的角度来对书法艺术进行讲解。本书共选楷、行、草、隶、篆、硬笔六中常用书体,每种都由书体序说,临写指导,碑帖作品精选三部分组成,图文并茂,既能阅读临帖,又能欣赏入门,起到一册在手,融会贯通的作用,使书法爱好者尽快迈入书法艺术殿堂。

山东省博物馆珍藏甲骨墨拓集

刘敬亭编著

ISBN 7-5333-0672-4

1998年3月1版1次

16开 500页 120.00元

山东省博物馆是仅次于北京图书馆和故宫博物院的甲骨收藏大户,其中多为罗振玉、明义士旧藏。本书为山东省博物馆甲骨珍品总集,共收甲骨拓片1970片,拓工精美,释文准确,所有拓片均原大影印。

蒋维崧临商周金文

蒋维崧 刘绍刚编

ISBN 7-5333-0610-4

1998年10月1版1次

8开 192页 98.00元

金文是中国最古老的文字之一,而金文书法却是一门新兴的书法艺术。蒋维崧先生的金文书法就是当代的杰出代表。本书收录其临摹作品百幅,附拓片和释文,可供书法爱好者欣赏和临写。

三希堂法帖

〔清〕梁诗正校刊

ISBN 7-5333-0875-1

2000年4月1版1次

16开 4函(16册) 2980.00元

全称《三希堂石渠宝籍法帖》,是乾隆十二年梁诗正等奉命编次内府所藏魏晋至明代法书。本书为初拓原大影印出版。

楷体书道千字文

董信芳书

ISBN 7-5333-0936-7

2001年1月1版1次

16开 88页 15.00元

作者的书法运笔娴熟,刚柔相济,充分显示了其书法点画精致、自然古朴的特点和深厚的功力,此书即为他用正楷字体缮录石羊著的《书道千字文》，颇见功力，很适宜于书法爱好者临习和鉴赏。

王玉玺八体书古今名人评墨子

王玉玺主编

ISBN 7-5333-1041-1

2002年4月1版1次

16开 142页 198.00元

本书收录了当代书法家王玉玺的130余幅书法作品，包括真、草、隶、篆等八种字体，内容为古代名人及孙中山、毛泽东、邓小平等对墨子的评论及历史评价，具有较高的思想性及艺术欣赏价值。

乾隆草字汇

〔清〕石梁编集

ISBN 7-5333-1648-7

2006年6月1版1次

16开 760页 76.00元

传统草书不易辨识，本书汇集历代名家碑版书帖草字，用双钩摹写法按偏旁集列。兼采一家数种写法，并于字旁标注书家名号，一集之中诸体具备，蔚为大观。书后附有新编楷体部首索引，方便查检。

王玉玺书法选——砚墨集

王玉玺书

ISBN 7-5333-1683-5

2006年6月1版1次

16开 156页 线装 258.00元

本书编者对砚情有独钟，多年来精心收藏、鉴赏，至今已有500余方。因为作者爱砚，故对砚铭也有偏好，多年来细心收集、临习，今精选其砚铭59幅、近作书法90余幅，编成本书。

甲骨文书法《论语》精选

中国石油化工集团公司编　李来付书

ISBN 978-7-5333-1876-5

2007年10月1版1次

6开 192页 线装 680.00元

本书用甲骨文书写《论语》精选名句，并配以原文、白话译文和英语译文

王玉玺八体书论语名句

王玉玺主编

ISBN 978-7-5333-1991-5

2008年5月1版1次

16开 212页 360.00元

本书作者精心选编《论语》名句，用大篆、小篆、隶书、魏体、章草、楷书、行书、今草书写，并附汉语今译和英译，把书法艺术和《论语》普及相结合。

韦绝簃作品集

邹振亚著

ISBN 978-7-5333-2018-8

2008年5月1版1次

16开 276页 228.00元

本书是山东省著名书法家邹振亚先生（室名韦绝簃、补读书屋）作品集，分书法、篆刻、杂组三部分，书后附有韦绝簃编年。

百花齐放印谱

陈左黄治印

统一书号:8206·009

1979年6月1版1次

20开 160页 线装 3.50元

篆刻是我国独有的传统艺术，是我国劳动人民献给世界文化宝库的一分宝贵财富。本书编入了作者精心篆刻的百花名160方。

孔子事迹图　论语箴言印

石可刻

统一书号:8206·70

ISBN 7－5333－0025－4
1987 年 7 月 1 版 1 次
大 32 开　112 页　2.20 元

本书运用汉画像石的艺术表现形式，再现了孔子一生的主要事迹，并把《论语》中的名言警句，篆刻成百印，为读者认识和了解孔子及其学说，提供了一份重要参考资料。

范正红篆刻集

范正红著

ISBN 7－5333－0383－0
1993 年 11 月 1 版 1 次
20 开　172 页　16.80 元

本书是作者篆刻作品的结集。

山东新出土古玺印

赖非主编

ISBN 7－5333－0676－7
1998 年 2 月 1 版 1 次
16 开　206 页　精装　48.00 元

本书汇集山东地区 20 世纪 60 年代以后新出土、发现的古玺印 359 方，内容包括战国至清代官印、私印、古语押印等五部分，可补历朝印谱之不足。该书收录之玺印传拓精良，笔道清晰，篆、隶、魏、楷、草诸体俱全。对各方玺印均有准确时代考证及出土地点著录，为该书最大特点。

碑刻　石刻

山东汉碑集字毛主席诗词十首

潍坊市文化馆、博物馆编

统一书号：8206 · 001
1979 年 10 月 1 版 1 次
8 开　22 页　1.20 元

我国保存下来的汉代碑刻，对于研究我国书体演变和书法艺术具有重要价值。山东为全国发现和保存汉碑最多的地方，这本《山东汉碑集字毛主席诗词十首》，系从山东现存著名汉碑中选取具有不同流派风格者，依据早期拓本选集而成。

荥阳郑文公之碑

烟台地区博物馆烟台地区艺术馆编

统一书号：8206 · 39
1980 年 8 月 1 版 1 次
8 开　38 页　1.40 元

《荥阳郑文公之碑》在山东掖县云峰山，是北魏书法家郑道昭为其父兖州刺史郑羲所书碑铭。石高三公尺，广四公尺，凡一千二百余字，系一整块摩崖刻石。

山东汉画像石选集

山东省博物馆
山东省文物考古研究所编

统一书号：11206 · 29
1982 年 3 月 1 版 1 次
8 开　295 页　34.00 元

山东已发现和出土的汉画像石，内容丰富而精美，是我国古代民族文化宝库中的珍贵遗产。本集选录了山东汉画像石的拓片五百三十九幅（部分并附有原石的照片或拓片摹本），是著录山东汉画像石最多的一部长集。这些画像石主要是新中国成立后出土或发现的，绝大多数未经发表，它概括地反映了山东地区汉画像石的面貌。画像的题材广泛，内容丰富，反映了汉代社会的各个方面；画像的雕刻技法有线刻、凹面线刻、凸面线刻、浅浮雕、高浮雕、透雕等多种。画面生动，构图复杂，气魄雄浑，刀法明快，反映了汉代绘画、雕刻艺术的风貌。

秦刻十碣考释

罗君惕著

统一书号：8206 · 53

1983年12月1版1次

16开 322页 3.50元

石鼓文是我国现存最早的石刻文字，分刻在十块鼓形的石上，书体为大篆，即籀文，内容是记述游猎的情况，所以又叫“猎碣”。唐初在陕西被发现，杜甫、韩愈等都有诗篇题咏。对其书法，历来评价很高，但对其创作时代，说法颇不一致。本文作者对此作了大量的考证，提出了自己的见解，并对其文字作了考释。

山东秦汉碑刻

山东省文物总店编

统一书号:8206·36

1984年1月1版1次

8开 77页 3.45元

本书共收山东秦汉碑刻拓片三十九种，按时代排列，计秦代二石、西汉五石、东汉三十二石。原石大多集中在曲阜孔庙和济宁市等地，大都保存完好。其中新中国成立后出土的碑石，流传拓本极少。本书所收拓片为山东省文物总店历年所得之最佳者，精制影印。

泰山经石峪金刚经

山东省泰山风景区管理局

山东省泰安地区文物管理局藏拓

统一书号:8206·50

(ISBN 7-5333-0066-1)

1984年3月1版1次

8开 60页 2.50元

泰山经石峪金刚经，刻于泰山东南麓龙泉峰山峪中一块约六千平方米的石坪之上，无年款和书刻者姓名。历来考证者大都断为北齐人所作，郭沫若同志亦主此说。经石峪金刚经，书法纵逸遒劲，兼有篆隶笔意，历来被视为“大字鼻祖”、“榜书之宗”。经过千余年的风雨剥蚀，部分字已残泐磨灭，或被尘石掩埋，经清理后尚存1067字。本书根据泰安地区文物管理局1965年精拓本缩小影印出版。

汉王舍人碑

本社编

统一书号:8206·65

1986年12月1版1次

12开 20页 0.80元

汉代的隶书、东晋的行草书、唐代的楷书，在书坛上的至高无上地位，和汉赋、唐诗、宋词在文学史上的地位十分相似，这已是书法界和文学界所公认的。现在流行的汉碑字帖，大都是展转翻印品，新出土的汉碑极为罕见。1982年山东平度县发现东汉王舍人碑，《光明日报》、香港《书谱》先后报道，引起了书法界的注意，希望早日印行，先睹为快。王舍人碑刊于东汉末年，时值汉隶发展的鼎盛时期，体势瘦劲稳健，属工整峭丽一派。本书根据平度县博物馆提供的拓片，影印出版。

隋仲思那等造桥之碑

本社编

ISBN 7-5333-0125-0

1989年6月1版1次

12开 36页 2.10元

《隋仲思那等造桥之碑》，开皇六年(586年)二月立，山东邹县出土。楷书，风格清新俊逸，谨饬而疏宕，既已初具法度森严的唐楷规模，犹时流露六朝碑刻飘逸萧散的笔致，极便于初学书法者临摹学习。本书以精旧拓本影印出版，可为广大书法爱好者的临池之助。

云峰刻石全集

山东石刻艺术博物馆 莱州市博物馆

ISBN 7-5333-0070-X

1989年7月1版1次

8开 356页 精装 35.00元

云峰刻石是一个包括荥阳郑文公碑等大小

40余处摩崖的石刻群，分布在山东掖县、平度、益都境内，为南北朝时北魏书风的代表作品，在书坛上占有重要地位。经过数年努力，由山东石刻艺术博物馆组织人力，对全部云峰刻石进行了精拓，共41种，由我社精印出版。

济宁全汉碑

宫衍兴编著

ISBN 7-5333-0215-X

1990年12月1版1次

16开　132页　精装　26.00元

地处孔孟之乡的济宁地区，是我国古代文化的中心地带。在这里留存至今的汉代碑刻，有极重要的文物价值。本书将新发现的、历史存留下来的、见于记载已佚失的汉代碑刻汇辑一册，进行介绍、辨识、评介、研究，其中有图版80幅，文字7万字。

山东北朝摩崖刻经全集

山东石刻艺术博物馆

中国书法家协会山东分会编

ISBN 7-5333-0223-0

1992年7月1版1次

8开　632页　精装　120.00元

在我国石刻、书法史上占有极其重要的位置的山东北朝摩崖刻经(包括:邹县、铁山、冈山、葛山、泰山经石峪、新泰徂徕山、汶上水牛山等)被历代的金石学家和书法家视为难得的艺术珍宝。本书包括:泰山经石峪刻经、徂徕山刻经、水牛山刻经、铁山刻经、冈山刻经、葛山刻经、尖山刻经、峄山刻经。

泰山石刻大全

泰安市文物局辑

ISBN 7-5333-0328-8

1993年5月1版1次

8开　980幅图　线装　560.00元

本书为泰山刻石之全集，自李斯篆书《泰山刻石》始，迄于元代，凡留存至今且字口清楚的石刻全部辑录，明清以降择优录取。共收录碑刻、摩崖石刻、诗词楹联、题词题名等600余处。本书据拓本影印，分一函五册出版，第一册为对各石刻研究考证和评介的文字，28万字；第二册至第五册按时代先后辑录刻石拓片、照片图版980幅。是书概括了泰山现存石刻之精华，体现了泰山文化的全貌，有很高的史料、文物与书法艺术价值。

文殊般若经碑

山东省石刻艺术物馆　汶上县博物馆编

ISBN 7-5333-0419-5

1994年7月1版1次

8开　36页　18.00元

本书按拓片影印。

齐鲁碑刻

包备五编著

ISBN 7-5333-0540-X

1996年11月1版1次

16开　204页　35.00元

山东碑刻书法艺术的收藏，是极为丰富的(汉碑居全国第一，北碑不下50多种，亦蔚为大观；特别是魏碑较之龙门亦不逊色)。这本书就是比较系统地对山东这一珍贵遗产作了一定的整理和研究。

山东沂南汉墓画像石

崔忠清主编　山东沂南汉墓博物馆编

ISBN 7-5333-0913-8

2001年1月1版1次

8开　208页　180.00元

本书收编了沂南地区从西汉中期到东汉晚期三百余年的代表作品300余幅。这些作品从各个不同的角度反映了汉代社会生活、风土人情、典章制度、宗教信仰等,对于研究中国古代的政治、历史、民俗、建筑、服饰等有十分重要的史料价值。

泰山石经

安廷山著

ISBN 7-5333-1155-8

2003年3月1版1次

8开 404页 460.00元

本书是一部详实、全面和深刻研究泰山经石峪刻经的专著,作者历经三十多年时间,对泰山石经逐步进行考证、分析,采用照相、拓片、双勾(复原)和注文的形式,完整和真实地反映了泰山金刚经刻石的面貌和神采。

魏始平公造像记集联

傅杰著

ISBN 7-5333-1441-7

2005年1月1版1次

16开 164页 32.00元

本书依据洛阳龙门石窟魏始平公造像题记百余字,集联100余幅,并加以注释。所集联均从原碑版拓片拼集而成,具有浓厚的金石书法审美价值。书后附有集联知识浅论和作者的魏碑书法精品。

孟子林庙历代石刻集

刘培桂编著

ISBN 7-5333-1564-2

2005年9月1版1次

大32开 594页 48.00元

本书收录了孟子故里的孟子林墓、孟子祠庙、孟府、孟母林墓、孟母三迁处等地的现存石刻以及历史上曾存而现已亡佚但仍可查到的旧拓、刊于文献的石刻。

收藏

鲁砚谱

山东省工艺美术研究所编

统一书号:8206·25

1979年12月1版1次

16开 100页 4.20元

砚,是传统的文房四宝之一,又是讲究雕刻工艺的艺术品。《鲁砚谱》是一本关于鲁砚佳作的拓片资料。全书精选图片100幅,每幅图后都印有较详尽的说明文字。

中华奇石鉴赏大观

陈东升编著

ISBN 7-5333-0911-1

2001年1月1版1次

16开 284页 精装 198.00元

本书系以传统赏石理念与现代审美意识编著的我国最新赏石专著,全书分“山水”、“人物”、“动物”、“植物”、“众相”5卷,刊载1000多幅奇石彩照。

锡光藏灯

张锡光编著

ISBN 7-5333-1560-X

2005年9月1版1次

16开 176页 精装 176.00元

本书是张锡光先生珍藏的历代灯具的精品图录,共收录400余件。其特点是藏品年代成系列,珍品孤品多并且具有鲜明的地域特色。

王玉玺藏砚集

王玉玺主编

ISBN 7-5333-1696-7

2006年8月1版1次

16开 214页 精装 260.00元

本书为王玉玺先生将收藏的近五百方砚捐赠后将捐品编辑出版，弘扬墨学，传播砚文化。

山东民间藏镜

张道来　魏传来主编

ISBN 7-5333-1709-2

2006年8月1版1次

16开　260页　180.00元

本书共收录各个时代的铜镜356面，特别注意收录有山东特点的铜镜，如山东铸造的、山东出土的、山东传世的、纹饰及铭文中反映山东特色的等等。每幅图均有文字说明，介绍古镜的年代、名称、尺寸、形状、刻文（图），有的还含有释文及价值表述。

图录　画册　挂历

李清照画

统一书号：8206·5

1979年1版1次　3开

群驴图卷

黄胄

统一书号：8206·10

1979年1版1次　长4开　加轴画

群驴图卷

黄胄

统一书号：8206·11

1979年1版1次　长4开　加轴画　装盒

刘继卣人物画

刘继卣画

统一书号：8206·16

1979年1版1次　长36开

刘继卣人物画

刘继卣画

统一书号：8206·17

1979年1版1次　长12开

李苦禅画选

李苦禅画

统一书号：8206·20

1979年1版1次　8开

于希宁画选

于希宁画

统一书号：8206·23

1979年1版1次　8开

淄博陶瓷艺术

张书永摄影

统一书号：8206·31

1980年1版1次　50开

曲阜名胜古迹

曲阜县文管会等供稿

统一书号：8206·42

1981年1版1次　长48开

曲阜

孔祥民　姜伟摄影

统一书号：8206·46

1982年1版1次　20开

1985年齐鲁贤哲挂历

本社

统一书号：8206·56

1984年1版1次　3开

1986年山东博物馆藏画挂历

统一书号：8206·58

1985年1版1次　长3开

1986年齐鲁贤哲挂历

本社

统一书号:8206·59

1985年1版1次　3开

1987年戴敦邦画聊斋人物挂历

戴敦邦画

统一书号:8206·62

1986年1版1次　对开

孔子画像挂历

程宗元画

统一书号:8206·63

1986年1版1次　对开

中国古代名舞图挂历

叶毓中绘画　魏启后题签　梁脩治印

统一书号:8206·67

1987年1版1次　3开

当代炎黄书画精萃

林凡主编

ISBN 7-5333-0443-8

1994年8月1版1次

大8开　170页　精装　368.00元

本书依次收录了朱屺瞻、吴作人、关山月、张仃、吴冠中、黄胄、赵朴初、启功等艺术大师的杰作,同时也收录了一批卓有成就的中青年画家和海外华人艺术家的代表作品,较全面地反映出20世纪后半期中国书画艺术的发展轨迹。本书共收入中国画105幅、书法作品35幅;书末附有入选书画家的照片、简介等资料。

杨耀画集

杨耀

ISBN 7-5333-1081-0

2002年10月1版1次

8开　208页　380.00元

本书是作者绘画作品的精选结集。

彩墨飞溢:山东电视台书画珍藏选集(一)

曾昭明　韩国强主编

ISBN 7-5333-0897-2

2000年9月1版1次

大32开　104页　精装　260.00元

本画册为山东电视台向全国美术界征集的书画作品,分为四个部分,分别为人物、花鸟、山水、书法。计有作品106幅。

彩墨飞溢:山东电视台书画珍藏选集(二)

曾昭明　韩国强主编

ISBN 7-5333-0898-0

2000年9月1版1次

大32开　260页　精装　580.00元

本画册为山东电视台向全国美术界征集的书画作品,分为人物、花鸟、山水、书法、山东广播电视局、山东电视台六部分。计有作品299幅。

王科三以画会友作品选

王科三作

ISBN 7-5333-0968-5

2001年6月1版1次

8开　140页　精装　480.00元

本书为作者的绘画作品选集。

研究著作

鲁砚

石可著

统一书号:8206·26

1979年12月1版1次

20 开　165 页　3.80 元

本书详细地介绍了鲁砚的发展历史和近年的研究、刻制情况。全书共分三部分：一、砚石简述，二、山东砚石的调查和品评，三、鲁砚艺术风格探讨。文中附黑白和彩色照片 81 幅，读者可通过本书，对鲁砚的产地、品种、造型及纹饰有所了解和认识。

历代书法家述评辑要

刘遵三选编

ISBN 7 - 5333 - 0082 - 3

1989 年 6 月 1 版 1 次

32 开　272 页　3.10 元

本书分上、下两卷。上卷名为《名书法家评论辑》，下卷名为《书法技巧评论辑》。两卷各分前、后两部分：前为专评，后为总论。专评部分是诸家对某一书法家或某一书法技巧所作的评论，总论部分是某一家的书法艺术理论及他对诸人的评论。

中国历代书法论文选读

包备五编

ISBN 7 - 5333 - 0279 - 6

1993 年 2 月 1 版 1 次

大 32 开　380 页　6.50 元

本书选自上迄秦汉李斯、蔡邕以来到清代包世臣、康有为等三十余名有影响的书法家关于书法的论文。对作者及所选论文，一一作了简要介绍，对原文作了注释并撰写了译文。本书不仅可作为书法研究者的理论指导、临池之助，从另一侧面，可窥见我国自秦汉以来书法（书体）的流变过程，是以亦可视为一本简要的书法（书体）史。

中国山水画史录

徐金堤编著

ISBN 7 - 5333 - 0393 - 8

1993 年 12 月 1 版 1 次

大 32 开　256 页　6.50 元

该书中的先秦时代到清代 2000 年的山水画历史，是研究中国山书画历史的很好的资料。本书分为山水画孕育时期、山水画发展成熟时期、山水画本体保守与逆反时期等 7 章。

中国书画装裱艺术

中国书画装裱工艺学院书画装裱教研室编著

ISBN 7 - 5333 - 1067 - 5

2002 年 7 月 1 版 1 次

大 32 开　430 页　35.00 元

本书系统论述了中国书画装裱艺术的起源、发展、流变、技巧及艺术风格等有关问题，内容包括：中国书画装裱艺术概论，书画装裱的设备、工具及材料，古旧书画的揭裱与修复，关于出土书画文物的揭裱与修复等。

余明善文稿

傅杰著

ISBN 7 - 5333 - 1151 - 5

2003 年 3 月 1 版 1 次

16 开　176 页　38.00 元

本书收集书法理论家余明善自民国以来，课徒、研习历代收法碑帖、法帖、传世墨迹及魏书、章草、秦篆、汉简的心得文章及其与书画界名流交游的诗文题咏数十篇，对研究自清末百年以来的书法史和书法临习，具有重要的文献价值和指导意义。

中国古代绘画观念的视野

张建军著

ISBN 7 - 5333 - 1420 - 4

2004 年 9 月 1 版 1 次

大 32 开　272 页　18.00 元

本书是一部关于中国古代绘画观念的研究专著。作者从绘画观念与早期文化、古代画论文献、文人画观念等不同侧面，系统探讨了与古代绘画观念有关的各种理论问题，并在此基础上提出了自己的新的见解。

艺术学导论

田川流　刘家亮著

ISBN 7－5333－1417－4

2004年10月1版1次

大32开　384页　22.00元

本书共分五编十八章。从艺术本体、艺术类型、艺术创作、艺术作品、艺术接受五个侧面，对有关文艺学的各种理论问题进行了系统探讨，并提出了自己的独到见解。

书法研究的多重证据法

——文物、文献与书迹的综合释证

靳永著

ISBN 978－7－5333－1942－7

2008年8月1版1次

16开　206页　29.00元

本书以书法、文物与文献的综合释证为研究内容，提出了以文物、文献和书迹互相参照、综合释证的多重证据法，这在书法研究的范式中是一个重要命题，对于书法方法论的探讨有创新意义。根据这个范式，本书综合运用多学科、多领域的知识，对一些具体问题进行了研究，如拓本与拓本的区别、草书写经的规律、传世著名书迹的辨伪、古文字书法的相关论述等等，书末附有38幅古文字图版。

丛套书

历代名帖临赏丛书

欧阳询

本社编

ISBN 7－5333－0188－9

1991年4月1版1次

16开　32页　1.80元

褚遂良

本社编

ISBN 7－5333－0189－7

1991年4月1版1次

16开　32页　1.80元

颜真卿

本社编

ISBN 7－5333－0190－0

1991年4月1版1次

16开　32页　1.80元

柳公权

本社编

ISBN 7－5333－0191－9

1991年4月1版1次

16开　32页　1.80元

米芾

本社编

ISBN 7－5333－0193－5

1991年4月1版1次

16开　32页　1.80元

黄庭坚

本社编

ISBN 7－5333－0192－7

1991年4月1版1次

16开　32页　1.80元

这套《历代名贴临赏丛书》，共分为《欧阳询》、《褚遂良》、《颜真卿》、《柳公权》、《米芾》和《黄庭坚》六册。这套丛书便于初学，不仅有临摹范本，而且简介临摹常识，既有作品欣赏，又有临摹要旨。所选书迹，均系名家名作，且尽力做到碑帖与墨迹结合，对于所选范本均有相应文字说明。

山东汉碑原拓原大精选丛书

景君碑

宫衍兴编

ISBN 7－5333－0308－3

1993年12月1版1次

16开　28页　2.20元

《景君碑》，东汉汉安二年（143年）刻。隶书。是记景君殁后其门生故吏慕其德而为之建碑之事。现存山东济宁。汉隶多方扁，但此碑字稍方长，是其特点。似天发神谶、略带篆意。惜字多漫患，现选其较完整的字，以原拓原大的字形，辑为一册，供书法爱好者临赏。

乙瑛碑

宫衍兴编

ISBN 7－5333－0309－1

1993年12月1版1次

16开　32页　2.40元

《乙瑛碑》，东汉永兴元年（153年）刻。隶书。记汉鲁相乙瑛请于孔庙置百石卒执掌祭事之事。现存山东曲阜。此碑书风谨严，波尾常现大挑，折角圆和，中敛旁舒、规矩中稍有变化，富素朴之趣，为汉碑中有数逸品。此碑存字最多且又完整，现以原拓原大字形辑为一册，供书法爱好者临赏。

礼器碑

宫衍兴编

ISBN 7－5333－0310－5

1993年12月1版1次

16开　28页　2.20元

《礼器碑》，东汉桓帝永寿二年（156年）立，隶书。内容为赞扬韩敕修饰孔庙和制作礼器之事。现存山东曲阜。此碑书法历称隶书极则，极精妙俊逸，是碑字如铁笔勾勒，刚健有力，寓奇险于平正，寓疏秀于严密，创纤而能厚之一派。被翁方纲赞为“汉碑第一”。现以原拓原大辑选一册，以飨读者。

孔宙碑

宫衍兴编

ISBN 7－5333－0311－3

1993年12月1版1次

16开　32页　2.40元

《孔宙碑》，东汉延熹七年（164年）刻，隶书。孔宙为孔子十九世孙，孔融之父。碑文极颂其德行业绩。现存山东曲阜。是碑文字较诸碑特巨，书法齐整，波撇并出，无一字不飞动，无一字不规矩，是峻拔豪壮的一路，最利初学。现以原拓原大的字形，辑为一册，以供书法爱好者临赏。

衡方碑

宫衍兴编

ISBN 7－5333－0312－1

1993年12月1版1次

16开　20页　1.80元

《衡方碑》，东汉建宁元年（168年）刻，隶书。是记颂衡方德行业绩和官职升迁事。此碑原出土汶上，现存泰安。其书法古拙浑厚，朴茂雄强，与《张迁碑》相似，在布白上行密格满，属古拙丰腴一派，对后世影响很大，文徵明、孙星衍、伊秉绶皆取法此碑，且以伊秉绶成就最高。现辑选一册，以飨读者。

史晨碑

宫衍兴编

ISBN 7－5333－0313－X

1993年12月1版1次

16开　24页　2.00元

《史晨碑》分前后碑，隶书。分别建于东汉建宁元年、二年(168年、169年)。前后虽不同,然皆出同一人手。现存山东曲阜。该碑存字最多,笔质古厚朴实、端庄遒劲。方朔跋此碑云:“书法则肃括宏深、沈古遒厚,结构与意度皆备、洵为庙堂之品,八分正宗也。”现原拓原大辑选一册,以飨读者。

鲁峻碑

宫衍兴编

ISBN 7-5333-0314-8

1993年12月1版1次

16开 20页 1.80元

《鲁峻碑》,东汉熹平二年(173年)立,隶书。是表颂鲁峻生前居官升迁的德政碑。现存山东济宁。此碑于明时已断裂为二。该碑书法丰腴雄伟,宽博厚重,属古劲派一路。惜碑石剥灭较重,现选其较完整的字,以原拓原大的字形辑为一册,以满足书法爱好者临赏。

张迁碑

宫衍兴编

ISBN 7-5333-0315-6

1993年12月1版1次

16开 32页 2.40元

《张迁碑》,东汉中平三年(186年)刻,隶书。是离任的张迁其门生故吏追思其德的表颂碑。明朝出土立于东平,现存泰安。其笔法特点多是斩钉截铁爽利痛快、尾端直方整的一路,是汉碑书法艺术成就较高、较有代表的流派之一,现以原拓原大的字形,辑为一册,以飨读者。

山东汉画像石精萃

山东汉画像石精萃·邹城卷

山东石刻艺术博物馆编

ISBN 7-5333-0411-X

1994年1月1版1次

一函 散页装 360.00元

本书收录了山东省邹县出土的汉画像石图片,宣纸影印。

山东汉画像石精萃·滕州卷

山东石刻艺术博物馆编

ISBN 7-5333-0412-8

1994年月1版1次

一函 散页装 360.00元

本书收录了山东省滕州出土的汉画像石图片,宣纸影印。

山东汉画像石精萃·沂南卷

山东石刻艺术博物馆编

ISBN 7-5333-0522-1

1996年月1版1次

一函 散页装 380.00元

本书收录了山东省沂南出土的汉画像石图片,宣纸影印。

中国美术史

中国美术史(全十二册)

王朝闻总主编

ISBN 7-5333-0470-5

2000年12月1版1次

16开 精装 7000.00元

本书为艺术学科国家重点项目、20世纪最大的美术史工程,由著名美术家、文艺理论家、雕塑家王朝闻先生任总主编,90余位美术史方面的著名学者共同完成。全书以500余万字和数千幅图片构成,图文并茂、博大精深、详尽而系统地展示了中华民族美术的全貌。

缘缘丛书

丰子恺杨柳画谱

吴浩然编撰

ISBN 978-7-5333-2011-9
2008年6月1版1次
32开　140页　19.00元

丰子恺书法字典

吴浩然编
ISBN 978-7-5333-2012-6
2008年6月1版1次
32开　152页　15.00元

丰子恺书衣掠影

吴浩然编撰
ISBN 978-7-5333-2013-3
2008年6月1版1次
32开　156页　20.00元

缘缘人生——丰子恺画传

吴浩然绘、文
ISBN 978-7-5333-2014-0
2008年6月1版1次
32开　176页　16.00元

本丛书包括《丰子恺杨柳画谱》、《丰子恺书法字典》、《丰子恺书衣掠影》、《缘缘人生——丰子恺画传》四种。前三者分别从丰子恺有关杨柳的画作、书法作品、书衣设计艺术入手，全面介绍了丰子恺绘画、书法、装帧设计方面的艺术成就；《丰子恺画传》是绘者以丰氏绘画技法状丰子恺一生，别开生面，能帮助读者更直观地了解丰子恺先生的生平。

七 综合

四库全书存目丛书及补编

四库全书存目丛书·子部

四库全书存目丛书编纂委员会编

ISBN 7-5333-0478-0

1995年9月1版1次

16开 261册 精装 78300.00元

四库全书存目丛书·史部

四库全书存目丛书编纂委员会编

ISBN 7-5333-0535-3

1996年8月1版1次

16开 292册 精装 87600.00元

四库全书存目丛书·经部

《四库全书存目丛书》编纂委员会编

ISBN 7-5333-0580-9

1997年3月1版1次

16开 220册 精装 66000.00元

四库全书存目丛书·集部

四库全书存目丛书编纂委员会编

ISBN 7-5333-0615-5

1997年7月1版1次

16开 426册 精装 127800.00元

《四库全书存目丛书》是截至20世纪末中国最大的古籍整理工程，被国家新闻出版署列入“九五”国家图书出版规划，被国务院古籍整理出版规划小组列为国家重点古籍整理出版项目。该书由著名学者、北京大学教授季羡林主编，《存目丛书》编纂和出版被学术界誉为中国文化史上的一座丰碑。《四库全书存目丛书》分经、史、子、集四部及目录索引卷，共1200册，共收四库存目书4500余种、6万余卷。经部共收录四库存目书734种，分装220册；史部共收录四库存目书1086种，分装292册；子部共收录四库存目书1253种，分装261册；集部共收录四库存目书1435种，分装426册。馆藏单位涉及世界各地二百多家图书馆、博物馆，其中各代善本三千余种，孤本亦逾千种，具有很高的文献价值和版本价值。

四库全书存目丛书补编

四库全书存目丛书补编编纂委员会编纂

ISBN 7-5333-0790-9

2002年10月1版1次

16开 100册 精装 60000.00元

《四库全书存目丛书》搜求的古籍达原存目书的近七成，但由于受到各种因素的影响，仍有二百余种已查明下落的古籍未能收入。为此，《四库全书存目丛书》编委会与齐鲁书社再度合作，于2001年编辑出版了《四库全书存目丛书补编》。《补编》共100册，收历代典籍219种，多为稀见的珍本，其中近三成是海外藏品，同时，也补收了新发现的中国大陆版珍藏珍本，其重大特点是稀见本多，其学术价值也相应提高。《补编》的完成，使《四库全书存目丛书》几近完璧，是学术界的一件幸事，其意义已为学术界充分肯定。

钦定古今图书集成及图集

钦定古今图书集成

本书编委会编

ISBN 7－5333－1781－5
2006年1月1版1次
16开　5020册　线装　580000.00元

《钦定古今图书集成》是我国现存规模最大、内容最丰富、分类详细、编排系统、体例完备、便于检索的一部完整类书，素有"中国古代大百科全书"之称，其内容涵盖我国传统的经史子集四类，规模宏大，共42万余筒子叶，1.6亿字，正文10000卷，目录40卷，分装5020册，共计520函，充分展示了作为国之宝典巨著的皇家风范。此次出版的《钦定古今图书集成》宣纸印刷，古式线装，原原本本按270多年前清雍正铜活字版《钦定古今图书集成》初面世的样子，原大、原貌、原册数，重现该书很高的历史价值、文献价值、艺术价值和收藏价值。

古今图书集成图集

本书编委会编

ISBN 978－7－5333－1746－7
2006年12月1版1次
16开　100册　线装　12800.00元

本书以雍正版铜活字本《钦定古今图书集成》为底本影印编纂而成，汇总了有"大清百科全书"之称的《钦定古今图书集成》的全部图像6000余幅，以"图片博物馆"的形式，集中、生动地再现了我国古代社会的生产、生活与文化形态，为了解中国古代社会形貌提供了直观的参考。印制上采用原图尺寸，宣纸印刷，古式线装，明黄书衣，磁青函套，原汁原味地再现了原书的风貌，并在图版之外，摘录书中的图解、图说等相关文字，解说原图，更方便读者对图片的了解和欣赏。全书100册，分装成12函。

工具书

古籍整理

楚辞通故（全四册）

姜亮夫著

统一书号：10206·90
1985年10月1版1次
16开　3690页　精装　65.00元

本书是一部具有类书性质的词书，共分四辑十部：第一辑为天事、舆地、人事部，第二辑为历史、意识、制度部，第三辑为文物、博物、书篇部，第四辑为词部。内收单字、多字条目共3570余条，举凡楚辞词语以及关涉楚辞研究者，尽列于此。释词，以历史与语言为中心，旁及其他社会科学门类和自然科学，探赜索隐，穷本求源，精阐流变，通达明畅，多所发明。本书内容宏富，并附有珍贵图片、图表，是具有很高的学术价值的学习和研究楚辞的工具书。

说文解字义证

〔清〕桂馥撰

统一书号：9206·23
（ISBN 7－5333－0061－0）
1987年12月1版1次
16开　1436页　精装　29.00元

本书为四大说文名著之一。与其他三家不同，本书重在用诸经文义疏证《说文》。书证丰富，条理分明，是研究、阅读古籍必不可少的工具书。《说文义证》最好的本子是经许瀚校勘的连筠簃杨氏刻本。我社以此为底本影印，全文加以校点,篆体正文用楷体注明,并附有检字表,极便查阅。书末附有许瀚在成书后又加校勘的《说文义证定本》一卷,可供参阅。

汉书古今人表疏证

王利器　王贞珉著　乔仁诚索引

ISBN 7-5333-0080-7

1988年8月1版1次

大32开　838页　精装　9.50元

这是一部先秦人名大辞典。它以班固的《汉书古今人表》为基础,广泛收集了历代研究《人表》的资料,对班固《人表》中所有的人物,从姓氏、祖籍到生平事迹及世人褒贬评价都一一作了详尽的考证,并对原表中的刊误、舛错进行了校勘匡正,阐述了自己的见解。书后附有人名索引,为让者查阅使用提供了方便。

说文今读暨五家通检

李行杰主编

ISBN 7-5333-0319-9

1997年6月1版1次

16开　476页　60.00元

本书为解决《说文解字》中字的排列没有明显规律,检字困难的问题。编者以《广韵》反切为主,参照大徐本《说文》所录之《唐韵》切语,根据古今音变规律,参考方家成说,为《说文》五家所录之字一一标定现代音读;按照现代标准,为《说文》五家编制了新的笔画索引,新加音序索引。音序索引用之于《说文》,尚属首创。

新编词典、字典

汉语反义词词典

张庆云编著　张志毅审订

统一书号:9206·14

1986年6月1版1次

32开　976页　精装　5.85元

本词典收录反义词三千余组,一万余条。它收词广泛,不仅古今兼收,而且收录了大量成语和百科词目;释义辨析精当,加注词性;例证多样,着重于示范和指导,尤其对容易用错的地方加以说明,帮助读者正确使用反义词。本词典在编写过程中,受到中国著名语言学家吕叔湘先生的指导。本词典的出版填补了我国语文工具书的一项空白,为广大读者提供了一部颇具特色的中型词典。

通鉴地理注词典

冯惠民等编

统一书号:12206·7

1986年8月1版1次

32开　624页　精装　4.50元

《资治通鉴》是我国古代一部重要的编年体通史巨著。宋末元初史学家胡三省对《通鉴》又作了详尽注释。《胡注》本身也具有较高的学术价值。胡注的地理部分,凡是《通鉴》中出现的民族、邻邦以及各类地名,大至郡国州县、山川湖泽,小至乡戍聚邑、桥梁津渡以及古迹遗址等无不详为解释。本书改编者为便于读者查找,将《通鉴》的地理注按词目归并编成此书。书中共收词目约六千个,注文一万数千条,并标示原注文在《通鉴》中的卷数和页码。

现代汉语缩略语词典

钟嘉陵编著

统一书号:9206·16

1986年12月1版1次

32开　128页　1.15元

缩略语是现代汉语词汇系统的重要组成部分,它含义明确,形式固定,使用频率高。本词典就是为了适应社会的要求而编写的。编者从各大报刊中广泛收词收例,条目包括政治、经济、科技、时事、党政团体、工农业、文教等诸方面,共七百余条。释义精当,加注拼音和英文译名。

现代汉语新词词典

王均熙　董福光　钟嘉陵编著

统一书号:9206 · 21
(ISBN 7－5333－0011－4)
1987 年 9 月 1 版 1 次
32 开　200 页　1.65 元

本书着重收录了 20 世纪 70 年代末以来出现的近 2000 条新词、新义。收词广泛齐备,不仅有一般语词,还包括政治、科技、时事、党政团体,以及常见百科词条,新出现的熟语、成语和进入普通语词的方言词。释文稳妥,例证典型可靠。

文学典故词典

山东大学古籍整理研究所《文学典故词典》编写组

统一书号:10206 · 167
(ISBN 7－5333－0046－7)
1987 年 9 月 1 版 1 次
32 开　604 页　精装　4.90 元

本书共收文学典故 4000 余条,对每条典故追本溯源,力求指明其出处和最早的书证,对它的本义、引申义、比喻义,尽量给以准确全面的解释,并一一列举书证。

世界名言词典

徐永泰　徐博美　庄珮瑾编译

ISBN 7－5333－0065－3
1988 年 5 月 1 版 1 次
32 开　706 页　精装　7.20 元

本辞典是我国第一次出版的专门介绍(除中国以外)世界名人名言的工具书。它集中了世界 2000 余位名家名言和各国谚语 6000 余条,充分反映了各国人民的智慧和感情。本书设有 100 余个专题,包括伦理人生、自然、社会诸方面,语言隽永幽默,内容丰富翔实,把理论、知识、趣味冶于一炉,读后令人回味无穷。

三向号码字典

梁承穆主编

ISBN 7－5333－0091－2
1988 年 12 月 1 版 1 次
64 开　970 页　精装　4.30 元

本字典采用新式检字法——“三向号码检字法”编著而成。所谓“三向”,是将汉字笔画的走向,归纳为横向、竖向、斜向三类,读者只需分别计算三种笔画的画数,组成号码,即可查到本字。这种检字法适应初学汉字者首先要学习笔画的特点,所以特别容易被接受。三向检字法利用笔画检字,大大节省了检字的步骤和时间。与部首检字法、四角号码检字法相比具有方法简易、检字迅速、准确的优点。

古字通假会典

高亨纂著　董治安整理

ISBN 7－5333－0140－4
1989 年 7 月 1 版 1 次
大 32 开　1260 页　精装　24.00 元

本书是一部帮助读者认识、判断古字通用假借现象的工具书,汇集了经、史、子、集各种古籍中有关文字通用的大量例证。本书按韵部编排,附有笔画检字索引,检索方便。

简明古籍辞典

胡道静主编

ISBN 7－5333－0121－8
1989 年 12 月 1 版 1 次
32 开　410 页　精装　6.80 元

本书是为适应古籍整理、研究工作发展的需要而编写的。它较全面地介绍了古籍专业知识,反映了古籍整理工作的新成果。

中国灯谜辞典

江更生　朱育珉等

ISBN 7-5333-0102-1
1990年2月1版1次
32开 510页 精装 9.90元

《中国灯谜辞典》是我国第一部有关灯谜的辞书。全书共分八个大类，举凡有关灯谜之名词、术语、隐语、灯谜、故事、轶闻、人物、社团、论著、报刊、悉收入本辞典，每条辞目皆作较详细的考证和注释，此外，还将谜坛大事记、现代灯谜社团名录、现代灯谜书刊等附录书中。

小学生作文描写辞典

钱玉林 江更生编

ISBN 7-5333-0128-5
1990年3月1版1次
32开 360页 4.80元

该辞典包括语词描写和语段描写两大部分：语词部分有32个小类，收列各种近义、类义词、词组；语段部分收列四大类（景、物、人、事）、分为25小类。它是作者集若干小学特级教师教学之经验精心编着而成，内容丰富，语言凝练，特色突出，借鉴贴切，所收篇目均为中外名家名篇、优秀作文范例，为小学生作文提供写作技巧、语词等知识。

简明中国历代官制词典

安作璋主编

ISBN 7-5333-0164-1
1990年4月1版1次
32开 330页 精装 7.75元

本词典共收词3500余条，其时限上自先秦、下迄清末。收录词目范围包括：中央和地方的朝廷重要命官，虽非命官但占有一定地位影响的如亭长、里正、刑名、钱谷之类的小吏，各级官署，有关官吏的选拔、任免、考核、奖惩、爵秩、舆服、礼仪等各种制度，以及与官制有关的谥号、赐号、俗称、别称、典故等，如科举中的“琼林宴”、“鹿鸣宴”、“探花”；官制中的“清白吏”、“槐刺”；兵制中的“烽帅”、“子弟兵”等。作者以大量史实、原始资料为据；注意吸收前人和当代的学术研究成果以及有关辞书的科学内容和优点，并就官制中某些存疑进行探索和考证，纠正了多处失误，从而解决了许多历史难题。

事物异名别称词典

安徽大学汉语言文字研究所
徐成志等编著

ISBN 7-5333-0074-2
1990年5月1版1次
32开 748页 精装 13.20元

在历史悠久的汉民族语言中，同一事物在正名之外，多有异名别称，有的常见事物竟有几十个或上百个异名别称。本书从浩瀚的文籍中广泛采撷，并在前人研究的基础上，究其来源，考其含义，分门别类，编成一部工具书。全书采用以正名带别称的方式编排条目，共分6大部30余类，共计收异名别称1万余条。中国著名语言学家、出版家罗竹风为本书作序。

中国古代小说人物辞典

辽宁师范大学编 苗壮主编

ISBN 7-5333-0052-1
1991年5月1版1次
32开 838页 15.00元

中国古代小说源远流长，作品繁富，而其所创作的小说人物，更多如恒河沙，灿若天上星。本辞典即从古代小说中选书（篇）三百种，精选各种类型的小说人物近三千人，除叙述其在小说中的作用及故事外，并对其性格及发展和艺术特色进行分析，言简意赅，有助于今天读者的理解和借鉴。本书是中国小说研究史上第一部以人物为对象的专科工具书。

八用成语词典

许正元等编著

ISBN 7-5333-0186-2

1991年8月1版1次

32开 1115页 精装 20.00元

本书是一部实用性的多用中型汉语成语词典,共收成语6000余条,所谓"八用"是指释义、例证、同义、反义、辨析、连用、活用和分类。准确的释义揭示了语义,丰富的例证提供了古今典型用例,贴切的同义、反义列举了同义和反义成语,简明的辨析分析了成语之间的异同,新颖的连用、活用指出了在应用时成语连在一起使用及成语本身变化的情况,合理的分类将成语按意义分为49类,它可以帮助读者解决在使用成语时多方面的需求。

中华古代文化辞典

钱玉林 黄丽丽主编

ISBN 7-5333-0432-2

1996年5月1版1次

16开 698页 精装 88.00元

本辞典分为三十八类,列出条目五千多,举凡古代文化史,文化学等方面的知识、理论、专题、人物等都尽量列入,内容比较完备。根据的资料主要是古代典籍和有关古文献,还有古文物和社会历史调查资料,以及外国有关的比较研究资料,参考的古今著述上千中。在写法上,它使古文献资料与考古资料、社会历史调查资料结合起来,使中国资料和外国有关资料结合起来,互相印证,以反映中国传统文化的来龙去脉及其影响。

中国古籍版刻辞典

瞿冕良编著

ISBN 7-5333-0415-2

1999年12月1版1次

16开 670页 精装 168.00元

本书对我国古籍目录、版本、校勘和出版印刷等历史资料进行了系统整理,历时十余年,稿凡数易,收词目二万余条,主要内容包括版刻名词,刻字工人,刻、抄书家,参考书等。本书的最大特点在于它较全面地囊括了宋元明清的古籍刻工、刻抄书家,较之现已出版的同类词书收录更完备,考证更详确。本书是我国版刻研究领域的一部重要的工具书。

陶文字典

王恩田著

ISBN 7-5333-1703-3

2007年1月1版1次

16开 658页 精装 158.00元

本书为齐鲁书社出版的《陶文图录》的姊妹篇。全书根据《陶文图录》编撰而成,共收陶文1263字,合文35字;目前尚未认识的字编入附录,计1187字。

资料汇编
(目录 提要 年表 索引 手册等)

新编汉文大藏经目录

吕澂编

统一书号:17206·2

1980年5月1版1次

大32开 154页 0.80元

本书是专供佛学研究者使用的工具书。目录把佛教大藏分为五大类:经、律、论、密、撰述。前四类收译本,后一类收中国撰述。四类译本,又是依照佛学系统,以类相从而编次的,从而适当地反映出佛教学说发展的历史面貌。

中国古代文艺理论资料目录汇编

山东大学中文系中国古代文艺理论史编写组编

统一书号:10206·44

1981年8月1版1次

大32开 303页 1.10元

本书汇编中国古代文艺理论资料目录,共分文论、诗论、小说评论、乐论、画论、戏曲理论、书法理论和篆刻理论各个部分。各部分部按时代先后编排了每个时期的作家、作品和有关书籍版本的目录。

李贺诗索引

唐文等编

统一书号:10206·70

1984年5月1版1次

大32开 411页 2.35元

李贺是我国古代杰出的诗人之一,其艺术成就对我国古代诗歌创作的发展有较大影响。本书为李贺诗单字索引,是一本研究李贺诗歌语言风格和我国词汇发展的重要工具书。

文史工具书评介

张旭光编著

统一书号:11206·110

1986年5月1版1次

大32开 496页 精装 4.20元

本书为学习和研究古籍的需要,对数百种文史工具书进行了介绍和评价。内容分为字书、字典、辞典;目录与索引;表谱与图绘;类书四章。主要特色是:一、观点稳妥,评介精当,能从学术史的角度,说明各书优缺点;二、书中运用资料丰富,通过评介工具书,能让读者掌握许多文史知识,解决一些疑难问题;三、本书编写方法科学得体,文中运用许多必要的统计数字、附录、表格,具体介绍各书使用方法,既便初学,又易使用。

杜集书目提要

郑庆笃等编著

统一书号:10206·119

1986年9月1版1次

大32开 592页 3.55元

杜甫诗集为历代学人所重视,有关杜诗的著述甚多,集注、评论、校刊、辑佚、考证等等,版本浩繁,但散藏于国内外,许多已经散佚湮灭。本书作者经多年搜求考证,得有关书目近900种,起自唐代,止于1983年今人著述。于知见书目、著录存目、集杜书目,戏剧电影和外文译著五部分中逐一叙录,并附1909年至1983年杜甫研究论文索引。它对研究杜诗和有关版本目录均有重大价值。

义和团运动史事要录

李文海等编著

统一书号:11206·131

1986年12月1版1次

大32开 528页 3.35元

本书是一部大事记性质的工具书。它以时为经、以事为纬,按照历史顺序,将义和团运动期间各派政治力量的重要活动,逐日进行了选录,具体而完整地描绘了义和团运动从发生、发展、进入高潮直至失败的全过程。

孔子研究论文著作目录(1949—1986)

中国社会科学院哲学研究所资料室编

统一书号:2206·45

(ISBN 7-5333-0008-4)

1987年5月1版1次

大32开 264页 精装 3.00元

本书共收录1949—1986年国内及港台报刊上发表的孔子研究论文、文章、资料2694篇,以及这一期间出版的孔子研究专著、论文集、资料书籍89种。全书共分中国大陆及中国台湾、香港两大部分,包括总论、哲学思想、社会政治思想、经济法律史学军事思想、伦理思想、教育思想、美学文化体育思想、论语六经、学术动态、书评书讯、其他十一类。书后附有著者索引及引用报刊一览表。本书收录详尽,编排科学,便于查阅。

中国先秦史历表

张培瑜编

统一书号:11206 · 129

1987 年 6 月 1 版 1 次

16 开　264 页　精装　6.40 元

本书是一部研究中国先秦历法、历史的工具书,年代下可与陈垣《二十史朔闰表》相衔接,内容分为冬至合朔时日表、朔闰表和曲阜、安阳等地所见日食表三部分。本书作者多年从事古天文史的研究工作,他运用现代最先进的天文学方法,由太阳、月亮运动的准确公式,推算出我国古代日月合朔的日期和时刻,列出了公元前 1500 年至公元前 105 年近一千四百年间的真实历日表。

稀见地方志提要(全二册)

陈光贻编

统一书号:11206 · 126

1987 年 8 月 1 版 1 次

大 32 开　1368 页　9.50 元

本书是一部介绍地方志书目的专著。作者研究方志 30 余年,遍访各地公私藏书,阅读方志 5000 余种。作者选其诸家目录遗漏、稀见者,撰写提要汇集而成,本书共收方志 1100 余种。卷首总志收全国性方志 40 余种,其余志书按行政区划归属,分作十五卷,卷末附有纂修人名索引和《图书集成方志辑目》。本书所收志书虽属稀见,然各省通都大邑之志则较少遗漏。内容丰富,体例统一,文字简练。各志对纂修人、纂修始末、体例、前志源流、地理沿革、自然概貌、社会风情、官吏赋役、历史事件、传说佚闻、名胜古迹、矿藏特产,无不一一介绍,胪列清晰,更多有评述,不读原著,即可窥见全书。本书对研究历史、挖掘整理文化遗产、探索自然地理、寻找物产矿藏,更对各地撰写方志,都有重要的参考和使用价值。

中国社会经济史论著目录

中国社科院历史所经济史组编

ISBN 7－5333－0015－7

1988 年 5 月 1 版 1 次

16 开　816 页　精装　21.00 元

本书从近 3000 种报刊及论文集中,收录了 1900—1984 年上半年国内发表的有关中国社会经济史的论文和著作目录约两万条,是国内第一部较完整的社会经济史目录索引。

唐诗书录

陈伯海　朱易安编撰

ISBN 7－5333－0060－2

1988 年 12 月 1 版 1 次

大 32 开　734 页　精装　9.90 元

本书收采唐诗总集、合集、别集和评论数据书目 2000 余种(包括香港、台湾学者著作和流散于国外的古籍善本),标明卷数、作者、各种版本和馆藏,各目后附有“备考”,辑录重要典籍中有关该书的资料,并于别集下附列有关选注本、续补本及论评资料。是迄今搜罗最为齐备的唐诗书目工具书,书后附有四角号码和笔画索引,便于检索使用。

古汉语书目指南

王英明编著　张志毅审订

ISBN 7－5333－0089－0

1988 年 12 月 1 版 1 次

32 开　260 页　2.90 元

起步——入门——升堂——入室,初级读物——中级读本——研读专著。这是一本按照现代科学方法编排的古汉语书目工具书。它不仅向初学者、再学习者、研究者提供了阅读的书目信息,更重要的是增加了一系列线性信息和阅读程序信息。它以国外同类书目为借鉴,一反我国目录学的传统,首次把古汉语书目按学科划分 10 大类、33 中类、17 小类,概说精辟,检索方便。

中国古典戏曲序跋汇编(全四册)

蔡毅编著

ISBN 7-5333-0130-7
1989年10月1版1次
大32开 2808页 38.50元

本书收录材料相当丰富而完备。作者经数年辛勤工作,除极少数载于私家和个别地方图书馆所藏的戏剧古籍的序跋外,所有中国古典戏曲序跋,几乎搜罗殆尽。时间之长,上自唐代下迄近代及现代;地域之广,不仅限于大陆、台湾近年来整理重印的戏曲古籍中的序跋,亦尽量设法搜录。全书涉及作家500余人,有关戏曲理论著作(含选本)130余部,戏曲剧目770余种,收序跋条目2000余条。全书共为五编十五卷:甲编曲论曲律,自唐迄明一卷,清代一卷;近代一卷,乙编曲选,一卷;丙编戏文,一卷;丁编杂剧,元、明、清厘为若干卷;戊编传奇,明、清各若干卷。近代作品,杂剧、传奇集为一卷。为便于检索,尚编有作家名号、作家名目两索引附后。

小学生作文技法手册

夏太富　陈天水等编写

ISBN 7-5333-0126-9
1990年3月1版1次
32开 376页 4.10元

本书是一本提供给小学生写作文使用的工具书,由上海市几位有丰富语文教学经验的高级语文教师编写。书中严谨流畅地介绍了和小学生学习作文有关的各种基本方法和写作技巧。例文及讲述紧扣小学课文,明白易懂。

世界爱情名言

忻佩贞　司徒惠编

ISBN 7-5333-0160-9
1990年3月1版1次
32开 516页 7.90元

本书汇集了古今中外名人对爱情真知灼见的名句3000余条;中国古代爱情名句撷英,收集了先秦至清代爱情诗词的名句300余条;名人爱情书简,收录了马克思、燕妮等的爱情书简10封。全书共计25类,内容丰富,分类合理,哲理性强。

明清小说资料选编(全二册)

朱一玄编

ISBN 7-5333-0131-5
1990年3月1版1次
大32开 1346页 19.00元

本书共收录了明清283种小说的资料,包括小说的序跋、凡例,以及采摭史志和大量野史笔记中有关作者、作品、本事的考证、评论等。全书以历史小说、侠义小说、神魔小说、世情小说、讽喻小说、话本小说和文言小说分类,辑为七编,书后还附有《小说书名索引》和《引用书目》。不仅资料繁富,而且择录精审,类别分明,查阅方便。

中国语言学要籍解题

钱曾怡　刘聿鑫等编著

ISBN 7-5333-0210-9
1991年11月1版1次
32开 650页 9.50元

本书以工具书的形式收集中国语言学要籍近200种进行评介,为广大读者、特别是青年一代提供学习、研究中国语言学的一把钥匙。本书按学科分科,包罗赅详,简择精当,对要籍的内容、体例、研究方法、学术成就有公允平实的论述,并对其承前启后的历史地位加以概括。作者阵营强大,蒋维崧先生亲任顾问并审定全书。全书编写方法得当,文字简洁。既有扩充知识、尽快了解前人成果之特点,又具有反映中国语言学研究概况之特色。

山东文献书目

王绍曾主编

ISBN 7-5333-0247-8
1993年12月1版1次

大 32 开 764 页 精装 19.00 元

本书为考查研究和整理山东历代古籍文献的工具书。内容包括自先秦迄近代有版本流传的山东人著作书目 4336 种,26000 卷;另有与山东文献有关而非山东人著作入于附录的 1279 种,3000 余卷。两者共计 5615 种,29000 余卷,是山东历代文献书目之集大成者。

易学书目

山东省图书馆编

ISBN 7-5333-0396-2
1993 年 12 月 1 版 1 次
大 32 开 432 页 精装 14.50 元

本书共收易学书目 2810 种,分《山东省图书馆馆藏易学书目》和《知见传本易学书目》两部分,山东省图书馆所藏易籍极为丰富,本目收 1317 种,2300 多个不同版本,其中包括卢松安先生所献“易庐易藏”近千种。为便于查阅,按丛编、白文、传说、图说、类例、专著、文字音义、古易、易纬、易占十类分别编目。知见书目搜集有山东省图书馆馆藏以外的易学书目,按时代和国别分为十余类。二目互补,基本囊括现存易籍。

中日甲午战争研究论著索引(1894—1993)

中国甲午战争博物馆北京图书馆阅览部编著

ISBN 7-5333-0413-6
1994 年 7 月 1 版 1 次
大 32 开 240 页 7.00 元

该索引收集 1894—1993 年国内外书刊杂志发表的有关甲午战争史的论著目录。全书分图书和论文两编,包括总论、战前国际环境、北洋海军与甲午之战、反割台斗争、马关议和与晚清政局、战后国际关系、人物研究、文学作品等方面的内容。本书为新中国成立以来首部甲午战争史专题索引,是甲午战争史研究者必需的工具书。

中国历代帝王世系年表

杜建民编著

ISBN 7-5333-0422-5
1995 年 2 月 1 版 1 次
大 32 开 222 页 8.00 元

本书以简明的表格形式介绍中国历代帝王的基本情况,包括各个朝代每位帝王的姓名、世系、庙号、谥号、陵寝、年号、生卒年、在位年、传家方式等,并列有各个帝王年号的起讫时间表,以其年号起止时间,可以推算出该帝王在位期间任何一年的干支和公元纪年。书末附录《中国古代帝王的庙号、谥号、尊号和年号》一文,系统地介绍了中国古代君主名号的演变、皇帝的各种称谓,以及帝王的庙号、谥号、尊号、年号等历史知识。

中国文言小说总目提要

宁稼雨撰

ISBN 7-5333-0526-4
1996 年 12 月 1 版 1 次
16 开 590 页 精装 80.00 元

本书在尊重古人小说概念的前提下,以历代公私书目下小说家著录的作品为基本依据,用今人的小说概念对其进行遴选厘定,将先秦至近代的文言小说分为五编,共收文言小说 2274 种。每种先有作者、版本介绍,次及作品内容介绍评述,除具完备的工具书特色外,还有较高的学术价值。本书后附书名、作者笔划、音序两种索引,另附《剔除书目》和《伪书书目》。

山东省社会科学优秀成果获奖作品概览(1981.7—1996.6)

赵锦良主编

ISBN 7-5333-0713-5
1998 年 8 月 1 版 1 次
大 32 开 836 页 精装 58.00 元

本书对1981年7月至1996年6月间的12次山东省社会科学优秀成果奖的获奖作品以提要性介绍(1-10次)和收录名录(11-12次)的形式汇集。这些作品真实地反映了改革开放以来新的历史时期我省社会科学理论研究的发展状况和取得的优良成绩,是一笔丰厚、宝贵的知识财富。将这些篇目众多、卷帙浩繁的成果编写成书,也有利于读者查阅和使用。

续修四库全书总目

中国科学院图书馆整理

ISBN 7-5333-0752-6

1999年2月1版1次

16开 946页 精装 200.00元

60多年前,中国70多学界巨擘拟定了33000多篇古籍总目,开始了续修四库全书的编纂工作。这部古籍总目和《四库全书总目》相互补充,中国传世古籍搜采殆尽。本书共分为三部分:分类总目;书名索引;著者索引。分类索引按经、史、子、集、丛书、方志分六部;书名、著者索引按首字笔画多少排列。

易庐易学书目

卢松安编 山东省图书馆整理

ISBN 7-5333-0845-X

1999年12月1版1次

大32开 728页 精装 120.00元

卢松安先生为海内外藏易学第一名家,此书为卢先生倾毕生心血独创的易类藏书的表格式解题目录,是研究易学不可多得的文献资料。

山东省图书馆馆藏海源阁书目

山东省图书馆编

ISBN 7-5333-0846-8

1999年12月1版1次

大32开 616页 精装 100.00元

海源阁是清代著名藏书楼之一,其大部分藏书现由山东省图书馆收藏,总计2300余种、32236册,其中不乏珍本善本。本书是在整理藏书的基础上编纂而成的。

新编增补清末民初小说目录

(日)樽本照雄编

ISBN 7-5333-1032-2

2002年4月1版1次

16开 1122页 精装 360.00元

本目录收录了1902年至1919年间中国的原创小说和翻译小说19000余种,版本包括杂志连载和单行本等各种形式,基本囊括了文学革命前夕的各类小说,是研究清末民初小说不可或缺的工具书。

海源阁书目五种

王绍曾等编著

ISBN 7-5333-1025-X

2002年4月1版1次

大32开 1596页 150.00元

海源阁是我国清末四大藏书楼之一,多珍本、善本。本书是海源阁所藏书目的汇编,由我国著名版本目录学家王绍曾先生率众经过多年努力整理而成。五种书目为:《楹书隅录》(含《续编》、《补遗》)、《宋存书室宋元秘本书目》、《海源阁藏书目》、《海源阁宋元秘本书目》(含《补遗》)、《海源阁书目》(含《补遗》)。

烟台公共图书馆馆藏古籍书目

吕志正主编

ISBN 7-5333-1051-9

2002年6月1版1次

大32开 1124页 精装 120.00元

本书目是烟台市公共图书馆馆藏古籍的联合书目,共收入烟台市8个公共图书馆的馆藏古籍4511种,77397册(含有少量影印古籍),一般以辛亥革命(1911年)为下限,此后影印的古籍适当予以收录。

稿本中国古籍善本书目书名索引

天津图书馆编

ISBN 7－5333－1045－4
2003 年 4 月 1 版 1 次
16 开　精装　860.00 元

本书根据新中国成立后第一部国家级古籍善本总目的油印稿本编制，是文史版本学研究者、爱好者和图书馆人员案头必备之工具书。

山东师范大学图书馆馆藏古籍书目

张宗茹　王恒柱编

ISBN 7－5333－0735－6
2003 年 5 月 1 版 1 次
16 开　752 页　精装　160.00 元

本书包括《馆藏古籍善本书目》和《馆藏普通古籍书目》两部分，收录建馆 50 年来入藏古籍善本 800 余种近 2 万册及普通古籍 7000 种 15 万册。

《论语》索引

幺峻洲编

ISBN 7－5333－1585－5
2005 年 11 月 1 版 1 次
大 32 开　224 页　16.00 元

本书是为方便读者阅读和查阅《论语》而编写的一本工具书。它共有笔画索引和拼音索引两种方法。读者只要记住一章的一个字，就可以按照笔画索引或者拼音索引找到该字，并由该字找到该字所在的篇章。

清代目录提要

来新夏主编

ISBN 7－5333－0468－3
2007 年 1 月 1 版 1 次
大 32 开　482 页　精装　38.00 元

本书对清代的目录学著作的作者、版本、内容进行了考证与记述，是了解清代目录学著作的实用工具书。

二十世纪《俗文学》周刊总目

关家铮编著

ISBN 7－5333－1780－7
2007 年 1 月 1 版 1 次
大 32 开　394 页　25.00 元

本书是 20 世纪上半叶《俗文学》周刊论文目录汇编，主要包括上海《大晚报 · 火炬通俗文学》、香港《星岛日报 · 俗文学》等六种周刊，并附录 20 世纪《俗文学》周刊出版顺序目录、篇名索引和著者索引。

山东大学图书馆古籍善本书目

山东大学图书馆编撰

ISBN 7－5333－1716－5
2007 年 1 月 1 版 1 次
大 32 开　768 页　精装　120.00 元

本书分为经、史、子、集、丛五部四十余大类，共收入本馆历年入藏的宋元明清旧刊本、批校题跋本、稿本、抄本、精刻本等善本书目两千余种，书目一般包括书名、卷数、著者、朝代、册数、函数、行字、书口及藏印等详细情况。

齐国大事纪年

王修德编著

ISBN 978－7－5333－1882－6
2007 年 12 月 1 版 1 次
大 32 开　444 页　35.90 元

本书主要以《春秋左传》、《史记》、《资治通鉴》等史书为依据，采用编年体的形式，将从公元前 11 世纪姜子牙封齐建国到汉武帝元封元年汉齐国被除（约一千年的时间）所发生的重大历史事件辑录下来。

山东省社会科学优秀成果获奖作品概览
（1994.7—2004.12）

李海萍　高航主编

ISBN 978-7-5333-2048-5
2008年9月1版1次
大32开　1032页　精装　98.00元

本书对1994年7月至2004年12月间历次山东省社科评奖活动中获奖作品作了提要性介绍，同时收录了这十年间有关评奖工作的主要文件和历次评委名单，内容丰富，资料性强，具有良好的存史和备用价值。

杜集叙录

张忠纲等编著

ISBN 978-7-5333-2111-6
2008年10月1版1次
大32开　792页　精装　79.00元

本书收自唐迄今中外有关杜甫诗文的全集、选集、评注本及各类研究著作、文艺作品等1261种，是迄今为止最为详尽的杜诗学文献目录。

综合性论集

文集

治学之道

《文史哲》编辑部编

统一书号：11206·77
1983年10月1版1次
大32开　202页　0.82元

本书是《文史哲》编辑部发表的一批专家学者谈治学经验的文章结集。文章作者根据自己治学道路和特长，现身说法，讲述师承，介绍经验，尤其针对初学者的需要，介绍了读什么书，怎样读书，如何做眉批、笔记、卡片和札记等等，内容丰富具体。全书包括：姜亮夫《我的治学一得》、侯外庐《史林述学》、董治安《难忘的启迪和教诲》等29篇文章。

闲堂文薮

程千帆著

统一书号：10206·74
1984年1月1版1次
大32开　348页　1.85元

本书共分四辑。第一辑是关于古典文学，包括小说、戏剧、词曲、对联各方面的论述；第二辑是汉魏六朝文学散论三篇；第三辑八篇是关于校雠目录学的；第四辑则既有关于前辈学人刘永济先生、黄季刚先生的传记和逸事，也有作者近几年来对古典文学研究的学术风气和治学方法的精辟见解。本书所收的25篇文章，为作者从近半个世纪攻治古典文学、校雠目录学的论文中所精选。文章持论精深，言简意赅，反映了作者渊博的学识、严谨的学风和锲而不舍的治学精神。

绍良丛稿

周绍良著

统一书号：10206·83
1984年1月1版1次
大32开　252页　1.05元

本书系著名学者周绍良先生近几年来关于中国古代文学和书法的论文选集，收文共14篇，主要内容有“从老庄思想论《兰亭序》之真伪”的考辨；有唐人《东城老父传》和《传奇》的笺证；有对《大宋宣和遗事》、唐代的三国故事和《品花宝鉴》成书年代的考证，以及“吴江沈氏世家”的研究。

寄沤剩稿

潘景郑著

统一书号：10206·123
1985年12月1版1次

32 开　160 页　0.90 元

本书共收入作者为近代名人诗文传本、书画书目文献、名人手札、年谱、先贤遗墨等所作的序、跋近 80 篇。作者潘景郑先生，是现代著名的版本目录学家，渊源家学，藏书甚富。这些序跋，内容广泛，对清末民初这一段时间内，文坛上的若干知名人物的行事、交游，及其遗著、遗稿的产生背景、流传始末作了介绍。

治学小言

程千帆著

统一书号：10206 · 152

1986 年 10 月 1 版 1 次

36 开　153 页　0.95 元

作者是国内著名学者，治中国古典文学、校雠目录学凡数十年，造诣极深。本书是作者近几年关于治学方法论等问题的文章和谈话记录的结集，多是作者据几十年教学和学术研究之经验，并结合新中国成立以来特别是近几年学术研究的成绩和不足等现状，对研究方法进行的积极探讨，目的是开拓新的研究领域，建立新的研究方法，以促进学术的繁荣和发展。

南谷类稿

蒋逸雪著

统一书号：11206 · 128

1987 年 3 月 1 版 1 次

大 32 开　360 页　2.75 元

本书是作者积年论著的结集。作者通经史、识音韵，沉酣考据，尤善古文。凡其心力所至，多有创获。本书内容以类分为：说经、辨史、解字、诗评及作者诗稿。主要篇目有：《经今古文学考》、《商代迁都考》、《数字探源》、《谈有关桐城文派》、《论阳湖文派》、《论秦始皇焚书坑儒》、《替曹操恢复名誉要恰如其分》、《关于鲁迅校勘〈嵇康集〉的几点臆测》、《读诗偶记》、《南谷诗存》等共 28 篇。

缁经室学术文集

杨向奎著

ISBN 7－5333－0118－8

1989 年 7 月 1 版 1 次

大 32 开　280 页　3.30 元

本书是作者近几年来学术研究的论文结集，是《绎史斋学术文集》姊妹篇。全书共收录学术论文 14 篇。其内容涉及哲学、经学、小学和史学以及传统的经史以外的学术论述。作者继论述康有为的今文经学、章太炎的经学、小学及其哲学思想之后，又以《论恒量、变量》、《论时间与空间》、《论时间》、《论空间》和《都江堪"深淘滩、低作堰"之科学意义》等 5 篇文章，从不间的角度论述了难度较大的科学、哲学等方面的问题。对一些学者们争论不一的问题，作者广征博引，有理有据地阐明了自己的见解。

语言文学与心理学论集

詹锳著

ISBN 7－5333－0090－4

1989 年 10 月 1 版 1 次

大 32 开　360 页　4.30 元

本书是作者从新中国成立前到 1987 年共 45 年的论文结集，内容包括古汉语语音、中国古代文学史、古代文论和心理学等方面，篇篇言之有物，语言沉实精炼。不仅可以看到作者学术思想发展，而且可以反映出我国学术发展的某些历史足迹。

王朝闻学术思想论集

张晓凌等编

ISBN 7－5333－0139－0

1989 年 11 月 1 版 1 次

大 32 开　402 页　6.40 元

王朝闻先生是当代著名学者，集美学家、文艺评论家、美术史家、雕塑家为一身，在诸领域均颇多建树，著作等身。为纪念他从事学术活动60周年，特约请全国20余位专家撰文结成此集，对王朝闻学术思想进行了全面系统的研究论述，并对其学术贡献作了客观允当的介绍和评价；书末附录《王朝闻传略》和《王朝闻主要著作简介》。

先秦文献与先秦文学

董治安著

ISBN 7-5333-0420-9

1994年11月1版1次

大32开 474页 13.00元

本书是作者的一部治学文稿结集，共收文章30余篇，分二辑。一辑为治《诗》、《书》、《易》的论述，二辑是作者从文学和文化史角度对先秦诸子和文献的论稿。

张维华纪念文集

《张维华纪念文集》编辑小组编

ISBN 7-5333-0624-4

1997年9月1版1次

大32开 448页 25.00元

本书分两编，第一编张维华晚年著述，第二编生前友好与学生学术论文怀念文章。

金城丛稿

郑文著

ISBN 7-5333-0876-X

2000年11月1版1次

大32开 662页 40.00元

本书是西北师范大学中文系郑文多年学术研究、诗文创作成果之结集，内容涉及音韵考订、诗歌研究、思想研究，自作诗文等多个方面。许多问题有自己精深独到的见解，尤其是对《国风》韵式、《楚辞》思想内容之研究，功力尤著，具有较高的学术价值。

袁世硕教授执教五十年纪念文集

本书编委会

ISBN 7-5333-1454-9

2005年1月1版1次

大32开 586页 50.00元

本书收集了袁世硕教授弟子的40余篇学术论文，涉及小说、戏曲、诗文以及文化等众多领域。

逸园丛录

李壮鹰著

ISBN 7-5333-1566-9

2005年9月1版1次

大32开 402页 29.00元

本书为作者执教读书所写的札记和心得。60篇札记类似于古人笔记丛话，有论史、论诗、论文，有文字、易卜、俗谈及文人轶事掌故，总为博览群书之心得。不拘长短，言之成理，持之有故，给人以美感和启悟。

海岱居文存

徐北文著

ISBN 7-5333-1590-1

2006年1月1版1次

大32开 548页 36.00元

本书共收入作者学术文章100余篇，涉及大舜研究、泰山文化研究、孔子与儒学研究、齐鲁文化研究、济南文化研究等文史方面的诸多问题。

安作璋先生史学研究六十周年纪念文集

本书编委会

ISBN 978-7-5333-1896-3

2007年11月1版1次

大32开 756页 精装 69.00元

本书是为祝贺著名历史学家安作璋先生从

事历史研究六十周年暨八十华诞而编著的纪念文集，正文由两部分组成，第一部分为安先生挚友、学生所撰写的纪念、评述文章，从不同的角度展现了安先生之为人、处世、教学、科研、学风；第二部分为中外学者所作为先生寿的学术论文，内容涉及广博，真知灼见频现，表现出了高超的学术水准。

黄冕堂晚学集

黄冕堂编著

ISBN 978 - 7 - 5333 - 1914 - 4

2008 年 1 月 1 版 1 次

大 32 开　400 页　32.00 元

本书共分三大部分：《古史文录》收入了作者的专题文章 11 篇，《学林漫步》收入了作者纪念师长的文章 12 篇，《附录》收入了作者的学生所撰写的文章多篇。

独上高楼

——蒋维崧教授纪念文集

山东省书法家协会编

ISBN 978 - 7 - 5333 - 1965 - 6

2008 年 1 月 1 版 1 次

大 32 开　308 页　28.00 元

本书收录了纪念著名汉语言文字学家、篆刻家、书法家蒋维崧教授的文章 30 余篇，介绍了蒋维崧教授的生平和他在学术研究、书法篆刻艺术等方面的成就。

其他

中国公文学

苗枫林著

ISBN 7 - 5333 - 0040 - 8

1988 年 1 月 1 版 1 次

大 32 开　352 页　精装　4.00 元

本书共五编五十七章，附录我国现行公文工作规章制度十件。第一编绪论论述了公文学的性质，研究对象、目的和方法；第二编中国公文史；第三编现行公文体式；第四编公文的运局与修辞；第五编撰拟修养。作者根据新时期公文革新的需要，总结了我国公文工作的历史经验教训，把我国公文学的理论知识与作者长期在高级领导机关从事撰写的实践经验融会贯通，从而使这本书具有很强的现实指导性。

省志编纂学

王复兴主编

ISBN 7 - 5333 - 0256 - 7

1992 年 7 月 1 版 1 次

大 32 开　478 页　7.80 元

本书共 8 章，首章论述了省志的总体设计与各分志的共性问题，后 7 章分论了各分志的编纂方法，对编纂省志和其他新方志都具有指导意义。

地方史志编纂新论

刘宗泽著

ISBN 7 - 5333 - 0327 - X

1992 年 12 月 1 版 1 次

大 32 开　224 页　6.00 元

本书是地方史志编纂研究专著。

古籍整理研究论文集（第三辑）

山东大学古籍整理研究所编著

ISBN 7 - 5333 - 0427 - 6

1994 年 9 月 1 版 1 次

大 32 开　428 页　10.00 元

本书研究的范围遍及经、史、子、集四部，历史的跨度则自先秦以迄有清，对诸种古籍《周易》、《左传》、《尔雅》、《荀子》、《鬼谷子》、《青琐言议》的研究可谓深入。

揭批“法轮功”教育读本

孔世明主编

ISBN 7-5333-0946-4
2001年5月1版1次
大32开 106页 6.00元

本书用通俗、生动的事例，入木三分的漫画插图，揭露“法轮功”反人类、反科学、反社会的邪教本质，批判封建迷信和伪科学，讲述马克思主义和科学知识在人类社会发展中的重大作用。

古籍编辑工作漫谈

全国古籍整理出版规划领导小组办公室编

ISBN 7-5333-1196-5
2003年6月1版1次
大32开 232页 16.00元

本书为全国古籍整理出版规划领导小组办公室组织的第二届全国古籍社编辑培训班上的专家讲稿，含9篇文章，从不同角度对古籍出土文献的整理出版、古籍图书的编辑工作以及市场营销进行了讲析，文笔流畅，深入浅出，对从事古籍整理及编辑出版工作具有重要的指导作用。

新七十二行

阎爱华主编

ISBN 7-5333-1184-1
2003年4月1版1次
大32开 318页 25.00元

本书为山东齐鲁电视台的节目《新七十二行》的总结，展现了在创业方面出现的新生事物，书中对其编导采访过的40个新职业进行介绍。

中国编辑学研究述评（1983—2003）

丛林主编 于国艺等撰写

ISBN 7-5333-1453-0
2004年12月1版1次
16开 522页 精装 80.00元

本书对1983—2003年间的中国编辑学研究进行了梳理和评议，以述为主，以评为辅，见解独特，评议精当，资料丰富，填补了我国编辑学研究的空白。

中国文史哲汇通

谭家健著

ISBN 978-7-5333-2155-0
2009年1月1版1次
大32开 752页 59.00元

本书分中国文化史专题、中国认识论述略、中国文学史精读三编，对中国文学、史学、哲学基本知识进行了深入通论和讲述，是大学以上文化程度的读者了解中国文史哲基本知识的有益读本。

综合性丛书

王献唐遗书

古文字中所见之火烛

王献唐著

统一书号：11206·001
1979年7月1版1次
18开 223页 2.80元

本书系根据1945年手稿影印。作者目的是考证火烛在古文字中的反映。作者认为：从火蜀声的烛字为后起字，它的古文字正像一人跪执火把。由此出发，对反映火把的古文字依次详加考释。陈邦怀先生为此书写的序言中说：“火烛之名，见于《吕览》，火烛之字，发于王氏。”

中国古代货币通考（全三册）

王献唐著

统一书号：11206·6

1979 年 8 月 1 版 1 次

18 开 1852 页 15.00 元

本书系依据作者手校清抄稿本影印。全书五篇二十七章，按周、秦、汉断代为编，上溯殷商，下及汉魏，根据丰富的文献文物资料，系统地考证了我国古代货币的源流及制作，发展了乾嘉以后古钱学研究的成果。作者擅长古韵，对古文字的训释，创说新颖。此书写成于 20 世纪 40 年代，新中国成立以来考古新收获，作者未及据以修订，但仍不失为代表一个时代学术水平之著作。

春秋邾分三国考 三邾疆邑图考

王献唐遗书

统一书号：11206 · 49

1982 年 12 月 1 版 1 次

18 开 61 页 0.58 元

本书包括《春秋邾分三国考》和《三邾疆邑图考》两篇著作。作者根据 1934 年滕县出土的邾国彝器，对春秋时期三邾之分及三邾疆邑作了考证，绘制出三邾疆邑形势概图和漷水变迁图。作者从研究邾器铭文出发，以春秋三传记载为主，广泛征引古文字古文献资料，考证精详，多有创获。

双行精舍书跋辑存

王献唐著 山东省博物馆辑录整理

统一书号：11206 · 74

1983 年 8 月 1 版 1 次

18 开 293 页 2.95 元

本书所辑书跋，共 258 种，400 多则。他的书跋独具一格，考校精严而文笔纵横。除版本校勘外，作者还注意广泛搜罗书话与掌故，增强了书跋的文学性和史料价值。作者特别重视地方文献的发扬，对清乾嘉以来地方人文故事记载尤详，从本书题跋的整个内容，可以窥见近三百年齐鲁学术从“籍书园”、“海源阁”以至“奎虚书藏”发展变化的一个清晰轮廓。

山东古国考

王献唐著

统一书号：11206 · 43

1983 年 11 月 1 版 1 次

18 开 280 页 2.00 元

本书作者从研究铜器铭文出发，充分利用金石资料，广泛征引文献古籍，考察了商周时代山东古国的兴起、变迁、衰亡，提出很多创见。此书 1964 年经陈梦家同志校订编次，并撰写后记一篇。

双行精舍校汪水云集

〔宋〕汪水云原著 王献唐校

统一书号：11206 · 60

1984 年 1 月 1 版 1 次

18 开 269 页 3.00 元

汪水云（大有，字无量，号水云）是南宋末年钱塘人，宋亡，随幼帝显和三宫入燕，滞留北方达十三年之久。其诗记国亡北徙事，周详恻怆，当时已号为诗史。20 世纪 30 年代初，王献唐先生即校勘并准备印行汪水云诗集。现在出版的《双行精舍校汪水云集》就是他当时以海源秘藏一粟斋抄《汪水云诗》为底本的手校本。书后并附他专为之撰写的《汪水云集校勘记》、《汪水云集版本考》和《汪水云事辑》。

顾黄书寮杂录

王献唐辑录

统一书号：11206 · 68

1984 年 1 月 1 版 1 次

18 开 182 页 2.20 元

本书为王献唐先生 20 世纪 30 年代初在济南、青岛发现手录的一批地方人文资料。内容主要是名人书札，收有翁覃溪、周书昌、丁小雅、陈簠斋、何子贞、吴清卿、俞理初、缪筱珊、杨至堂、许印林和章太炎等各家函札 70 余通；另有许印林、桂未谷、阮芸台、刘喜海、汪孟慈、王廉生、丁竹筠和丁鼎丞诸家题跋、考释、音训、杂著和短篇撰著40余篇。可从中窥见此一时期山东一地的学人风尚和学术动态,颇具史料价值。其中许多是没有刻本的原始资料,尤为难得。

那罗延室稽古文字

王献唐著

统一书号:11206·58

1985年1月1版1次

18开 688页 3.95元

本书共收遗稿14篇,作于1937年至1942年期间,内容主要是对先秦汉魏有关古文字的考证。本书系根据作者亲自编定之手稿整理而成。书前有叶圣陶、唐兰、商承祚题字及蒋逸雪撰写序言。

五镫精舍印话

王献唐著

统一书号:8206·57

1985年4月1版1次

16开 480页 5.70元

本书写于1935年至1937年之间,计170篇,内容广泛,包括印史、印谱、印章形制、印文考释、刻制、使用、鉴赏、流派、掌故等各个方面,对于掌握印学知识、研究古文字、探讨古代典章制度,颇有参考价值。

炎黄氏族文化考

王献唐著

统一书号:11206·88

1985年7月1版1次

18开 596页 7.65元

本书系作者研究我国古代历史的一部有代表性的力作,全书分《炎黄二族之分野与三郓氏族》、《炎黄二族名物礼俗之差异》、《起于游牧时期之嬴奄族系》、《起于农业时期之番族、丁田等族系》、《起于渔业时期之伏羲族系》等5篇,20余章。作者从考古学、古音韵学、古文字学、古地理学以及古民俗学等各个角度,对我国古代炎黄氏族文化的发展变迁作了全面的探讨,其观点与论证方法之新颖特出,引用材料之广泛,均可称一家之言。

双行精舍书跋辑存续编

王献唐著 骆伟执笔

统一书号:11206·100

1986年5月1版1次

18开 270页 3.40元

本书收书跋144种,书序5篇,共149种,324则。至此,作者生平所作题跋文字大部已收集在这正续两编《辑存》中。本编所收序跋文字,主要来源于山东省图书馆的藏书,另有北京图书馆、青岛市图书馆、山东大学和山东师范大学图书馆以及个人的藏书,能收辑的已尽量作了收辑。本编题跋文字内容,在精鉴版本、详于地方文献掌故方面,一如前编,仍旧保持王献唐题跋文字的一贯特色。

山左名贤遗书

同文尚书(全三册)

〔清〕牟庭著

统一书号:11206·27

1981年11月1版1次

大32开 1650页 9.50元

《同文尚书》是清代山东栖霞人牟庭耗费数十年精力写成的一部很有学术价值的书稿,百余年一直未刊印过,此据王献唐先生所藏抄本影印。牟庭的这部书推翻了尚书学上的许多成案,提出了许多新的见解,打破了由汉至清的“家法”局限,而自成一家之言。全书共三十一卷,撰写体例分作五项:篇目号证、经文校勘、句读断定、经文解释、经意串讲。作者的考证与注说,大胆新颖,有理有据。书前有王献唐先生

1957 年为此书写的序文，书后附有“默人先生墓志铭”、“同文尚书自跋”、“同文尚书三十一篇序”、“尚书百篇序证案”、“校同文尚书抄本后志”、“周公年表”等有关著述。本书的出版对研究古代史及古典文学有着重要的意义。

诗切（全五册）

〔清〕牟庭著

统一书号：10206 · 62

1983 年 9 月 1 版 1 次

大 32 开　2894 页　18.00 元

《诗切》为清代栖霞牟庭毕生精力所寄之巨著，稿凡六易，始行写定。作者主旨在于精核故训，案循文义，以探求诗三百篇作者之本怀。校订经义，为人所不敢为；奥论奇义，言人所不敢言。本书一一绎其事证，皆理实俱在，铁案不移，但见其确，不见其僻也。此书诂古切义，文笔简畅，深入浅出，妙绪纷披，使人解颐，为汉唐宋清以来诗学别开新域。影印所用之底本为依据作者手稿过录之清抄本。书前有王献唐先生所撰序言。此书百余年来只见于著录，未经刊行，故影印出版。全书经殷孟伦教授断句，以便阅读。

杨刻蔡中郎集校勘记

〔清〕许瀚著

统一书号：11206 · 89

1985 年 4 月 1 版 1 次

大 32 开　172 页　1.20 元

本书系清代许瀚所作海源阁杨刻蔡中郎集校勘记专辑。杨刻蔡集是历来蔡集刻本中最完善的版本。其所据底本为黄丕烈、顾广圻合校的明万历间翻刻北宋版十卷本，刻校两善，名重一时。高均儒更据明清以来蔡集名镌佳椠，再加校补，精益求精，故能超越前人。许瀚见蔡集乡碑铭文字古字古义难解，而高校未尽允惬之处仍复存在，乃决以校汉碑法重校之，疏证补遗达 900 余条，弥补了杨刻的不足，使它更加完备。许氏这部校勘记，义例严整，法度井然，堪称是校勘学的范本。

攀古小庐全集（上）

〔清〕许瀚著　袁行云编校

统一书号：11206. · 80

1985 年 10 月 1 版 1 次

大 32 开　464 页　3.35 元

本书系根据国内公私各家所藏清代朴学家许瀚著述的刊本、未刊本、佚稿、题跋，以及诸书引载整理编校而成。全集共分三册。此上册包括许氏经学、古声韵学、古文字学方面的著作，计 72 篇。

清诒堂文集

〔清〕王筠著　屈万里　郑时辑校

统一书号：11206 · 99

1987 年 2 月 1 版 1 次

大 32 开　368 页　2.30 元

本书是清代文字学家安丘王筠的文集。王筠字贯山号菉友，他的《说文释例》、《说文句读》与段玉裁《说文解字注》、桂馥《说文义证》同为有清朴学文字故训学的经典性代表巨著。这本文集系屈万里、郑时辑校，二人分工合作，前后费时十年始成此集，内收王筠所作策、论辩、序跋、书牍、杂著等共 124 篇。王筠自称“株守说文”，生平所著文章不多，此集把许多难见的手稿秘本、未刊本或已刊而流传不广的版本所载论学重要之作，统一集中于此，给读者在研读上提供了莫大便利。后附郑撰《王菉友先生年谱》、《王菉友先生著述考》与《文集》参读，可有助于读者更好更全面的了解一代朴学大师的生平治学经历和他的学术思想及学术造诣。

周易要义

〔清〕宋书升著

张雪庵校点　刘方复校

ISBN 7-5333-0096-3

1988年6月1版1次
大32开 1512页 5.00元

《周易要义》是清末著名学者宋书升的遗著。全书共十卷,包括《周易》上下经、卦象传、彖象传、爻象传、文言传、系辞传、说卦序卦杂卦篇、《周易》附说,并附图26幅。作者以传统的阴阳相生的观点,对《周易》一书分别经传作成《要义》,推演周密,具有完整的体系性,自成一家之言。书中强调"占易用变"、"易占贵变"的朴素辩证观点,对卦爻变例叙述尤详。宋氏精于乐律和甲子,以钟品和干支解释《周易》,为本书特色,亦是作者的独到造诣。

读史纠谬

〔清〕牛运震著 李念孔等点校

ISBN 7-5333-0113-7
1989年6月1版1次
大32开 604页 7.25元

本书系清康乾间齐鲁经学名师牛运震(空山先生)的读史评论集。全书十五卷,自《史记》至《新五代史》。除《北史》、《新旧唐书》及《旧五代史》,作者对每部史书均分别篇目加以评述。通过考订文字、纠正史实,进而比较、论证各书在史体、史法、史识和史德各方面的优劣得失。作者提倡信史、直笔、直书,坚决反对曲笔、作伪、颠倒黑白。文笔犀利痛快,词严义正,每能切中要害,在史德史识方面尤多发挥。

秦前文字之语

〔清〕陈介祺著 陈继揆整理

ISBN 7-5333-0127-7
1991年4月1版1次
大32开 334页 5.90元

本书为清代学者、著名金石学家陈介祺与人论证古文字的书札辑存,为其后人陈继揆校点整理。

蒿庵集 蒿庵集捃逸 蒿庵闲话

〔清〕张尔岐著 张翰勋等点校

ISBN 7-5333-0153-6
1991年5月1版1次
大32开 460页 7.90元

本书为清初山东学者张尔岐的诗文杂著合集,包括《蒿庵集》、《蒿庵集捃逸》、《蒿庵闲话》以及专著《老子说略》等。

毛诗质疑

〔清〕牟应震著 袁梅校点

ISBN 7-5333-0141-2
1991年7月1版1次
大32开 582页 9.60元

本书作者牟应震,山东栖霞人,与牟昌裕、牟庭号成三牟。牟应震治学,不迷信权威,对传统毛诗,敢于质疑,颇多新解,并于诗经小学,有深入的研究。本书初刻于作者去世后,友人为之补刊,只有一板,国内稀见,点校者袁梅先生,对《诗经》素有研究,著述多种,今取北京图书馆及清华大学藏本,参稽校勘,用力颇勤,为广大文史学人及研究者贡献一部极有价值的资料。

左传事纬

〔清〕马骕著 徐连城校点

ISBN 7-5333-0224-9
1992年6月1版1次
大32开 592页 9.80元

本书以事件为中心,把《左传》中分散在不同篇章的情节按其发展顺序聚集连贯在一起,分十二卷,108篇,每篇叙一事,始自郑叔段之乱而迄于晋智氏之亡,篇后有马氏评论,囊括了《左传》的全部内容。是书行文条理,考证精详,被顾炎武赞为"必传之作"。

周易说略 老子说略

〔清〕张尔岐撰 周立升 乔岳点校

ISBN 7-5333-0262-1
1993年12月1版1次

大 32 开　452 页　15.00 元

张尔岐为明末清初山东籍著名学者，此书收辑他研究《老子》、《周易》的著作两种。

倦游庵槧记

〔清〕周悦让著

任迪善　张雪菴校点　刘方复校

ISBN 7－5333－0463－2

1996 年 8 月 1 版 1 次

大 32 开　912 页　48.00 元

本书为清代道咸同间大古文经学家莱阳周悦让的读书札记。周悦让，字孟伯(孟伯)，又号孟白，道光丁未(1847 年)进士，曾官礼部主事。《槧记》是他一生研经治史的心血结晶。全书成于同治元年(1862 年)，迄未印行。作者殁后，其门人清末著名学者王懿荣及后来著名学者王献唐，都曾为之筹划出版不遗余力，但终因社会重大变故接踵而不果。

侘傺轩文存

吴秋辉遗稿

张乾一辑录　袁兆彬校补

ISBN 7－5333－0461－6

1997 年 8 月 1 版 1 次

大 32 开　528 页　31.00 元

本书是吴秋辉先生多年对文字源流正变及对齐鲁方言的考证文集，书后还附有杂考 10 篇，对于中国钱币、石刻、姓氏、商代迁都始末等作了大量考述。

孙诒让遗书

十三经注疏校记

〔清〕孙诒让撰　雪克辑点

统一书号:11206 · 64

1983 年 9 月 1 版 1 次

大 32 开　666 页　3.25 元

本书系晚清著名学者孙诒让未刊遗著，以阮元主持校刻的《十三经注疏》为底本，对其疏漏一一随文批校，堪称清代学者通校《十三经》的一份重要学术成果。孙氏批校本现藏杭州大学图书馆，经雪克同志辑录标点，定名《十三经注疏校记》出版。

名原

〔清〕孙诒让撰　戴家祥校点

统一书号:9206 · 18

1986 年 5 月 1 版 1 次

16 开　72 页　2.00 元

《名原》是清末经学大师孙诒让的一部古文字学理论专著，全书分上、下两卷，共计七章，是他晚年研究金文、龟骨文的心得体会，探讨我国古文字的产生、发展、演变的若干线索，使“后之治文奇字者执吾说以求之，其于造作书契之微旨，或得冥符于万一尔耳”。原书刊于作者身后，负责写刊、校勘的人，都不识金文、龟甲文，结果是墨丁满纸，伪字充斥。上海扫叶山房曾作翻印，但一仍其旧，毫未改善。华东师大戴家祥教授校正其失误、空缺、墨丁共六百六十六处，占全书百分之一点三，遂使原书面貌一新，翔实可据，此诚古文字学术界之一大盛事。

籀庼遗著辑存

〔清〕孙诒让撰　雪克辑点

统一书号:11206 · 97

1987 年 5 月 1 版 1 次

大 32 开　304 页　1.90 元

《籀庼遗著辑存》系晚清著名学者孙诒让遗稿。本书收集雪克同志辑点的孙诒让未刊遗著《广韵姓氏刊误》、《〈白虎通〉校补》辑补、《讽籀余录》、《四部别录》、《籀庼读书录》，以及《辑周礼马融郑玄叙》、《山海经错简》、《商子 · 境内篇校释》三个短篇。此外，还将孔镜清同志辑录的《孔子家语校记》、张金泉等同志辑录的《籀庼碎金》以及沈文倬先生为《家语》写的《前记》

一并收入。

大戴礼记斠补

〔清〕孙诒让撰　雪克点校

ISBN 7－5333－0068－8

1988年1月1版1次

大32开　292页　2.20元

《大戴礼记斠补》系晚清著名学者孙诒让遗著。书中收集孙诒让遗著《尚书骈枝》、《周书斠补》、《大戴礼斠补》及《九族古谊述》四种。

札迻

〔清〕孙诒让撰　雪克　陈野校点

ISBN 7－5333－0030－0

1989年7月1版1次

大32开　420页　5.20元

《札迻》是晚清著名学者孙诒让的校勘、训诂名著。集作者30余年校读78种古籍札记之所得而撰成。全书共校文1300余条，校书以子部为多，遍及四部。《札迻》校书，涉及校勘、疏证文字、诠释疑义、订正讹误，间及阐述文章义理，考辨典章制度各方面。以其考核精确，向为学者所推称。诸家撰述，每多引用其说，各类校释、集解之作，亦多广为收录，作为立论或诠释古籍的依据。

契文举例

〔清〕孙诒让著　楼宇烈校点

ISBN 7－5333－0351－2

1993年12月1版1次

16开　168页　15.00元

清代经学家、文字学家孙诒让所撰《契文举例》为考释甲骨文最早的著作，学术界公推其书"草创条例，采释殷文，在殷契著述中首具披荆斩棘之功，后贤有作皆此书所启导也。"校点者依据孙氏留存在与玉海楼中的最好的底本，进行了校点及勘定工作。

中国古典名著普及丛书

古文观止今译

徐北文主编　袁梅等注译

ISBN 7－5333－0295－8

1993年6月1版1次

32开　780页　精装　12.00元

《古文观止》是清人吴楚材、吴调侯编选的一部供学塾使用的文章读本，这些文章，多为历来传颂的名篇。本书对每篇作品进行了认真的校勘，并加作者介绍、解题、注释和译文。

文心雕龙译注

陆侃如　牟世金译注

ISBN 7－5333－0424－1

1995年4月1版1次

32开　616页　精装　18.00元

全书共50篇，译注本取直译方式，力求做到信达雅。每篇开头作概括介绍，点出主要意义。全书开头有译注者的引言，详细论述了《文心雕龙》产生的历史条件，作者的生平和思想，该书对前人创作经验的总结，同时讨论了《文心雕龙》表达的创作论、批评论等问题，对文论界有争议的焦点，也提出了译注者自己的意见。

宋词三百首评注

〔清〕上彊村民编选　刘乃昌评注

ISBN 7－5333－0563－9

1998年4月1版1次

大32开　404页　15.50元

本书对《宋词三百首》进行了详明切要的注释及评析，使之更加通俗易懂。

唐诗三百首评注

〔清〕蘅塘退士编选　张忠纲评注

ISBN 7-5333-0564-7
1998年4月1版1次
大32开　502页　18.50元

本书是《唐诗三百首》的评注本，在总结前人和时贤研究成果的基础上，博观约取，扬长补短，其中不但对诗中本事、人名、地名等作了进一步的考释，而且评析简洁而有独特的语言魅力。本书阐幽显微，颇多精见，又雅俗共赏。

续古文观止今译

徐北文主编

ISBN 7-5333-0712-7
1998年4月1版1次
大32开　600页　精装　16.00元

清初《古文观止》中虽均为名家名篇，但所选自上古至明末，清文未能入选。王文濡所选《续古文观止》自清初至民初，入选65家174篇，较全面地反映了清代古文成就。本书为《续古文观止》注释、今译并加导读文字。

老子说解

张松如著

ISBN 7-5333-0565-5
1998年4月1版1次
大32开　460页　21.00元

本书分经文、语译、校释、说解四部分，后附帛书老子全文。书的重点是校释和说解，特别是说解，颇多独到的见解。

庄子注译

王世舜注译

ISBN 7-5333-0566-3
1998年4月1版1次
大32开　474页　21.00元

《庄子》是我国古代文献中最为重要的典籍之一，在我国思想史、文学史、文化史上产生过巨大而深远的影响。《庄子》一书自古堪称难读，注译者于《庄子》沉潜往复三十余年，别裁众说，择善而从，间出己意，结撰成书。译文力求既准确传达庄子的文意，又基本上反映庄子散文的艺术风韵。

周易大传今注

高亨著

ISBN 7-5333-0567-1
1998年4月1版1次
大32开　504页　24.00元

《周易大传》虽为《周易》最早的注解，但《易传》本身亦有其独立的哲学思想。《周易大传今注》摒弃以往学者以传解经、以注解传的传统模式，致力于挖掘《易传》本身的哲学内涵，以期过滤历代注家之杂质，还经、传之本来面目。

孙子兵法全译

田昌五著

ISBN 7-5333-0568-X
1998年4月1版1次
32开　128页　8.00元

本书将《孙子》十三篇逐篇解析，逐段注译，在吸收前人研究成果的基础上多有创见，既是一部兵学爱好者的入门书，也是一部高水平的研究著作。

史记选注

来新夏　王连升主编

ISBN 7-5333-0570-1
1998年4月1版1次
大32开　464页　19.00元

本书从《史记》中精选出十几篇名作，详加注释。

资治通鉴选

王仲荦主编

ISBN 7-5333-0569-8

1998年5月1版1次

大32开　330页　15.50元

本书共选录《资治通鉴》原文八篇，每一篇有一个中心内容，并对语词典故、典章制度等加以简明注释。

武经七书新译

林伊夫　刘庆　黄朴民注译

ISBN 7-5333-0755-0

1999年11月1版1次

大32开　426页　精装　15.00元

本书是我国宋代校刊、颁行的一部著名的兵书选本，包括《孙子》、《吴子》、《司马法》、《尉缭子》、《六韬》、《唐太宗李卫公问对》和《三略》七种。此次出版，以《续古逸丛书》影宋本为底本，约请国内外部分学者对原书进行了整理、校勘和注释，书中明显讹误均作了改正，注释准确简明，译文流畅而合乎原意，吸收了许多新的研究成果，兼备学术性和通俗性。

汉魏六朝乐府诗评注

王运熙　王国安评注

ISBN 7-5333-0690-2

2000年1月1版1次

大32开　280页　14.00元

本书从古代乐府总集——郭茂倩《乐府诗集》中优选汉魏晋南北朝乐府190余篇，体例分类依照《乐府诗集》编排，先列古辞，后附文人拟作，并去各家专集善本加以文字校勘，随注释出列校记。注释则引经据典，力求详明。评析则着眼于主要特点，就作品本身加以生发，不面面俱到，并注意吸收前人的诗话、注评等艺术见解，作画龙点睛的艺术提示。

诗经新注

聂石樵主编　雒三桂　李山注释

ISBN 7-5333-0622-8

2000年10月1版1次

大32开　688页　27.00元

本书是中国古代第一部诗歌总集诗经全部作品的注释本。这个新注本弃门派之见，博采众家之长，并广泛利用考古、民俗等学科最新成果，力求客观准确。

宋诗三百首评注

刘乃昌选注

ISBN 7-5333-1231-7

2003年12月1版1次

大32开　336页　16.00元

本书从宋诗这一浩博的文学宝库中择精撮要，汇为一编，予以评注。诠释力求详明切要，言必有据；评赏争取荟萃最新成果，融入个人心得，以利于倡扬宋诗的优良传统，体察其深湛意蕴，品味其美妙韵致，赏鉴其精巧技法。

续修四库全书总目提要

续修四库全书总目提要(稿本)(全三十八册)

中国科学院图书馆编纂

ISBN 7-5333-0550-7

1996年10月1版1次

16开　精装　20000.00元

自1931年7月至1945年7月，集中了中国经学、史学、哲学、文学、文献学、考古学、语言学等领域的学术巨子71人，撰写古籍提要近33000篇，凡1800万字。它是《四库全书总目提要》的3倍，这两部古籍提要工具书相互补充，20世纪30年代之前的中国学术流派及存世情况皆备于此。60多年来，全部稿本珍藏于中国科学院图书馆，无人窥见全璧。此次影印出版为首次完璧面世。附索引一册，极便检索。

齐文化丛书

齐文化丛书（全二十二册）

《齐文化丛书》编辑委员会编

ISBN 7-5333-0635-X

1997 年 6 月 1 版 1 次

大 32 开　14580 页　精装　960.00 元

《齐文化丛书》是全面收集、系统整理齐文化典籍和研究资料，全面反映当代研究齐文化成果的集大成之作。该丛书 22 册，分“文献集成”、“资料汇编”、“研究专辑”、“人物评传”四大部分，“文献集成”将记载齐文化内容的典籍，重新整理，汇于一编；“资料汇编”将散见于古籍中的有关资料以及海内外研究齐文化的代表性论文、考古资料，悉数收集；“研究专辑”收录了政治、经济、军事等十六个齐文化研究专题；“人物评传”收录反映齐文化精神的齐国历史人物的评传。《齐文化丛书》在内容上全面反映齐文化的面貌，在学术上全面反映出当代齐文化研究的水平和成果，具有重要的史料价值和学术研究价值。

藏书家

藏书家（第 1 辑）

本社编

ISBN 7-5333-0720-8

1999 年 4 月 1 版 1 次

大 32 开　166 页　8.00 元

藏书家（第 2 辑）

本社编

ISBN 7-5333-0872-7

2000 年 6 月 1 版 1 次

大 32 开　168 页　8.00 元

藏书家（第 3 辑）

本社编

ISBN 7-5333-0938-3

2001 年 6 月 1 版 1 次

大 32 开　176 页　8.00 元

藏书家（第 4 辑）

本社编

ISBN 7-5333-0986-3

2001 年 9 月 1 版 1 次

大 32 开　164 页　8.00 元

藏书家（第 5 辑）

本社编

ISBN 7-5333-1037-3

2002 年 5 月 1 版 1 次

大 32 开　190 页　8.00 元

藏书家（第 6 辑）

本社编

ISBN 7-5333-1106-X

2002 年 10 月 1 版 1 次

大 32 开　176 页　8.00 元

藏书家（第 7 辑）

本社

ISBN 7-5333-1180-9

2003 年 5 月 1 版 1 次

大 32 开　168 页　10.00 元

藏书家（第 8 辑）

本社编

ISBN 7-5333-1254-6

2003 年 12 月 1 版 1 次

大 32 开　168 页　10.00 元

藏书家（第9辑）

本社编

ISBN 7-5333-1378-X

2004年8月1版1次

大32开 176页 10.00元

藏书家（第10辑）

本社编

ISBN 7-5333-1473-5

2005年2月1版1次

大32开 176页 10.00元

藏书家（第11辑）

宫晓卫主编

ISBN 7-5333-1739-4

2006年11月1版1次

16开 198页 17.00元

藏书家（第12辑）

宫晓卫主编

ISBN 978-7-5333-1818-5

2007年6月1版1次

16开 196页 17.00元

藏书家（第13辑）

宫晓卫主编

ISBN 978-7-5333-1915-1

2008年1月1版1次

16开 202页 17.00元

藏书家（第14辑）

宫晓卫主编

ISBN 978-7-5333-2025-6

2008年6月1版1次

16开 202页 17.00元

藏书家（第15辑）

宫晓卫主编

ISBN 978-7-5333-2130-7

2009年1月1版1次

16开 202页 17.00元

《藏书家》以随笔的形式表达了老中青三代学者、藏书家对书籍的钟爱，从中回忆读书经历，认识读书、藏书与治学的关系；藏书经历、轶闻逸事的介绍，又有对历经劫难尚存人间的古籍珍本、罕见旧书传奇经历的披露；还有在淘书、读书的过程中体味人生乐趣，以及对历史上藏书家的追记。每辑附有几十幅图版，图文并茂，可供参阅。

藏书家（合订本）珍藏版

宫晓卫主编

ISBN 7-5333-1509-X

2005年9月1版1次

大32开 1752页 精装 98.00元

本书分上、下两册，将我社已出版的1—10辑《藏书家》合订出版，为读者阅读和收藏提供方便。

民惟邦本丛书

民惟邦本丛书（全六册）

韩喜凯总主编

ISBN 7-5333-0857-3

2000年1月1版1次

大32开 3072页 199.20元

全书共6卷，依民本思想的丰富内涵和各部分之间内在的逻辑联系，分为《民本·概论篇》、《民本·贵民篇》、《民本·爱民篇》、《民本·利民篇》、《民本·安民篇》、《民本·为民篇》。概论篇从整体上揭示民本思想的萌芽、形成、丰富、发展、变革和超越的历程；后五篇按不同的角度，从名言选、人与事、纵横谈三个方面对民本思想进行揭示和阐述。每卷内容尽量保持特色，避免重复；既相对独立，又相互联系，从不同侧面、不同角度揭示全书主旨。

山东省党员素质工程系列教材

文史读本

中共山东省委宣传部编

ISBN 7 - 5333 - 0698 - 8

2000 年 4 月 1 版 1 次

大 32 开　120 页　4.80 元

本书包括党员干部应知应会的文学、历史的常识性知识。

科学读本

中共山东省委宣传部编

ISBN 7 - 5333 - 0873 - 5

2000 年 4 月 1 版 1 次

大 32 开　120 页　4.80 元

本书包括党员干部应知应会的现代科学文化知识和最新科技成果；应当掌握的农业和工业生产技能。

政策读本

中共山东省委宣传部编

ISBN 7 - 5333 - 0874 - 3

2000 年 4 月 1 版 1 次

大 32 开　160 页　4.80 元

本书包括改革开放的基本国策及具体政策，国企改革，农村经济发展、精神文明建设、宗教政策等有关政策以及依法治国的基本策略等。

干部读本

干部经济读本

陈光林总主编　冯硕余主编

ISBN 7 - 5333 - 0862 - X

2000 年 6 月 1 版 1 次

大 32 开　430 页　20.00 元

全书从市场经济、金融、世界经济、经济管理、知识经济等方面，深入浅出地介绍了经济学的基本知识，阐释了具有中国特色社会主义经济理论问题。

干部历史读本

陈光林总主编　李衡眉主编

ISBN 7 - 5333 - 0863 - 8

2000 年 6 月 1 版 1 次

大 32 开　440 页　20.00 元

本书从“知兴衰”、“以史为鉴”的角度，简述了中国历史的发展脉络以及相关的重要历史事件。

干部科技读本

陈光林总主编　董昭和主编

ISBN 7 - 5333 - 0864 - 6

2000 年 6 月 1 版 1 次

大 32 开　408 页　20.00 元

本书深入浅出地介绍了科学技术是第一生产力的基本概念、科技发展的基本脉络和现代科技的基本范畴，并对 21 世纪科技发展作了前瞻式的描述。

干部法律读本

陈光林总主编　冯殿美主编

ISBN 7 - 5333 - 0865 - 4

2000 年 6 月 1 版 1 次

大 32 开　420 页　20.00 元

全书共八章，深入浅出地介绍法学基础理论及法律的基本知识，论述了我国建设法治国家和政府依法行政的必要性、可行性及应遵循的原则。

中国典籍与文化研究丛书（一、二、三辑）

唐代《老子》诠释文献研究

董恩林著

ISBN 7-5333-1134-5

2003年6月1版1次

大32开 286页 20.00元

本书选取老学研究的鼎盛期唐代，对这一时期《老子》诠释文献体系作了深入的个案研究，如李荣《道德经注》、唐玄宗《道德注疏》等，取得了一定的成果。

汉唐《史记》研究论稿

杨海峥著

ISBN 7-5333-1135-3

2003年6月1版1次

大32开 256页 18.00元

本书是一部研究《史记》兴起与发展的理论专著，共分汉代、魏晋南北朝和唐代三个部分，对汉唐时期的《史记》学作了较为全面的分析与研究。

《管子》研究

张固也著

ISBN 7-5333-1602-9

2006年1月1版1次

大32开 418页 29.00元

本书从《管子》一书的文献结构与管仲思想的联系、成书过程及如何认识管子学派四个方面进行了研究。

二十世纪古文献新证研究

冯胜君著

ISBN 7-5333-1592-8

2006年1月1版1次

大32开 298页 23.00元

自从甲骨文被发现以来，更由于地下出土文献不断地被发掘，20世纪的文献学研究取得了一系列的重大成果，本书即是对中国20世纪文献新证学术研究的一次全面的梳理、总结。

《三国志》异文研究

苏杰著

ISBN 7-5333-1612-6

2006年3月1版1次

大32开 456页 32.00元

本书以《三国志》和裴注异文作为研究对象，对其从语言学、文献学和文化史等角度，进行了全方位的考察和研究，为通行的权威版本提供了校议意见，同时也为该书的今译提供了可靠的文本。

商周青铜器族氏铭文研究

何景成著

ISBN 978-7-5333-2061-4

2009年1月1版1次

大32开 728页 62.00元

本书是对已发现商周青铜族氏器铭文进行了系统整理和研究的专著，资料搜集翔实全面，并有一定的独到见解。

大话系列

大话三十六计

于汝波著

ISBN 7-5333-1210-4

2003年8月1版1次

16开 196页 18.00元

《三十六计》是中国古代的著名兵书，深受人们的喜爱。本书以独特的视角，对《三十六计》进行了全新的评说，语言流畅，趣味横生。

大话孙子兵法

黄朴民著

ISBN 7-5333-1233-3

2003 年 9 月 1 版 1 次

16 开　176 页　17.00 元

《孙子兵法》家喻户晓，“大话”形式独出机杼。本书用轻松幽默的话语方式、贯通古今中外的独特视角，畅述《孙子兵法》，挖掘和阐释兵家文化的内蕴，突出它的积极教育意义和现实价值，让古代兵学文化遗产真正雅俗共赏，走向大众。

大话十二生肖

赵伯陶著

ISBN 7-5333-1395-X

2004 年 9 月 1 版 1 次

16 开　226 页　22.00 元

生肖文化是中国民俗文化的重要组成部分，作者以生动的笔法对我国源远流长的十二生肖文化进行了多角度、深入浅出的阐释和描绘，语言幽默风趣，流畅而富有文采，并配以 30 多幅生动传神的图片，将这一特定文化形象栩栩如生地展现到读者面前。

大话六祖坛经

苏树华　苗春宝著

ISBN 7-5333-1532-4

2005 年 9 月 1 版 1 次

16 开　208 页　23.00 元

本书以“大话”的形式，力图用浅显的语言向大众读者介绍《坛经》中思想精华，弘扬中国民族文化。共分原文、译文和大话三个部分。

大话佛家智慧

苏树华著

ISBN 7-5333-1534-0

2005 年 10 月 1 版 1 次

16 开　200 页　21.00 元

本书从佛教起源、流传的最本质处说起，通过对其进行深入细致的研究，揭示其道德内涵，使人们看到自己心灵的“本来面目”，颇具启迪意义。

大话帝王权谋术

金良年著

ISBN 7-5333-1556-1

2005 年 10 月 1 版 1 次

16 开　188 页　18.00 元

本书采用独树一帜的“大话”形式，以通俗流畅、生动幽默的语言叙述了中国历代皇帝为保护自己的权力和地位而实施的各种政治权术与权谋。书中选取经典个案，配以传神插图，可谓图文俱佳，雅俗共赏。

文史哲博士文丛

北宋三槐王氏家族研究

李贵录著

ISBN 7-5333-1288-0

2004 年 1 月 1 版 1 次

大 32 开　296 页　20.00 元

本书是以北宋为中心对宋代官僚王祐为始的王氏家族的研究，主要包括王氏家族的政绩、文学成就及家族生活。

孔子传说的文化审美研究

陈金文著

ISBN 7-5333-1336-4

2004 年 5 月 1 版 1 次

438 页　大 32 开　27.00 元

本书对记录孔子传说的历史文献和先代口头资料作了比较系统的整理，对各种孔子传说文本作了主题和类型归纳，从而发掘出孔子传说的民俗文化蕴涵。

明清长江中下游渔业经济研究

尹玲玲著

ISBN 7-5333-1385-2

2004年5月1版1次

大32开 378页 28.00元

本书论述了明清时期长江中下游的渔业分布,对当今的经济开发与人地关系的协调提供了借鉴。

抗战时期国民政府盐务政策研究

董振平著

ISBN 7-5333-1361-5

2004年6月1版1次

大32开 346页 22.00元

本书是关于抗战时期国民政府盐务政策研究的一部专著,从抗战前南京国民政府的盐政、盐统制、盐专卖等几个方面进行了深入的研究。

《文心雕龙》文学理论和历史渊源

郭鹏著

ISBN 7-5333-1390-9

2004年7月1版1次

大32开 298页 20.00元

本书深入文本,在准确把握《文心雕龙》自身理论体系和理论内涵的基础上,进行历史的追索,辨明了其理论得以构建的历史轨迹和承递关系,便于读者更全面而又历史地掌握《文心雕龙》的思想内涵。

传统与近代之间

——梁章钜学术与文学思想研究

王军伟著

ISBN 7-5333-1389-5

2004年8月1版1次

大32开 342页 20.00元

本书以思想史为背景,以师友交往为切入点,对清代著名学者、朝廷重臣梁章钜进行全面研究,旨在通过寻绎梁章钜学术及文学思想的形成过程,展示嘉庆、道光时代知识分子在转型期所特有的精神面貌。

原本玉篇文字研究

朱葆华著

ISBN 7-5333-1421-2

2004年9月1版1次

大32开 312页 20.00元

本书是关于原本《玉篇》文字研究的学术著作,对原本《玉篇》中的异体字、新增字、合并字等文字现象及原本《玉篇》作者顾野王的"字类说"都进行了探讨与研究。

传统经验与现代思想

——南京国民政府时期的国营工业研究

赵兴胜著

ISBN 7-5333-1423-9

2004年9月1版1次

大32开 598页 38.00元

本书对国民政府时期的国营工业思想、政策与体制、企业经营实践等诸问题进行了多角度的历史研究。

诗经与周文化考论

张建军著

ISBN 7-5333-1406-9

2004年9月1版1次

大32开 266页 16.00元

本书全面探讨了《诗经》在周代历史文化中的重要地位,从宏观的视角对这部文化典籍进行了解读。

中国雅学史

窦秀艳著

ISBN 7-5333-1422-0

2004 年 9 月 1 版 1 次

大 32 开　430 页　26.00 元

本书是对《尔雅》及一系列相关的训诂著作进行了系统的研究。

清代杜诗学史

孙微著

ISBN 7 - 5333 - 1433 - 6

2004 年 10 月 1 版 1 次

大 32 开　410 页　26.00 元

本书系统地梳理了清代杜甫诗歌研究的历史，评述其成就，指出其不足。资料丰富，论析深入，颇多创见。

马克思社会关系理论及其当代意义

周志山著

ISBN 7 - 5333 - 1455 - 7

2004 年 12 月 1 版 1 次

大 32 开　356 页　22.00 元

本书考察了马克思社会关系理论创建的社会基础及心路历程，并揭示了其在当代社会中的现实意义。

《干禄字书》字类研究

刘中富著

ISBN 7 - 5333 - 1471 - 9

2004 年 12 月 1 版 1 次

大 32 开　384 页　25.00 元

《干禄字书》是唐人颜元孙撰写的一部正字学著作，本书对《干禄字书》中的俗字、通字、混字、正字等进行了系统的研究。

清代辛稼轩接受史

朱丽霞著

ISBN 7 - 5333 - 1486 - 7

2005 年 1 月 1 版 1 次

大 32 开　678 页　42.00 元

本书用接受理论对辛稼轩词及其词风进行了研究。共分上、下两编，上编主要探讨稼轩词风对清代词人创作方面的影响，下编主要探讨稼轩词风对清代词学理论的影响。

寻求近代富国之道的思想先驱

——陈炽研究

张登德著

ISBN 7 - 5333 - 1490 - 5

2005 年 1 月 1 版 1 次

大 32 开　360 页　23.00 元

本书通过对晚清史上具有维新思想的人物陈炽的思想渊源、发展脉络的研究，通过分析比较其有重要影响的两本著作《庸书》、《续富国策》，以及其与郑观应、汤寿潜的经济思想的比较，揭示了陈炽思想的特质及其他在晚清，尤其是维新运动时期对社会的重要影响。

汉代经学文论叙述研究

程勇著

ISBN 7 - 5333 - 1479 - 4

2005 年 4 月 1 版 1 次

大 32 开　300 页　20.00 元

本书详细地描绘出汉代经学文论叙述的整体格局，并以意识形态批判和文化还原的方法澄明经学文论话语的构建方式与生成途径。

《四声通解》研究

张晓曼著

ISBN 7 - 5333 - 1544 - 8

2005 年 8 月 1 版 1 次

大 32 开　218 页　18.00 元

本书通过韩国语言学家崔世玲于 1517 年写成的汉语音韵学著作《四声通解》的研究，详细分析了 16 世纪初期中国北方的实际语音情况，并对该韵书与中国境内韵书的关系进行了探讨。

左翼至抗战
——文学英雄叙事的当代阐释

王鹏著

ISBN 7-5333-1568-5

2005年8月1版1次

大32开 264页 18.00元

本书以文本重读新解为基础,在新的理论视野下对左翼至抗战文学英雄叙事进行宏观与微观阐释,揭示其在现代中国文学史上的发展规律。

二十世纪二三十年代华中地区农村金融研究

徐畅著

ISBN 7-5333-1569-3

2005年8月1版1次

大32开 662页 42.00元

本书从农户融资渠道、农村金融与农村经济之互动两个大的方面对二十世纪二三十年代华中地区的农村金融进行了系统的研究与探索。

唐代学士与文人政治

李福长著

ISBN 7-5333-1565-0

2005年9月1版1次

大32开 352页 22.00元

本书论证了学士制度的由来、学士与唐初政治的关系及其影响、弘文馆学士与"贞观之治"、"北门学士"与武则天革命、盛唐时期的集贤学士等方面的内容。

肃顺与咸丰政局

刘中华著

ISBN 7-5333-1586-3

2005年10月1版1次

大32开 400页 26.00元

本书研究了清代权臣肃顺在清代咸丰一朝的功过成败,并阐述了他对咸丰一朝政治格局的影响,对了解和研究清末的历史状况有重要的参考价值。

魏晋人物品题研究

黄少英著

ISBN 7-5333-1635-5

2006年5月1版1次

大32开 342页 20.00元

本书从《后汉书》、《三国志》、《晋书》、《世说新语笺疏》等为主,对魏晋时期的人物品题资料首先进行了全面收集和梳理;然后在此基础上,分五大部分系统而详细地论述了魏晋人物的品题对仕进、德行以及人格等诸多方面深远深刻的影响。

中国当代小说情爱叙事研究

周志雄著

ISBN 7-5333-1652-5

2006年5月1版1次

大32开 306页 18.00元

本书是有关当代小说情爱叙事的一部学术专著,从当代小说情爱叙事的性别话语、影像化、经典建构与时尚话语等方面,进行了多维透视与研究。

《花间集》接受史论稿

李冬红著

ISBN 7-5333-1682-7

2006年6月1版1次

大32开 348页 22.00元

《花间集》是后蜀人赵崇祚编的一部词集,也是我国第一部词集,在我国诗词史上具有很高的成就。本书以《花间集》丰富而庞杂的接受史料为基础,结合前人的研究成果,梳理了《花间集》在千年词史中的接受历程，并论述了《花间集》对中国词史的深远影响。

马一浮诗学思想研究

高迎刚著

ISBN 7 - 5333 - 1715 - 7
2006 年 8 月 1 版 1 次
大 32 开　300 页　20.00 元

该书将马一浮的诗学思想放在现代儒学发展与当代中国诗学发展的双重文化背景下，从马一浮的学术生涯、马一浮诗学思想的哲学基础、马一浮的诗学观念与诗歌理论等多个层面进行了全面、深入、细致的分析研究，在关于马一浮学术思想的研究上具有一定的开拓性意义。

战国楚音系及楚文字构件系统研究

吴建伟著

ISBN 7 - 5333 - 1705 - X
2006 年 8 月 1 版 1 次
大 32 开　308 页　19.80 元

本书对战国楚音系及楚文字进行了系统的调查与统计，并对楚文字的构件方位和楚文字羡符进行了研究。

孔子与二十世纪中国思想

王锟著

ISBN 7 - 5333 - 1699 - 1
2006 年 8 月 1 版 1 次
大 32 开　430 页　28.00 元

本书阐述了孔子与 20 世纪中国自由主义、马克思主义、文化保守主义的关系，研究了孔子思想对 20 世纪中国政治、社会、民族、宗教等的影响。

明代山东农业开发研究

成淑君著

ISBN 7 - 5333 - 1702 - 5
2006 年 8 月 1 版 1 次
大 32 开　402 页　平装　26.00 元

本书对明代山东地区的农业开发状况进行了深入具体的考察。

走向建构论
——新时期马克思主义文艺学体系论争研究

卢政著

ISBN 7 - 5333 - 1714 - 9
2006 年 8 月 1 版 1 次
大 32 开　302 页　20.00 元

本书从新时期马克思主义文艺学体系论争与改革开放进程、西方现代文化思潮、当代反思思潮等多个角度进行了研究，观点新颖，论据充足，因而得出了比较可信的结论。

新式教育与五四文学的发生

李宗刚著

ISBN 7 - 5333 - 1728 - 9
2006 年 9 月 1 版 1 次
大 32 开　300 页　19.00 元

本书从新式教育下的课程设置、教师、学生、公共领域、林译小说和科学品格等几个方面，系统地研究了新式教育与五四文学发生的关系。

杜威实用主义美学思想研究

赵秀福著

ISBN 7 - 5333 - 1729 - 7
2006 年 10 月 1 版 1 次
大 32 开　274 页　18.00 元

本书探讨了杜威实用主义产生的历史背景和原因，并对其发展历程及其主要观点作了较为系统的梳理，对杜威美学思想进行了新的解读，在一定程度上填补了国内实用主义美学研究的空白。

叶维廉比较诗学研究

刘圣鹏著

ISBN 7-5333-1765-3

2006年12月1版1次

大32开　252页　18.00元

本书从三种关联入手,运用经验性研究、老子道论的否定式语法以及西方文化的当代叛逆性成果等思想工具,对叶维廉的比较诗学理论进行了深入、全面的研究。

唐代中央文馆制度与文学研究

吴夏平著

ISBN 978-7-5333-1804-8

2007年1月1版1次

大32开　490页　30.00元

唐代中央文馆,系指国子监、秘书省、弘文馆、史馆、集贤院、崇玄馆、广文馆等文化馆所的统称。本书主要研究了文馆制度的沿革及其生成之文化内涵、文士的出身和素质、文馆制度与唐代文学的关系。

杜诗语言艺术研究

于年湖著

ISBN 7-5333-1817-8

2007年5月1版1次

大32开　320页　22.00元

本书从语言与文学相结合的角度对杜诗进行了综合研究,构建了一个包括总体特征、声律、语汇、修辞、语言风格在内的相对完整的系统;同时对杜诗中一些争议较大的问题以及一些其他论著极少涉及的领域进行了深入研究。

《说文解字》字音注释研究

蔡梦麒著

ISBN 978-7-5333-1821-5

2007年6月1版1次

大32开　860页　56.00元

本书分别以徐铉注音和《汉语大字典》注音为中心,对《说文解字》的中古读音和现代读音进行了分析研究,并对《说文解字》中须辨证字音的785个字进行了逐个注音辨证,是一部有关《说文解字》读音研究的重要学术著作。

汉代辞赋研究

孙晶著

ISBN 978-7-5333-1823-9

2007年7月1版1次

大32开　370页　25.00元

全书分上、下两编。上编是有关辞赋文体的论述。体现出了新的逻辑学思路、文体学思路和世界性眼光三个特点;下编从汉赋作品的文本出发,从哲学、美学的角度分析了汉赋与道家思想、阴阳五行学说与汉代骚体赋的空间建构、汉赋尚奇、汉代七体赋主客称谓艺术等问题,在汉代辞赋研究领域中形成了自己的研究特色。

杜甫与儒家文化传统研究

赵海菱著

ISBN 978-7-5333-1851-2

2007年8月1版1次

大32开　340页　23.80元

本书从文学的视觉,以理论与实践相结合的方法,通过对杜甫在中国儒家文化传统中坐标位置的确立,亦即他对前代文化传统的接受与对后代文化传统的影响,对杜甫与杜诗进行了综合解读。

姜夔与宋韵研究

袁向彤著

ISBN 978-7-5333-1861-1

2007年8月1版1次

大 32 开　312 页　22.00 元

本书从"宋韵"入手，将姜夔的创作与理论置于宋代文学趣味、文学思想以及学术思想的背景中进行研究。重点剖析了姜夔的创作、理论所体现出来的"宋韵"。

技术与合理化

——哈贝马斯技术哲学研究

郑晓松著

ISBN 978-7-5333-1852-9
2007 年 8 月 1 版 1 次
大 32 开　364 页　25.00 元

本书以技术与合理化的关系为线索来研究哈贝马斯的技术哲学思想。主要包括：现代性哲学话语中的技术、社会的技术化统治、对传统合理化理论的考察和批判、合理化理论的重新奠基、交往合理化、技术的合理化向度等内容。

《新青年》翻译与现代中国知识分子的身份认同

潘艳慧著

ISBN 978-7-5333-1988-5
2008 年 4 月 1 版 1 次
大 32 开　360 页　26.00 元

本书把论述的落脚点放在《新青年》的具体翻译行为中，将"五四"一代知识分子的身份认同与建构历程作为考察的重心，纳入对现代中国文化文学进行考察的基本论域和整体框架之中，并以此窥探现代中国文化文学的发生与知识分子的现代身份认同之间的互动关系。

当代汉语词汇发展变化研究

张小平著

ISBN 978-7-5333-2035-5
2008 年 7 月 1 版 1 次
大 32 开　324 页　26.00 元

本书以共时和历时相结合、静态和动态相结合、宏观和微观相结合、描写和解释相结合、定量与定性相结合的方法，探讨了当代汉语词汇的发展与变化，并对具体的语言现象进行了深入的研究。

明清山东方言词缀研究

宋开玉著

ISBN 978-7-5333-2086-7
2008 年 8 月 1 版 1 次
大 32 开　472 页　38.00 元

本书对明清山东方言主要词缀进行了分类研究，并对其用法、特点和演变作了较为全面、深入、系统的分析描写，揭示了明清山东方言词缀的基本面貌。

从《志异》到"俚曲"

——蒲松龄新解

邵吉志著

ISBN 978-7-5333-2096-6
2008 年 8 月 1 版 1 次
大 32 开　408 页　33.00 元

蒲松龄用文言创作的小说《聊斋志异》典雅优美，用方言创作的戏曲体和说唱体"俚曲"透着俗真俗趣。本书对蒲松龄笔下的这两类作品进行了研究，以期揭示其创作视野与创作风格的转变，并探究在这个转变的过程中的内在联系，以便使我们从更多的侧面了解蒲松龄，了解他的文学作品。

明清至现代家族小说流变研究

楚爱华著

ISBN 978-7-5333-2103-1
2008 年 10 月 1 版 1 次
大 32 开　388 页　32.00 元

本书以明清到现代典型的十二部中长篇家族小说为主要研究对象(间或旁及其他一些小说和戏曲作品)，从人伦意蕴的嬗变、家族环境意蕴的嬗变以及小说本体的嬗变等三个大的方面，展开探讨了明清到现代家族小说的古今流变。

鲁西地区的灾荒、变乱与地方应对（1855—1937）

李庆华著

ISBN 978-7-5333-2154-3
2008年12月1版1次
大32开　500页　32.00元

本文以历史学、社会学、民俗学、历史地理学等多学科的理论和方法为指导，运用历史分析与逻辑分析相结合的方法进行了许多个案研究和综合研究，对鲁西区域在晚清至民国前期80余年的乡村社会生态和社会变迁作了深入的考察。

山东文献与传统文化研究丛书

山东杜诗学文献研究

张忠纲　綦维　孙微著

ISBN 7-5333-1347-X
2004年5月1版1次
大32开　494页　30.00元

本书主要包括以下几个方面的内容：一是杜甫对前人主要是孔孟思想的继承和发展；二是杜甫在山东的行迹交游（包括杜甫的泰山之游、兖州之游、任城之游、单父之游、济南之游）考辨；三是自唐以迄清末，杜甫其人其事对山东的影响概述；四是自唐以迄清末，历代山东学者对杜甫其人其诗的研究概况（包括唐宋、元明、清代各代的山东杜诗学文献研究）；五是杜诗在山东流传、刊刻、整理情况的研究。本书试图对以上内容作详细的介绍并稍加探讨，以期总结出杜甫研究的经验和得失。

宋代晁氏家族及其文献研究

刘焕阳著

ISBN 7-5333-1348-8
2004年5月1版1次
大32开　360页　24.00元

宋代晁氏为汉大夫晁错之后。本书根据史传及各家文集资料，参之于《晁氏宗谱》，先从宋代晁氏的世系行状考述、师友交游、著述考略等三个方面宏观地阐述了晁氏家族在当世的状况，后又从个案分析入手，具体论述了晁氏家族之佼佼者如晁补之、晁端礼、晁说之、晁冲之的生平、思想、创作等。纵览全书，宏观视角与微观论述相结合，有面有点，从而能系统而又全面地向读者介绍和解说宋代晁氏家族方方面面的情况。

黄河下游的汉画像石艺术（全二册）

张从军著

ISBN 7-5333-1367-4
2004年8月1版1次
16开　468页　78.00元

本书是第一部从图像文化的角度研究历史的学术专著。它为人们研究历史提供了全新的视角。黄河下游地区是汉画像石的主要产地，也是画像石艺术的起源地。本书作者从图像文化的角度来阐释汉代黄河下游的文化现象和社会历史，从图像所表现的百姓的生活观、世界观、宇宙观去研究历史，使历史研究更具综合性，更有深度，更有新意。这部著作的出版，无疑会推进汉代黄河下游的历史研究，同时对史学工作如何在研究中开阔视野、拓展思路也有重要的启迪作用。

明清山东韵书研究

张鸿魁著

ISBN 7-5333-1472-7
2005年4月1版1次
大32开　204页　15.00元

明清以来，山东地区音韵学研究著述颇丰，本书即是对这些存世书稿进行系统整理、专门研究的音韵学专著。

颜师古语言学研究

张金霞著

ISBN 7-5333-1632-0

2006年2月1版1次

大32开　276页　18.00元

本书分为10部分,内容包括颜师古生活的时代、颜师古的六书研究、颜师古的因声求义、颜师古的语源研究、颜师古对词类的划分、颜师古对比喻的研究等。

小蓬壶丛书

南宋理学家散文研究

闵泽平著

ISBN 7-5333-1773-4

2006年12月1版1次

大32开　326页　22.00元

本书系统研究了南宋时期散文发展的态势、理学与古文的关系,以及陈亮、朱熹、吕祖谦、陆九渊和永嘉学派的文学思想、古文理论、古文艺术、文章风格等。

带湖与瓢泉

——辛弃疾在信州日常生活研究

程继红著

ISBN 7-5333-1776-9

2006年12月1版1次

大32开　304页　20.00元

本书从经济生活、健康状况、交游活动、宗教信仰、家庭情况等侧面,对南宋著名词人辛弃疾居住信州(今江西上饶)期间的日常生活和创作活动进行了深入研究,并对当时信州的社会状况、带湖与瓢泉的地理位置及地理环境进行了考察,从而揭示了辛弃疾特定时期生活状况的原生态面貌,为读者勾画出一个全新的辛弃疾形象。

中国近代小说研究史论

韩伟表著

ISBN 7-5333-1777-7

2006年12月1版1次

大32开　486页　32.00元

本书从视野、观念、方法三个层面,分承绪与萌新、初创与建构、异变与沉潜、回归与创新四个部分,对1840—2005年学术界关于中国近代小说(1840—1911)的研究成果,作了系统的梳理和评述,肯定成就,议论得失,为新世纪近代小说研究提供了宝贵的借鉴。

三峡诗学

瞿明刚著

ISBN 7-5333-1778-5

2006年12月1版1次

大32开　472页　31.00元

本书从地貌景观、历史文化等不同角度探讨了三峡地域诗学形成的"诗性因子",肯定了其对中国诗学的巨大贡献。此外,作者还通过对历代相关诗人在三峡地区活动踪迹与创作实践的考察,分析了他们与三峡的生活联系和精神联系;通过对三峡诗歌文本的解读和对三峡诗论的归纳,寻绎了三峡地区在诗源、意象、主题等方面的诗学价值。

司马迁的思想与《史记》编纂

杨光熙著

ISBN 7-5333-1779-3

2006年12月1版1次

大32开　304页　20.00元

本书分为上下两编:上编着重分析了著名史学家司马迁的哲学、经济和社会政治思想;下编则重点探讨了伟大史学著作《史记》产生的文化历史背景、在史著体例上的发展的写作技巧和艺术风格,以及司马迁的生命体验与文艺观。

附录一

学术刊物

孔子研究

主办者:中国孔子基金会

编辑者:孔子研究编辑部

出版者:齐鲁书社

本刊登记号:山东省期刊登记证第005号

国内统一刊号:CN37-1037/C

国际标准刊号:ISSN1002-2627

国内代号:24-76

国外代号:Q1050MB1050

《孔子研究》是中国孔子基金会主办的学术刊物,致力于推动孔子、儒家和中国传统文化思想的研究工作,总结继承古代丰富的珍贵文化遗产,繁荣学术研究。该刊辟有学术论著专栏,刊登研究孔子、儒学和其他各学术流派的哲学、政治、经济、道德、军事、教育、宗教、科技、文学等文章,提倡学术研究中不同学派和不同观点的交流和讨论,提高研究水平,增进海内外各界学者的友谊和团结,是一个专门汇集研究孔子、儒家和中国传统文化思想的园地。

《孔子研究》于1986年3月创刊,为季刊,一年4期,从2000年起改为双月刊,一年6期。我社自《孔子研究》1986年创刊至2004年,在近20年的时间里共出版该刊86期,在学术界引起良好的反响。《孔子研究》曾被评为“山东优秀期刊”、“山东十佳期刊”、“全国中文核心期刊”、“第二届国家期刊奖百种重点期刊”等。

历年获奖书目

国家奖

第四届国家图书奖
（1999 年）

校雠广义 国家图书奖

第五届国家图书奖
（2001 年）

中国美术史 提名奖

第八届精神文明建设“五个一工程”奖
（2001 年）

中国美术史 图书奖

第四届中国图书奖
（1990 年）

中国美学思想史 一等奖

第九届中国图书奖
（1995 年）

全明散曲 中国图书奖

第一届中国出版政府奖
（2007 年）

陶文图录 提名奖

第二届中华优秀出版物奖
（2008 年）

王士禛全集 提名奖

首届全国优秀艺术图书奖
（2001 年）

中国美术史 一等奖

第四届国家辞书奖
（2001 年）

中国古籍版刻辞典 一等奖

全国首届古籍整理图书奖
（1992 年）

文心雕龙译注 二等奖
全清散曲 二等奖
古字通假会典 二等奖
郑和下西洋资料汇编 二等奖
中国古典戏曲序跋汇编 三等奖
曲阜孔府档案史料选编 三等奖
郑板桥全集 三等奖
山左名贤遗书 丛书奖

第二届全国古籍整理图书奖
（1999年）

校雠广义	一等奖
战国楚竹简汇编	一等奖
四库全书存目丛书	二等奖

第三届全国古籍整理图书奖
（2001年）

全校会注集评聊斋志异	二等奖

第四届全国古籍整理图书奖
（2003年）

杜甫诗话校注六种	二等奖

全国古籍优秀图书奖
（1988年）

全清散曲	一等奖
诗切	一等奖
孔子评传	一等奖
郑板桥全集	二等奖
炎黄氏族文化考	二等奖
郑学丛著	二等奖
元曲四大家名剧选	二等奖
金瓶梅	二等奖
太平广记选	三等奖
红楼梦脂评校录	三等奖
清诗精华录	三等奖
诗家直说笺注	三等奖
老子说解	三等奖
中国土地制度史	三等奖
秦汉官制史稿	三等奖

第二届全国古籍优秀图书奖
（1992年）

中国美学思想史	一等奖
明清实学思潮史	一等奖
吕澂佛学论著选集	一等奖
新刻绣像金瓶梅	一等奖
云峰刻石全集	二等奖
汉书古今人表疏证	二等奖
义和团运动史研究	二等奖
明代四大奇书	二等奖
重订增注中国古典十大悲剧集	二等奖
事物异名别称词典	二等奖
方志学通论	三等奖
何逊集校注	三等奖
济宁全汉碑	三等奖
曹州府志	三等奖
蒲松龄事迹著述新考	三等奖
中国古代小说人物辞典	三等奖
宗教文化通俗丛书	三等奖
重订增注中国十大喜剧集	三等奖

第三届全国古籍优秀图书奖
（1994年）

孙子集成	一等奖
泰山石刻大全	二等奖
渔洋精华录集注	二等奖
清代版刻一隅	二等奖
山东文献书目	三等奖
乡园忆旧录	三等奖
左传事纬	三等奖
春秋后语辑考	三等奖
赵执信全集	三等奖
艺苑卮言	三等奖

（全国）优秀古籍图书奖
（2006年）

全明诗话	一等奖
孔子圣绩图	二等奖

全真七子与齐鲁文化　二等奖
历史人物纵横谈　普及读物奖
十二生肖与中国文化丛书　普及读物奖

（全国）优秀古籍图书奖
（2007 年）

钦定古今图书集成　荣誉奖
全清散曲（修订版）　一等奖
释名汇校　二等奖
图释古汉字　普及读物奖
国宝背后的故事　普及读物奖

（全国）优秀古籍图书奖
（2008 年）

陶文图录　荣誉奖
王士禛全集　一等奖
陶文字典　二等奖
冯惟敏全集　二等奖
中华文化三字经　普及读物奖
金刚经集注　普及读物奖

第三届全国图书金钥匙奖
（1989 年）

世界名言辞典　金钥匙奖

第五届全国图书金钥匙奖
（1991 年）

古文观止今译　优胜奖

第六届全国图书金钥匙奖
（1992 年）

八用成语词典　三等奖

第三届全国优秀图书奖
（1989 年）

道旨论　优秀图书奖

全国优秀畅销书
（1994 年）

周易概论　优秀畅销书
聊斋志异（二十四卷抄本）优秀畅销书

专 项 奖

第一届全国“希望杯”优秀图书奖
（1989 年）

世界名言辞典　优秀图书奖

全国优秀青少年读物奖
（1988 年）

白话聊斋　优秀青少年读物奖
中外历史 400 题　优秀青少年读物奖

第三届国家教委普通高等学校优秀教材奖

（1995年）

校雠广义·版本编 一等奖

首届人文社会科学研究成果奖

（1995年）

楚辞通故 （中国文学类）一等奖
蒲松龄事迹著述新考 （中国文学类）一等奖
老子说解 （中国文学类）二等奖
文心雕龙译注 （中国文学类）二等奖
论中国古典美学（中国文学类）二等奖
山东文献书目 （图书馆、情报与文献学类）二等奖

香港霍英东最高贡献奖

（1998年）

四库全书存目丛书 最高贡献奖

第五届全国书市最受读者欢迎的图书

明代四大奇书 最受读者欢迎图书

第八届北京大学王力语言学奖

（1999年）

金瓶梅语音研究 一等奖

1980－1993年中国逻辑史优秀著作奖

（1994年）

墨辩逻辑学 二等奖

全国首次新编地方志优秀成果奖

（1993年）

德州地区志 二等奖
宁津县志 二等奖
肥城县志 二等奖
寒亭区志 三等奖

全国年鉴优秀成果奖

（1994年）

淄博年鉴 综合一等奖
莱芜年鉴 综合二等奖

百套全国青少年最喜爱的优秀图书

（2004年）

大话孙子兵法 优秀图书
大话三十六计 优秀图书

第八届中国写作学会优秀丛刊奖

（2003年）

藏书家 优秀丛刊奖

地区奖

山东省优秀图书奖

（第一届1991年）

中国美学思想史 一等奖
云峰刻石全集 三等奖

（第二届1992年）

中国古典十大悲剧集 二等奖

中国古典十大喜剧集　二等奖
吕澂佛学论著选集　三等奖
八用成语词典　三等奖
明代四大奇书　三等奖

（第三届 1993 年）

渔洋精华录集注　三等奖

（第四届 1994 年）

赵执信全集　三等奖
山东文献书目　三等奖

（第五届 1995 年）

全明散曲　一等奖

（第六届 1997 年）

续修四库全书总目提要　优秀图书奖
中国文言小说总目提要　优秀图书奖
中国封建社会经济史　优秀图书奖

（第七届 1999 年）

校雠广义　特别奖
齐文化丛书　优秀图书奖

（第八届 2001 年）

中国美术史　优秀图书奖

（第九届 2003 年）

济南名士评传　优秀图书奖

（2005 年）

黄河下游的汉画像石艺术　优秀图书奖

（2007 年）

杰斐逊传　优秀图书奖
二战掳日中国劳工口述史　优秀图书奖
山东分体文学史　优秀图书奖

山东省优秀图书编辑奖

（1980 年）

中国古代货币通考　一等奖
周易大传今注　一等奖

（1984 年）

山东汉画像石选集　一等奖
文心雕龙译注　二等奖
同文尚书　二等奖
太平广记选　三等奖
诗经译注　三等奖
聊斋志异　三等奖
宋史论集　三等奖

（1985 年）

灿烂的古代文化　荣誉奖
诗切　特等奖
屈赋新探　一等奖
屈原赋译注　二等奖
郑学丛著　二等奖
泰山经石峪金刚经　二等奖

（1986 年）

楚辞通故　特等奖
孔子评传　一等奖
全清散曲　二等奖
五镫精舍印话　二等奖

（1988 年）

金瓶梅　特等奖
明清之际中西关系简史　一等奖
红楼梦脂评校录　二等奖

汉语反义词词典　二等奖
老子说解　三等奖
清诗精华录　三等奖

(1989年)

金瓶梅续书三种　一等奖
蒲松龄事迹著述新考　二等奖
汉书古今人表疏证　二等奖
中国公文学　二等奖
义和团运动史研究　三等奖

(1990年)

中国美学思想史　特等奖
明清实学思潮史　二等奖
读史纠谬　二等奖

(1991年)

事物异名别称词典　一等奖
方志学通论　二等奖
济宁全汉碑　三等奖
实用音韵学　三等奖
明清小说资料选编　三等奖

(1992年)

明代四大奇书　一等奖
吕澂佛学论著选集　二等奖
中国十大古典悲剧集　三等奖
八用成语词典　三等奖
道教通论——兼论道家学说　三等奖

(1993年)

渔洋精华录集注　一等奖
左传事纬　二等奖
清代版刻一隅　二等奖
山东北朝摩崖刻经全集　二等奖
省志编纂学　三等奖

(1994年)

孙子集成　一等奖
泰山石刻大全　二等奖
赵执信全集　二等奖
山东文献书目　二等奖

(1995年)

全明散曲　特等奖
清代四大小说　二等奖
墨经训释　二等奖
乡园忆旧录　三等奖
唐宋词美学　三等奖

(1996年)

战国楚竹简汇编　一等奖
全本三言二拍　二等奖
苏轼在密州　二等奖
宋辽夏金经济史研究　三等奖

(1997年)

续修四库全书总目提要　特等奖
中华古代文化辞典　二等奖
倦游庵椠记　二等奖
齐币图释　二等奖
读史漫录　三等奖

(1998年)

四库全书存目丛书　特等奖
诸葛亮研究集成　二等奖
齐文化丛书　二等奖
唐宋传奇集　三等奖
两汉乡村社会史　三等奖

（1999 年）

校雠广义·典藏编 一等奖
孔子集语校补 二等奖
续古文观止今译 二等奖
山东新出土古玺印 三等奖
周易哲学和古代社会思想 三等奖

（2000 年）

中国古籍版刻辞典 一等奖
明清治藏史要 二等奖
金岳霖新儒学体系研究 二等奖
石破天惊
——百年重大考古发现秘闻录 三等奖
文学史学的明清小说研究 三等奖

（2001 年）

二十五别史 一等奖
谢榛全集 二等奖
义和团研究一百年 二等奖
昌邑文化博览 三等奖
汉魏六朝乐府诗评注 三等奖

（2002 年）

山东方言研究 一等奖
山东沂南汉墓画像石 二等奖
鲁文化史 二等奖
刘勰与文心雕龙 三等奖
揭批“法轮功”教育读本 三等奖

（2003 年）

中国历代人物像传 一等奖
济南名士评传 二等奖
屈万里书信集纪念文集 二等奖
曲阜的历史名人与文物 三等奖
孙膑兵法新译 三等奖

（2004 年）

泰山石经 一等奖
山东文化史论 二等奖
大话孙子兵法 二等奖
汉唐《史记》研究论稿 三等奖
巡狩与封禅 三等奖

（2005 年）

图说考古——追溯文明的星河
优秀图书编辑奖

（2006 年）

论语今译 优秀图书编辑奖
二战掳日中国劳工口述史
优秀图书编辑奖

（2007 年）

释名汇校 优秀图书编辑奖
中国历代词研究史稿 优秀图书编辑奖

（2008 年）

刘蔚华解读周易 优秀图书编辑奖
冯惟敏全集 优秀图书编辑奖

第一届华东地区古籍优秀图书奖

（1998 年）

四库全书存目丛书 特等奖
齐文化丛书 特等奖
续修四库全书总目提要 一等奖
中国封建社会经济史 一等奖
两汉乡村社会史 一等奖
说文今读暨五家通检 一等奖
中国用人思想史 二等奖

临淄商王墓地	二等奖
颜光敏诗文集笺注	二等奖
诸葛亮研究集成	二等奖
鲁迅小说研究著作四种	二等奖

第二届华东地区古籍优秀图书奖

（1999年）

校雠广义	荣誉奖
孔子集语校补	一等奖
楚辞与上古历史文化研究	二等奖
北海银行暨鲁西银行货币图录	二等奖
山东新出土古玺印	二等奖
问次斋稿	二等奖
续古文观止今译	二等奖

第三届华东地区古籍优秀图书奖

（2000年）

中国古籍版刻辞典	特等奖
王懿荣集	一等奖
易庐易学书目	二等奖
先秦史论集	二等奖
武经七书新译	二等奖
藏书家	通俗读物奖
千古美文	通俗读物奖

第四届华东地区古籍优秀图书奖

（2001年）

二十五别史	特等奖
中国孔子基金会文库（第一辑）	一等奖
宋元小说家话本集	二等奖
汉魏六朝乐府诗评注	二等奖
中华奇石鉴赏大观	二等奖
传统文化面面观丛书	通俗读物奖

第五届华东地区古籍优秀图书奖

（2002年）

孔子基金会文库（第二辑）	一等奖
绎史	一等奖
徐公谳词	二等奖
魏晋南北朝籍帐研究	二等奖
管子房注释解	二等奖

第六届华东地区古籍优秀图书奖

（2003年）

四库全书存目丛书补编	特等奖
中国历代人物像传	一等奖
订补海源阁书目五种	一等奖
走近孔子	二等奖
洙泗学人文库	二等奖
晚清财政经济研究	二等奖
海阳嘴子前	二等奖
孙膑兵法新译	二等奖
元前陶渊明接受史	二等奖

第七届华东地区古籍优秀图书奖

（2004年）

泰山石经	特等奖
宋琬全集	一等奖
唐代《老子》诠释文献研究	一等奖
汉唐《史记》研究论稿	一等奖
古籍编辑工作漫谈	二等奖
董永与孝文化	二等奖
山东师范大学图书馆馆藏书目	二等奖
冯玉祥年谱	二等奖
走近考古	二等奖
历代易学名著整理与研究丛书	二等奖
大话孙子兵法	通俗读物奖

第八届华东地区古籍优秀图书奖
（2005 年）

大哉孔子　一等奖
黄河下游的汉画像石艺术　一等奖
台湾外志　二等奖
山东杜诗学文献研究　二等奖
中国编辑学研究述评　二等奖
孔子故里著述考　二等奖
孔子伦理思想发微　二等奖
郭店竹书老子论考　二等奖
国宝发掘记　二等奖
中国雅学史　二等奖
大话十二生肖　通俗读物奖

第九届华东地区古籍优秀图书奖
（2006 年）

全明诗话　特等奖
孔子圣绩图　一等奖
全真道文化丛书　一等奖
山东分体文学史　二等奖
清代辛稼轩接受史　二等奖
社会环境与人才　二等奖
唐代学士与文人政治　二等奖
山东沿海开发史　二等奖
传统文化面面观丛书　通俗读物奖
大话六祖坛经　通俗读物奖
大话帝王权谋术　通俗读物奖

第十届华东地区古籍优秀图书奖
（2007 年）

陶文图录　荣誉奖
释名汇校　一等奖
《管子》研究　一等奖
《三国志》和裴注异文研究　一等奖
二十世纪古文献新证研究　一等奖
春秋战国金文字体演变研究　二等奖
宋代版本学研究　二等奖
水浒传接受史　二等奖
话说道家养生术　通俗读物奖
麻辣典故　通俗读物奖

第十一届华东地区古籍优秀图书奖
（2008 年）

王士禛全集　特等奖
山东金文集成　一等奖
山东大学图书馆古籍善本书目　二等奖
尚书研究要论　二等奖
渔洋精华录汇评　二等奖
三国故事演变中的文人叙事与民间叙事　二等奖
刘蔚华解读周易　通俗读物奖
中华文化三字经　通俗读物奖

山东省第六届精神文明建设“精品工程”图书奖
（2002 年）

中国美术史　特别奖
泰山文化之旅丛书　入选作品奖
中华奇石鉴赏大观　入选作品奖

山东省第八届精神文明建设“精品工程”图书奖
（2008 年）

二战掳日中国劳工口述史　入选作品奖
黄河三角洲民间文化研究　入选作品奖

山东省十佳图书
（1997 年）

中国封建社会经济史　十佳图书奖

山东省社会科学优秀成果奖

（第一次 1983 年）

曲阜鲁国故城 一等奖
苏轼文学论集 二等奖
先秦文学史 二等奖
王渔洋诗文选注 二等奖
龚自珍诗选 二等奖
诗经译注(雅颂部分) 二等奖
烟台方言报告 二等奖
山东汉画像石研究 三等奖
济南诗文选 三等奖
太平广记选(下册、续编) 三等奖

（第二次 1985 年）

古钱新探 一等奖
秦汉官制史稿 一等奖
山东汉画像石选集 二等奖
聊斋诗词选 二等奖
秋瑾年谱 二等奖
聊斋志异选 二等奖
二十四诗品探微 二等奖
清实录山东史料选 三等奖
双行精舍书跋辑存 三等奖
灿烂的古代文化 三等奖

（第三次 1987 年）

明清之际中西关系简史 一等奖
宋玉辞赋今读 二等奖
北京的隐士 二等奖

（第四次 1988 年）

中国公文学 一等奖
蒲松龄事迹著述新考 一等奖
义和团运动史研究 二等奖
孔门弟子研究 二等奖

（第五次 1990 年）

刘邦评传 一等奖
读史纠谬 三等奖
小忽雷传奇 三等奖
三向号码字典 三等奖

（第九次 1998 年）

孙子集成 二等奖
文学理想论 二等奖
天理与人欲 二等奖
中国与加拿大 三等奖
丝绸之路探源 三等奖

（第二十一次 2007 年）

社会环境与人才
著作类社科优秀成果一等奖

（第二十二次 2008 年）

中国历代词研究史稿 优秀成果奖
塑造论哲学之经济学论证 优秀成果奖
“绿色钢城·魅力莱芜”特色文化丛书
优秀成果奖
黄河三角洲民间饮食文化研究
优秀成果奖
山东海疆文化研究 优秀成果奖
近代中国社会保障立法研究
优秀成果奖
西晋士风与诗歌
——以“二十四友”研究为中心
优秀成果奖
元杂剧包公戏评注 优秀成果奖
新式教育下的学生与五四文学的发生
优秀成果奖

孔子诗学研究　优秀成果奖

山东省优秀对外宣传品编辑奖

（1990 年）

孔子名言　编辑奖

山东省教委哲学社会科学优秀成果奖

（1990 年）

古字通假会典　优秀成果奖

山东省高等学校哲学社会科学优秀成果奖

（1984 年）

俄语疑难用法词典　一等奖

江苏省哲学社会科学优秀成果奖

（1997 年）

宋代安抚史考　优秀成果奖

江苏省普通高等学校人文、社会科学优秀成果奖

（1995 年）

《公孙龙子》蠡测　一等奖

山东省新编地方志优秀成果奖

（1993 年）

福山区志　一等奖
桓台县志　一等奖
潍城区志　一等奖
乐陵县志　一等奖
郓城县志　二等奖
成武县志　二等奖
淄川区志　二等奖

山东省首届年鉴优秀成果奖

（1994 年）

淄博年鉴　特等奖
莱芜年鉴　特等奖
枣庄年鉴　一等奖
东营年鉴　一等奖

山东省年鉴学会优秀年鉴评奖

（1997 年）

青岛年鉴　特等奖
淄博年鉴　特等奖
曲阜年鉴　特等奖
文登年鉴　特等奖
阳信年鉴　特等奖
滕州年鉴　特等奖
齐鲁石化年鉴　特等奖
临沂年鉴　一等奖
东营年鉴　一等奖
枣庄年鉴　一等奖
莱芜年鉴　一等奖
兰山年鉴　一等奖
周村年鉴　一等奖
泰安年鉴　一等奖
齐河县情　一等奖
潍坊年鉴　二等奖
成武年鉴　二等奖
莱芜钢铁总厂年鉴　二等奖

（1999 年）

威海年鉴　特等奖
淄博年鉴　特等奖
曲阜年鉴　特等奖
齐鲁石化年鉴　特等奖
泰安年鉴　一等奖

东营年鉴 一等奖
菏泽年鉴 一等奖
日照年鉴 一等奖
临沂年鉴 一等奖
肥城年鉴 二等奖
泰山区年鉴 二等奖
高密年鉴 二等奖
潍坊年鉴 二等奖

山东省教育厅优秀社科成果奖

（2005 年）

宋代晁氏家族及其文献研究 一等奖

第九届山东省对外传播奖

儒家名典箴言录(6 册)
优秀作品奖一等奖

装帧设计奖

全国书籍装帧艺术展览奖

（1995 年）

中国古典小说普及丛书 三等奖

第二届华东地区书籍装帧艺术奖

（1991 年）

金瓶梅 封面设计一等奖
禅真后史 封面设计二等奖

第三届华东地区书籍装帧艺术奖

（1993 年）

水浒传 封面设计二等奖
中国古典小说普及丛书
封面设计二等奖
水浒传 优秀插图奖

华东第二届书籍装帧设计双年展

（2002 年）

屈万里书信集纪念文集
整体设计一等奖
中国历代人物像传 封面设计二等奖
插图本古典小说丛书 版式设计一等奖
济南师范学校百年史 版式设计二等奖

华东第三届书籍装帧设计双年展

（2004 年）

走近考古 版式设计一等奖
历代笔记小说丛书 封面设计二等奖
李子超诗词选 封面设计二等奖

华东第四届书籍装帧设计双年展

（2006 年）

孔子圣绩图 整体设计二等奖
传统文化面面观丛书 封面设计优秀奖

华东第五届书籍装帧设计双年展

（2008 年）

中华文化三字经 优秀奖
绘图本儒家名言 优秀奖

第十二届北方十省市书籍装帧艺术奖

（1999 年）

蒋维崧临商周金文 版式设计一等奖

古代幼学启蒙经典　封面设计二等奖
周易哲学和古代社会思想　版式设计三等奖

第十三届北方十省市书籍装帧艺术奖

（2000 年）

双重关注　版式设计一等奖
大结局丛书　版式设计二等奖
才子佳人传奇丛书　版式设计三等奖
谢榛全集　封面设计三等奖

第十四届北方十省市书籍装帧艺术奖

（2001 年）

中华世界奇迹　封面设计一等奖
金城丛稿　版式设计一等奖
二十五别史　版式设计二等奖
山东沂南汉墓画像石　整体设计二等奖

第十五届北方十省市书籍装帧艺术奖

（2002 年）

儒学与汉代社会　封面二等奖
春秋左传人物谱　封面三等奖
兵法·事业·人生　版式一等奖
文言小说白话类编丛书　版式二等奖
中学生必读名著导读　版式二等奖

山东省优秀书籍装帧艺术奖

（1992 年）

明代四大奇书　美术编辑一等奖
明代四大奇书　封面设计一等奖
杨刻急就章　封面设计一等奖
孔子研究　封面设计二等奖
汉碑研究　封面设计二等奖
金瓶梅续书三种　封面设计二等奖
聊斋志异　封面设计三等奖
中国古代小说人物辞典　封面设计三等奖
八用成语词典　封面设计三等奖
清儒学记　版式设计优秀奖

（1993 年）

严薇青文稿　封面设计一等奖
山东龙山文化研究文集　封面设计二等奖
孔子名言　封面设计二等奖

（1994 年）

中国古典小说普及丛书　封面设计一等奖
中国古典小说普及丛书　版式设计一等奖
山东文献书目　版式设计二等奖

（1996 年）

战国楚竹简汇编　封面设计一等奖
养生妙语　封面设计三等奖
红楼梦　版式设计二等奖
诸子名言荟萃　版式设计三等奖
唐人万首绝句选　版式设计三等奖
隋唐演义　版式设计三等奖

（1998 年）

诸葛亮研究集成　版式设计一等奖
鲁迅古小说研究著作四种　封面设计一等奖
中国小说史略　版式设计二等奖

（1999 年）

北海银行暨鲁西银行货币图录　版式设计二等奖

孔子集语校补 版式设计三等奖
问次斋稿 封面设计三等奖

（2000 年）

谢榛全集 封面设计一等奖
千古美文 版式设计二等奖
中国功臣的结局 版式设计二等奖
中国冤案实录 版式设计三等奖

（2001 年）

藏书家 版式设计一等奖
中华世界奇迹 版式设计二等奖
百年山东 版式设计二等奖

（2002 年）

春秋左传人物谱 封面设计二等奖
儒学与汉代社会 封面设计三等奖
情爱姻缘 版式设计二等奖
中学生必读名著导读 版式设计三等奖
兵法·事业·人生 版式设计三等奖

（2003 年）

杨耀画集 封面设计一等奖
山东大学文物精品选 封面设计二等奖
白话文韬武略宝典 版式设计二等奖

（2004 年）

泰山石经 版式设计一等奖
大话三十六计 版式设计二等奖
泰山石经 封面设计三等奖
走近考古丛书 封面设计三等奖

（2005 年）

绘图四大古典爱情悲喜剧 版式设计奖

山东省优秀图书装帧艺术奖

（2006 年）

传统文化面面观丛书 图书装帧艺术奖

（2007 年）

儒家名言 图书装帧艺术奖
图释古汉字 图书装帧艺术奖

附录二

顾问名单

（在20世纪80年代初，我社相继聘请国内社科界36位著名学者为齐鲁书社顾问。他们为我社选题计划的制订、有关书稿的推荐和书稿审阅、解答书稿中的疑难问题、反映学术界对我社图书的评价和意见等方面给予了无私的帮助，对我社的成长和发展做出了重要贡献。）

（以姓氏笔画为序）

于省吾	王元化	王仲荦	王季思	邓广铭	匡亚明
任半塘	任继愈	庄维石	关德栋	安作璋	杨向奎
严薇青	辛冠洁	启　功	张政烺	张维华	张舜徽
罗竹风	季羡林	金景芳	庞　朴	郑鹤声	赵俪生
赵景深	胡　滨	胡厚宣	姜亮夫	钱仲联	徐中舒
殷孟伦	殷焕先	萧涤非	蒋逸雪	蒋维崧	程千帆

历任社长、总编辑

第一任社长(兼)：初甫川
第一任总编辑：孟繁海

1984年5月—1988年6月
社长(兼)：孟繁海
总 编 辑：赵炳南

1988年6月—1990年10月
社　　长：赵炳南
总 编 辑：孙言诚

1990年10月—1994年2月
社　　长：陈学振(1993年4月调山东出版总社任职,继续兼任齐鲁书社社长)
总 编 辑：孙言诚

1994年2月—1997年2月
社　　长：郭焕芳
总 编 辑：孙言诚

1997年2月—1999年8月
社　　长：宫晓卫

1999年9月—至今
社　　长：宫晓卫
总 编 辑：黄伟中

附录三

2009 年重点新书

二十四卷抄本聊斋志异

〔清〕蒲松龄著

ISBN 978－7－5333－2122－2

2009 年 2 月 1 版 1 次

16 开　线装　1680.00 元

《二十四卷抄本聊斋志异》是在山东省发现的一部独一无二的《聊斋志异》抄本，每卷一册，抄写字体清晰，与其他十卷、十八卷版本比较，在篇目、文字诸方面均有独到之处，是存世的《聊斋志异》的重要版本之一。1979 年齐鲁书社曾出版少量影印本，引起广泛好评。在齐鲁书社建社 30 周年之际，特将该书按原抄本原大影印作为社庆珍藏版出版，线装，二十四册分装两函。可供文学爱好者、研究者参考，图书收藏者收藏。

三十三种清代人物传记资料汇编（全四十五册）

天津图书馆历史文献部编

ISBN 978－7－5333－1906－9

2009 年 4 月 1 版 1 次

16 开　30904 页　精装　19800.00 元

本书是一部专门查找清代人物传记资料的大型工具书，收录《碑传集》、《国朝汉学师承记》、《满州名臣传》等“传记类”书凡三十三种，并按哈佛燕京学社编印之《三十三种清代传记引得》所列顺序排序，并编制人名索引一册，从而为清史人物研究和查阅提供一套内容丰富简便可用的第一手文献资料，是图书馆和历史研究机构必备的资料性工具书。

齐鲁文化经典文库

论语今译

杨伯峻　吴树平今译

潘富恩　温少霞英译

ISBN 978－7－5333－2162－8

2009 年 4 月 1 版 1 次

16 开　252 页　精装　30.00 元

孔子家语通解

杨朝明　宋立林主编

ISBN 978－7－5333－2163－5

2009 年 4 月 1 版 1 次

16 开　644 页　精装　89.00 元

大学 中庸说解 幺峻洲著
孝经注译 宫晓卫注译
ISBN 978－7－5333－2164－2
2009年4月1版1次
16开 316页 精装 38.00元

孟子译注
郑训佐 靳永译注
ISBN 978－7－5333－2165－9
2009年4月1版1次
16开 268页 精装 32.00元

墨经训释
姜宝昌著
ISBN 978－7－5333－2166－6
2009年4月1版1次
16开 536页 精装 75.00元

庄子注译
王世舜注译
ISBN 978－7－5333－2167－3
2009年4月1版1次
16开 512页 精装 66.00元

孙子兵法译注 田昌五译注
孙膑兵法译注 李兴斌 邵斌译注
ISBN 978－7－5333－2168－0
2009年4月1版1次
16开 284页 精装 35.00元

晏子春秋译注
赵蔚芝注解
ISBN 978－7－5333－2169－7
2009年4月1版1次
16开 440页 精装 55.00元

管子新注
姜涛著
ISBN 978－7－5333－2170－3
2009年4月1版1次
16开 604页 精装 79.00元

荀子诂译
杨柳桥著
ISBN 978－7－5333－2171－0
2009年4月1版1次
16开 648页 精装 88.00元

诗经新注
聂石樵主编
雒三桂 李山注释
ISBN 978－7－5333－2172－7
2009年4月1版1次
16开 648页 精装 79.00元

周易大传今注
高亨著
ISBN 978－7－5333－2173－4
2009年4月1版1次
16开 612页 精装 76.00元

尚书注训
黄怀信注训
ISBN 978－7－5333－2174－1
2009年4月1版1次
16开 356页 精装 45.00元

颜氏家训译注
〔北齐〕颜之推撰
张霭堂译注
ISBN 978－7－5333－2175－8

2009 年 4 月 1 版 1 次
16 开　284 页　精装　37.00 元

文心雕龙译注
〔南朝〕刘勰著
陆侃如　牟世金译注
ISBN 978－7－5333－2176－5
2009 年 4 月 1 版 1 次
16 开　664 页　精装　82.00 元

金石录
〔宋〕赵明诚著
刘晓东　崔燕南点校
ISBN 978－7－5333－2177－2
2009 年 4 月 1 版 1 次
16 开　272 页　精装　42.00 元

漱玉词注　〔宋〕李清照著　陈祖美注
稼轩词注　〔宋〕辛弃疾著
邓红梅　薛祥生注
ISBN 978－7－5333－2178－9
2009 年 4 月 1 版 1 次
16 开　632 页　精装　79.00 元

农书译注（全二册）
〔元〕王祯撰
缪启愉　缪桂龙译注
ISBN 978－7－5333－2179－6
2009 年 4 月 1 版 1 次
16 开　860 页　精装　105.00 元

渔洋精华录集注（全二册）
〔清〕王士禛著
〔清〕惠栋　金荣注
宫晓卫　孙言诚　周晶　闫昭典点校整理
ISBN 978－7－5333－2180－2
2009 年 4 月 1 版 1 次
16 开　1424 页　精装　163.00 元

齐民要术译注（全二册）
〔北魏〕贾思勰著
缪启愉　缪桂龙译注
ISBN 978－7－5333－2181－9
2009 年 4 月 1 版 1 次
16 开　912 页　精装　109.00 元

三国演义（全二册）
〔明〕罗贯中著
ISBN 978－7－5333－2182－6
2009 年 4 月 1 版 1 次
16 开　860 页　精装　98.00 元

聊斋志异
〔清〕蒲松龄著
ISBN 978－7－5333－2183－3
2009 年 4 月 1 版 1 次
16 开　688 页　精装　78.00 元

齐鲁大地是中华民族主流文化的主要发祥地，齐鲁人为中华文化的形成和发展谱写了辉煌的篇章。为进一步扩大齐鲁文化的影响，提高其在当代人中的认知度，促进中华优秀传统文化的积累、传承和弘扬，由山东出版集团组织，齐鲁书社出版了这套“齐鲁文化经典文库”。本“文库”的收录范围主要是由齐鲁籍人士（或有一说为齐鲁籍人士）著述的、已经独立成册、积淀着厚重的文化内涵、在中华历史文化典籍中堪称经典的著作，其中有生长于斯的先秦诸子的典籍，也有历朝历代成就卓著的思想家、文学家、科学家的著作。收录的作品均采用现代标点本，除小说、戏曲之外，其余作品尽可能加以注释，而对先秦典籍则多数予以今译，以便于读者的阅读和理解。以上书目为该“文库”所首批推出者。

书名笔画索引

本索引收录《要目》正文中的书名及丛书名，按照书名首字笔画多少排列，少者在前，多者在后；书名首字笔画相同者，按照一丨丿丶乛的顺序排列；书名首字相同者，以第二字的笔画多少及笔顺排列，以此类推。书名后所标注的数字为本书页码。

一 画

二 画

三 画

五　画

六 画

七　画

八　画

九 画

十　画

十一画

十二画

十三画

十四画

十五画

十六画

十七画以上

图书在版编目(CIP)数据

齐鲁书社30年图书要目：1979～2009／齐鲁书社编．济南：齐鲁书社，2009.3
ISBN 978-7-5333-2191-8

Ⅰ．齐…　Ⅱ．齐…　Ⅲ．齐鲁书社—出版发行目录—1979～2009　Ⅳ．Z852.7

中国版本图书馆CIP数据核字(2009)第040943号

齐鲁书社30年图书要目(1979—2009)
齐鲁书社 编

出版发行	齊魯書社
社　　址	济南经九路胜利大街39号
邮　　编	250001
网　　址	www.qlss.com.cn
电子邮箱	qlss@sdpress.com.cn
印　　刷	山东新华印刷厂
开　　本	787×1092／16
印　　张	20.75
插　　页	12
字　　数	479千
版　　次	2009年3月第1版
印　　次	2009年3月第1次印刷
标准书号	ISBN 978—7—5333—2191—8
定　　价	**60.00元**